누구나 쉽게 이해할 수 있는
사기史記 1

金榮煥

金 榮 煥

서울 생

한학 수학

명지대학교 인문대학 사학과(문학사)

중화민국 국립대만대학교 역사학대학원 석사반(문학석사)

동 대학원 박사반(문학박사)

중국고대사 전공

현재 남서울대학교 인문사회학부 중국학과 교수

저서

《위진남북조사》, 서울: 예문춘추관, 1995 외 10권

논문

〈5호16국시기 흉노족 정권의 문화변용 연구〉, 《중국학연구》 제24집,
2003. 외 31편

사기史記 1   값 29,000원

초판 인쇄	2013년 2월 14일
초판 발행	2013년 2월 22일
지 은 이	김영환
펴 낸 이	한정희
펴 낸 곳	경인문화사
편 집	신학태 김지선 문영주 송인선 조연경
주 소	서울특별시 마포구 마포동 324-3
전 화	02)718-4831~2
팩 스	02)703-9711
홈페이지	http://www.kyunginp.co.kr │ 한국학서적.kr
E-mail	kyunginp@chol.com
등록번호	제10-18호(1973. 11. 8)

ISBN : 978-89-499-0926-4 (94910) 세트
　　　　978-89-499-0927-1 (94910)
ⓒ 2013, Kyung-in Publishing Co, Printed in Korea
※ 파본 및 훼손된 책은 교환해 드립니다.

누구나 쉽게 이해할 수 있는

사기史記 1

-五帝本紀, 夏本紀, 殷本紀, 周本紀-

金榮煥 著

(講解, 註釋, 國譯, 評論, 解題)

景仁文化社

서 문

　고전古典은 평범한 사람이 상상할 수 없는 깊은 깨달음 또는 고난과 역경을 극복하고 심혈을 기우려 기록한 창작물로서, 오랫동안 많은 사람들에게 널리 읽히고 삶의 지표가 될 만한 작품을 말한다. 특히《사기史記》는 사마천司馬遷이 엄청난 육체적 정신적 고난의 과정과 시간을 견뎌 낸 작품으로, 고전중의 고전이라고 해도 지나치지 않는다. 여기에는 수천 년 인류의 역사가 사실적으로 기록되고, 인간의 생로병사生老病死와 희로애락애오욕喜怒哀樂愛惡慾의 전체 삶이 고스란히 담겨있는 문화적 자산이며 지혜의 보물창고이다. 최근에 이러한 고전이 재미없다, 어렵다는 지극히 안이한 이유로 배척당하고 있는 현실을 볼 때 지식인의 한 사람으로써 깊은 책임을 통감하고 있다. 집필 동기는 크게 아래의 3가지로 구분할 수 있다.

　첫째, 고전은 원전을 그대로 읽는 것이 최선이다. 그러나 원전으로 기록된 언어를 모를 경우에는 한국어 번역본을 읽고, 한국어로 번역 된 것도 중역重譯이 아닌 것과 완역본을 읽는 것이 차선이다. 그러나 현재 시중에 출판된 고전은 거의 대부분이 원문이 첨부되지 않았고, 심지어 일부 서적은 중역본이거나 완역본이 아닌 것도 많다. 이런 책은 독자의 입장에서 볼 때, 저자의 학문적 능력과 번역의 정확성 등을 의심하지 않을 수 없다. 결국 이런 책을 읽은 독자들로 인하여 잘못된 지식이 범람하고 학문발전에 저애를 가져와서 "악화惡貨가 양화良貨를 구축驅逐하는" 상황에 이르게 될 수 있다. 필자는 이 점에 착안하여 원문을 게재하고 상세한 주석을 첨부하여 강호제현과 더불어 자유롭게 토론하고 소통하여 내용을 검증받고, 또 이런 과정을 통하여 학문발전을 도모하는 계기로 삼고자 하였다.

둘째, 현재 우리는 과학문명의 급속한 발달로 인하여 여러 가지 폐단이 속출하는 시대에 살고 있다. 그중에서 인간성 파괴 현상이 가장 시급하다고 생각된다. 인간성 회복을 위한 여러 가지 방법이 있지만, 개인적으로는 가정과 각급 학교에서 고전을 읽고 고전교육을 생활화하는 것이 인간성 회복에 최대의 효과를 이룰 수 있다고 생각한다. 그러나 현실에서는 고전은 읽기 힘든 것, 이해하기 어려운 것 등으로 치부되어 점차 우리에게서 멀어지고 있다. 필자는 이에 대한 타개책으로 누구나 쉽게 이해할 수 있도록 상세한 주석을 곁들이고 관련 사항을 추가하였으며, 모두가 고전을 가까이해서 인간 본연의 순수성 회복에 일조를 더했으면 하는 바람이다.

셋째, 인문학 연구 특히 동양학 연구(문학, 사학, 철학)에서 원전자료(1차자료)를 읽고 분석하고 정리하여 논저를 작성하는 것이 기본 중의 기본이다. 요즘은 원전자료를 해독하지 못하는 학문 후속세대의 증가로 기본적인 활동이 비정상적인 경우로 취급되는 경우가 종종 발생하고 있다. 일부이지만 2차, 3차 자료만 읽고 논저를 출간하는 상황이 속속 출현하고 있음을 부정하지는 않을 것이다. 필자는 이에 대한 우려에서 동양학 연구(문학, 사학, 철학)의 기본 도구인 한자와 한문의 교육과 능력 배양으로 학문 후속세대를 지속적으로 양성하려는 희망에서 시작하였다. 위와 같은 동기에서 필자는 고전 중에서 2,500여 년 동안 동양인의 사고와 행동양식에 깊은 영향을 끼친 《사기》를 선택하여, 누구나 이해할 수 있게 쉽게 풀어 서술하였다. 또 동양의 역사 현상에 용해되어 있는 인류의 보편적 지혜를 되찾기 위해서 비판적 해석과 새롭고 다양한 관점으로 《사기》를 재해석하였다.

《사기》는 처음에는 《태사공서太史公書》라고 일컬었고, 나중에 《태사공기太史公記》라고 일컬었다. 《사기》는 본래 고대 역사서적의 총칭이었는데, 동한東漢의 환제桓帝와 영제靈帝 시기에 점차 《태사공서》라는 고유 명칭이 형성되었다. 사마천은 집안이 대대로 태사太史라는 직위를 담당하여 역사서적의 편찬과 국가의 전적과 자료를 관리하였다. 사마천의 아버지 사마담司馬談은 후세에 영원히 전해질 역사서를 저술하려는 염원을 가지고 있었지만 뜻을 이루지 못했다. 그래서 사마천은 아버지의 뜻을 계승하여 불후의 역사서적을 저술하려고 시도하였다. 사마천은 상세한 준비 작업을 거쳐서 42세부터 《사기》를 저술하기 시작하였으며, 47세에 치욕적인 궁형을 받았지만 더욱더 발심하여 걸출한 역사서적의 저술을 완성하였다.

《사기》 이전의 역사서적은 모두 어느 특정 시대의 사실만을 기록하였는데, 《사기》는 황제부터 서한西漢 무제武帝 시기까지 기록하여 3,000여 년을 관통하여 기록하여서 통사라고 일컬었다. 이것은 당시 상황에서는 매우 탁월한 안목과 역사지식이 결합되지 않고서는 완성될 수 없는 작업이었다. 사마천이 《사기》를 저술한 동기는 "구천인지제究天人之際, 통고금지변通古今之變, 성일가지언成一家之言", 즉 "우주만물의 자연적 현상과 인류사회의 규율적 질서 사이의 모든 관계를 탐구하고, 과거와 현재 및 미래의 무수한 변화과정을 깨우치고 통달해서, 자신의 독립적이고 완벽한 이론과 저술체계를 이룩한다"는 것이다.

《사기》는 역대 제왕의 중요 사적을 기록한 〈본기〉 12편, 왕후장상王侯將相 및 걸출한 인물의 전기를 기록한 〈세가〉 30편, 각계각층 인물의 전기를 기록한 〈열전〉 70편, 천문 역법 등 방면의 제도를 기록한 〈서〉 8편, 시간 순서에 따라 배열한 대사건 연표를 기록한 〈표〉 10편을 포함한 130편의 52만 6,500글자로 되어있다. 《사기》는 인물의 전기를 중심으로 역사를 드러내는 기전체紀傳體로 기록되어 있고, 이러한 체제는 사마천이 창조하였고 후세 역사 기록에 계속 사용되었다. 특히 《사기》의 걸출한 점은 많이 있지만 그중에서도 진실성과 서정성이 역사학과 문학 연구자에게 귀감이 되고 있다. 첫째 진실성 방면에 있어서는, 유방劉邦, 항우項羽, 여후呂后, 진섭陳涉 등 많은 부분에서 인물의 지위 혹은 신분에 따라서 거짓으로 찬미하지 않았고, 의도적으로 인물의 결점을 숨기지도 않았다. 둘째, 서정성 방면에 있어서는, 정통사상에서 인정받지 못하던 다수의 하층인물 즉 자객刺客, 유협遊俠 등에 관하여 서술하였다. 또 적지 않은 비극적 인물인 이광李廣, 오자서伍子胥, 항우 등에도 깊은 애정을 가지고 생동감 있게 서술하여 《사기》의 내용을 풍부하면서 다채롭게 만들었다.

《사기》는 중국 고대 역사서이며 문학작품임은 주지의 사실이다. 그러나 한문학자가 번역할 경우에는 역사적인 배경과 사실 및 영향 등을 알지 못하고 단순히 문장에만 얽매어서 번역에 부족한 점이 있을 수 있다. 반대로 역사학자가 번역할 경우에는 고문체 한문의 부족한 능력으로 단순히 역사적 사실만 인지하여 문장 번역에 부족하기 쉬운 점이 있을 수 있다. 이 점에 있어서 필자는 어려서부터 한학을 수학하고 또 중국 역사학을 전공한 학자로 《사기》 번역에 최적의 조건을 갖추었다고 할 수 있다. 필자가 번역한 《사기》가 다른 《사기》 번역서와 다른 점을 몇 가지를 열거하면 다음과 같다.

첫째, 원문의 첨부이다. 이 책은 대만臺灣 중앙연구원中央研究院의 『한적전자문헌자료고漢籍電子文獻資料庫』에서 제공하는 《사기》와 대만상무인서관臺灣商務印書館에서 출판된 백납본百衲本(1988)을 기본으로 하고, 여기에 중국의 중화서국中華書局에서 출판된 점교본點校本(1998)을 참고로 하여 원문을 게재하였다. 고전은 원문과 같이 읽어야 깊은 뜻을 알수 있고, 또 독자들이 번역의 옳고 그름을 판단할 수 있으며, 한자와 한문 학습에도 도움이 된다.

둘째, 상세한 주석이다. 이 책은 대만臺灣 중앙연구원中央研究院의 「한적전자문헌자료고漢籍電子文獻資料庫」에서 제공하는 《사기삼가주史記三家注－集解, 索隱, 正義－》와 한국, 중국, 일본, 대만의 가장 권위 있는 사전과 역사서적을 참고하였다. 또 인명, 지명, 관직명, 동음이의자, 이음동의자, 고어자, 대체자 및 기타 역사용어와 역사적 사건 및 제왕세계 등에 대한 상세한 주석으로 고대 중국의 역사는 물론 신화와 전설을 포함한 전반적인 문화 현상을 이해하는데 도움을 준다.

셋째, 정확한 번역이다. 이 책은 한학자이고 중국 역사학자인 필자의 문사文史를 겸비한 지식을 총동원하였다. 또 위에서 언급한 상세한 주석에 근거하여 번역의 정확성을 진일보 제고시켜서, 한중일 3국에서 가장 완벽한 번역이라고 주장할 수 있다.

넷째, 내용과 체제 구성이 다르다. 각 본기의 시작에는 해당 본기에 대하여 필자가 핵심내용을 간략하게 정리하였다. 또 각 본기의 내용에는 원문, 음역, 주석, 국역, 참고의 5단계로 구성하였다. 그리고 각 본기의 끝부분에는 해당 본기에 대한 필자의 평론을 서술하였다. 이러한 체제의 구성으로 독자들의 중국 역사 학습에 많은 도움이 됨은 물론 한자와 한문 학습 향상에 크게 이바지하였고, 또 《사기》를 새로운 관점으로 이해할 수 있도록 비판적인 여건을 조성하였다.

다섯째, 단락의 구분이다. 이 책은 독자의 이해를 돕기 위해서, 중국과 대만 및 일본학계에서 통용되는 원문 내용에 따른 단락으로 구분하였으며, 여기에 필자가 일련번호를 첨가하여 내용 검색에 도움을 주었다.

52만 6,500글자의 《사기》를 누구나 쉽게 이해할 수 있도록 풀어서 서술하고, 누구나 이 책을 읽고 고전의 바다에서 마음껏 소요하면서 정신적 육체적으로 치유(heal)되고 평온(calmness)해 질 수 있도록 하는 것이 이 책 출판의 궁극적 목적이다. 믿을 수 없다고 하겠지만, 필자도 《사기》의 문장을 읽으면서 뜻대로 번역이 이루어지지 않을 때는 며칠

동안 끊임없이 궁리하면서 정신과 육체가 분리되는 느낌의 상황에도 도달해 봤다. 심지어는 2,500년이라는 시간과 과거라는 공간을 뛰어넘어 사마천과 직접 대화하는 경험도 여러 번 했다. 이 모두가 사마천의 생각과 가장 근접한 번역이 되도록 노력했다는 자화자찬自畵自讚일지도 모른다. 어찌되었던 어렵다는 한문을 몰라서, 또는 복잡한 중국 역사를 이해할 수 없어서, 고전의 바다에서 인생을 즐길 줄 모르는 독자가 있어서는 안 된다는 생각에는 변함이 없다. 이 책이 이러한 문제를 단숨에 해결해주는 좋은 길잡이가 될 것을 확신한다. 그래서 누구나 사마천의 영혼과 대화하며 사마천의 "구천인지제究天人之際, 통고금지변通古今之變, 성일가지언成一家之言", 즉 "우주만물의 자연적 현상과 인류사회의 규율적 질서 사이의 모든 관계를 탐구하고, 과거와 현재 및 미래의 무수한 변화과정을 깨우치고 통달해서, 자신의 독립적이고 완벽한 이론과 저술체계를 이룩한다"는 염원으로 향해가면서 정신적 육체적으로 치유(heal)되고 평온(calmness)해 지기를 기원한다.

2013년 2월
自怡齋에서 金榮煥 識

일러두기

1. 이 책은 대만臺灣 중앙연구원中央研究院, 『한적전자문헌자료고漢籍電子文獻資料庫』에서 제공하는 《史記》와 대만상무인서관臺灣商務印書館 백납본百衲本(1988)을 기본으로 하고, 여기에 북경중화서국北京中華書局 점교본點校本(1998)을 참고하였다.

2. 이 책의 단락 구분은 현재 중국과 대만 및 일본학계에서 일반적으로 사용하고 있는 구분을 따랐고, 필자가 편의상 여기에 1-001, 1-002 등 구분번호를 부여하였다.

3. 주석은 대만 중앙연구원, 『한적전자문헌자료고』에서 제공하는 《사기삼가주史記三家注-집해集解, 색은索隱, 정의正義-》와 단국대동양학연구소 《韓漢大辭典》(서울: 단국대동양학연구소, 2008); 中國文化大學出版部 《中文大辭典》(臺北: 中國文化大學出版部, 1976); 諸橋轍次 《大漢和辭典》(東京: 大修館書店, 1960) 등 권위 있는 사전과 김영환, 《중국의 역사와 사회문화-고대편-》(천안: 남서울대학교출판국, 2012)을 참고하였다.

4. 주석의 대상은 인명, 지명, 관직명 등 고유명사와 역사 용어 및 사건, 동음이의同音異意, 이음동의異音同意, 고어문자古語文字, 대체자代替字 등과 그 외에 내용 이해에 어렵거나 혼동을 줄 수 있는 글자와 단어는 모두 포함하였다.

5. 내용상 체제는 첫째, 각 본기의 시작에는 해당 왕조의 세계世系 정리와 핵심내용을 간략하게 정리하였다. 둘째, 각 본기의 내용에는 원문, 음역, 주석, 국역, 참고의 형식으로 하고, 참고 부분에는 필요시 중요 역

사사건과 내용 및 고사성어 등을 추가하였다. 셋째, 각 본기의 끝부분에는 해당 본기에 대한 평론을 서술하였다.

6. 왕조 명칭 중 몇몇은 혼란을 방지하기 위하여 통일하였다. 즉, 은殷은 상商으로 바꾸고, 주周나라와 주나라의 제후국인 동주국東周國, 서주국西周國을 구별하였으며, 또 주나라의 낙양洛陽 천도 이전과 이후를 가리키는 서주西周 시대와 동주東周 시대를 구분하였다.

7. 제왕의 호칭은 〈5제본기〉에서는 황제, 전욱, 곡, 요, 순으로 일컫고, 〈하본기〉부터는 우왕禹王, 걸왕桀王, 주왕紂王 등으로 기록하였다.

8. 독자의 이해를 돕기 위해서 일부 단어는 한글 뒤에 한자를 병기하였고, 연호 뒤의 ( ) 안에도 학계에서 공인된 서력 기년을 보충하였으며, 숫자 표기는 모두 아라비아 숫자로 통일하였다.

9. 문장부호는 서명은 《 》, 논문 및 편명은 〈 〉으로 하고 나머지는 국문의 관행을 따른 부호를 사용하였다.

10. 이 책을 읽는 방법은 초급자는 국역부분을 먼저 읽고, 중급자는 주석과 국역부분을 같이 읽고, 상급자는 원문을 먼저 읽으면서 주석과 국역부분을 참고하여 읽기를 권장한다.

차 례

Ⅰ. 〈본기本紀〉 강해

《사기史記》는 원래 〈오제본기五帝本紀〉, 〈하본기夏本紀〉, 〈은본기殷本紀〉, 〈주본기周本紀〉, 〈진본기秦本紀〉, 〈진시황본기秦始皇本紀〉, 〈항우본기項羽本紀〉, 〈고조본기高祖本紀〉, 〈여후본기呂后本紀〉, 〈효문본기孝文本紀〉, 〈효경본기孝景本紀〉, 〈금상본기今上本紀〉 등 12본기의 체제로 이루어졌는데 현재는 〈금상본기〉가 빠져있다. 현재 12본기에 포함되어 있는 〈효무본기孝武本紀〉는 〈봉선서封禪書〉에서 부족한 내용을 절취하여 보충한 것으로 12본기의 형식을 갖추게 되었다.

〈본기〉의 개념은 대략 아래의 5가지 특징을 가지고 있다. 첫째, 법칙·핵심으로 가장 존귀한 명칭을 뜻한다. 둘째, 천자와 제후국 군주의 말과 사건을 기록하는데 전문적으로 사용되었다. 셋째, 국가 대사를 전부 기록하므로 단순히 개인의 전기로 볼 수 없다는 의미이다. 넷째, 역사 편찬학의 각도로 볼 때, 편년체編年體 사건 기록은 중국 역사서술의 우수한 전통이고, 또 서술된 역사 사건으로 인하여 흥망성쇠의 발전과정이 분명하게 드러나게 되는 장점을 내포하고 있다. 이런 방법의 시초는 《춘추春秋》이고 《사기》는 이러한 편년체 서술 방법을 채용하고 진일보 개량하여 기전체紀傳體라는 독특한 체제를 만들었다. 다섯째, 《춘추》의 〈12공十二公〉을 모방하여 〈본기〉 12편을 설치하였다.

위에 서술한 의미를 이용하여 중국 역사서를 비교하면, 반고班固의 《한서漢書》가 가장 기전체의 표준에 부합하고, 《사기》는 기전체의 표준에 부합하지 않는 면이 다수 존재하고 있다. 그 이유는 몇 가지가 있다. 첫째, 《사기》의 12 〈본기〉 중에서 〈하본기〉, 〈은본기〉, 〈주본기〉는 하상주夏商周 3대의 최고 통치자를 포함하지만 〈진본기〉는 제후가 포함되어 있기 때문이다. 둘째, 〈여후본기〉는 있고 〈혜제본기〉는 없는데, 〈본기〉에서 천자인 혜제惠帝를 누락시켰기 때문이다. 셋째, 〈항우본기〉를 설치한 것이다. 항우는 천자가 아니기 때문에 〈본기〉에 들어갈 수 없고, 또 연대도 서초西楚의 기년으로 기록하지 않고 한漢의 기년으로 기록했을 뿐만 아니라 사건을 기록하는 방법도 단순히 전체傳體로 기록하였다. 실제적으로 말해서 〈항우본기〉는 〈항후열전〉을 〈항후본기〉로 이름을 바꿨을 따름이기 때문이다. 이로 인하여 당대唐代 유지기劉知幾의 《사통史通》에서는 곳곳에서 반고를 추켜세우고 사마천을 비판하였다. 유지기는 〈이체二體〉 편에서 《사기》와 《좌전左傳》을 비록 기전체와 편년체의 시초라고 말하지만, 진정으로 기전체와 편년체의 대표작은 반고의 《한서》와 순열荀悅의 《한기漢紀》라고 하였다. 결론적으로 말해서 사마천은 기전체라는 새로운 체제를 만들어냈지만 또한 기전체의 원칙을 지키지 않은 부분이 곳곳에서 나타나는 결점을 내포하고 있다. 그렇지만 《사기》는 명분과 실질을 바르게 확립하고 포폄褒貶, 즉 기리고 폄하하는 것을 분명히 드러내어 후세의 교훈으로 삼는데 열중하기 위해서 고의로 원칙을 지키지 않았던 것으로 볼 수 있다.

〈본기〉는 시대 단락을 구분하는 《사기》의 근간이다. 특히 하상주 3대의 〈본기〉가 위로는 황제黃帝부터 각 왕조의 흥망성쇠 역사를 일맥상통하게 연결시켜서, 역사 경험을 총체적으로 결집하고 역사의 발전 윤곽을 통찰하는데 유리하였다. 즉 〈5제본기〉, 〈하본기〉, 〈은본기〉, 〈주본기〉는 상고사上古史에 속하고, 〈진본기〉, 〈진시황본기〉, 〈항우본기〉는 고대사古代史에 속하며, 〈고조본기〉, 〈여후본기〉, 〈효문본기〉, 〈효경본기〉, 〈효무본기〉는 사마천이 생활하던 당대사當代史에 속한다. 중국 상고사에 해당하는 〈5제본기〉, 〈하본기〉, 〈은본기〉, 〈주본기〉를 통해서 알 수 있는 중국 상고시대의 개략적인 역사와 문화 내용은 다음과 같다.

〈5제본기〉는 황제, 전욱, 곡, 요, 순 등 5제에 대하여 기록한 것이다. 시기는 대략 후기 신석기 시대에 속한다. 후기 신석기 시대의 사회적 특징으로는 부계 씨족 중심의 부락사회가 정착하였고, 부락 구성원이 확대되어 부락연맹(Chiefdom)단계에 이르렀다. 문헌상의 기록과 비교할 때 5제(황제, 전욱, 곡, 요, 순) 시기에 상응하며, 전설 시기에 해당한다. 고고학

상의 유물의 연대 측정결과에 의하면 대략 기원전 2천 년 이후에 해당하였다. 이 시기의 비교적 전형적이고 대표성이 있는 문화는 문헌에 등장하는 염제, 황제와 요와 순의 부락 등이 있다. 염제 부락은 강수姜水 유역에서 활동하다가 나중에는 위수渭水를 따라서 황하 중류까지 활동 범위가 넓어졌다. 염제는 달리 신농씨神農氏라고 일컬어졌는데, 아마도 농업 경제를 위주로 하였기 때문일 것이다. 염제 부락은 발전도 빠르고 분포 범위도 넓어서 당시 비교적 강대한 부락 및 부락연맹의 일원이 되었을 것으로 여겨진다. 황제 부락은 북방의 잡다한 씨족 부락의 우두머리로서 염제 부락과 동일 시대에 공존했으며 세력도 막강한 부락이었다. 황제는 중국 고대의 영웅적 인물로 유웅씨有熊氏 혹은 헌원씨軒轅氏, 진운씨縉雲氏라고 일컬어졌다. 황제 부락의 주요 활동 지역은 산서山西와 하북河北 일대이며 최초로 부락연맹체를 형성한 것으로 보인다. 황제 부락은 최후에 염제 부락을 정복하여 화하족華夏族의 조상이 되었다. 즉 염제와 황제 부락의 연합을 역사에서 화하華夏 혹은 제하諸夏라고 일컬었고, 이들 연합세력은 중원 문화의 주요 개척자였다. 또 화하 문화는 염황炎黃 문화가 주위의 기타 문화를 흡수하여 발전하면서 공동으로 창조한 것이다. 황제 이후에 곡의 후예인 요와 전욱의 후예인 순은 차례로 부락연맹장을 담당하였으며, 중국사에 등장하는 5제인 황제, 전욱, 곡, 요, 순은 바로 이들 부락연맹장을 가리킨다. 당시 부락연맹의 관례에 의하여 군사민주적인 선거 방법으로 연맹장에 추대되었는데 이를 선양禪讓이라고 하였다. 이런 제도는 우왕禹王에 이르러 세습제로 변하였고 부락연맹 단계 역시 초보적인 국가(State) 단계로 변화하게 되었다.

〈하본기〉는 하夏나라에 대하여 기록한 것이다. 중국 고대 전설에 이르기를 황제의 후예 하후씨夏后氏는 하 부락연맹의 창시자라고 전해졌다. 하 부락연맹은 중국 역사상 최초의 왕조인 하나라로 발전했으며, 시기는 대략 기원전 21세기이다. 하나라는 우왕禹王에서 시작하여 걸왕桀

王에 이르기까지 14대 17왕으로 대략 400여 년 존속하였다. 그러나 실증의 근거가 부족하여 최근까지 후대 연구자들에게 하나라 존재의 의구심을 불러일으키고 있다. 하나라의 존재에 대한 탐색과 실증은 사마천이 현지답사를 거친 후에 《사기》〈하본기〉를 저술한 것이 시초이다. 하는 황하 중류의 역사가 오래된 부족이었고 10여 개의 부락으로 구성되어 있었으며, 하후씨가 이들 부락 중에서 지도적인 위치를 차지하고 있었다. 요, 순 시기에 이르러 하의 세력은 점차 강대해졌고, 우두머리인 곤鯀은 황하 북쪽의 공공씨共工氏와 더불어 유명한 군사 지도자가 되었다. 요의 시대에 곤은 황하의 치수를 담당하여 제방을 쌓는 방식으로 9년을 노력했으나 실패하고 처형당했다. 우왕은 아버지 곤의 치수 업무를 계승하였고, 13년 동안 수로를 개통하여 물 흐름을 분산시키는 방식으로 황하의 범람 문제를 해결하였다. 그 후에 백성의 추대를 받아 순을 계승하여 지도자의 자리에 올랐다. 우왕은 왕권을 공고히 하기 위하여 도산涂山에서, 하 종족과 이족夷族 등 각 방국邦國의 수령들로부터 신하의 예를 받았다. 이것을 도산의 회맹會盟이라고 하며 하나라의 정식 건립을 나타내주는 증거이다. 그 후에 걸왕桀王 시기에 이르러 말희妹喜의 총애와 궁궐과 주지육림 등의 건설, 충신 관룡봉關龍逄의 살해 등으로 하나라는 수습할 수 없는 상황에 처하게 되었다. 결국에는 동방의 제후인 상탕商湯과의 명조鳴條 전투에서 패배하여 중국 역사상의 최초 왕조인 하나라는 「상탕귀족역성혁명商湯貴族易姓革命」으로, 즉 상나라 탕이 귀족신분으로 하나라를 뒤엎는 군사반란으로 그 막을 내리게 되었다.

〈은본기〉는 상商나라에 대하여 기록한 것이다. 상은 발상지가 황하 하류 발해만渤海灣 해안지대이고, 역사가 유구한 부족이었다. 전설에 의하면 모계 씨족사회 기간에 간적簡狄이라는 여인이 해안가에서 목욕을 하다가 현조玄鳥(제비)가 낳은 알을 삼킨 후에 상의 시조인 설契을 낳았다고 한다. 이것은 발해만의 여러 부족에 존재하던 새 토템(Bird Totem)

을 반영한 것이다. 설부터 상은 부계 씨족사회로 진입하였으며, 설의 공적이 뛰어나서 그의 부족은 세력이 신속하게 발전하였다. 설은 하나라의 우와 동일시기에 순의 조정에서 근무하였다고 전해진다. 즉 설은 자라서 우를 도와 지수에 공을 세워서 상商 이라는 지역에 봉해졌고 자子 성을 하사 받았다. 상은 탕湯에 이르기까지 오랫동안 하나라에 복속되었다. 상나라는《상서尙書》〈서序〉의 「자설지어성탕팔천自契至於成湯八遷」의 내용과 같이 빈번히 이동하였는데 대략 하남河南과 산동山東, 하북河北의 지역이었다. 그들이 빈번히 이동한 원인은 여러 가지가 있지만 아마도 수초水草를 따라서 유목 생활을 하였던 것 같으며, 이동 과정 중에 세력과 활동 범위가 확대되어 상나라의 발전에 토대가 되었다고 여겨진다. 탕의 상나라 건국 이후부터 반경盤庚 이전까지는 상나라의 전반기이고 또한 혼란시기였다. 그러나 반경 이후부터는 상나라의 후반기이고 전성기였다. 반경은 즉위한 이후에 백성의 불만을 해소하고 통치의 안정을 위해서 엄奄에서 은殷으로 도읍을 옮겼다. 은은 다른 어떤 지역보다 경제, 군사, 사회생활을 막론하고 모두 우월한 지리조건을 가지고 있었다. 그 후 상나라가 멸망할 때까지 273년간 도읍을 옮기지 않았으며, 상나라는 안정기에 접어들게 되었다. 이것은 통치 질서의 확립과 정착 생활 및 농업의 종사로 사회경제가 회복되었음을 나타내주는 직접적인 증거였다. 그 외에 첨부할 것은 현재 일본과 기타 국가의 일부 학자는 사마천의《사기》〈은본기〉에 의거하여 중국의 두 번째 왕조를 은이라고 일컫는데 이것은 잘못된 관점이라고 여겨진다. 은은 도읍지의 명칭이지 왕조의 명칭이 아니므로 당연히 상이라고 일컬어야 될 것이다. 상나라의 멸망은 내부적으로는 주왕紂王의 황음무도한 정치에 대하여 통치계층 내부의 핵심 부류인 기자箕子, 비간比干, 미자微子 등 충신의 충고를 듣지 않으면서 분열이 시작되었다. 외부적으로는 피통치 계층에서는 민중의 반란이 일어나 각 계층 간에 서로 원수같이 여기게 되었다. 그중에서도 피통치 계층인 노예의 반항과 불만은 평민의 부담을 가중시켰다. 또 평민은 파산, 유랑, 도적 등으로 전락하여 노예 세력과 연합하여 정부에 대항하게 되었다.

〈주본기〉는 주周나라에 대하여 기록한 것이다. 주나라는 희성姬姓 부족인데 주위의 강성姜姓 부족과 대대로 통혼하여 부락연맹을 구성하였다. 시조는 기棄이고, 그의 어머니인 강원姜嫄(곡의 부인이라고 전해짐)은 거인의 발자취를 따라 걷다가 임신하여 기를 낳았다고 한다. 즉 당시는 모계 씨족사회였고 기의 이후에 부계 씨족사회로 진입하였다고 여겨진다. 기는 성장하면서 농사짓는 것을 좋아하여 5곡을 심고 농업에 종사하였다. 요의 통치 시기에는 농사農師에 임명되었고, 순의 통치 시기에는 후직后稷이라 일컬었다. 즉 기의 농업과 관계된 전설로 볼 때 주나라는 농업 위주의 사회였음을 반영하고 있다. 주나라는 서방에서 흥기한 종족으로 문왕과 무왕의 덕치로 세력이 날로 증대되었으며, 서남 일대의 제후들도 모두 무왕에게 복종하였다. 무왕은 목야牧野의 전투에서 상나라를 멸망시키고 정식으로 주나라를 건국하였다. 주나라는 여왕厲王 이후에 국인國人의 폭동과 빈번한 대외 전쟁으로 인하여 농업 생산도 황폐해졌으며, 관중 지역의 대지진의 발생으로 국가 경제는 파탄 지경에 이르렀다. 그 후 선왕宣王이 죽고 유왕幽王이 즉위하였는데, 유왕은 왕후인 신후申后와 태자인 선구宣臼를 폐하고 포사褒姒를 왕후로 삼았으며, 포사의 아들인 백복伯服을 태자로 삼는 등 궁중의 분란을 조장하였다. 신후의 부친 신후申侯는 서이西夷의 일파인 견융犬戎 등과 연합하여 유왕을 살해하였으며, 외손자인 선구를 평왕平王으로 삼았지만 주나라는 마침내 멸망하고 말았다. 주나라의 멸망과 동주東周의 천도로 왕실의 왕권이 쇠약해지면서 춘추시대라고 일컫는 분열로 치닫게 되었고, 각 나라의 제후들도 패권쟁탈전에 열중하게 되었다. 춘추시대는 철기시대로의 진입, 패권쟁탈, 생산관계의 변화, 중화민족의 형성, 정치제도와 사회계층, 사상과 문화의 대변혁이 발생하였다. 춘추시대는 다시 기원전 453년 3가분진三家分晉으로 전국시대에 진입하였다. 전국시대는 한, 위, 조, 진, 초, 연, 제 등 7대 강대국(7雄)이 동주 왕실의 권위를 불인정하고 스스로 왕이 되어 천하를 통일하려고 겸병전쟁을 빈번히 일으킨 시대였다. 기원전 278년 진秦나라는 백기白起를 파견하여 초나라를 공격하였다. 장평전長平戰은 진나라와 조趙나라의 유명한 전쟁이었고, 장평전 이후에 진나라는 6국에 대하여 절대 우세를 지키게 되었다. 기원전 230년부터 한, 위, 조, 연, 초, 제를 차례로 멸망시키고 550년 동안 제후들이 할거하던 상황을 마무리 지었다.

결론적으로 〈본기〉는 중국 상고시기의 역사내용의 맥락을 세우고 역사발전의 윤곽을 확정하였을 뿐만 아니라 역사 연구방법론에 실질적인 예시를 제공하는 토대였다. 또 역사 사실의 고증을 설명하는 역사방법론의 논술 부분에 해당한다. 그 외에 진나라와 초나라 시기의 역사 대변동 과정에 원인과 결과를 탐색할 수 있는 자료를 제공하였으며, 서한西漢 정치 득실의 직접적인 평가에 밀접한 관련이 있는 주요 사료인 것이다. 〈본기〉는 사마천이 역사를 논하고 인간을 논하며 다스림을 논하는 사상 원칙의 표준적인 작용을 하는 중요한 부분이 되었다.

II. ⟨5제본기五帝本紀⟩

5제계보五帝系譜

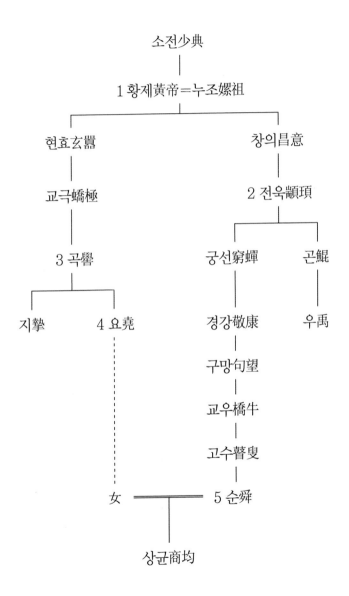

1. 〈5제본기〉 내용소개

〈5제본기〉는 《사기》의 제1편이고, 상고시대의 5제, 즉 황제, 전욱, 곡, 요, 순에 대해서 기록하였다. 상고시대는 일반적으로 문자로 기록하기 이전의 역사시기를 가리킨다. 문자가 없기 때문에 많은 사실들은 구전으로 전해질 뿐이었다.

황제에 대한 기록은 당시 부락민들이 지도자에 대하여 요구하는 것을 알 수 있다. 즉 지도자는 부락민을 잘 거느리고 외부의 공격에 효과적으로 저항하여 자기 부락의 인명과 재산이 약탈당하지 않게 하는 것이었다. 그리고 황제의 공적은 사람들의 기본적인 생활과 생산규칙을 정립한 것이다.

전욱과 곡에 대한 기록은 그들의 백성 교화에 대한 업적에 중심을 두고 서술하였다.

요에 대한 기록은 때 맞춰 농사짓는 것과 인재를 등용하여 나라를 다스리는 것에 중점을 두었다. 이것은 당시 사회가 이미 이전 시대와 다르고, 생산방식도 복잡하게 변했으며, 축목업도 나타나기 시작하였고, 인구가 증가하였으며, 사회구조 또한 변화가 발생하였음을 짐작할 수 있다.

순에 대한 기록은 덕행을 최우선으로 한 것을 알 수 있다. 당시 사회의 급격한 변화로 인하여 지도자 개인 능력에 대한 요구도 이미 이전 시대와 달리 변화되었다. 즉 지도자의 능력 중에서 덕행이 가장 중요시 되었는데, 이것은 당시 사회가 복잡해지면서 사람들의 지적 능력이 상당히 개화되었고, 선과 악의 대립도 명확히 구별되었음을 알 수 있다.

2. 〈5제본기〉 1-001~030

1-001

黃帝者, 少典之子, 姓公孫, 名曰軒轅。生而神靈, 弱而能言, 幼而徇
齊, 長而敦敏, 成而聰明。

▮음역▮

황제자, 소전지자, 성공손, 명왈헌원. 생이신령, 약이능언, 유이순제,
장이돈민, 성이총명.

▮주석▮

1. 황제黃帝－신석기시대 말기에서 청동기시대 초기 황제 부락연맹의
   통치자로 전해온다. 별도로 희수姬水 부근에서 출생하여 희성姬姓,
   헌원軒轅의 언덕에 거주하여 헌원, 5행 중 토土의 제왕으로 황제,
   건국한 나라 명칭이 유웅有熊으로 유웅씨有熊氏 등으로 불렸다. 중
   국 고대의 많은 발명은 모두 황제가 창조한 것으로 되어 있으며,
   심지어는 주위의 이민족도 모두 황제의 후예라고 일컬었다. 최후
   에는 주위의 염제炎帝 부락을 정복하여 염제와 더불어 화하족華夏
   族의 조상이 되었다. 즉 염제와 황제 부락의 연합을 역사에서 화하
   혹은 제하諸夏라고 일컬었고, 중원 문화의 주요 개척자였다. 화하
   문화는 염황炎黃 문화가 주위의 기타 문화를 흡수하여 발전하면서

공동으로 창조한 다민족 다문화이다.

2. 소전少典-3가지 의미가 있다. 첫째, 유웅 부락의 통치자이다. 유교씨有喬氏의 두 딸 여등女登과 부보附寶를 부인으로 맞아들였고, 부보와의 사이에 낳은 아들이 황제이다. 둘째, 나라 이름이라는 주장이 있다. 셋째, 모계 부락이라는 주장이 있다.

3. 공손公孫-두 가지 의미가 있다. 첫째, 공손이라는 성의 최초 출현은 상고시기이다. 신농씨神農氏의 동생 욱勖이 소전少典의 군주가 되었고, 그의 후세는 대대로 제후가 되었으며, 공손을 성으로 삼았다가 나중에 희姬로 바꿨다고 전해온다. 둘째, 춘추시대에 이르러 각 나라의 제후들은 나라의 크기에 관계없이 모두 공公으로 불리기를 좋아했다. 군주의 계승은 일반적으로 적장자가 하였고, 나머지 아들들은 편의상 공자公子라고 일컬었다. 공자의 아들은 다시 공손이라고 일컬었으며, 그들의 후손들이 공손을 성으로 삼았다. 즉 공손은 어느 한 종족의 성씨가 아니었다.

4. 헌원軒轅-헌원이라는 글자의 의미는 천별天鼈, 즉 하늘에 사는 자라이고 그 뜻은 신화화된 큰 거북(거북이, 용, 봉황, 기린은 중국의 4대 영물이다) 같은 동물을 가리킨다. 고대에 헌원과 천별은 발음이 같고, 별鼈은 수생동물을 가리킨다. 즉 헌원은 용, 뱀 같은 수생동물을 토템으로 하는 부락 출신을 가리킨다. 또 헌원의 지리상 위치는 희수姬水 부근으로 현재 섬서성陝西省 경내의 위하渭河 유역 일대이다.

5. 생이生而~, 약이弱而~, 유이幼而~, 장이長而~, 성이成而-태어나서~, 어려서(영아)~, 10살 무렵(유년)~, 15살 무렵(소년)~, 20살 무렵(성년).

6. 순제徇齊-신체의 발육과 지식의 발달이 빠름.

7. 돈민敦敏-성품이 돈독하고 행동이 민첩함.

황제는 소전의 아들이고 성씨는 공손이며 이름은 헌원이라고 일컬었
다. 태어나서는 신비하고 영묘한 면이 있었고, 영아 시기에는 말을 능숙
하게 하였으며, 유년 시기에는 신체와 지식의 발달이 빨랐고, 소년 시기
에는 성품이 돈독하고 행동이 민첩하였으며, 싱년인 20살 무렵에는 매
우 똑똑하였다.

┃참고┃

성姓의 개념과 유래-성의 의미는 본래 생生이다. 성은 공동혈연, 혈
통, 혈족관계의 종족칭호를 대표한다. 즉 전체 씨족부락의 칭호를 말한
다. 성의 유래는 토템숭배와 관계가 있다고 추측된다. 원시시대에 각 부
락과 씨족에 각각의 토템숭배 동물이 있고, 이런 것들이 부락의 표식이
되었으며 나중에는 전체 부락 구성원의 호칭, 즉 성으로 변했다. 성의
역사는 대략 5000년 전의 복희伏羲 시기로 추정한다. 성은 씨족의 혈통
을 대표하고 모계사회에서 기원되었다. 혈연을 구분하고 혈연 간의 혼인
을 방지하기 위한 식별표식으로 사용되었다. 참고로 씨氏는 고대 귀족의
표시이고 종족계통의 칭호이며, 하夏나라 중기에 공적과 지위를 나타내
기 시작하였다.

1-002

軒轅之時, 神農氏世衰, 諸侯相侵伐, 暴虐百姓, 而神農氏弗能征。於
是軒轅乃習用干戈, 以征不享, 諸侯咸來賓從。而蚩尤最爲暴, 莫能伐。

┃음역┃

헌원지시, 신농씨세쇠, 제후상침벌, 포학백성, 이신농씨불능정. 어시헌

원내습용간과, 이정불향, 제후함래빈종. 이치우최위포, 막능벌.

┃주석┃

1. 헌원軒轅-1-001 주석4 참고.

2. 신농씨神農氏-신석기시대 말기에서 청동기시대 초기에 강수姜水 유역의 강성姜姓 부락의 통치자이다. 5행 중 화火의 제왕으로 염제 炎帝라고 불리며 염제 부락연맹의 통치자로 전해온다. 염제 부락연 맹 중에서 세력이 가장 강한 부락으로 열산씨烈山氏 부락이 있는 데, 열산은 산에 불을 지른 후에 곡식의 종자를 심는다는 뜻이며 농경에 적합한 강한江漢 평원에서 활동하였다. 염제는 농기구의 발 명과 토양을 살필 줄 알았고 백성들에게 5곡을 파종하는 법을 가 르쳤으며, 음식물을 증가시켜서 민간에서는 신농(씨) 또는 5곡제선 五穀帝仙, 직신稷神으로 존경하였다. 또 많은 초목을 맛보고 식용으 로 사용하여서 후대에 그를 의약醫藥의 시조로 추대하였고, 8괘卦 를 겹쳐서 64괘를 만들었다고 전해진다.

3. 제후諸侯-제후는 중국 고대에 중앙정권이 분봉한 각 나라의 군주 를 일컫는 칭호이다. 주대周代에는 공작公爵, 후작侯爵, 백작伯爵, 자 작子爵, 남작男爵의 5등급으로 나누었다. 제후는 명의상 종주국 왕 실에 복종하고 조공, 복역 및 출병 등의 의무가 있다.

4. 백성百姓-백관百官을 가리킨다. 중국고대 노예사회에서는 일반 서 민은 성姓이 없고 관직이 있는 귀족만이 성이 있었다. 그래서 백성 은 귀족 또는 백관을 일컫는 말이고, 전국시대 이후에 점차 평민을 가리키게 되었다. 평민은 만성萬姓, 노백성老百姓으로 기록하였다.

3. 향享-조공朝貢, 조헌朝獻 등으로 종주국의 제사와 행사에 참여하 는 것을 가리킨다.

4. 빈종賓從-빈복賓服과 동일, 복종하다.

5. 치우蚩尤−황하 하류에서 장강의 회하淮河 유역에 이르는 광대한 지역에는 동이東夷와 회이淮夷가 거주하였는데, 모두 9개 부락으로 형성되어 있어서 9이九夷라고 일컬었다. 9이는 9려九黎로 9개 부락 81개 씨족으로 이루어진 부락연맹이며 통치자는 치우이다. 치우는 전쟁의 신으로 일컬어질 정도로 용맹하였지만 황제와 염제의 연합 군에게 탁록涿鹿의 전투에서 패배하였고, 9이 부락은 황제 부락에 흡수되었다고 전해진다.

┃국역┃

헌원이 생활하던 시기에는 신농씨의 통치력이 쇠약해져서 제후들은 서로 침략하여 공격하고 백관에게 횡포하고 잔인하게 하였지만 신농씨는 그들을 정벌할 수 없었다. 그래서 헌원은 무기를 익숙하게 사용할 수 있도록 군사를 훈련시켜서 신농씨에게 조공을 바치지 않는 자들을 정벌하였는데, 제후들이 모두 와서 헌원에게 복종하였다. 그러나 치우는 가장 포악하여 정벌할 수 없었다.

┃참고┃

《3황본기三皇本紀》가 없는 이유−중화문화에서 3황은 5제와 더불어 빠지지 않을 중도로 중요한 위치를 차지하고 있다. 그러면 《사기》에서 〈3황본기〉는 왜 없을까? 첫째, 3황시대는 5제시대보다 훨씬 이전의 시기로 관련 자료의 결핍과 신화적인 색채가 농후하여 사마천의 사실 기록에 곤란함이 있었을 것이다. 둘째, 무력과 재덕을 겸비한 황제黃帝가 출현하여 염제炎帝와 치우蚩尤 등과의 부락 통합전쟁을 벌인 것은 신화 시대와 역사시대를 구별하는 구체적인 의의가 있다. 셋째, 3황시기의 복잡하고 분열적인 현상은 유가儒家의 통일적 사상관념과 배치되기 때문에 사마천이 부득불 〈3황본기〉를 뺐을 것으로 여겨진다.

1-003

炎帝欲侵陵諸侯, 諸侯咸歸軒轅。軒轅乃修德振兵, 治五氣, 蓺五種, 撫萬民, 度四方, 教熊羆貔貅貙虎, 以與炎帝戰於阪泉之野。三戰, 然後得其志。

┃음역┃

염제욕침릉제후, 제후함귀헌원. 헌원내수덕진병, 치오기, 예오종, 무만민, 탁사방, 교웅비비휴추호, 이여염제전어판천지야. 삼전, 연후득기지.

┃주석┃

1. 염제炎帝-중화민족의 시조 중의 한 사람이고, 달리 적제赤帝, 열산씨烈山氏라고 일컬으며, 강수姜水 근처에서 출생했다고 전해진다. 그는 황제黃帝와 연합하여 점차 화하족華夏族을 형성하였고, 그래서 오늘날 중국인은 스스로를 염황炎黃의 후예라고 주장한다.

2. 제후諸侯-1-002 주석3 참고.

3. 헌원軒轅-1-001 주석4 참고.

4. 진병振兵-군대를 정돈하다.

5. 5기五氣-5방, 5행의 기운으로, 동(목, 봄), 서(화, 여름), 남(금, 가을), 북(수, 겨울), 중(토, 늦여름)이다.

6. 예蓺-심을 예藝와 동일.

7. 5종五種-쌀, 보리, 콩, 기장, 피.

8. 탁度-재다, 헤아리다.

9. 비羆-불곰, 말곰, 갈색 곰 등으로 불린다.

10. 비휴貔貅-두 가지 의미가 있다. 첫째, 맹수같이 사나운 상서로운 동물이다. 둘째, 고대에 판다 곰의 별칭으로 사용되었다. 참고로

현재 중국에서 통상 볼 수 있는 석사자石獅子는 사자가 아니고 비휴라는 주장이 있다.

11. 추貙—이리와 비슷하지만 크기가 큰 맹수.

12. 판천阪泉—고대의 탁수涿水 발원지이고, 판산阪山의 아래에 있는 하천이다. 현재 하북성河北省 딕록현涿鹿縣 동남 지역이다.

┃국역┃

염제가 제후들을 침략하여 욕보이려 하자 제후들은 모두 헌원에게 귀순하였다. 헌원은 이에 덕치를 베풀고 군대를 정돈하였고, 동, 서, 남, 북, 중 5방과 목, 화, 토, 금, 수 5행의 자연현상에 순응하였으며, 쌀, 보리, 콩, 기장, 피 등 5종류의 곡식을 심게 하였고, 각 지역의 백성들을 어루만지고 사방의 토지를 측량하여 정비하였으며, 곰, 불곰, 비휴, 이리, 호랑이 등 용맹한 동물을 훈련시켜(또는 위에 열거한 용맹한 동물을 토템으로 삼는 부락의 군사를 훈련시켜) 염제와 판천의 들판에서 전쟁하였다. 3차례 전투한 이후에 염제에게 승리하였다.

┃참고┃

판천阪泉의 전쟁—황제黃帝 시기에 중원 각 종족을 정벌하는 과정에 황제와 염제의 두 부락연맹이 판천에서 몇 차례 전쟁한 것을 말한다. 이 전쟁은 중화민족의 첫 번째 통일전쟁이라고 말할 수 있고, 그 결과로 형성된 부락연맹은 후에 화하족華夏族의 형성과 중국인 스스로 염황炎黃 자손이라고 일컫는 중요 계기가 되었다.

1-004

蚩尤作亂，不用帝命。於是黃帝乃徵師諸侯，與蚩尤戰於涿鹿之野，

逐禽殺蚩尤。而諸侯咸尊軒轅爲天子, 代神農氏, 是爲黃帝。天下有
不順者, 黃帝從而征之, 平者去之, 披山通道, 未嘗寧居。

|음역|

치우작란, 불용제명. 어시황제내징사제후, 여치우전어탁록지야, 수금
살치우. 이제후함존헌원위천자, 대신농씨, 시위황제. 천하유불순자, 황제
종이정지, 평자거지, 피산통도, 미상영거.

|주석|

1. 치우蚩尤-1-002 주석7 참고.
2. 황제黃帝-1-001 주석1 참고.
3. 제후諸侯-1-002 주석3 참고.
4. 탁록涿鹿-현재 하북성河北省 서북부의 상간하桑干河 하류 일대이
   며 현재 장가구시張家口市에 예속되어 있다.
5. 헌원軒轅-1-001 주석4 참고.
6. 천자天子-고대에 군주권君主權은 하늘의 천신天神으로부터 천명天
   命을 받아서 인간세계를 다스리는 것으로 여겼기 때문에 제왕을
   천자라고 일컬었다. 즉 천자는 하늘의 적장자이고 땅의 최고 통치
   자를 가리킨다. 또 하늘을 아버지皇天로 하고 땅을 어머니后土로
   하는 하늘의 대리인을 말한다. 천자의 칭호는 주周나라에서 처음
   시작되었고, 이에 대한 학문적 근거는 유학儒學의 경전인 《시경詩
   經》〈대아大雅〉와 《상서尙書》이다.
7. 신농씨神農氏-1-002 주석2 참고.
8. 종從-거느리다, 인솔하다. 종이벌지從而伐之와 동일.
9. 피披-열다, 개척하다.

치우가 다시 반란을 일으키고 황제의 명령을 듣지 않았다. 그래서 황제는 제후들의 군사를 징집하여 치우와 탁록의 들판에서 전쟁하였고, 마침내 치우를 사로잡아 살해하였다. 그러자 제후들은 모두 헌원을 존경하여 천자로 받들고 신농씨를 대신하게 하니 이 사람이 바로 황제이다. 천하에 순종하지 않는 무리가 있으면 황제는 군사를 거느리고 가서 정벌하였고, 어느 지역을 평정한 이후에는 곧 그곳을 떠났으며, 산을 개간하여 도로를 개통하느라 일찍이 편안하게 거주한 적이 없었다.

|참고|

탁록涿鹿의 전쟁-황제부락과 염제 부락이 연합하여 동이東夷 부락 중 치우蚩尤 부락과 탁록 일대에서 중원지대를 차지하기 위하여 치른 전쟁이다. 이 전쟁은 중국역사상 기록에 보이는 이민족과의 최초의 전쟁이다.

헌원천자軒轅天子-고사성어이다. 헌원은 신석기시대 후기 부락연맹의 우두머리로 주변부락과의 병합전쟁 즉 염제와 판천에서 전쟁하고 치우와 탁록에서 전쟁하여 승리하였다. 헌원 즉 황제黃帝는 백성을 위하여 각종 제도를 설치하고 발명품을 제작하였으며, 제후들이 존경하여 천자로 일컬었고, 후대 사람들은 그를 중화민족의 시조로 받들었다. 그래서 중화민족을 비유해서 가리키는 말이 되었다.

1-005

東至于海, 登丸山, 及岱宗。西至于空桐, 登雞頭。南至于江, 登熊湘。北逐葷粥, 合符釜山, 而邑于涿鹿之阿。遷徙往來無常處, 以師兵爲營衛。官名皆以雲命, 爲雲師。置左右大監, 監于萬國。萬國和, 而鬼神山川封禪與爲多焉。獲寶鼎, 迎日推筴。擧風后, 力牧, 常先,

大鴻以治民。順天地之紀, 幽明之占, 死生之說, 存亡之難。時播百
穀草木, 淳化鳥獸蟲蛾, 旁羅日月星辰水波土石金玉, 勞勤心力耳
目, 節用水火材物。有土德之端, 故號黃帝。

ㅣ음역ㅣ

동지우해, 등환산, 급대종. 서지우공동, 등계두. 남지우강, 등웅상. 북
축훈육, 합부부산, 이읍우탁록지아. 천사왕래무상처, 이사병위영위. 관명
개이운명, 위운사. 치좌우대감, 감우만국. 만국화, 이귀신산천봉선여위다
언. 획보정, 영일추책. 거풍후, 역목, 상선, 대홍이치민. 순천지지기, 유명
지점, 사생지설, 존망지난. 시파백곡초목, 순화조수충아, 방라일월성신수
파토석금옥, 노근심역이목, 절용수화재물. 유토덕지단, 고호황제.

ㅣ주석ㅣ

1. 환산丸山 - 현재 길산吉山, 기산紀山, 범산凡山으로 불리며, 산동성山
   東省 유방시濰坊市에 있다.
2. 대종岱宗 - 태산泰山의 다른 이름으로, 고대에는 태산이 4악四岳의
   으뜸이므로 대종, 대산岱山, 대악岱岳, 동악東岳, 태악泰岳 등으로 불
   려졌다. 현재 산동성山東省 태안泰安에 있다.
3. 공동空桐 - 산의 명칭으로 달리 계두鷄頭라고 일컬으며 현재 감숙
   성甘肅省 평량시平涼市 서쪽에 있다.
4. 계두鷄頭 - 공동산空桐山의 다른 이름이다.
5. 강江 - 장강長江을 말한다.
6. 웅상熊湘 - 현재 비교적 유력한 주장은 호남성湖南省 신화현新化縣
   에 있는 대웅산大熊山을 가리킨다.
7. 훈육葷粥 - 흉노匈奴를 가리킨다. 흉노는 하대夏代에 훈죽獯鬻, 상대

商代에 귀방鬼方, 주대周代에 험윤玁狁, 전국戰國 이후에 흉노로 일
컬었다. 또 흉노는 진한秦漢 이후에 중국 북방에서 유목하는 종족
을 통칭하게 되었다.

8. 부산釜山-현재 비교적 유력한 주장은 하북성河北省 서수현徐水縣
경내에 있는 산을 가리킨다.

9. 탁록涿鹿-1-004 주석4 참고.

10. 운사雲師-황제 시기의 관직 명칭.

11. 대감大監-황제 시기의 관직 명칭.

12. 봉선封禪-봉은 천자가 태산泰山에 올라가서 둥그런 제단을 쌓고
하늘에 제사지내는 것이고, 선은 태산 아래의 작은 언덕에서 땅을
쓸고 사각형의 제단을 쌓고 땅에 제사를 지내는 것이다. 즉 고대의
제왕이 태평성세 혹은 하늘에서 상서로운 현상이 나타날 때 하늘
과 땅에 제사를 지내는 의식이다.

13. 보정寶鼎-두 가지 의미가 있다. 첫째, 정(삼발이 솥)의 일종으로
진귀한 것을 표시할 때 보정이라고 한다. 둘째, 고대에 통치자의
상징을 가리키며, 대표적인 것으로는 하夏나라 우왕禹王의 9정九鼎
이 있다.

14. 책筴-점대 책, 낄 협.

15. 풍후風后-전설에 황제의 신하로 등장하며 지남차指南車를 발명했
다고 한다. 풍백風伯이라고 하며, 풍성風姓 부락의 우두머리이다.

16. 역목力牧-전설에 황제의 신하로 등장한다.

17. 상선常先-전설에 황제의 신하로 등장하며, 수렵도구와 북(鼓)을
발명했다고 한다.

18. 대홍大鴻-전설에 황제의 신하로 등장하며, 지혜와 용맹을 겸비한
장군으로 유명하다. 원래 이름은 귀용구鬼容區이고 대홍은 그의 호
號이다.

19. 유명幽明-3가지 의미가 있다. 첫째, 유형과 무형의 사물을 가리킨다. 둘째, 주야 또는 음양을 가리킨다. 셋째, 삶과 죽음 즉 음간과 인간세계를 가리킨다. 여기서는 두 번째를 채택했다.

20. 순화淳化-순박하게 함.

21. 충아蟲蛾-벌레와 개미.

22. 방라旁羅-널리 이르다.

23. 파波-물결, 움직이다, 전파되다.

24. 토덕土德-고대에 5행五行 상생상극의 원리를 왕조의 명운에 부화하여 설명한 이론으로 5덕五德 중의 하나이다.

25. 황제黃帝-1-001 주석1 참고.

┃국역┃

동쪽으로는 동해 바다에 이르고 환산에 올랐으며 대종(태산)까지 도달하였다. 서쪽으로는 공동산에 이르고 계두산에 올랐다. 남쪽으로는 장강에 이르고 웅상산(대웅산)에 올랐다. 북쪽으로는 훈육을 쫓아내고, 부산에서 제후를 소집하여 천자의 칙명을 내리는 부절을 서로 맞춰보았으며, 탁록의 산기슭에 도읍을 정했다. 황제는 이동과 왕래가 빈번하여 고정적인 거처가 없었고, 군사들로 진영을 만들어 호위하게 하였다. 관직 명칭은 모두 운이라는 글자를 넣어 지었으며 그래서 관직 명칭은 운사였다. 좌대감과 우대감을 설치하여 많은 제후국을 감시하게 하였다. 각 지역의 제후국이 서로 화목하니 귀신과 산천, 하늘과 땅에 제사지내는 의례도 덩달아 많아졌다. 제왕을 상징하는 보정(삼발이 솥)을 획득하였고, 앞으로의 날짜를 세고 역법을 계산하였다. 풍후, 역목, 상선, 대홍 등을 등용하여 백성을 다스렸다. 하늘과 땅의 규율과 음양의 변화와 징조, 삶과 죽음의 의례와 흥망성쇠의 도리에 순응하였다. 때에 맞춰 온갖 곡식과 초목을 심고 새와 짐승과 벌레와 개미를 순화시켰으며, 그 덕행이 널리

해와 달, 별, 물, 흙, 돌, 쇠, 옥에까지 이르렀고, 마음과 힘을 다하고 눈으로 관찰하고 귀로 경청하며 열심히 노력하였으며, 물과 들에서 생산되는 물건을 절약하며 사용하였다. 목, 화, 토, 금, 수 5덕 중에서 토덕의 상서로운 근본이 나타났기 때문에 황제라고 일컬었다.

┃참고┃

5덕五德과 통치자의 설정-《예기禮記》〈월령月令〉의 해석은 5행설과 5방설에 근거하였다. 즉 동방은 목木이고 그 통치자는 태호太昊이고, 남방은 화火이고 그 통치자는 염제炎帝이고, 중앙은 토土이고 그 통치자는 황제黃帝이고, 서방은 금金이고 그 통치자는 소호少昊이고, 북방은 수水이고 그 통치자는 전욱顓頊이다. 황제는 중앙에 위치하고, 황색은 황토의 색이다. 후대에 황색은 제왕이 전용하던 색이 되었으며, 가장 존귀하고 지고무상한 권위를 나타내게 되었다.

1-006

> 黃帝二十五子, 其得姓者十四人。

┃음역┃

황제이십오자, 기득성자십사인.

┃주석┃

1. 황제黃帝-1-001 주석1 참고.
2. 성姓-황제는 25명의 아들이 있었고 그중에서 공적이 탁월한 14명에게 12개의 성姓을 하사하였으며 현재까지 사용되고 있다. 중국에서 성의 유래는 조상의 토템 숭배와 밀접한 관계가 있고, 성의

사용은 대략 5,000년 전 복희伏羲 시기라고 전해온다. 성은 씨족의 혈통을 대표하고 모계사회에 기원을 두고 있다. 또 족성族姓이라고 일컬으며, 혈연을 구분하고 혈연간의 혼인을 방지하기 위하여 상호 식별할 수 있는 표식을 만든 것이다.

‖국역‖

황제는 25명의 아들이 있고, 그중에서 성씨를 얻은 자는 14명이 있다.

‖참고‖

황제의 25명 후예-기록에 의하면 황제의 후예로는 25종宗 12성姓이 있었다고 하는데, 25종은 25개 씨족을 말하며 12성은 12개의 포족胞族을 가리킨다. 2개의 포족은 하나의 부락을 이루므로 6개의 부락이 모여 연맹체를 형성하였던 것 같다.

1-007

黃帝居軒轅之丘, 而娶於西陵之女, 是爲嫘祖。嫘祖爲黃帝正妃, 生二子, 其後皆有天下：其一曰玄囂, 是爲靑陽, 靑陽降居江水；其二曰昌意, 降居若水。昌意娶蜀山氏女, 曰昌僕, 生高陽, 高陽有聖德焉。黃帝崩, 葬橋山。其孫昌意之子高陽立, 是爲帝顓頊也。

‖음역‖

황제거헌원지구, 이취어서릉지녀, 시위루조. 누조위황제정비, 생이자, 기후개유천하：기일왈현효, 시위청양, 청양강거강수；기이왈창의, 강거약수. 창의취촉산씨녀, 왈창복, 생고양, 고양유성덕언. 황제붕, 장교산. 기손창의지자고양립, 시위제전욱야.

1. 황제黃帝-1- 001 주석1 참고.

2. 헌원지구軒轅之丘-지리상 위치는 희수姬水 부근으로 현재 섬서성
陝西省 경내의 위하渭河 유역 일대이다.

3. 서릉西陵-현재 비교적 유력한 주장은 하남성河南省 서평현西平縣
일대이고, 이곳에 거주하던 종족의 성씨는 서릉씨로 일컬어졌다.

4. 누조嫘祖-달리 누조累祖라고 쓰며, 전설에 서릉씨西陵氏의 딸 누
조가 양잠을 발명했다고 전해온다. 북주北周 이후에는 양잠의 신인
잠신蠶神, 선잠先蠶으로 일컫고 제사를 지냈다.

5. 현효玄囂-황제와 누조 사이에 출생한 첫째 아들이다. 이름은 지摯
이고 호는 청양靑陽이다. 태호太昊의 법도를 발전시켜서 후대 사람
이 소호씨少昊氏라고 일컬었다. 또 청양씨靑陽氏, 금천씨金天氏, 궁
상씨窮桑氏, 운양씨雲陽氏, 주선씨朱宣氏라고 일컬으며 대대로 전해
져 성씨가 되었다. 곡부曲阜에 도읍을 정하고 사후에 운양산雲陽山
에 매장되었다고 전해온다.

6. 청양靑陽-현효의 호이다.

7. 강수江水-장강의 지류로 서릉협西陵峽 지역으로 흘러가는 강이다.
일설에는 민강岷江을 가리키며 사천성四川省 중부에 있고 발원지는
민산岷山 남쪽 기슭이다.

8. 창의昌意-황제와 누조 사이에 출생한 둘째 아들이다. 그 후에 촉
산씨蜀山氏의 여성 창복昌僕을 부인으로 삼고 전욱顓頊을 낳았다.

9. 약수若水-현재 비교적 유력한 주장은 아롱강雅礱江을 가리키고 사
천성四川省 아안시雅安市 형경현滎經縣에 있다. 아롱강은 고대에 약수,
노수瀘水로 불렸고, 금사강金沙江과 매우 흡사하여 약수라는 명칭으
로 불렸다.

10. 촉산씨蜀山氏-촉산에 거주하는 종족을 가리킨다. 촉산은 현재의 사

천성四川省 중부에 있고 민강岷江 상류에 위치한 민산岷山을 말한다.

11. 씨氏-하夏, 상商, 주周 3대 이전에는 성과 씨는 구분되었다. 남자는 씨를 일컬었고 여성은 성으로 일컬었다. 씨는 귀천을 구별하였고 귀한 자는 씨가 있고 천한 자는 씨가 없었다. 진秦, 한漢 이전에는 성은 씨의 근본이고 씨는 성에서 나왔다. 후대에 성과 씨는 구분하지 않고 혼용해서 사용했는데 그 시작은 사마천司馬遷이라고 전해온다.

12. 창복昌僕-촉산씨의 여성으로 창의와 결혼하여 전욱顓頊을 낳았다.

13. 고양高陽-5제五帝의 한 명인 전욱顓頊을 가리킨다. 전욱의 부락은 일찍이 고양 일대에서 활동하였고 처음에 세운 나라 명칭도 고양이었으며, 고양 지역을 봉지로 받고 도읍을 제구帝丘에 세워서 고양씨高陽氏라고 일컬었다.

14. 교산橋山-상고시대 유교씨有喬氏의 거주지로 교산이라고 일컬었다. 현재 탁록현 동남쪽에 있고, 산 정상에 천연의 석교石橋가 있어서 교산이라는 명칭으로 불렸다. 또 소교산小橋山으로도 불리며 황제의 묘지가 있다.

15. 전욱顓頊-5제五帝의 한 명으로 고양씨高陽氏라고 일컫는다. 성씨는 풍風이고 15세에 소호씨를 보좌하여 9려九黎 지역을 다스렸다. 황제黃帝가 사망한 후에 즉위하였고 5덕 중 수덕水德의 제왕으로 현제玄帝라고 일컬었으며 전욱력顓頊曆을 제정하였다.

|국역|

황제는 헌원의 언덕에 거주하였고 서릉씨(부족)의 여성을 부인으로 맞아들였는데, 그녀가 바로 누조이다. 누조는 황제의 정실부인으로 아들을 2명 낳았으며, 그들의 후예는 모두 천하를 차지하였다. 첫째 아들은 현효인데 이 사람이 바로 청양이며, 청양은 강수 지역을 하사받고 거주하였다. 둘째 아들은 창의이고 약수 지역을 하사받고 거주하였다. 창의는

촉산씨(부족)의 여성을 부인으로 맞아들였는데, 그녀는 창복이라고 일컬었고 고양을 낳았으며 고양은 성스러운 덕행을 가지고 있었다. 황제가 사망하고 교산에 장사지냈다. 그의 손자이고 창의의 아들인 고양이 즉위하였는데 이 사람이 바로 전욱이다.

┃참고┃

신화와 전설에 나타난 전욱顓頊의 형상-문헌과 달리 신화와 전설에 나타나는 전욱은 포악한 천제天帝로 등장한다. 그는 태양, 달, 별을 모두 북쪽의 하늘로 옮겨놓고 백성을 괴롭게 하였다. 또 그에게 불만을 품은 공공共工이라는 천신天神을 가혹하게 처벌하였으며, 여성이 길에서 남자와 마주치면 한쪽으로 피하여 양보하고 이를 어겼을 경우에는 엄벌에 처하는 법률을 공포하였다. 이상의 내용으로 짐작할 수 있는 당시 사회는 첫째, 전욱의 권력이 황제黃帝 시대와 비할 수 없이 강력해졌고 둘째, 주변 부락 즉 염제炎帝의 후손 부락과의 계속된 쟁탈전쟁에서 승리하였으며 셋째, 모계사회에서 여성의 지위가 낮은 부계사회로 변해가는 과정임을 알 수 있다.

1-008

帝顓頊高陽者, 黃帝之孫而昌意之子也。靜淵以有謀, 疏通而知事 ; 養材以任地, 載時以象天, 依鬼神以制義, 治氣以敎化, 絜誠以祭祀。北至于幽陵, 南至于交阯, 西至于流沙, 東至于蟠木。動靜之物, 大小之神, 日月所照, 莫不砥屬。

┃음역┃

제전욱고양자, 황제지손이창의지자야. 정연이유모, 소통이지사 ; 양재

이임지, 재시이상천, 의귀신이제의, 치기이교화, 결성이제사. 북지우유릉, 남지우교지, 서지우유사, 동지우반목. 동정지물, 대소지신, 일월소조, 막부지속.

▮주석▮

1. 전욱顓頊－1-007 주석15 참고.
2. 고양高陽－1-007 주석13 참고.
3. 황제黃帝－1-001 주석1 참고.
4. 창의昌意－1-007 주석8 참고.
5. 정연靜淵－마음과 생각이 조용하고 깊음.
6. 재시載時－4계절의 운행.
7. 상천象天－하늘의 법도를 본받음.
8. 결성絜誠－몸을 깨끗이 하고 마음을 경건하게 함.
9. 유릉幽陵－중국의 북방 지역을 말하며, 유도幽都, 유주幽州라고도 불렀다. 오늘날 북경 및 하북성河北省 북부지역 일대를 가리킨다.
10. 교지交阯－중국 고대의 지명으로 교지交趾라고도 쓰며, 현재 월남 지역을 가리킨다.
11. 유사流沙－두 가지 의미가 있다. 첫째, 중국 서쪽에 있는 고비사막을 가리킨다. 둘째, 거연현居延縣 서북쪽에 있는 거연택居延澤을 가리키기도 한다. 즉 지명이면서 호수를 가리킨다.
12. 반목蟠木－전설에 동해 바다 가운데에 있는 산을 가리키며 일설에는 부상산扶桑山이라고 하였다.
13. 지속砥屬－평정되어 복종함.

▮국역▮

전욱 고양씨는 황제의 손자이고 창의의 아들이다. 마음이 조용하고

생각이 깊어서 지략이 있고, 사물의 원리에 두루 통달하여 사리 판별을
할 줄 알았다. 작물을 심고 가꾸어 토지의 작용을 충분히 발휘하게 하
고, 봄, 여름, 가을, 겨울 4계절의 운행에 따라서 하늘의 도리를 본받아
행동하며, 귀신의 활동에 따라서 의례를 제정하고, 목, 화, 토, 금, 수 5
행의 규율을 익혀서 백성을 교화하였으며, 몸을 깨끗이 하고 마음을 경
건하게 하여 제사를 지냈다. 북쪽으로는 유릉에 이르렀고, 남쪽으로는
교지에 이르렀으며, 서쪽으로는 고비사막에 이르고, 동쪽으로는 동해 바
다 가운데에 있는 섬에 이르렀다. 움직이는 동물과 움직이지 않는 식물
및 크고 작은 모든 신령 등, 무릇 해와 달이 비추는 곳이면 평정되어 복
종하지 않는 곳이 없었다.

1-009

帝顓頊生子曰窮蟬。顓頊崩, 而玄囂之孫高辛立, 是爲帝嚳。

|음역|

제전욱생자왈궁선. 전욱붕, 이현효지손고신립, 시위제곡.

|주석|

1. 전욱顓頊-1-007 주석15 참고.
2. 궁선窮蟬-전욱의 아들이다. 궁선의 아들은 경강敬康, 경강의 아들
   은 구망句望으로 줄곧 평민으로 신분이 하락하였다가 순舜의 통치
   시기에 다시 왕실로 귀환하였다.
3. 현효玄囂-1-007 주석5 참고.
4. 고신高辛-상고시대 5제 중의 3번째 제왕으로 제곡帝嚳, 곡嚳으로
   불리며, 성씨는 희姬이고 이름은 준俊이다. 황제黃帝의 증손자이고

현효玄囂의 손자이며 교극蟜極의 아들이다. 유신有辛 지역에 봉지를 받아서 고신씨高辛氏라고 일컬었다. 박亳을 도읍으로 삼고 목덕木德의 제왕이다.

5. 곡嚳-위의 내용 참고.

┃국역┃

전욱은 아들을 낳았는데 궁선이라고 일컬었다. 전욱이 사망하고 현효의 손자인 고신이 즉위하였는데, 이 사람이 바로 곡이다.

┃참고┃

곡과 4명의 부인-전설에 곡은 부인이 4명 있었다고 한다. 첫째, 강원姜原이고 거인의 발자국을 따라 걷다가 기棄를 낳았으며, 기는 주周나라의 시조가 되었다. 둘째, 간적簡狄이고 제비의 알을 삼킨 후에 설契을 낳았으며, 설은 상商나라의 시조가 되었다. 셋째, 경도慶都 또는 진봉씨陳鋒氏로 일컫고 항상 노란 구름이 자신을 감싸고 있었으며, 요堯를 낳았다. 넷째, 상의常儀 또는 추자씨娵訾氏로 일컫고 총명하며 머리카락이 발까지 내려올 정도로 길었으며, 지摯를 낳았다.

1-010

帝嚳高辛者, 黃帝之曾孫也。高辛父曰蟜極, 蟜極父曰玄囂, 玄囂父曰黃帝。自玄囂與蟜極皆不得在位, 至高辛卽帝位。高辛於顓頊爲族子。

┃음역┃

제곡고신자, 황제지증손야. 고신부왈교극, 교극부왈현효, 현효부왈황제. 자현효여교극개부득재위, 지고신즉제위. 고신어전욱위족자.

1. 곡곡嚳─1-009 주석5 참고.

2. 고신高辛─1-009 주석4 참고.

3. 황제黃帝─1-001 주석1 참고.

4. 교극蟜極─고신의 부친으로 제왕의 자리에 오르지 못했다.

5. 현효玄囂─1-007 주석5 참고.

6. 전욱顓頊─1-007 주석15 참고.

7. 족자族子─조카(侄兒).

▮국역▮

곡은 고신으로 일컫고 황제의 증손자이다. 고신의 아버지는 교극이라 일컫고 교극의 아버지는 현효라고 일컬었으며, 현효의 아버지는 황제라고 일컬었다. 현효와 교극은 모두 제왕에 자리에 오르지 못했고, 고신에 이르러 제왕에 즉위하였다. 고신은 전욱에게는 조카가 된다.

1-011

高辛生而神靈, 自言其名。普施利物, 不於其身。聰以知遠, 明以察微。順天之義, 知民之急。仁而威, 惠而信, 脩身而天下服。取地之財而節用之, 撫敎萬民而利誨之, 曆日月而迎送之, 明鬼神而敬事之。其色郁郁, 其德嶷嶷。其動也時, 其服也士。帝嚳漑執中而徧天下, 日月所照, 風雨所至, 莫不從服。

▮음역▮

고신생이신령, 자언기명. 보시이물, 불어기신. 총이지원, 명이찰미. 순천지의, 지민지급. 인이위, 혜이신, 수신이천하복. 취지지재이절용지, 무교만민이리회지, 역일월이영송지, 명귀신이경사지. 기색욱욱, 기덕억억.
기동야시, 기복야사. 제곡개집중이편천하, 일월소조, 풍우소지, 막부종복.

｜주석｜

1. 고신高辛-1- 009 주석4 참고.
2. 보시이물普施利物-널리 은혜를 베풀어 이로움이 만물에 이르다.
3. 욱욱郁郁-문물이 융성하거나 무늬가 찬란함. 또는 향기가 홍성한
   모양을 가리킴.
4. 억억嶷嶷-덕이 높은 모양을 가리킴.
5. 집중執中-중용의 도를 지킴, 한쪽에 치우침이 없이 평등하고 공
   정하게.
6. 편偏-두루 미치다.

｜국역｜

고신은 태어나면서부터 신비롭고 영묘하여 스스로 자신의 이름을 말
했다. 널리 은혜를 베풀어 이로움이 만물에 미쳤지만 자신의 이익을 위
해서는 하지 않았다. 총명하여 먼 곳의 상황을 잘 알고, 명석하여 미세
한 것도 잘 살폈다. 하늘의 도리에 순응하여 백성의 절박한 바를 이해하
였다. 어질면서도 위엄이 있고 은혜로우면서도 믿음이 있으며, 스스로
품성을 바르게 가짐으로써 천하로 하여금 복종하게 하였다. 토지의 생산
물을 거둬서 절약하며 사용하였고, 백성들을 어루만지고 가르쳐서 그들
로 하여금 이로움을 얻도록 깨우쳐 주었다. 해와 달의 운행을 관찰하여
역법을 수정하고, 초하루(삭) 보름(망) 그믐(회) 등을 맞이하고 보내게
하였고, 귀신을 명료하게 밝혀서 그들을 공경하여 섬기게 하였다. 그의
외모는 매우 온화하고 덕행은 고상하였다. 그의 활동은 때에 맞춰 하였
고 옷차림은 사(대부 아래이고 서인의 위 계급)와 같았다. 곡(고신)은 물을

농토에 끌어 대듯이 한쪽에 치우침이 없이 평등하고 공정하게 천하에 두루 이르게 하였으며, 해와 달이 비추고 바람과 비가 도달하는 곳이라면 따르고 복종하지 않음이 없었다.

1-012

帝嚳娶陳鋒氏女, 生放勳。娶娵訾氏女, 生摯。帝嚳崩, 而摯代立。帝摯立, 不善(崩), 而弟放勳立, 是爲帝堯。

┃음역┃

제곡취진봉씨녀, 생방훈. 취추자씨녀, 생지. 제곡붕, 이지대립. 제지립, 불선(붕), 이제방훈립, 시위제요.

┃주석┃

1. 곡嚳-1-009 주석5 참고.
2. 진봉씨陳鋒氏-태호太湖 유역에서 활동하는 이족夷族의 우두머리 종족이다. 진봉씨 여성은 이름은 경도慶都이고 곡의 3번째 부인이다. 또 풍씨風氏, 봉씨(鳳·丰·鋒·封氏), 신봉씨臣鋒氏라고도 하며, 황제보다 이른 시기에 등장한 중국의 첫 번째 성씨로 알려졌다.
3. 방훈放勳-곡과 진봉씨 사이에 출생한 둘째 아들이다. 처음에 도陶를 봉지로 받고 나중에 당唐을 봉지로 받고 통치를 잘하였다. 요堯, 도당씨陶唐氏, 당요唐堯 등으로 일컬었다. 5덕 중 화덕火德의 제왕으로 적제赤帝라고 일컬었다.
4. 추자씨娵訾氏-추씨娵氏와 자씨訾氏가 결합한 종족으로, 달리 추도씨鄒屠氏라고 불렀다. 추자씨 여성은 이름은 상의常儀이고 곡의 4번째 부인으로 지摯를 낳았다.

5. 지摯-곡과 추자씨 사이에 출생한 아들이다. 천하를 9년 동안 다스렸지만 통치를 잘 못하였고 요에게 선양禪讓하였다.

6. 요堯-1-012 주석3 참고.

┃국역┃

곡은 진봉씨(부족)의 여성을 부인으로 맞아들였고 방훈을 낳았다. 또 추자씨(부족)의 여성을 부인으로 맞이하여 지를 낳았다. 곡이 사망하고 지가 대신하여 즉위하였다. 지가 즉위하고 통치를 잘못하여 동생 방훈이 즉위하였는데 이 사람이 바로 요이다.

┃참고┃

요堯의 역사상 공헌-요의 역사상 공헌은 크게 두 가지로 요약할 수 있다. 첫째, 몸소 실천의 자세로 백성과 동고동락하여 사회의 안정과 번영을 유지하였고, 각 씨족부락과 화목하여 종족 융합을 실현하였다. 둘째, 당시 부락연맹의 관례에 의하여 군사민주적인 선거방법으로 연맹장에 추대되었는데, 이를 선양禪讓이라고 하였다. 즉 중국 역사상 최초로 선양제禪讓制를 실행하여 원시사회의 민주제도를 실천하였다.

1-013

帝堯者, 放勳。其仁如天, 其知如神。就之如日, 望之如雲。富而不驕, 貴而不舒。黃收純衣, 彤車乘白馬。能明馴德, 以親九族。九族旣睦, 便章百姓。百姓昭明, 合和萬國。

┃음역┃

제요자, 방훈. 기인여천, 기지여신. 취지여일, 망지여운. 부이불교, 귀이불서. 황수순의, 동거승백마. 능명순덕, 이친구족. 구족기목, 편장백성.
백성소명, 합화만국.

‖주석‖

1. 요堯-1-012 주석3 참고.
2. 방훈放勳-요의 이름이다. 1-012 주석3 참고.
3. 서舒-우쭐하다, 으스대다.
4. 황수黃收-중국의 천자가 쓰는 노란색 면류관冕旒冠 모자를 가리킴.
5. 순의純衣-제사와 의례 때 입는 옷의 한 종류이고, 견직물로 만든
   검은색의 옷이다.
6. 동거彤車-붉은 색을 칠한 수레.
7. 9족九族-두 가지 의미가 있다. 첫째, 고조, 증조, 조부, 부친, 자
   신, 자, 손, 증손, 현손을 가리킨다. 둘째, 부족 4방면(부모, 형제, 자
   매, 자식) 모족 3방면(외조부, 외조모, 이종사촌) ; 처족 2방면(장인, 장
   모)을 가리킨다.
8. 편장便章-나누어 분명히 함.
9. 백성百姓-1-002 주석4 참고.

‖국역‖

　요는 이름이 방훈이다. 그의 인덕은 하늘처럼 넓고, 그의 지혜는 신과
같이 무궁하였다. 그에게 가까이 가면 태양처럼 따뜻하고 멀리서 바라보
면 구름처럼 고결하였다. 부유해도 교만하지 않았고 고귀해도 으스대지
않았다. 노란색 면류관을 쓰고 견직물로 만든 검은색의 옷을 입고, 붉은
색을 칠한 수레를 몰고 흰색 말을 탔다. 그는 능히 순종하는 덕행을 널
리 알려서 부모, 형제, 자매, 자식, 외조부, 외조모, 이종사촌, 장인, 장모
등 9족을 친밀하게 만들었다. 9족이 이미 화목하게 되자 많은 관리들로

하여금 각자의 직분을 나누어 명확하게 하였다. 관리들의 직분이 명확히 구분되자 제후의 나라까지 모두 화합하게 되었다.

1-014

乃命羲, 和, 敬順昊天, 數法日月星辰, 敬授民時。分命羲仲, 居郁夷, 曰暘谷。敬道日出, 便程東作。日中, 星鳥, 以殷中春。其民析, 鳥獸字微。申命羲叔, 居南交。便程南爲, 敬致。日永, 星火, 以正中夏。其民因, 鳥獸希革。申命和仲, 居西土, 曰昧谷。敬道日入, 便程西成。夜中, 星虛, 以正中秋。其民夷易, 鳥獸毛毨。申命和叔；居北方, 曰幽都。便在伏物。日短, 星昴, 以正中冬。其民燠, 鳥獸氄毛。歲三百六十六日, 以閏月正四時。信飭百官, 衆功皆興。

|음역|

내명희, 화, 경순호천, 수법일월성신, 경수민시. 분명희중, 거욱이, 왈양곡. 경도일출, 편정동작. 일중, 성조, 이은중춘. 기민석, 조수자미. 신명희숙, 거남교. 편정남위, 경치. 일영, 성화, 이정중하. 기민인, 조수희혁. 신명화중, 거서토, 왈매곡. 경도일입, 편정서성. 야중, 성허, 이정중추. 기민이역, 조수모선. 신명화숙 ; 거북방, 왈유도. 편재복물. 일단, 성묘, 이정중동. 기민욱, 조수용모. 세삼백육십육일, 이윤월정사시. 신칙백관, 중공개흥.

|주석|

1. 희씨羲氏 - 전설에 천문역법을 관장하는 관리 또는 종족을 일컬음.
2. 화씨和氏 - 전설에 천문역법을 관장하는 관리 또는 종족을 일컬음.
3. 호천昊天 - 하늘.

4. 희중羲仲-전설에 동쪽의 천문역법을 관장하는 관리로 희씨 종족의 둘째 아들이다.

5. 욱이郁夷-동쪽 청주青州에서 활동하는 이족夷族으로 우이嵎夷를 가리키며, 욱철郁銕이라고도 쓴다.

6. 양곡暘谷-전설에 동쪽의 해가 뜨는 곳으로, 해가 계곡에서 나오면 천하가 밝아지기 때문에 양곡이라고 일컬었다. 현재 산동성山東省 위해威海 일대를 가리킨다.

7. 편정便程-일의 분량을 적당히 배당함.

8. 동작東作-광의의 의미로 농사를 가리킨다. 또 봄철에 할 농사 혹은 봄철에 심는 농작물을 가리킴.

9. 일중日中-3가지 의미가 있다. 첫째, 정오를 가리킨다. 둘째, 춘분과 추분을 가리킨다. 셋째, 해가 떠서 정오까지의 반나절 등을 가리킨다.

10. 성조星鳥-조성鳥星이고, 28수宿 중에서 남방 주작朱雀 7수의 별자리이고 성성星星이다. 춘분 저녁에 조성이 나타나면 이것을 보고 중봄仲春, 즉 춘분의 절기를 바르게 정한다.

11. 은殷-정正, 즉 바르게 하다.

12. 중춘中春-봄의 두 번째 달로 음력 2월이고 춘분을 가리킨다.

13. 석析-분산되다.

14. 자미字微-자는 부화이고 미는 교접을 나타낸다.

15. 희숙羲叔-전설에 남쪽의 천문역법을 관장하는 관리로 희씨 종족의 셋째 아들이다.

16. 남교南交-고대의 남방을 가리키는 명칭으로 협의의 의미로는 교지交趾, 즉 현재의 월남을 가리키며, 광의의 의미로는 5령五嶺 이남을 가리킨다.

17. 남위南爲-여름철에 할 농사.

18. 일영日永 – 하지夏至를 가리킨다.

19. 성화星火 – 화성火星이고 28수宿 중에서 동방 창룡蒼龍 7수의 별자리이고 심성心星이다. 하지 저녁에 정남방에 나타나면 이것을 보고 한여름中夏, 즉 하지의 절기를 바르게 정한다.

20. 중하中夏 – 성하盛夏라고 일컬으며 음력 5월이고 하지를 가리킨다.

21. 인因 – 종전에 하던 대로 따름.

22. 희혁希革 – 새나 동물의 털이 엉성하게 자라서 피부가 보이는 것을 말함.

23. 화중和仲 – 전설에 서쪽의 천문역법을 관장하는 관리로 화씨 종족의 둘째 아들이다.

24. 서토西土 – 일반적으로 서쪽의 해가 지는 초원, 사막 등 황량한 지역을 가리킨다.

25. 매곡昧谷 – 전설에 서쪽의 해가 지는 곳으로, 해가 계곡으로 들어가면 천하가 어두워지기 때문에 매곡이라고 일컬었다.

26. 서성西成 – 가을에 농작물이 자라서 수확할 때가 되었음을 나타냄.

27. 야중夜中 – 밤과 낮의 길이가 같은 추분을 가리킨다.

28. 성허星虛 – 허성虛星이고 28수宿 중에서 북방 현무玄武 7수의 별자리이다. 추분 저녁에 정남방에 나타나면 이것을 보고 가을中秋, 즉 추분의 절기를 바르게 정한다.

29. 이역夷易 – 평이, 간단하다.

30. 모선毛毨 – 새나 짐승이 털갈이를 하여 함치르르하다.

31. 화숙和叔 – 전설에 북쪽의 천문역법을 관장하는 관리로 화씨 종족의 셋째 아들이다.

32. 유도幽都 – 두 가지 의미가 있다. 첫째, 북방 지역을 가리킨다. 둘째, 전설에 북방의 통치자를 토백土伯이라고 일컬으며 그가 통치하는 지역을 유도 또는 유주幽州라고 일컬었다.

33. 복물伏物-복은 장藏으로, 겨울에 각종 물자를 저장하는 것을 말함.

34. 일단日短-낮의 길이가 가장 짧은 동지를 가리킨다.

35. 성묘星昴-묘성昴星이고 28수宿 중에서 서방 백호白虎 7수의 별자리이다. 동지 저녁에 정남방에 나타나면 이것을 보고 한겨울(冬至), 즉 동지의 절기를 바르게 정한다.

36. 중동中冬-겨울의 두 번째 달로 음력 11월이며 동지를 가리킨다.

37. 욱燠-따뜻함.

38. 용모氄毛-새나 짐승의 피부 근처에 자란 부드럽고 가는 털을 말한다.

39. 신칙信飭-힘써 일하다. 정돈하다.

40. 중공衆功-각종 사업(공적)을 말함.

┃국역┃

이에 천문역법을 관장하는 관리인 희씨와 화씨에게 명령하기를 공경하는 마음으로 하늘의 법칙에 순응하고, 해와 달과 별의 운행 이치를 관찰하여 역법을 제정하였으며, 신중하게 역법과 절기를 백성들에게 가르쳐주게 하였다. 동쪽의 천문역법을 관장하는 관리인 희중에게 명령하여 동쪽 이족의 지역에 거주하게 하였는데, 이곳은 양곡이라고 일컬었다. 경건하게 해가 뜨는 것을 맞이하고, 백성들에게 질서 있게 봄철에 경작할 농작물을 적당히 배분하였다. 낮과 밤의 길이가 같은 춘분 저녁에 28수에서 남방 주작 7수의 별자리인 성조가 나타나면, 이것으로써 춘분을 바르게 확정하였다. 백성들은 경작지로 분산되어서 농사를 짓고, 새나 짐승들은 부화하거나 교접하였다. 다시 남쪽의 천문역법을 관장하는 관리인 희숙에게 명령하여 남교에 거주하게 하였다. 질서 있게 여름철에 경작할 농작물을 적당히 배분하고, 공경하는 마음으로 농사짓는 일을 처리하게 하였다. 낮의 길이가 가장 긴 하지 저녁에 28수에서 동방 창룡

7수의 별자리인 성화가 나타나면, 이것으로써 하지를 바르게 확정하였다. 백성은 종전에 하던 대로 농사를 짓고, 새와 짐승들은 털이 엉성하게 자랐다. 또 서쪽의 천문역법을 관장하는 관리인 화중에게 명령하여 서방에 거주하게 하였는데 이곳은 매곡이라고 일컬었다. 그는 공손하게 해가 지는 것을 인도하였고, 질서 있게 가을철에 수확할 농작물을 적당히 배분하였다. 밤과 낮의 길이가 같은 추분에 28수 중에서 북방 현무 7수의 별자리인 성허가 나타나면, 이것으로써 추분을 바르게 확정하였다. 이때에 백성들은 즐거워하고, 새와 짐승들은 새로운 털이 자라기 시작하였다. 또 북쪽의 천문역법을 관장하는 관리인 화숙에게 명령하여 북방에 거주하게 하였는데 이곳은 유도라고 일컬었다. 겨울에는 각종 물자를 저장하게 하였다. 낮의 길이가 가장 짧은 동지에 28수 중에서 서방 백호 7수의 별자리인 성묘가 나타나면, 이것으로써 동지를 바르게 확정하였다. 백성들은 따뜻한 실내로 들어가고, 새나 짐승들은 부드럽고 가는 털이 자랐다. 1년은 366일로 정하고 윤달을 두어서 4계절의 오차를 조정하였다. 백관들이 힘써 일하니 각종 사업이 모두 흥성하였다.

▮참고▮

요력堯曆의 제정−내용상으로는 요 시기에 역법을 제정하였다고 하지만 현존하는 내용은 없다. 현존하는 것으로는 고6력古六曆이 있는데, 춘추전국과 진나라 시기에 제정된 황제력黃帝曆, 전욱력顓頊曆, 하력夏曆, 은력殷曆, 주력周曆, 노력魯曆이 있다. 이것들의 특징은 1년을 365일과 1/4로 하고 1월을 29일과 530851로 하였으며, 19년에 7번의 윤년을 두었다. 달리 4분력이라고 일컬었다. 사용 시기는 주로 전국시대이고, 전욱력은 한나라 무제가 역법을 만들기 이전까지 사용되었다.

堯曰 :"誰可順此事?" 放齊曰 :"嗣子丹朱開明." 堯曰 :"吁! 頑凶, 不用." 堯又曰 :"誰可者?" 讙兜曰 :"共工旁聚布功, 可用." 堯曰 : "共工善言, 其用僻, 似恭漫天, 不可." 堯又曰 :"嗟, 四嶽, 湯湯洪水滔天, 浩浩懷山襄陵, 下民其憂, 有能使治者?" 皆曰鯀可. 堯曰 :"鯀負命毀族, 不可." 嶽曰 :"異哉, 試不可用而已." 堯於是聽嶽用鯀. 九歲, 功用不成.

┃음역┃

요왈 :"수가순차사?" 방제왈 :"사자단주개명." 요왈 :"우! 완흉, 불용." 요우왈 :"수가자?" 환두왈 :"공공방취포공, 가용." 요왈 :"공공선언, 기용벽, 사공만천, 불가." 요우왈 :"차, 사악, 탕탕홍수도천, 호호회산양릉, 하민기우, 유능사치자?" 개왈곤가. 요왈 :"곤부명훼족, 불가." 악왈 :"이재, 시불가용이이." 요어시청악용곤. 구세, 공용불성.

┃주석┃

1. 요堯-1-012 주석3 참고.

2. 방제放齊-요 시기의 신하이다.

3. 단주丹朱-전설에 요가 산의씨散宜氏의 여성을 부인으로 맞이하여 낳은 아들이다. 요는 아들이 10명 있었는데 단주는 적장자이고 총명하고 지혜가 뛰어났지만 개성이 지나치게 강렬하였다. 현재 바둑의 시조로 일컬어졌다.

4. 환두讙兜-요 시기의 간신으로 전해온다.

5. 공공共工-3가지 의미가 있다. 첫째, 요 시기의 신하로 환두, 삼묘三苗, 곤鯀과 더불어 4흉四凶이라고 일컬었다. 후에 요에 의해서 유

주幽州로 쫓겨났다. 둘째, 전설에 의하면, 서북을 관장하는 홍수의 신으로 일컬어졌다. 셋째, 역사적인 주장으로 신석기시대 후기 염제炎帝 부락의 후예로 공공씨 부락이 있는데, 하남河南 서부의 이수伊水와 낙수洛水 유역에서 활동하였으며 수리와 관개사업 등 치수에 능했다고 전해진다.

6. 방旁-두루, 널리.

7. 포布-널리 알림.

8. 벽僻-간사하다.

9. 만漫-더럽히다.

10. 4악四嶽-3가지 의미가 있다. 첫째, 전설에 요 시기에 사방 제후 또는 부락의 우두머리이다. 둘째, 사방의 큰 산에 대하여 제사를 담당하고 그 지역을 통치하는 신하이다. 셋째, 역사적인 주장으로 신석기시대 후기 염제 부락의 후예로 사악四岳 부락이 있는데, 하남 서부와 섬서陝西 동부 일대의 산악지대에서 활동하였으므로 산을 나타내는 악을 명칭으로 삼았다.

11. 탕탕湯湯-물이 세차게 흐르는 모양.

12. 도천滔天-큰물이 하늘에까지 넘침.

13. 호호浩浩-물이 거대한 모양.

14. 양릉襄陵-높은 곳에까지 올라감.

15. 곤鯀-성씨는 희姬이고 자字는 희熙이다. 황제의 후손으로 창의昌意의 손자이고 전욱顓頊의 아들이며 우禹의 부친이다. 둑을 쌓는 방법으로 치수하여 실패하였고, 또 최초로 성곽을 축성한 인물로 전해온다.

|국역|

요가 말하기를 "누가 이 사업(왕위)을 계승하여 따를 수 있겠느냐?"

방제가 대답하기를 "아들 단주가 사리에 밝고 총명합니다." 요가 말하기를 "단주는 고집이 세고 성질이 흉악하여 등용할 수 없다." 요가 또 말하기를 "누가 괜찮겠느냐?" 환두가 대답하기를 "공공이 널리 인재를 모으고 공적을 널리 알려서 등용 할 만합니다." 요가 말하기를 "공공은 언변은 뛰어나지만 마음 씀씀이가 간사하고, 겉보기에 태도가 공손한 것 같지만 속마음은 하늘의 뜻을 더럽혀서 등용하기가 불가하다." 요가 또 말하기를 "오! 사방 제후의 우두머리들이여 홍수로 물이 세차게 흘러서 하늘에까지 이를 정도이고, 거대한 물줄기가 산을 감고 높은 곳까지 올라가니 아래쪽의 백성들이 매우 근심합니다. 누가 능히 가서 홍수를 다스릴 사람이 없겠느냐?" 모두 "곤이 적당합니다."라고 대답하였다. 요가 말하기를 "곤은 천명을 저버리고 종족의 화합을 무너뜨려 등용하기가 불가능하다." 사방 제후의 우두머리들이 대답하기를 "그렇지 않습니다. 등용할 수 있는지 없는지 시험해 보면 될 뿐입니다." 요는 그래서 사방 제후의 우두머리들의 건의를 듣고 곤을 등용하였다. 곤은 9년 동안 노력했지만 치수는 성공하지 못했다.

▮참고▮

곤鯤의 역사적 평가—곤에 대한 역사적 평가는 크게 두 가지로 요약할 수 있다. 첫째, 《상서尙書》의 기록에 의하면 곤은 흉악한 인물로 묘사되어 있다. 둘째, 《산해경山海經》에 의하면 곤은 개인의 안위를 돌아보지 않고 민중을 수재水災에서 구한 영웅적 인물로 묘사되어 있다.

1-016

堯曰 : "嗟! 四嶽 : 朕在位七十載, 汝能庸命, 踐朕位?" 嶽應曰 : "鄙德忝帝位。" 堯曰 : "悉擧貴戚及疏遠隱匿者。" 衆皆言於堯曰 :

"有矜在民間, 曰虞舜." 堯曰 : "然, 朕聞之。其何如?" 嶽曰 : "盲
者子。父頑, 母嚚, 弟傲, 能和以孝, 烝烝治, 不至姦." 堯曰 : "吾
其試哉." 於是堯妻之二女, 觀其德於二女。舜飭下二女於嬀汭, 如
婦禮。堯善之, 乃使舜愼和五典, 五典能從。乃遍入百官, 百官時
序。賓於四門, 四門穆穆, 諸侯遠方賓客皆敬。堯使舜入山林川澤,
暴風雷雨, 舜行不迷。堯以爲聖, 召舜曰 : "女謀事至而言可績, 三
年矣。女登帝位." 舜讓於德不懌。正月上日, 舜受終於文祖。文祖
者, 堯大祖也。

요왈 : "차! 사악 : 짐재위칠십재, 여능용명, 천짐위?" 악응왈 : "비덕
첨제위." 요왈 : "실거귀척급소원은닉자." 중개언어요왈 : "유긍재민간,
왈우순." 요왈 : "연, 짐문지. 기하여?" 악왈 : "맹자자. 부완, 모은, 제오,
능화이효, 증증치, 부지간." 요왈 : "오기시재." 어시요처지이녀, 관기덕
어이녀. 순칙하이녀어규예, 여부례. 요선지, 내사순신화오전, 오전능종.
내편입백관, 백관시서. 빈어사문, 사문목목, 제후원방빈객개경. 요사순입
산림천택, 폭풍뢰우, 순행불미. 요이위성, 소순왈 : "여모사지이언가적,
삼년의. 여등제위." 순양어덕불역. 정월상일, 순수종어문조. 문조자, 요대
조야.

┃주석┃

1. 요堯−1−012 주석3 참고.
2. 4악四嶽−1−015 주석10 참고.
3. 용명庸命−용명用命, 용천명用天命으로 천명에 순응하다.
4. 천踐−자리에 오름.

5. 첨忝-욕되게 하다, 적합하지 않다.

6. 소원疏遠-혈연적으로 촌수가 먼 친척을 가리킨다.

7. 긍矜-환鰥과 같으며 부인이 없는 노인을 가리킨다. 참고로 젊어서 부모가 없으면 고孤, 늙어서 자식이 없으면 독獨, 늙어서 부인이 없으면 환 또는 긍矜, 늙어서 남편이 없으면 과寡라고 일컫는다.

8. 우순虞舜-전설에 5제 중의 한명으로 이름은 중화重華이고 자字는 도군都君이다. 요허姚墟, 즉 현재의 산동성山東省 제성시諸城市에서 출생하여 성씨는 요姚이다. 부락연맹의 우두머리로 국호는 유우有虞여서 유우씨有虞氏라고 하며 또 제순帝舜, 대순大舜, 우제순虞帝舜, 순제舜帝, 순舜 등으로 일컬었다.

9. 은嚚-어리석다.

10. 증증烝烝-후덕함.

11. 2녀二女-요의 두 딸로 아황娥皇과 여영女英을 가리킨다.

12. 칙飭-타일러 훈계함.

13. 규예嬀汭-두 가지 의미가 있다. 첫째는 강 이름으로 산서성山西省 영제시永濟市 남쪽의 강을 가리키며, 규예는 규수의 강물이 흐르는 곳의 북쪽을 말한다. 둘째는 지역이름으로 순이 거주하던 지역으로 산서성 영제시 포주蒲州 남쪽을 가리킨다. 규예는 즉 규허嬀墟이다.

14. 여如-좇다, 따르다, 순종하다.

15. 신화愼和-신중하게 따름.

16. 5전五典-두 가지 의미가 있다. 첫째, 소호, 전욱, 고신, 요, 순의 서적을 가리킨다. 둘째, 오상五常, 즉 아버지는 의롭게의 부의父義, 어머니는 자애롭게의 모자母慈, 형님은 우애있게의 형우兄友, 동생은 공손하게의 제공弟恭, 자식은 효성스럽게의 자효子孝의 도리를 가리킨다.

17. 편遍—두루.

18. 시서時序—조리가 있다. 돌아가는 계절의 차례, 시간의 선후.

19. 4문四門—명당明堂, 즉 천자가 제후를 친견하는 궁전의 사방에 있는 문.

20. 목목穆穆—위엄과 의식이 성대한 모양 또는 삼가고 공경하는 모양을 가리킨다.

21. 상일上日—두 가지 의미가 있다. 첫째, 초하루 또는 원일元日, 삭일朔日이라 한다. 둘째, 상순上旬을 말함.

22. 역懌—기쁘다.

23. 문조文祖—요의 시조始祖 사당. 일반적으로 태조太祖 사당을 가리킴.

24. 대조大祖—요의 시조를 가리킴.

|국역|

요가 말하기를 "오! 사방의 제후들이여, 내가 즉위한 지 70년이 되었는데, 너희 중에서 누가 능히 천명에 순응하여 나의 자리에 오를 수 있겠느냐?" 제후들이 대답하기를 "천박한 덕행으로 제왕의 자리를 욕되게 할 것입니다." 요가 말하기를 "고귀한 친척이나 혈연적으로 먼 친척, 민간에서 숨어사는 자를 막론하고 모두 추천해 보시오." 여러 사람이 모두 요에게 말하기를 "아내가 없는 어떤 사람이 민간에 산다고 하는데 우순이라고 합니다." 우가 말하기를 "그래요, 나도 그 사람 이야기를 들었다. 그는 어떤 사람인가?" 사방의 제후들이 말하기를 "맹인의 아들입니다. 아버지는 완고하고 어머니는 어리석으며 동생은 교만하지만, 능히 효도로써 화목하게 하였고 후덕한 덕행으로 가정을 다스려서 사악한 행동을 하지 않게 되었습니다." 요가 말하기를 "내가 그를 시험해 봐야겠다." 그래서 요는 자신의 두 딸 아황과 여영을 그의 부인으로 삼게 하고, 그들을 대하는 순의 덕행을 관찰하였다. 순은 두 부인을 타일러 훈계해서 자신의 거주지 규예 근처로 내려와서 거주하게 하고 부녀자의 예법을 따르게 하였다. 요는 만족하게 여기고 순으로 하여금 백성들에게 아버지는 의롭게(부의), 어머니는 자애롭게(모자), 형님은 우애 있게(형우), 동생은 공손하게(제공), 자식은 효성스럽게(자효) 등의 다섯 가지 교화를 신중하게 가르쳐서 따르게 하였고, 사람들도 모두 다섯 가지 교화를 따랐다. 이에 두루 백관의 직무를 담당하게 하니 백관의 업무도 질서정연하게 처리하였다. 궁전 사방에 있는 문에서 빈객을 맞아들이게 하였는데, 삼가고 공경하는 모양으로 영접하여 제후와 먼 곳에서 온 빈객들도 모두 공경하였다. 요는 순으로 하여금 산, 숲, 시내, 연못에 들어가게 하였는데 사나운 바람, 우레, 비를 만나도 순은 가는 방향을 잃지 않았다. 요는 훌륭하다고 여기고 순을 불러 말하기를 "그대는 일을 도모하면 주도면밀하게 하고, 말한 것은 반드시 공적으로 나타난 지 3년이 되었다. 그대가 왕위에 오르시오." 순은 덕행이 백성을 기쁘게 못하므로 사양하였다. 정월 초하루에 순은 마침내 요의 시조 사당에서 요의 선양을 받았다. 문조는 요의 시조를 가리킨다.

┃참고┃

순舜의 역사상 공헌–순의 역사상 공헌은 크게 두 가지로 요약할 수 있다. 첫째, 주위의 4흉四凶 세력을 제거하고 8개八愷와 8원八元 등 능력과 덕행을 겸비한 인재를 등용하였으며, 사방을 순시하고 제도를 정비하였으며, 형벌을 감경하고 도량형을 통일하였다. 둘째, 각 부락의 인재를 광범위하게 등용하고 관직을 설치하여 분담시켰다.

1-017

於是帝堯老, 命舜攝行天子之政, 以觀天命。舜乃在璿璣玉衡, 以齊七政。遂類于上帝，禋于六宗，望于山川，辯于群神。揖五瑞，擇吉月日，見四嶽諸牧，班瑞。歲二月，東巡狩，至於岱宗，柴，望秩於山川。遂見東方君長，合時月正日，同律度量衡，脩五禮五玉三帛二生一死爲摯，如五器，卒乃復。五月，南巡狩；八月，西巡狩；十一月，北巡狩：皆如初。歸，至于祖禰廟，用特牛禮。五歲一巡狩，群四朝。徧告以言，明試以功，車服以庸。肇十有二州，決川。象以典刑，流宥五刑，鞭作官刑，扑作教刑，金作贖刑。眚災過，赦；怙終賊，刑。欽哉，欽哉，惟刑之靜哉！

▮음역▮

어시제요로, 명순섭행천자지정, 이관천명. 순내재선기옥형, 이제칠정. 수유우상제, 인우육종, 망우산천, 변우군신. 집오서, 택길월일, 견사악제목, 반서. 세이월, 동순수, 지어대종, 시, 망질어산천. 수견동방군장, 합시월정일, 동율도량형, 수오례오옥삼백이생일사위지, 여오기, 졸내복. 오월, 남순수；팔월, 서순수；십일월, 북순수：개여초. 귀, 지우조예묘, 용특우례. 오세일순수, 군사조. 편고이언, 명시이공, 거복이용. 조십유이주, 결천. 상이전형, 유유오형, 편작관형, 복작교형, 금작속형. 생재과, 사；호종적, 형. 흠재, 흠재, 유형지정재！

▮주석▮

1. 요堯−1− 012 주석3 참고.

2. 순舜−1− 016 주석8 참고.

3. 선기璿璣−고대에 천문을 관측하는데 쓰는 기계, 선기옥형이라고 일컫는다. 북두칠성 중에 두 번째 별은 선, 세 번째 별은 기이다. 사마천은 선기옥형을 북두칠성을 가리키는 의미로 사용했다는 주

장이 있다.

4. 옥형玉衡-옥으로 꾸민 천문관측기. 또는 북두칠성 중의 다섯째 별.

5. 7정七政-해와 달 및 화, 수, 목, 금, 토의 다섯 별을 가리키며, 그 운행이 절도가 있어 국가의 정사政事와 비슷하므로 7정이라고 한다.

6. 유類-군대가 주둔하는 곳의 실내에서 지내는 제사.

7. 상제上帝-하늘, 천제天帝, 유교의 최고 신.

8. 인禋-나무를 태워 연기를 피워서 하늘에 지내는 제사.

9. 6종六宗-6가지 존숭하는 대상으로 하늘, 땅, 동, 서, 남, 북을 가리킨다. 또는 물, 불, 우레, 바람, 산, 연못을 가리킨다. 그 외에 별(星), 별(辰), 사중司中, 사명司命, 풍사風師, 우사雨師를 말한다.

10. 망望-멀리 바라보며 지내는 제사.

11. 변徧-제물을 골고루 나눠서 지내는 제사.

12. 집揖-모으다.

13. 4악四嶽-1-015 주석10 참고.

14. 5서五瑞-제후의 5가지 직위에 따라 패용하는 옥의 종류이다. 공작公爵은 규珪, 후작侯爵은 벽璧, 백작伯爵은 종琮, 자작子爵은 황瑝, 남작男爵은 장璋을 패용한다. 또 각각은 용도가 있는데, 규는 신질信質, 벽은 빙문聘問, 종은 기토공起土功, 황은 정소征召, 장은 발병發兵에 사용한다.

15. 목牧-고대의 지방조직을 주州라 하고 주의 책임자를 목牧이라고 일컬었다. 상고시대에는 전국을 12주로 나눴고 우禹 시기에는 9주로 나눴다.

16. 반서班瑞-제후가 천자를 알현할 때 상서로운 옥을 천자에게 바치고 후에 다시 제후에게 나누어 돌려주는 것을 가리킴.

17. 대종岱宗-1-005 주석2 참고.

18. 시柴-땔감을 불태워서 하늘에 제사를 지내는 것.

19. 망질望秩-등급에 따라서 멀리 바라보며 지내는 제사.

20. 5례五禮-두 가지 의미가 있다. 첫째, 공, 후, 백, 자, 남작 등 제후의 조빙朝聘 예의를 말한다. 둘째, 고대의 5가지 의례제도로 길례吉禮(제사의 예), 흉례凶禮(상중의 예), 군례軍禮(군사의 예), 빈례賓禮(빈객의 예), 가례嘉禮(혼인의 예)를 가리킨다.

21. 5옥五玉-고대에 제사지낼 때 사용하던 5가지 종류의 옥으로, 규, 벽, 종, 황, 장을 가리킨다.

22. 3백三帛-분홍, 검정, 노란색의 3가지 비단으로 제후와 세자世子는 분홍색을 공公의 자식은 검정색을 속국의 군주는 노란색을 잡는다.

23. 2생二生-경卿과 대부大夫가 천자를 알현하는 의례를 행할 때 손으로 잡고 있던 양과 기러기를 가리킨다.

24. 1사一死-사士가 천자를 알현하는 의례를 행할 때 손으로 잡고 있던 죽은 꿩을 가리킨다.

25. 지摯-폐백 물품.

26. 5기五器-공, 후, 백, 자, 남작 등이 천자를 알현할 때 사용하던 예기禮器를 가리킨다.

27. 조예祖禰-고대에 종묘에 위패가 세워진 돌아가신 할아버지와 아버지를 일컫는 호칭이다. 참고로 아버지가 살아계실 때는 부父, 돌아가시면 고考, 종묘에 위패가 세워지면 예禰라고 일컬었다.

28. 특우特牛-제물로 바치는 수소.

29. 4조四朝-사방의 제후가 4년 동안 각 1차례 천자를 알현하는 것을 가리킴.

30. 편고徧告-알리다, 통보하다.

31. 용庸-노력, 수고.

32. 12주十二州-전설에 요와 순 시대의 지방행정 구획 제도이고, 기주冀州, 연주兗州, 청주青州, 서주徐州, 형주荊州, 양주揚州, 예주豫州,

양주梁州, 옹주雍州, 유주幽州, 병주并州, 영주營州를 가리킨다.

33. 결決−터뜨리다.

34. 상象−본보기로 삼다.

35. 전형典刑−예전부터 내려오던 형벌에 관한 서적.

36. 유류流−귀양 보내다.

37. 유有−용서하다.

38. 5형五刑−이마에 죄수 도장을 찍는 묵墨, 코를 베는 의劓, 발뒤꿈치를 자르는 비剕, 생식기를 제거하는 궁宮, 사형시키는 대벽大辟형을 가리킨다.

39. 편鞭−채찍질하다.

40. 관형官刑−고대에 관리를 징벌하는 형벌 중의 한 가지로 채찍으로 때리는 편형鞭刑을 말한다. 또는 관청에서 사용하는 형벌을 말한다.

41. 복扑−종아리를 때리는 회초리.

42. 교형敎刑−학교에서 사용하는 형벌.

43. 속형贖刑−재물을 납부하고 죄를 사면 받는 것으로 고대에는 구리를 납부하고 서한西漢 시기부터 황금 또는 전錢을 납부하였다.

44. 생眚−잘못. 생재眚災는 과실 또는 재난에 의하여 저지른 죄.

45. 호종怙終−믿는 데가 있어서 재차 죄를 범하는 사람.

46. 흠재欽哉−조심하고 공경함.

47. 정靜−쉬다, 그치다.

┃국역┃

드디어 요는 나이가 들자, 순에게 천자의 정치를 대신하도록 명령하고, 자신은 하늘의 뜻에 부합하는지 만을 관찰하였다. 순은 이에 선기와 옥형 등 옥으로 만든 천문관측 기계를 사용하여, 해, 달, 목성, 화성, 토성, 금성, 수성 등 7정의 운행이 올바른지 살펴보았다. 그리고 상제에게는 군대가 주둔하는 곳의 실내에서 행하는 유 제사를 지내고, 하늘, 땅, 동, 서, 남, 북 등 6종에는 나무를 태워서 연기를 피워 올리는 인 제사를 지내고, 산과 강에는 멀리서 바라보며 행하는 망 제사를 지내고, 여러 신들에게는 제물을 골고루 나누는 변 제사를 지냈다. 규, 벽, 종, 황, 장 등 5가지 종류의 옥인 5서를 모았다가 좋은 달과 날을 선택하여 사방의 제후와 여러 지방의 수령을 접견할 때에 다시 나누어 돌려주었다. 그해 2월에는 동쪽으로 순시를 가서 태산에 이르렀고, 땔감을 불태워서 하늘에 지내는 시 제사를 지내고, 산과 강에는 등급에 따라서 멀리 바라보며 행하는 망질 제사를 지냈다. 마침내 동방 제후국의 군주를 접견할 때는, 4계절과 달과 날짜를 역법에 부합하게 하고, 음률(궁, 상, 각, 치, 우)과 자(길이를 재는 도구), 되(분량을 재는 도구), 저울(무게를 재는 도구)을 동일하게 하였으며, 길례(제사의 예), 흉례(상중의 예), 군례(군대의 예), 빈례(빈객의 예), 가례(혼인의 예)의 5종류의 의례와 공작, 후작, 백작, 자작, 남작 등 5등급의 제후가 들고 있는 규, 벽, 종, 황, 장 등 5가지 옥과, 옥을 잡는데 사용하는 분홍, 검정, 노란색의 3가지 비단과, 경과 대부가 의례를 행할 때 손에 들고 있는 살아있는 양과 기러기 및 사가 손에 들고 있는 죽은 꿩 등을 예물로 바치게 하는 규정을 제정하였으며, 5가지 옥은 의례가 끝나면 다시 제후들에게 돌려주었다. 5월에는 남쪽으로 순시를 갔다. 8월에는 서쪽으로 순시를 갔다. 11월에는 북쪽으로 순시를 갔다. 의례는 모두 처음 즉 동쪽을 순시할 때와 같게 하였다. 궁중으로 돌아와서는 할아버지와 아버지의 사당에서 수컷 소를 제물로 사용하여 제사를 지냈다. 5년에 한차례 순시를 가는데, 나머지 4년에는 사방의 제후가 각 한차례 씩 천자를 알현하게 하였다. 이 내용을 두루 알리고 공명정대하게 제후들의 공적을 살폈으며, 공적이 있으면 수레와 의복을 하사하였다. 비로소 전국을 12주로 나누고 각 주의 물길을 소통시켰다. 예전부터 내려오던 형벌 서적을 본보기로 삼았고, 귀양 보내는 유형으로 묵형, 의형, 비형, 궁형, 대벽형 등 5형을 받아야 할 죄인을 감형해 줬고, 채찍으로 때리는 편형으로 관청에서 사용하는 형벌로 삼았으며, 회초리로 때리는 박형으로 학교에서 사용하는 형벌로 삼았고, 재물(황금)을 지불하는 속형으로 모든 형벌을 대신하게 하였다. 과실 또는 재난에 의하여 저지른 죄는 사면하였고, 믿는 데가 있어서 재차 죄를 범하는 자는 형벌을 주었다. 형벌은 공경하고 신중하여야 하며 가능하면 사용하지 말아야 한다.

❙참고❙

속형贖刑 – 재물을 사용해서 죄를 대속하는 것으로 상고시대에 시작되었다. 사용하는 재물은 상고시대에는 구리(銅)를 사용하였고, 한나라 시대에 황금(金)을 사용하였다. 재물의 수량은 구체적으로 규정되어 있다. 형벌 종류는 사형에서부터 태형笞刑에 이르기까지 모두 가능하였다. 속형을 사용할 수 있는 대상은 귀족에 한정되었다.

1-018

讙兜進言共工, 堯曰不可而試之工師, 共工果淫辟。四嶽擧鯀治鴻水, 堯以爲不可, 嶽彊請試之, 試之而無功, 故百姓不便。三苗在江淮, 荊州數爲亂。於是舜歸而言於帝, 請流共工於幽陵, 以變北狄；放讙兜於崇山, 以變南蠻；遷三苗於三危, 以變西戎；殛鯀於羽山, 以變東夷：四罪而天下咸服。

❙음역❙

환두진언공공, 요왈불가이시지공사, 공공과음벽. 사악거곤치홍수, 요이위불가, 악강청시지, 시지이무공, 고백성불편. 삼묘재강회, 형주삭위난.

어시순귀이언어제, 청유공공어유릉, 이변북적 ; 방환두어숭산, 이변남
만 ; 천삼묘어삼위, 이변서융 ; 극곤어우산, 이변동이 : 사죄이천하함복.

▮주석▮

1. 환두讙兜−1-015 주석4 참고.

2. 공공共工−1-015 주석5 참고.

3. 요堯−1-012 주석3 참고.

4. 공사工師−토목건축과 기술자들을 교육하는 업무를 담당하는 관리
   이다.

5. 음벽淫辟−음란하고 간사함.

6. 4악四嶽−1-015 주석10 참고.

7. 곤鯀−1-015 주석15 참고.

8. 홍수鴻水−중국 고대 문헌에서 홍수洪水와 같이 사용된다.

9. 백성百姓−1-002 주석4 참고.

10. 3묘三苗−두 가지 의미가 있다. 첫째, 중국 전설 중의 황제부터 우
    禹 시대에 이르기까지 활동했던 종족의 명칭으로, 묘민苗民, 유묘有
    苗 등으로 일컬어졌다. 주요 분포지역은 동정호洞庭湖와 파양호鄱陽
    湖의 사이이다. 둘째, 3묘 부락의 수령으로 환두讙兜, 공공共工, 곤
    鯀과 합하여 요에 의하여 처벌을 받은 4명의 죄인을 가리킨다.

11. 강회江淮−협의의 의미는 장강長江과 회하淮河 사이의 지역으로 오
    늘날의 강소江蘇와 안휘安徽의 중부지역이다. 광의의 의미는 강남江
    南과 회남淮南 지역을 강남이라 일컫는다.

12. 형주荊州−호북성湖北省 중남부와 장강 중하류 지역이다.

13. 삭數−자주.

14. 순舜−1-016 주석8 참고.

15. 유流−1-017 주석36 참고.

16. 북적北狄-북방 이민족의 통칭이다. 적족狄族은 요 이전에 형성되었고 북방에 거주하였으며, 종족 근원은 적역狄歷이고 간략하게 북적이라고 일컬었다.

17. 숭산崇山-호남성湖南省 장가계시張家界市 서남쪽에 있고 천문산天門山과 연결되어 있다.

18. 남만南蠻-선진先秦 시기에 중국 남부에 거주하는 이민족을 통칭해서 남만이라고 일컬었다.

19. 삼위三危-역사서에 기재된 최초의 돈황敦煌을 가리키는 지명이다. 또는 돈황에 있는 삼위산을 가리키기도 한다.

20. 극殛-죽이다. 처벌하다.

21. 서융西戎-고대 화하족華夏族이 서쪽의 이민족을 가리키는 말이다.

22. 우산羽山-강소성江蘇省 동해현東海縣과 산동성山東省 임목현臨沭縣 경계에 있다.

23. 동이東夷-동방 이민족에 대한 통칭이고 제이諸夷, 사이四夷, 동이東夷, 서이西夷, 남이南夷, 구이九夷 등으로 일컬었다.

24. 4죄四罪-환두讙兜는 추방하고, 공공共工은 귀양 보내고, 삼묘三苗는 강제 이주시키고, 곤鯀은 처벌한 것을 가리킨다.

|국역|

환두가 공공을 추천하자 요는 등용할 수 없다고 말했지만 토목건축과 기술자들을 교육하는 업무를 담당하는 관직인 공사에 임명하여 시험해 보았으나 공공은 과연 음란하고 간사하였다. 사방의 제후들이 곤에게 홍수를 다스리도록 추천하였지만 요는 등용할 수 없다고 여겼고, 제후들이 그를 시험해 보자고 강력히 요청하였다. 그를 등용하여 시험해 보았지만 공적이 없었고, 결국 각 관리들도 마음이 편하지 않았다. 3묘가 장강과 회하 유역 및 형주 지역에서 여러 차례 반란을 일으켰다. 그래서 순은 궁중으로 돌아와서 요에게 말하기를 공공은 유릉(북방지역)으로 귀양 보내서 북방 이민족의 습속을 변화시키게 하고, 환두는 숭산으로 쫓아내서 남방 이민족의 습속을 변화시키게 하고, 3묘는 삼위(돈황) 지역으로 강제 이주시켜서 서방 이민족의 습속을 변화시키게 하고, 곤은 우산으로 추방하여 동방 이민족의 습속을 변화시키도록 요청하였다. 4명의 죄인을 처벌하니 천하가 모두 복종하였다.

▮참고▮

4흉四凶 처벌의 의미─요와 순의 4흉에 대한 처벌은 황제와 염제, 황제와 치우 전쟁의 계속과 여파로 설명할 수 있다. 이러한 과정에서 형성된 화하華夏 부락연맹은 최후의 승리자 황제 일파가 나머지 경쟁 세력을 제거하고 부락연맹의 우두머리가 되었음을 선포한 것이다.

1-019

堯立七十年得舜, 二十年而老, 令舜攝行天子之政, 薦之於天。堯辟位凡二十八年而崩。百姓悲哀, 如喪父母。三年, 四方莫舉樂, 以思堯。堯知子丹朱之不肖, 不足授天下, 於是乃權授舜。授舜, 則天下得其利而丹朱病；授丹朱, 則天下病而丹朱得其利。堯曰："終不以天下之病而利一人", 而卒授舜以天下。堯崩, 三年之喪畢, 舜讓辟丹朱於南河之南。諸侯朝覲者不之丹朱而之舜, 獄訟者不之丹朱而之舜, 謳歌者不謳歌丹朱而謳歌舜。舜曰："天也", 夫而後之中國踐天子位焉, 是爲帝舜。

▮음역▮

요립칠십년득순, 이십년이로, 영순섭행천자지정, 천지어천. 요피위범이십팔년이붕. 백성비애, 여상부모. 삼년, 사방막거악, 이사요. 요지자단주지불초, 부족수천하, 어시내권수순. 수순, 즉천하득기이이단주병 ; 수단주, 즉천하병이단주득기이. 요왈 : "종불이천하지병이이일인", 이졸수순이천하. 요붕, 삼년지상필, 순양벽단주어남하지남. 제후조근자부지단주이지순, 옥송자부지단주이지순, 구가자불구가단주이구가순. 순왈 : "천야", 부이후지중국천천자위언, 시위제순.

┃주석┃

1. 요堯-1-012 주석3 참고.
2. 순舜-1-016 주석8 참고.
3. 피위辟位-두 가지 의미가 있다. 첫째, 벽은 임금, 천자의 자리를 가리킨다. 둘째, 피할 피避로써 그 자리에서 물러나다. 여기서는 둘째의 의미이다.
4. 백성百姓-1-002 주석4 참고.
5. 단주丹朱-1-015 주석3 참고.
6. 남하南河-비교적 유력한 지역은 강소성江蘇省 향수현鄕水縣에 있는 하천.
7. 조근朝覲-신하가 아침에 입궐하여 천자를 배알하는 것을 가리키며 조현朝見이라고도 쓴다. 참고로 조공朝貢은 제후 또는 속국의 사신이 입궐하여 공물을 바치는 것이고, 조헌朝獻은 예물을 바치는 것을 말한다. 이러한 표현은 당시 이미 봉건제도가 실행되고 있음을 나타낸다.
8. 구가謳歌-여러 사람이 은덕을 칭송하여 함께 노래 부름.
9. 중국中國-고대 문헌에 나타난 중국의 개념으로는 여러 가지가 있다. 첫째, 경사京師(수도)를 가리킨다. 둘째, 천자가 직접 통치하는 지역인 왕기王畿를 가리킨다. 셋째, 중원지역, 즉 황하 중·하류의

문명 발생의 중심지역을 가리킨다. 넷째, 국내 내지 국중國中을 가리킨다. 다섯째, 제하족諸夏族이 거주하고 문화 전통이 존재하는 지역을 가리킨다. 여섯째, 한족이 중원에 건립한 국가인 중원왕조를 가리킨다. 일곱째, 소수민족이 중원에 진입하여 건립한 정권을 가리킨다. 여덟째, 정통왕조를 가리킨다. 본문에서는 첫 번째의 의미이다.

10. 천踐-1-016 주석4 참고.

‖국역‖

요는 재위 70년 만에 순을 얻었고, 그 20년 후에 나이가 늙어서 순으로 하여금 천자의 정치를 대신 처리하게 하였으며, 하늘에 순을 추천하였다. 요는 제위를 물려준 지 28년 만에 사망하였다. 백관들은 매우 슬퍼하였는데 마치 부모가 돌아가신 것과 같았다. 3년 동안 사방에서는 음악을 연주하지 않았고 요를 추모하였다. 요는 아들 단주가 어리석어서 천하를 통치하기가 부족하다는 것을 알고, 이에 순에게 제왕의 자리를 넘겨주어 임시로 직무를 대신하게 하였다. 순이 계승하면 즉 천하가 이로움을 얻지만 단주는 손해를 보고, 단주가 계승하면 즉 천하는 손해 보지만 단주는 이로움을 얻게 될 것이다. 요가 말하기를 "결국 천하를 손해 보게 해서 한 사람을 이롭게 할 수는 없다." 그러고는 마침내 순에게 천하를 물려주었다. 요가 사망하고 삼년상의 기간이 끝나자 순은 천자의 자리를 단주에게 양보하고 남하의 남쪽으로 가서 숨었다. 제후들이 아침에 입궐하여 천자를 배알하러 단주에게 가지 않고 순에게 갔으며, 소송이 걸린 자들도 단주에게 가지 않고 순에게로 갔다. 순이 말하기를 "하늘의 뜻이구나." 그런 후에 수도로 가서 천자의 자리에 올랐는데 이 사람이 바로 순이다.

1-020

虞舜者, 名曰重華。重華父曰瞽叟, 瞽叟父曰橋牛, 橋牛父曰句望, 句望父曰敬康, 敬康父曰窮蟬, 窮蟬父曰帝顓頊, 顓頊父曰昌意：以至舜七世矣。自從窮蟬以至帝舜, 皆微爲庶人。

┃음역┃

우순자, 명왈중화. 중화부왈고수, 고수부왈교우, 교우부왈구망, 구망부왈경강, 경강부왈궁선, 궁선부왈제전욱, 전욱부왈창의 : 이지순칠세의. 자종궁선이지제순, 개미위서인.

┃주석┃

1. 우순虞舜-1-016 주석8 참고.
2. 중화重華-순의 이름이고, 후에는 제왕을 대신하여 일컬을 때 사용하였다.
3. 고수瞽叟-순의 아버지이고 황제의 8대손이다.
4. 교우橋牛-순의 할아버지이다.
5. 구망句望-순의 증조할아버지이다.
6. 경강敬康-순의 고조할아버지이다.
7. 궁선窮蟬-1-009 주석2.
8. 전욱顓頊-1-007 주석15.
9. 창의昌意-1-007 주석8.
10. 미微-미천함.
11. 서인庶人-평민, 서민 즉 일반 백성을 말함.

우순은 이름을 중화라고 일컬었다. 중화의 아버지는 고수이고 고수의 아버지는 교우이며, 교우의 아버지는 구망이고 구망의 아버지는 경강이며, 경강의 아버지는 궁선이고 궁선이 아버지는 전욱이며, 전욱의 아버지는 창의이고, 순에 이르기까지는 7대가 지났다. 궁선부터 순에 이르기까지는 모두 신분이 미천하여 일반 백성이었다.

1-021

舜父瞽叟盲, 而舜母死, 瞽叟更娶妻而生象, 象傲。瞽叟愛後妻子, 常欲殺舜, 舜避逃 ; 及有小過, 則受罪。順事父及後母與弟, 日以篤謹, 匪有解。

|음역|

순부고수맹, 이순모사, 고수갱취처이생상, 상오. 고수애후처자, 상욕살순, 순피도 ; 급유소과, 즉수죄. 순사부급후모여제, 일이독근, 비유해.

|주석|

1. 순舜-1-016 주석8 참고.
2. 고수瞽叟-1-020 주석3 참고.
3. 상象-순의 이복동생으로 성격이 오만하고 잔인하였다. 후에 유비有庳, 즉 현재의 호남성湖南省 도현道縣 이라는 곳을 봉지로 받았다.
4. 독근篤謹-독실하고 신중함.
5. 비匪-아닐 비非와 동일.
6. 해解-게으를 해懈와 동일.

순의 아버지 고수는 맹인이었는데, 순의 어머니가 사망하자 고수는
다시 아내를 얻어서 상을 낳았으며 상은 성품이 오만하였다. 고수는 후
처의 자식을 사랑하여 항상 순을 죽이려고 하였으며, 순은 피해서 도망
다녔다. 순은 작은 잘못이라도 저지르게 되면 곧 벌을 받았다. 순은 아
버지와 계모와 동생을 순종하는 마음으로 섬겼고, 매일 공경하고 근신하
며 게으름을 부리지 않았다.

1-022

舜, 冀州之人也。舜耕歷山, 漁雷澤, 陶河濱, 作什器於壽丘, 就時
於負夏。舜父瞽叟頑, 母嚚, 弟象傲, 皆欲殺舜。舜順適不失子道,
兄弟孝慈。欲殺, 不可得 ; 卽求, 嘗在側。

|음역|

순, 기주지인야. 순경역산, 어뢰택, 도하빈, 작집기어수구, 취시어부하.
순부고수완, 모은, 제상오, 개욕살순. 순순적불실자도, 형제효자. 욕살,
불가득 ; 즉구, 상재측.

|주석|

1. 순舜―1-016 주석8 참고.
2. 기주冀州―현재 하북성河北省 형수시衡水市 부근으로 화북 평원의
   중심부이다.
3. 역산歷山―포판蒲坂 남쪽에 있는 산으로 산서성山西省 영제시永濟市
   에 있다.
4. 뇌택雷澤―산동성山東省 하택荷澤 동북에 있고, 뇌하택雷夏澤, 용택

龍澤이라 불린다.

5. 하빈河濱－사남현沙南縣에 있고, 동쪽이 황하와 맞닿아 있다.

6. 집기什器－집물什物, 세간살이에 쓰이는 온갖 도구.

7. 수구壽丘－산동성 곡부성曲阜城 부근에 있고, 황제黃帝의 탄생지로 알려져 있다.

8. 취시就時－저자(시장) 취, 또는 시기를 타서, 시기를 쫓아서 이득을 얻음(乘時逐利)으로 장사를 하는 것을 가리킴.

9. 부하負夏－현재의 역산진歷山鎭으로 고대에는 부하라고 일컬었다.

10. 고수瞽叟－1-020 주석3 참고.

11. 상象－1-021 주석3 참고.

12. 순적順適－순종, 영합, 순응, 적응, 순심적의順心適意.

13. 상嘗－항상.

Ⅰ국역Ⅰ

순은 기주 출신이다. 순은 역산에서 농사를 짓고 뇌택에서 물고기를 잡았으며, 하빈에서 토기를 만들었고 수구에서 세간에 쓰이는 온갖 도구를 만들었으며, 부하에서 장사를 하였다. 순의 아버지 고수는 완고하고 어머니는 어리석었으며 동생 상은 교만하여, 모두 순을 죽이려고 하였다. 순은 순종하여 자식의 도리와 형제간의 자애로움을 잃지 않았다. 순을 죽이려고 할 때는 찾을 수 없지만, 순이 필요할 때는 항상 부모님 옆에서 모셨다.

1-023

舜年二十以孝聞。三十而帝堯問可用者, 四嶽咸薦虞舜, 曰可。於是堯乃以二女妻舜以觀其內, 使九男與處以觀其外。舜居嬀汭, 內行彌謹。堯二女不敢以貴驕事舜親戚，甚有婦道。堯九男皆益篤。舜耕歷山，歷山之人皆讓畔；漁雷澤，雷澤上人皆讓居；陶河濱，河濱器皆不苦窳。一年而所居成聚，二年成邑，三年成都。堯乃賜舜絺衣，與琴，爲築倉廩，予牛羊。瞽叟尙復欲殺之，使舜上塗廩，瞽叟從下縱火焚廩。舜乃以兩笠自扞而下，去，得不死。後瞽叟又使舜穿井，舜穿井爲匿空旁出。舜既入深，瞽叟與象共下土實井，舜從匿空出，去。瞽叟，象喜，以舜爲已死。象曰："本謀者象。"象與其父母分，於是曰："舜妻堯二女，與琴，象取之。牛羊倉廩予父母。"象乃止舜宮居，鼓其琴。舜往見之。象鄂不懌，曰："我思舜正鬱陶！"舜曰："然，爾其庶矣！"舜復事瞽叟愛弟彌謹。於是堯乃試舜五典百官，皆治。

|음역|

순년이십이효문. 삼십이제요문가용자, 사악함천우순, 왈가. 어시요내이이녀처순이관기내, 사구남여처이관기외. 순거규예, 내행미근. 요이녀불감이귀교사순친척, 심유부도. 요구남개익독. 순경역산, 역산지인개양반 ; 어뇌택, 뇌택상인개양거 ; 도하빈, 하빈기개불고유. 일년이소거성취, 이년성읍, 삼년성도. 요내사순치의, 여금, 위축창름, 여우양. 고수상복욕살지, 사순상도름, 고수종하종화분름. 순내이양립자한이하, 거, 득불사. 후고수우사순천정, 순천정위닉공방출. 순기입심, 고수여상공하토실정, 순종닉공출, 거. 고수, 상희, 이순위이사. 상왈 : "본모자상." 상여기부모분, 어시왈 : "순처요이녀, 여금, 상취지. 우양창름여부모." 상내지순궁거, 고기금. 순왕견지. 상악불역, 왈 : "아사순정울도!" 순왈 : "연, 이기서의!" 순복사고수애제미근. 어시요내시순오전백관, 개치.

┃주석┃

1. 순舜-1-016 주석8 참고.

2. 요堯-1-012 주석3 참고.

3. 4악四嶽-1-015 주석10 참고.

4. 규예嬀汭-1-016 주석13 참고.

5. 미근彌謹-더욱 삼감.

6. 역산歷山-1-022 주석3 참고.

7. 반畔-밭두둑, 경계.

8. 뇌택雷澤-1-022 주석4 참고.

9. 하빈河濱-1-022 주석5 참고.

10. 고유苦窳-거칠고 이지러지거나 흠이 있음.

11. 취聚-촌락.

12. 읍邑-큰 마을.

13. 도都-도읍으로 종묘와 군주의 사당이 있음.

14. 치의絺衣-칡의 섬유로 짠 옷, 갈포葛布 옷.

15. 고수瞽叟-1-020 주석3 참고.

16. 도塗-흙을 발라서 틈새를 메움.

17. 입笠-대나무를 엮어서 햇빛이나 비를 가리게 사용하는 모자이다.

18. 악鄂-놀랄 악愕과 동일.

19. 상象-1-021 주석3 참고.

20. 역懌-기뻐하다.

21. 울도鬱陶-깊이 생각에 잠긴 모양.

22. 서庶-거의 같다, 거의 되려 함.

23. 5전五典-1-016 주석16 참고.

순은 20세에 효도로써 이름이 널리 알려졌다. 30세에 요가 천자가 될 만한 인물이 있는가를 물었을 때, 사방 제후들이 모두 우순을 추천하며 그가 적당하다고 말했다. 그래서 요는 두 딸을 순의 부인으로 삼게 하여 가정적인 능력을 관찰하였으며, 9명의 아들로 하여금 함께 거처하게 하여 사회적인 능력을 관찰하였다. 순은 규예에 거주하면서 가정적으로 수양하며 더욱 공경하고 조심하며 지냈다. 요의 두 딸도 감히 신분이 고귀하다고 순의 친척을 섬기지 않을 수 없었으며, 더욱 부녀자의 도리를 준수하였다. 요의 9명 아들들도 모두 행실이 더욱 독실해졌다. 순이 역산에서 농사를 지면 역산 사람들은 밭두렁 경계를 양보했고, 뇌택에서 물고기를 잡으면 뇌택 사람들은 모두 고기 잡는 장소를 양보했으며, 하빈에서 토기를 구울 때는 하빈의 토기는 모두 거칠고 이지러지거나 흠이 없었다. 1년이 되자 순이 거처하는 곳은 취락이 되고, 2년째는 읍락이 되었으며, 3년째는 도읍이 되었다. 요는 그래서 순에게 칡의 섬유로 짠 갈포 옷과 거문고를 하사하였고, 곡식 창고를 지어주었으며 소와 양을 보내 주었다. 고수는 여전히 순을 살해하려고 하였는데, 순으로 하여금 곡식 창고에 올라가서 틈새를 메우게 시키고 고수는 아래에서 불을 질러 곡식 창고를 불태웠다. 순은 2개의 삿갓으로 스스로를 방어하면서 내려와 도망가서 죽지 않았다. 후에 고수는 또 순으로 하여금 우물을 파게 하였고, 순은 우물을 파면서 옆으로 빠져나올 수 있는 숨을 공간을 만들었다. 순은 이미 매우 깊게 팠고, 고수와 상은 함께 흙을 넣어서 우물을 메웠으며, 순은 숨을 공간을 통해서 빠져나왔다. 고수와 상은 매우 기뻐하며 순은 이미 죽었다고 여겼다. 상이 말하기를 "이 계획은 내가 꾸민 것입니다." 상이 그 부모와 재산을 나누며 말하기를 "순의 아내인 요의 두 딸과 거문고는 내가 가지겠습니다. 소와 양과 창고는 부모님이 가지세요." 상은 이에 순의 거처로 가서 거문고를 연주하였다. 순이 가서 그

것을 보니, 상이 놀라서 기뻐하지 않으며 말하기를 "나는 순을 생각하며 마침 우울했다." 순이 말하기를 "그려나. 너도 내가 너를 생각하는 마음과 거의 같구나." 순은 다시 고수를 섬기고 동생을 아끼는 것이 더욱 공손하고 신중하게 하였다. 그래서 요는 순에게 5종 윤리, 즉 부의(아버지는 의롭고), 모자(어머니는 자애롭고), 형우(형은 우애 있고), 제공(동생은 공경하고), 자효(자식은 효도하고)의 도리의 추진과 각종 관직을 담당하게 하여 순의 능력을 시험해 보았으며, 순은 모두 잘 다스렸다.

┃참고┃

순의 가족이 순을 살해하려는 이유-순은 나이 20에 효성으로 이름이 널리 알려진 인물이다. 그런데 그의 가족은 왜 순을 살해하려고 했을까? 자료에 상세하지는 않지만 대략 순의 이복동생을 편애하여 그에게 집안의 재산을 독점하기 위한 것으로 볼 수 있다. 순의 덕망이 높은 것은 이러한 환경에서도 효성으로 부모를 봉양하고 우애로 동생을 대우하였으며, 제위에 오른 후에도 자식의 도리를 다하고 동생을 제후로 책봉하는 등 진정성을 시종일관 유지하였기 때문이다.

1-024

昔高陽氏有才子八人, 世得其利, 謂之"八愷". 高辛氏有才子八人, 世謂之"八元". 此十六族者, 世濟其美, 不隕其名. 至於堯, 堯未能擧. 舜擧八愷, 使主后土, 以揆百事, 莫不時序. 擧八元, 使布五教于四方, 父義, 母慈, 兄友, 弟恭, 子孝, 內平外成.

┃음역┃

석고양씨유재자팔인, 세득기이, 위지"팔개". 고신씨유재자팔인, 세위지

"팔원". 차십육족자, 세제기미, 불운기명. 지어요, 요미능거. 순거팔개, 사주후토, 이규백사, 막불시서. 거팔원, 사포오교우사방, 부의, 모자, 형우, 제공, 자효, 내평외성.

|주석|

1. 고양씨高陽氏－1-007 주석13 참고.

2. 고신씨高辛氏－1-009 주석4 참고.

3. 재자才子－재능 있는 사람, 재능 있는 자식.

4. 8개八愷－두 가지 의미가 있다. 첫째, 전욱 부락에 소속되고 혈연 관계에 있는 8개의 세력이 강한 씨족을 가리킨다. 둘째, 전욱의 재능 있는 아들 8명으로,《좌전》〈문공文公〉18년 기록에 의하면 창서蒼舒, 퇴애隤戭, 도인檮戜, 대림大臨, 방강尨降, 정견庭堅, 중용仲容, 숙달叔達을 말하고, 정견의 명칭은 춘추전국 시기까지 역사서에 등장하였다.

5. 8원八元－두 가지 의미가 있다. 첫째, 곡 부락에 소속되고 혈연관계에 있는 8개의 세력이 강한 씨족을 가리킨다. 둘째는 곡의 재능 있는 아들 8명으로,《좌전》〈문공文公〉18년 기록에 의하면 백분伯奮, 중감仲堪, 숙헌叔獻, 계중季仲, 백호伯虎, 중웅仲熊, 숙표叔豹, 계리季狸를 말한다. 특히 명칭 앞에 백, 중, 숙, 계의 사용으로 볼 때 형제 관계이고, 뒤의 4개 씨족은 해당 동물을 토템으로 삼고 있을 가능성이 크다.

6. 제濟－사용하다, 성취하다.

7. 운隕－떨어지다, 상실하다.

8. 요堯－1-012 주석3 참고.

9. 순舜－1-016 주석8 참고.

10. 후토后土－3가지 의미가 있다. 첫째, 대지와 산천을 주재하는 여성

신을 가리킨다. 둘째, 공공共工의 아들 중에 후토가 있으며 농업생
산의 발전과 치수 사업에 능통하였다. 셋째, 토지와 치수를 담당하
는 직책을 말하기도 함.

11. 규揆-관리, 관장을 가리킨다. 나중에는 재상 또는 재상의 관직을
가리킴.

12. 시서時序-조리가 있음, 또는 시간의 선후, 계절의 순서를 가리킴.

13. 5교五教-5종 윤리 도덕적 교육으로 부의父義, 모자母慈, 형우兄友,
제공弟恭, 자효子孝를 가리킨다.

14. 내평외성內平外成-가정이 화목하고 사회가 평안함을 가리키며,《상
서尚書》의 "지평천성地平天成"과 같이 쓰인다. 현재 일본의 연호인
평성平成의 근원이고 내외와 천지가 평화롭기를 바란다는 뜻이다.

│국역│

옛날에 고양씨에게 재능 있는 아들 8명이 있었는데, 세상 사람들은
그들로부터 이로움을 얻게 되어서 그들을 8개라고 일컬었다. 고신씨도
재능 있는 아들 8명이 있었는데, 세상 사람들이 그들을 8원이라고 일컬
었다. 이들 16개 씨족은 대대로 훌륭한 덕을 사용하여 명성이 추락하지
않았다. 요의 통치시기에 이르러 요는 그들의 후손을 등용하지 않았다.
순은 8개의 후손을 등용하여 그들로 하여금 토지와 치수를 담당하는 직
책인 후토를 맡게 하여, 여러 가지 일을 처리하게 하니 이치에 어긋남이
없었다. 또 8원의 후손을 등용하여 그들로 하여금 사방에서 5종 윤리를
전파하게 하니, 부의(아버지는 의롭고), 모자(어머니는 자애롭고), 형우(형은
우애 있고), 제공(동생은 공경하고), 자효(자식은 효도하고)하게 되어 가정이
화목하고 사회가 평안하게 되었다.

昔帝鴻氏有不才子, 掩義隱賊, 好行凶慝, 天下謂之渾沌。少皞氏有
不才子, 毀信惡忠, 崇飾惡言, 天下謂之窮奇。顓頊氏有不才子, 不
可教訓, 不知話言, 天下謂之檮杌。此三族世憂之。至于堯, 堯未能
去。縉雲氏有不才子, 貪于飲食, 冒于貨賄, 天下謂之饕餮。天下惡
之, 比之三凶。舜賓於四門, 乃流四凶族, 遷于四裔, 以御螭魅, 於
是四門辟, 言毋凶人也。

┃음역┃

석제홍씨유부재자, 엄의은적, 호행흉특, 천하위지혼돈. 소호씨유부재
자, 훼신오충, 숭식오언, 천하위지궁기. 전욱씨유부재자, 불가교훈, 부지
화언, 천하위지도올. 차삼족세우지. 지우요, 요미능거. 진운씨유부재자,
탐우음식, 모우화회, 천하위지도철. 천하오지, 비지삼흉. 순빈어사문, 내
유사흉족, 천우사예, 이어이매, 어시사문벽, 언무흉인야.

┃주석┃

1. 제홍씨帝鴻氏─원래는 치우蚩尤를 가리켰으나 후에 황제黃帝가 치
   우를 정벌하고 황제 부락이 동이東夷 지역을 장악하면서부터 제홍
   씨는 황제를 가리키는 명칭으로 사용되기 시작하였다.

2. 엄의은적掩義隱賊─타인의 의로움을 가리고 자신의 나쁜 짓을 숨
   기며.

3. 혼돈混沌─3가지 의미가 있다. 첫째, 요와 순 시기의 4흉四凶의 한
   명이다. 둘째, 우주가 형성되기 이전의 모호한 상황을 말한다. 셋
   째, 무지몽매한 사람 혹은 바보를 가리킨다.

4. 소호씨少皞氏─중국 북방민족 중의 어느 성씨의 후대를 말하며, 대

략 태호太皞와 소호는 모두 화서씨華胥氏의 아들이고 태호는 복희伏
羲를 가리킨다. 전해오는 바에 의하면 태호 부락은 성씨가 풍風이
고 복희씨伏羲氏로 일컬어졌으며, 염제炎帝 부락에 비해서 약간 늦
은 시기에 등장하였다. 태호의 부락은 하남河南 회양淮陽 일대에서
활동한 부락이었고, 나중에는 황하 하류인 산동山東 곡부曲阜 지역
에까지 확대되었다. 소호는 바로 태호 부락 일파의 후예로 보인다.

5. 숭식崇飾−분식粉飾과 같으며, 외관을 꾸밈.

6. 궁기窮奇−요와 순 시기의 4흉四凶의 한 명이다. 궁기는 소호씨의
후예이다.

7. 전욱씨顓頊氏−1- 007 주석15 참고.

8. 도올檮杌−두 가지 의미가 있다. 첫째, 요와 순 시기의 4흉四凶의
한 명이다. 도올은 오한傲狠, 난훈難訓 등의 이름으로 불렸고, 곤鯀
이 사망한 후에 원한이 뭉쳐서 생겼다고 전해진다. 둘째, 일반적으
로 악인惡人을 가리킨다.

9. 요堯−1- 012 주석3 참고.

10. 진운씨縉雲氏−3가지 의미가 있다. 첫째, 중국 고대의 씨족으로 염
제炎帝의 후예이다. 둘째, 진운은 황제黃帝 시기의 관직 명칭이다.
즉 춘관春官은 청운青雲, 하관夏官은 진운, 추관秋官은 백운白雲, 동
관冬官은 흑운黑雲, 중관中官은 황운黃雲이다. 셋째, 성씨의 하나로
진운씨는 후에 운씨雲氏로 바꿨고 현재까지 존재한다.

11. 모冒−만족을 모르고 추구하는 것.

12. 도철饕餮−요와 순 시기의 4흉四凶의 한 명이다. 식탐이 많은 자를
비유하는 말로 사용되었다.

13. 3흉三凶−혼돈, 궁기, 도올을 가리킨다.

14. 순舜−1- 016 주석8 참고.

15. 4문四門−1- 016 주석19 참고.

16. 유流-귀양 보내다.

17. 4예四裔-사방에서 멀리 떨어진 지역을 말하며, 북예는 유주幽州, 남예는 숭산崇山, 서예는 삼위三危, 동예는 우산羽山을 가리킨다.

18. 이매螭魅-두 가지 의미가 있다 첫째, 각종 나쁜 사람을 가리키는 데 사용한다. 달리 이매螭彪라고 쓴다. 둘째, 전설에 숲 속에 살며 인간을 해롭게 하는 괴물을 말한다.

19. 벽辟-열다 벽闢과 동일, 통하다.

┃국역┃

옛날에 제홍씨에게 부족한 자식이 있었는데, 타인의 의로움을 가리고 자신의 나쁜 짓을 숨기며 흉폭하고 사악한 행동하기를 좋아해서, 세상 사람들이 그를 혼돈이라고 일컬었다. 소호씨에게도 부족한 자식이 있었는데, 신의를 저버리고 충직함을 증오하며 외관을 꾸미는 것을 숭상하고 타인에게 좋은 말 해주는 것을 싫어해서, 세상 사람들이 그를 궁기라고 일컬었다. 전욱씨에게도 부족한 자식이 있었는데, 교훈을 받아들이지 않고 무엇이 좋은 말인지 나쁜 말인지를 몰라서, 세상 사람들이 그를 도올이라고 일컬었다. 이들 3개 가족에 대해서 세상 사람들이 모두 우려를 나타냈다. 요의 통치시기에 이르러서도 요는 그들을 제거할 수 없었다. 진운씨에게도 부족한 자식이 있었는데, 술과 음식에 빠지고 재물을 욕심 내서 세상 사람들이 그를 도철이라고 일컬었다. 세상 사람들은 모두 그를 싫어하였고, 그를 혼돈, 궁기, 도올 등 3명의 가족과 서로 비교하였다. 순이 사방의 문에서 빈객을 접대하는 일을 담당하고 있을 때에, 이들 4개 흉악한 가족을 쫓아내고 사방 국경에서 가장 멀리 떨어진 곳으로 거주지를 옮기게 해서 각종 나쁜 사람(또는 사람 얼굴에 동물 몸통의 괴물을 가리킴)을 방어하게 하니, 사방의 문으로 통행이 순조롭게 되어서 모두가 말하기를 흉악한 사람이 없어졌다고 하였다.

4대 흉수凶獸와 4대 신수神獸-4대 흉수는 상고시대 삼묘, 환두, 공공, 곤 등 4명의 악인이 사망하고, 그들의 정신이 없어지지 않고 흉악한 동물의 화신으로 탄생한 것이 혼돈, 궁기, 도올, 도철이다. 반대로 4대 신수는 청용青龍, 백호白虎, 주작朱雀, 현무玄武이다.

1-026

舜入于大麓, 烈風雷雨不迷, 堯乃知舜之足授天下. 堯老, 使舜攝行天子政, 巡狩. 舜得舉用事二十年, 而堯使攝政. 攝政八年而堯崩. 三年喪畢, 讓丹朱, 天下歸舜. 而禹, 皋陶, 契, 后稷, 伯夷, 夔, 龍, 倕, 益, 彭祖自堯時而皆舉用, 未有分職. 於是舜乃至於文祖, 謀于四嶽, 辟四門, 明通四方耳目, 命十二牧論帝德, 行厚德, 遠佞人, 則蠻夷率服. 舜謂四嶽曰:"有能奮庸美堯之事者, 使居官相事?" 皆曰:"伯禹爲司空, 可美帝功." 舜曰:"嗟, 然! 禹, 汝平水土, 維是勉哉." 禹拜稽首, 讓於稷, 契與皋陶. 舜曰:"然, 往矣." 舜曰:"棄, 黎民始飢, 汝后稷播時百穀." 舜曰:"契, 百姓不親, 五品不馴, 汝爲司徒, 而敬敷五教, 在寬." 舜曰:"皋陶, 蠻夷猾夏, 寇賊姦軌, 汝作士, 五刑有服, 五服三就；五流有度, 五度三居：維明能信." 舜曰:"誰能馴予工?" 皆曰垂可. 於是以垂爲共工. 舜曰:"誰能馴予上下草木鳥獸?" 皆曰益可. 於是以益爲朕虞. 益拜稽首, 讓于諸臣朱虎, 熊羆. 舜曰:"往矣, 汝諧." 遂以朱虎, 熊羆爲佐. 舜曰:"嗟! 四嶽, 有能典朕三禮?" 皆曰伯夷可. 舜曰:"嗟! 伯夷, 以汝爲秩宗, 夙夜維敬, 直哉維靜絜." 伯夷讓夔, 龍. 舜曰:"然. 以夔爲典樂, 教稚子, 直而溫, 寬而栗, 剛而毋虐, 簡而毋傲；詩言意, 歌長言, 聲依永, 律和聲, 八音能諧, 毋相奪倫, 神人以和." 夔曰:"於! 予擊石拊石, 百獸率舞。"舜曰："龍, 朕畏忌讒說殄偽, 振驚朕衆, 命汝爲納言, 夙夜出入朕命, 惟信。"舜曰："嗟! 女二十有二人, 敬哉, 惟時相天事。"三歲一考功, 三考絀陟, 遠近衆功咸興。分北三苗。

┃음역┃

순입우대록, 열풍뇌우불미, 요내지순지족수천하. 요로, 사순섭행천자정, 순수. 순득거용사이십년, 이요사섭정. 섭정팔년이요붕. 삼년상필, 양단주, 천하귀순. 이우, 고요, 설, 후직, 백이, 기, 용, 수, 익, 팽조자요시이개거용, 미유분직. 어시순내지어문조, 모우사악, 벽사문, 명통사방이목, 명십이목논제덕, 행후덕, 원영인, 즉만이솔복. 순위사악왈 : "유능분용미요지사자, 사거관상사?" 개왈 : "백우위사공, 가미제공." 순왈 : "차, 연! 우, 여평수토, 유시면재." 우배계수, 양어직, 설여고요. 순왈 : "연, 왕의." 순왈 : "기, 여민시기, 여후직파시백곡." 순왈 : "설, 백성불친, 오품불순, 여위사도, 이경부오교, 재관." 순왈 : "고요, 만이활하, 구적간궤, 여작사, 오형유복, 오복삼취 ; 오류유도, 오도삼거 : 유명능신." 순왈 : "수능순여공?" 개왈수가. 어시이수위공공. 순왈 : "수능순여상하초목조수?" 개왈익가. 어시이익위짐우. 익배계수, 양우제신주호, 웅비. 순왈 : "왕의, 여해." 수이주호, 웅비위좌. 순왈 : "차! 사악, 유능전짐삼례?" 개왈백이가. 순왈 : "차! 백이, 이여위질종, 숙야유경, 직재유정결." 백이양기, 용. 순왈 : "연. 이기위전악, 교치자, 직이온, 관이율, 강이무학, 간이무오 ; 시언의, 가장언, 성의영, 율화성, 팔음능해, 무상탈륜, 신인이화." 기왈 : "어! 여격석부석, 백수솔무." 순왈 : "용, 짐외기참설진위, 진경짐중, 명여위납언, 숙야출입짐명, 유신." 순왈 : "차! 여이십유이인, 경재, 유시상천사." 삼세일고공, 삼고출척, 원근중공함흥. 분배삼묘.

1. 순舜−1−016 주석8 참고.

2. 대록大麓−두 가지 의미가 있다. 첫째, 천자의 업무를 대신하는 것이다. 둘째, 광대한 산림을 가리킨다.

3. 요堯−1−012 주석3 참고.

4. 단주丹朱−1−015 주석3 참고.

5. 우禹−황제黃帝의 현손玄孫으로 하후씨夏后氏이고 이름은 문명文命이며 호는 우이다. 후세에 존칭해서 대우大禹, 하우夏禹라고 일컬었고 도산씨涂山氏의 여성을 부인으로 맞이하여 아들 계啓를 낳았다. 우는 순의 시대에 하백夏伯이라는 작위를 받고 사似라는 성씨를 하사 받았다. 순을 계승한 이후에는 하 부락연맹의 창시자로 국호를 하夏라고 하였고 안읍安邑을 도읍지로 삼았으며 대략 기원전 21세기이다. 하 왕조는 우에서 시작하여 걸桀에 이르기까지 14대 17왕의 대략 400여 년 존속하였다.

6. 고요皋陶−전설에 요와 순 시기의 법률을 담당하는 관리인 사士, 사사士師, 대리大理이고, 후대에 옥관獄官 또는 옥신獄神으로 일컬어졌다. 전욱顓頊과 추도씨鄒屠氏의 7번째 아들이고 이름은 정견庭堅이고 皋陶, 皋繇 등으로 쓴다. 요, 순, 우와 더불어 상고시대 4성四聖으로 일컬었다.

7. 설契−곡률의 아들이고 요堯의 이복동생이며 성은 자子이고 생모는 간적簡狄이다. 전설에 의하면 모계 씨족사회 기간에 간적이라는 여인이 해안가에서 목욕을 하다가 현조玄鳥가 낳은 알을 삼킨 후에 상商의 시조인 설을 낳았다고 한다. 이것은 발해만의 여러 부족에 존재하던 조鳥 토템을 반영한 것이다. 나중에 우를 도와 치수에 공을 세워서 상 지역을 하사받았다.

8. 후직后稷−서주西周의 시조 기棄의 별칭이다. 그의 어머니 강원姜嫄

(곡의 부인)은 거인의 발자취를 따라 걷다가 임신하여 기를 낳았다고 한다. 기는 성장하면서 농사짓는 것을 좋아하여 오곡을 심고 농업에 종사하였다. 요의 통치시기에는 농사農師에 임명되었고, 순의 통치시기에는 그를 합邰이라는 지역에 봉하고 후직이라 일컬었다. 달리 농사를 담당하는 관직을 일컫는다.

9. 백이伯夷-염제炎帝의 14대 손자이고 공공共工의 종손從孫으로 요와 순 시대의 인물이다. 상商나라 말기 고죽국孤竹國 군주의 아들 백이伯夷와는 다른 인물이다.

10. 기蘷-기棄로 쓰며 후직의 내용을 참고.

11. 용龍-요와 순 시대의 인물.

12. 수倕-요와 순 시대의 인물로 활, 쟁기, 보습 등을 잘 만들었다고 전해진다.

13. 익益-성씨는 영嬴이고 고요皐陶의 아들이다. 대비大費, 백예栢翳, 백예伯翳 등으로 일컬었고, 그의 자손들은 익으로 성씨를 삼아서 익씨의 시조가 되었다. 전해오는 말에 축목과 수렵에 능했고 우물을 파는 기술을 발명하여 우물의 신井神으로 일컬어졌다.

14. 팽조彭祖-성은 전籛이고 씨는 팽彭이며 이름은 전翦이다. 꿩 요리에 능해서 요의 신임을 받았고 나중에 대팽大彭을 봉지로 받아서 대팽씨국이 되었다. 전설에 팽씨의 조상이고 부인이 49명이며 자식이 54명이고 860살까지 살았다고 한다.

15. 문조文祖-1-016 주석23 참고.

16. 4악四嶽-1-015 주석10 참고.

17. 4문四門-1-016 주석19 참고.

18. 12목十二牧-요·순 시기의 행정구획 제도이다. 12주는 기주冀州, 연주兖州, 청주靑州, 서주徐州, 형주荊州, 양주揚州, 예주豫州, 양주梁州, 옹주雍州, 유주幽州, 병주幷州, 영주營州이고 목牧은 각 주의 수

령이다. 또 1-017 주석15와 32 참고.

19. 만이蠻夷-광의의 의미로 화하華夏 중원민족 이외의 이민족을 통칭하는 용어이다. 협의의 의미로는 남방과 동방에 거주하는 이민족을 가리킨다.

20. 분용奮庸-분은 기起이고, 용은 공功을 나타낸다. 즉, 노력해서 공적을 세우는 것을 말함.

21. 거관居官-관직을 담당.

22. 상사相事-재상의 직무.

23. 사공司空-중국 고대의 관직 명칭으로 수리와 토목건축을 담당한다. 사마司馬, 사구司寇, 사사司士, 사도司徒와 더불어 5관五官이라고 일컫는다.

24. 수토水土-수리와 토목.

25. 계수稽首-무릎을 꿇고 두 손을 맞잡아서 땅에 대고, 머리도 땅에 대고 절하는 최상의 의례이다. 즉 중국 고대에 상대방에게 공경을 나타내기 위하여 행하는 의례로 《주례周禮》에 나타나는 9배九拜 중의 하나이다. 참고로 9배는 계수, 돈수頓首, 공수空首, 진동振動, 길배吉拜, 흉배凶拜, 기배奇拜, 포배褒拜, 숙배肅拜가 있다. 즉 신분과 등급이 다른 사회 구성원에게, 각기 다른 상황에서 사용되도록 규정된 의례이다.

26. 5품五品-5상(인, 의, 예, 지, 신)을 말함. 또는 부, 모, 형, 제, 자를 가리킨다.

27. 사도司徒-요, 순 시기에 이미 설치된 관직 명칭으로 민중의 교화와 행정사무 등을 담당한다.

28. 부敷-펴다, 베풀다.

29. 5교五教-1-024 주석13 참고.

30. 구적간궤寇賊姦軌-구궤적간寇軌賊姦, 외구내적外寇內賊으로도 쓰며,

구寇는 외부에서 나쁜 짓을 하는 것이고 적賊은 내부에서 나쁜 짓을 하는 것을 말한다.

31. 사士-두 가지 의미가 있다. 첫째, 요순堯舜 시기의 법률, 형벌, 감옥을 담당하는 관리인 사士, 사사士師, 대리大理이다. 둘째, 신분제에서 통치계급으로 왕-제후-경-대부-사에서 최하 등급이다. 상商나라와 서주西周, 춘추春秋 시기에는 귀족계층으로 대부분 경卿과 대부大夫의 가신家臣이었다. 춘추 말년 이후에는 점차 통치계급 중에서 지식분자를 가리키게 되었다. 전국시대에는 학사學士, 용사勇士, 방사方士, 책사策士 등으로 세분되었다.

32. 5형五刑-1- 017 주석38 참고.

33. 복服-담당하다. 집행하다.

34. 5복五服-두 가지 의미가 있다. 첫째, 왕이 직접 통치하는 지역인 왕기王畿 이외에 500리씩 순차적으로 구획을 정했는데 가까운 곳에서부터 후복侯服, 전복甸服, 수복綏服, 요복要服, 황복荒服으로 나눈 것을 말한다. 둘째, 5등급의 상복喪服을 말한다. 여기서는 5가지 형벌을 집행하는 것을 말한다.

35. 3취三就-고대에 사형을 당하는 자는 신분에 따라서 각기 다른 3곳에서 형벌을 받았는데, 큰 죄는 들판에서 대부大夫는 조정에서 사士는 저잣거리에서 형벌을 받는 것을 말한다.

36. 5류五流-5형을 받는 죄인을 관대하게 처리하여 유배를 보내는 것을 말한다.

37. 도度-원칙, 체계.

38. 5도五度-두 가지 의미가 있다. 첫째, 5가지 귀양 보내는 원칙을 말한다. 둘째, 5가지 도량 단위로 분分, 촌寸, 척尺, 장丈, 인引을 가리킨다. 여기서는 첫째의 의미이다.

39. 3거三居-거는 처소를 말한다. 즉 고대에 유배를 당하는 죄인을

죄의 경중에 따라서 장소를 달리하는데, 큰 죄를 지은 자는 4예四
裔로 다음은 9주九州의 밖으로, 그 다음은 천리千里 밖으로 유배 보
냈다.

40. 공工-토목건축 업무를 담당하는 관직.

41. 공공共工-1-015 주석5 참고.

42. 짐우朕虞-고대에 산과 연못을 관리하는 관직 명칭이다. 달리 우虞
한 글자를 쓰기도 한다.

43. 주호朱虎-순 시기의 관리로 산과 연못을 관리하는 관직을 담당했
다고 한다.

44. 웅비熊羆-순 시기의 관리로 산과 연못을 관리하는 관직을 담당했
다고 한다.

45. 해諧-적합하다, 이루다, 화합하다.

46. 3례三禮-하늘과 땅과 종묘에 제사지내는 의례를 말한다.

47. 질종秩宗-제사와 의례를 담당하는 관직 명칭으로 후대에는 예부
禮部를 가리키는 칭호로 사용하였다.

48. 전악典樂-조정의 음악을 담당하는 관직.

49. 율栗-엄격, 공손함.

50. 언의言意-말과 뜻으로, 즉 시는 사상과 감정을 표현하는 것.

51. 장언長言-시나 노래를 소리 높여 길게 부르는 것.

52. 의영依永-음률이 노래와 부합하는 것을 말함.

53. 화성和聲-5성五聲이 조화를 이룸.

54. 8음八音-광의의 의미로 음악을 가리킨다. 협의의 의미로 악기를
제작하는 8종류의 악기 재료로, 금金(쇠), 석石(돌), 사絲(실), 죽竹
(대나무), 포匏(바가지), 토土(흙), 혁革(가죽), 목木(나무)을 가리킨다.

55. 격석擊石-석경石磬을 쳐서 연주하는 것.

56. 부석拊石-위와 동일.

57. 솔무率舞-잇따라 춤을 추다.

58. 참설讒說-참언, 남을 헐뜯는 말.

59. 진위殄僞-위선, 거짓.

60. 진경振驚-놀라게 하다.

61. 납언納言-왕명의 출납을 담당하는 관직.

62. 시상時相-시시각각.

63. 출척絀陟-인사상의 승진과 강등을 말한다.

64. 중공衆功-1-014 주석40 참고.

65. 분배分北-나누다, 분리하다.

66. 3묘三苗-1-018 주석10 참고.

┃국역┃

순은 광대한 산림지역에 들어가서 매서운 바람과 우레 및 폭우를 만나도 길을 헤매지 않아서, 요는 순이 천하를 계승할 능력이 충분하다는 것을 알았다. 요는 나이가 들자 순으로 하여금 천자의 정치를 대신하게 하고 전국을 시찰 다니게 했다. 순은 등용되어 20년 동안 정치를 담당하였고, 요는 그로 하여금 천자를 대신하게 하였다. 요를 대신하여 통치한 지 8년 만에 요가 사망하였다. 삼년상이 끝나고 요의 아들 단주에게 천자의 자리를 양보했지만, 세상 사람들이 모두 순에게 귀의하였다. 우, 고요, 설, 후직, 백이, 기, 용, 수, 익, 팽조는 요 시기에 모두 등용되었지만 직책이 구분되지는 않았다. 그래서 순은 요의 시조 사당에 가서 사방의 제후들과 모의하여, 궁전 사방의 문을 열고 사방 백성의 의견을 받아들여 상호 소통시켰으며, 12주의 수령에게 요의 훌륭한 덕행을 논의하게 명령하였고, 백성들에게 후한 덕을 베풀며 아첨하는 사람을 멀리하니 주변의 오랑캐들도 모두 복종하였다. 순이 말하기를 "누가 능히 분발하여 요의 업적을 크게 빛내는데 공적을 세울 수 있다면, 그에게 재상의 직무를 담당할 관직을 주려고 한다." 모두 말하기를 "우(백우)를 수리와 토목건축을 담당하는 사공으로 임명하면 요의 업적을 크게 빛낼 수 있습니다." 순이 말하기를 "아, 옳다. 우, 당신이 가서 치수와 토목사업을 처리 하시오. 오직 부지런한 마음가짐으로 업무를 처리해야 합니다." 우는 무릎 꿇고 절하며 후직, 설, 고요에게 양보하였다. 순이 말하기를 "내가 말 한대로 하시오. 지금 바로 가서 임무를 수행 하시오." 순이 말하기를 "기, 백성들에게 굶주린 현상이 나타나기 시작했다는데 당신이 농사를 담당하는 관직을 담당하고 시기에 맞추어 여러 가지 곡식을 심도록 하시오." 순이 말하기를 "설, 백관들이 서로 화목하지 못하고 인, 의, 예, 지, 신 등 5상으로도 순화시키지 못했다. 당신이 민중의 교화와 행정사무를 담당하는 사도가 되어서 공경하게 부, 모, 형, 제, 자에 관한 5가지 가르침을 베풀도록 하시오. 오직 관대한 마음가짐으로 업무를 처리해야 됩니다." 순이 말하기를 "고요, 사방의 이민족들이 중원을 어지럽히고 안팎으로 온갖 나쁜 짓을 저지르니, 당신이 법률을 담당하는 관리인 사가 되어 이마에 죄수 도장을 찍는 묵형, 코를 베는 의형, 발뒤꿈치를 자르는 비형, 생식기를 제거하는 궁형, 사형시키는 대벽형 등 5종류의 형벌을 집행하시오. 5종류의 형벌을 집행하여 백성을 복종시키려면 수형자의 신분에 따라서 각기 다른 3곳 즉 들판, 조정, 저잣거리에서 시행해야 됩니다. 5종류의 귀양을 보내는 것도 각기 원칙이 있는데, 5가지 원칙은 즉 유배를 당하는 죄인은 죄의 경중에 따라서 3곳(4예, 9주, 천리 바깥)으로 보내야 합니다. 오직 공명정대한 마음가짐으로 업무를 처리해야 백성들이 믿음으로 복종합니다." 순이 말하기를 "누가 능히 나의 각종 토목건축을 담당할 수 있습니까?" 모두 수가 적당하다고 말했다. 그래서 수로 하여금 공공의 직책을 담당하게 하였다. 순이 말하기를 "누가 능히 높고 낮은 곳, 풀과 나무, 날짐승 뭍짐승을 관리할 수 있습니까?" 모두 익이 적당하다고 말했다. 그래서 익을 산과 연못을 관리하는 관직에 임명하였다. 익이 무릎을 꿇고 머리를 조아리며 주호, 웅비 등 여러 신하에게 양보하였다. 순이 말하기를 "가시오. 당신이 적합합니다." 그리고는 주호, 웅비로 하여금 익을 보좌하게 하였다. 순이 말하기를 "누가 능히 내가 실행하는 하늘과 땅과 종묘에 지내는 3가지 제사 의례를 담당할 수 있습니까?" 모두 백이가 적합하다고 말했다. "오, 백이, 당신을 제사와 의례를 담당하는 질종으로 임명하니 아침이나 저녁을 막론하고 오직 공경하는 마음을 가져야 하고, 또 정직과 정숙, 청결한 마음가짐으로 업무를 처리해야 합니다." 백이는 기와 용에게 양보하였다. 순이 말하기를 "알겠다. 기를 음악을 담당하는 전악으로 임명하니, 귀족의 아이들을 가르치되, 정직하면서도 온화하게, 너그러우면서도 엄격하게, 강하면서도 사납지 않게, 간소하고 질박하면서도 오만하지 않게 하시오. 시는 사람의 감정을 표현한 것이고, 노래는 시의 음조를 길게 늘인 것이며, 소리는 노래의 음률이 부합하게 하는 것이고, 음률은 5성(음률의 기본이 되는 궁, 상, 각, 치, 우의 다섯 음계)이 조화를 이루는 것이니, 8가지 악기가 내는 소리가 능히 조화를 이루어 서로 어긋나지 않게 하고, 신과 인간이 모두 음악을 통해서 서로 화합하게 하시오." 기가 말하기를 "아, 제가 석경(돌로 만든 경쇠)을 치면 모든 동물들이 잇따라 춤을 출 것입니다." 순이 말하기를 "용, 나는 남을 헐뜯거나 거짓말을 하며 나의 백성을 놀라게 하는 것을 두려워하고 꺼리므로, 당신을 왕명의 출납을 담당하는 납언으로 임명하니 새벽부터 저녁까지 나의 명령을 전달하고 오직 믿음으로 업무를 처리해야 합니다." 순이 말하기를 "아, 당신들 22명은 공경하게 직책을 수행하고, 오직 하늘이 나에게 맡긴 일을 완성할 수 있도록 시시각각 보좌를 해 주시오." 순은 3년마다 업적을 심사하고 3차례 심사를 거쳐서 승진 또는 강등하니, 먼 곳이나 가까운 곳을 막론하고 각종 사업이 모두 흥성해졌다. 또 3묘족을 분산시켰다.

우禹의 역사상 공헌–우의 역사상 공헌은 크게 세 가지로 요약할 수 있다. 첫째, 개인과 가정을 살피는 것보다 국가를 먼저 생각하는 선공후사先公後私의 정신이다. 둘째, 전면적으로 지리형세를 관찰하기 위하여 9주九州를 답사하고, 여기서 취득한 정보를 이용하여 하천과 호수 및 산맥을 수리하고 소통시키는 종합적인 공사를 진행하였다. 셋째, 9주의 토지와 생산물을 조사하여 조공품朝貢品과 세금을 부과하고 운송을 위한 육로와 수로를 개통하여 전국적인 공부貢賦 체계를 완성하였다.

1-027

此二十二人咸成厥功：皋陶爲大理，平，民各伏得其實；伯夷主禮，上下咸讓；垂主工師，百工致功；益主虞，山澤；棄主稷，百穀時茂；契主司徒，百姓親和；龍主賓客，遠人至；十二牧行而九州莫敢辟違；唯禹之功爲大，披九山，通九澤，決九河，定九州，各以其職來貢，不失厥宜。方五千里，至于荒服。南撫交阯，北發，西戎，析枝，渠廋，氐，羌，北山戎，發，息愼，東長，鳥夷，四海之內咸戴帝舜之功。於是禹乃興九招之樂，致異物，鳳皇來翔。天下明德皆自虞帝始。

|음역|

차이십이인함성궐공 : 고요위대리, 평, 민각복득기실 ; 백이주례, 상하함양 ; 수주공사, 백공치공 ; 익주우, 산택 ; 기주직, 백곡시무 ; 설주사도, 백성친화 ; 용주빈객, 원인지 ; 십이목행이구주막감벽위 ; 유우지공위대, 피구산, 통구택, 결구하, 정구주, 각이기직래공, 불실궐의. 방오천리, 지우황복. 남무교지, 북발, 서융, 석지, 거수, 저, 강, 북산융, 발, 식신, 동

장, 조이, 사해지내함대제순지공. 어시우내홍구초지악, 치이물, 봉황래상. 천하명덕개자우제시.

▮주석▮

1. 궐厥-그, 기其와 동일.
2. 대리大理-순舜 시대의 사법을 담당하는 최고 관직.
3. 복伏-복服과 통하며, 믿음으로 복종하다의 의미이다.
4. 공사工師-위로는 사공司空의 지휘를 받으며 아래로는 백공의 우두머리이다. 토목건축과 백공百工의 교육을 담당한다.
5. 백공百工-3가지 의미가 있다. 첫째, 백관을 가리킨다. 둘째, 각종 기술자를 가리킨다. 셋째, 성곽과 도읍, 사직과 종묘, 궁실과 기계 등을 건설하고 제작을 담당하는 사공司空에 예속된 관리를 가리킨다. 여기서는 셋째의 의미이다.
6. 우虞-고대에 산과 연못을 관리하는 관직 명칭이다.
7. 직稷-농사를 주관하는 관리이고 후직后稷, 직관稷官, 직정稷正 등으로 일컬었다.
8. 사도司徒-1- 026 주석27 참고.
9. 빈객賓客-순舜 시기에 내외 사절을 접대하는 관직.
10. 9주九州-중국을 일컫는 별칭 중의 하나이다. 고대에 전국을 9개 구역으로 나눈 것으로, 기주冀州, 연주兗州, 청주青州, 서주徐州, 양주揚州, 형주荊州, 양주梁州, 옹주雍州, 예주豫州이다.
11. 벽위辟違-사악하고 도리에 어긋난 일을 하다.
12. 우禹-1- 026 주석5 참고.
13. 피披-열다, 개척하다.
14. 9산九山-9주의 유명한 산으로 견산汧山, 호구산壺口山, 지주산砥柱山, 태행산太行山, 서경산西傾山, 웅이산熊耳山, 파총산嶓冢山, 내방산

內方山, 문산汶山.

15. 9택九澤−대륙택大陸澤, 뇌하택雷夏澤, 대야택大野澤, 팽려택彭蠡澤, 운
몽택雲夢澤, 진택震澤, 하택菏澤, 맹저택孟豬澤, 영택滎澤을 가리킨다.

16. 9하九河−3가지 의미가 있다. 첫째, 광의의 의미로 황하를 가리킨
다. 둘째, 고대 황하 하류의 많은 지류의 총칭이다. 셋째, 순, 우
시기의 황하의 9개 지류로 도해하徒駭河, 태사하太史河, 마협하馬頰
河, 부융하覆融河, 호소하胡蘇河, 간하簡河, 길하洁河, 구반하鉤盤河,
격진하鬲津河를 가리킨다.

17. 황복荒服−5복중의 하나로 수도에서 2천−2천5백리 떨어진 변방
지역이다. 또는 변방의 먼 지역을 가리키는 용어로 사용되었다.

18. 교지交阯−고대 남방의 지명으로 교지交趾로도 쓰며 현재의 월남
을 가리킨다.

19. 북발北發−남방의 이민족.

20. 서융西戎−1-018 주석21 참고.

21. 석지析枝−고대 서방 융족戎族 중의 하나로 석지析枝, 선지鮮支, 사
지賜支, 하곡강河曲羌 등으로 쓴다. 현재 청해靑海 적석산積石山 일
대에 분포되어 있다.

22. 거수渠廋−서방의 오래된 종족으로 거수渠叟, 거수渠搜로 쓰며, 대
완大宛 북쪽에 분포되어 있었다.

23. 저氐−원래 중국 북부와 서부의 광대한 지역에서 유목하던 종족이
다. 일설에는 저족氐族과 강족羌族은 근원은 같고 계파가 다르다고
한다.

24. 강羌−광의의 의미로 중국 서부(섬서, 감숙, 영하, 신강, 청해, 서장, 사
천) 유목민족의 통칭이고, 협의의 의미로는 서부에 거주하는 이민
족의 통칭이다.

25. 산융山戎−요, 순 시기의 중국 북방의 강력한 이민족으로 북융北戎

으로도 불렸다.

26. 발發-북방의 이민족.

27. 식신息愼-중국 동북의 고대 민족으로 직신稷愼, 숙신肅愼으로도 불렸다. 순 시기부터 중원과 관계를 맺었다고 전해온다.

28. 장長-동방의 이민족.

29. 조이鳥夷-고대 중국 동부 근해 일대에 거주하던 종족.

30. 9초九招-순 시기의 악곡 이름으로, 초招의 음은 소韶이므로 9소九 韶라고 쓴다. 9소는 순의 음악인 《소소簫韶》를 말한다.

❙국역❙

여기 22명(우 이하 10명과 12목)은 모두 공적을 달성하였다. 고요는 법을 집행하는 관리인 대리가 되어 법을 공평하게 집행하였으며, 백성들은 각각 믿음으로 복종하여 그 진실함을 얻었다. 백이는 의례를 주관하여 위와 아랫사람 모두 겸양하게 되었다. 수는 토목건축을 담당하는 백공이 되어 각종 기술자가 모두 임무를 달성하였다. 익은 산과 연못을 관리하는 우가 되어 산과 연못이 모두 개발되었다. 기는 농업을 주관하는 직이 되어 여러 가지 곡식을 때 맞춰서 무성하게 키웠다. 설은 민중, 토지, 교화 등을 담당하는 사도가 되어 백관들이 모두 친근하고 화목하였다. 용은 내외 사절을 담당하는 빈객이 되어 먼 곳의 사절들도 모두 이르게 되었다. 12주 지방 수령이 지방행정을 다스리니 전국에서 감히 사악하고 도리에 어긋난 일을 하는 사람이 없었다. 오직 우의 공적이 가장 큰데, 9개의 산을 개척하고, 9개의 연못을 소통시키고, 9개의 하천을 트고, 전국을 9주로 확정하고, 각 주의 수령은 자신의 직책에 따라서 공물을 바쳤는데 규정에 적합하지 않음이 없었다. 사방 5천리의 영토는 변방의 먼 지역인 황복까지 이르렀다. 남쪽으로는 교지, 북발, 서융, 석지, 거수, 저, 강 ; 북쪽으로는 산융, 발, 식신 ; 동쪽으로는 장, 조이를 다스렸다.

온 세상에서 모두 순의 공적을 받들었다. 그래서 우는 순을 칭송하는 9 초라는 음악을 지어 부르고 진기한 물건을 모아 놓으니, 봉황새도 와서 날아다녔다. 천하에 덕치를 베푼 것은 순부터 시작되었다.

1-028

舜年二十以孝聞, 年三十堯擧之, 年五十攝行天子事, 年五十八堯崩, 年六十一代堯踐帝位。踐帝位三十九年, 南巡狩, 崩於蒼梧之野。葬於江南九疑, 是爲零陵。舜之踐帝位, 載天子旗, 往朝父瞽叟, 夔夔唯謹, 如子道。封弟象爲諸侯。舜子商均亦不肖, 舜乃豫薦禹於天。十七年而崩。三年喪畢, 禹亦乃讓舜子, 如舜讓堯子。諸侯歸之, 然後禹踐天子位。堯子丹朱, 舜子商均, 皆有疆土, 以奉先祀。服其服, 禮樂如之。以客見天子, 天子弗臣, 示不敢專也。

|음역|

순년이십이효문, 연삼십요거지, 연오십섭행천자사, 연육십팔요붕, 연육십일대요천제위. 천제위삼십구년, 남순수, 붕어창오지야. 장어강남구의, 시위영릉. 순지천제위, 재천자기, 왕조부고수, 기기유근, 여자도. 봉제상위제후. 순자상균역불초, 순내예천우어천. 십칠년이붕. 삼년상필, 우역내양순자, 여순양요자. 제후귀지, 연후우천천자위. 요자단주, 순자상균, 개유강토, 이봉선사. 복기복, 예악여지. 이객견천자, 천자불신, 시불감전야.

|주석|

1. 순舜—1-016 주석8 참고.
2. 천踐—오르다, 즉위하다.
3. 창오蒼梧—호남성湖南省 영주시永州市 영원현寧遠縣에 위치한다.

4. 강남江南—광의의 의미로는 장강 이남을 가리키고, 협의의 의미로는 절강성浙江省 북부와 강소성江蘇省 남부, 상해, 강서성江西省 동북부, 안휘성安徽省 남부를 가리킨다.

5. 구의九疑—달리 구억산九嶷山, 창오산蒼梧山 이라고 일컫는다. 위치는 호남성 영주시 영원현에 있다.

6. 영릉零陵—순의 능묘 이름이며 최근에 구억산 아래에서 당, 송 시대에 순에게 제사지내던 묘지 터가 발굴되어 그 실체가 확인되었다.

7. 재載—장식하다.

8. 조朝—조현朝見, 즉 아침 인사.

9. 고수瞽叟—1-020 주석3 참고.

10. 기기夔夔—조심하고 두려워하는 모양.

11. 상象—1-021 주석3 참고.

12. 상균商均—순의 아들, 묘지는 우성현虞城縣에 있다.

13. 단주丹朱—1-015 주석3 참고.

14. 강토疆土—영토, 즉 봉지封地를 말함.

15. 복기복服其服—천자 아들 신분에 맞는 입는 옷을 입다.

16. 불신弗臣—천자가 신하로 대하지 않고 존경을 나타냄.

17. 전專—오로지, 제멋대로 함.

|국역|

순은 나이 20세에 효행으로써 널리 알려졌고, 나이 30세에는 요에게 등용되었으며, 나이 50세에는 천자의 일을 대신하여 처리하였고, 나이 58세에 요가 사망하였으며, 나이 61세에는 요 대신에 천자의 자리에 올랐다. 천자의 자리에 오른 지 39년에 남쪽으로 순시를 갔고, 창오의 들판에서 사망하였다. 장강 남쪽의 구의산에 장사지냈는데 이곳이 바로 영릉이다. 순은 천자의 자리에 오른 다음에 천자의 깃발을 수레에 꽂고 아버지 고수를 찾아가서 문안 인사를 드렸는데, 조심하고 두려워하는 모양과 삼가하는 태도가 자식의 도리를 다하는 것과 같았다. 동생 상을 제후로 임명하였다. 순의 아들 상균 또한 부족한 인물이어서, 순은 미리 우를 하늘에 추천하였다. 천자의 자리에 있은 지 17년 만에 사망하였다. 삼년상이 끝나고 우는 순의 아들에게 천자의 자리를 양보했는데, 순이 요의 아들에게 천자의 자리를 양보한 것과 같았다. 제후들이 우에게 귀의하고, 그런 후에 우가 천자의 자리에 올랐다. 요의 아들 단주와 순의 아들 상균에게 모두 영토를 주어서 조상의 제사를 받들게 하였다. 의복은 천자 아들이 입는 옷을 입고, 의례와 음악도 천자 아들의 신분에 합당한 것을 따랐다. 빈객의 신분으로 천자를 알현할 때도 천자가 신하로써 대하지 않았는데, 이것은 감히 천자라고 제멋대로 하지 않음을 나타낸 것이다.

1-029

自黃帝至舜, 禹, 皆同姓而異其國號, 以章明德。故黃帝爲有熊, 帝顓頊爲高陽, 帝嚳爲高辛, 帝堯爲陶唐, 帝舜爲有虞。帝禹爲夏后而別氏, 姓姒氏。契爲商, 姓子氏。棄爲周, 姓姬氏。

|음역|

자황제지순, 우, 개동성이이기국호, 이장명덕. 고황제위유웅, 제전욱위고양, 제곡위고신, 제요위도당, 제순위유우. 제우위하후이별씨, 성사씨. 설위상, 성자씨. 기위주, 성희씨.

|주석|

1. 황제黃帝－1-001 주석1 참고.

2. 순舜-1-016 주석8 참고.

3. 우禹-1-026 주석5 참고.

4. 성姓-1-006 주석2 참고.

5. 장章-나타내다.

6. 유웅有熊-두 가지 의미가 있다. 첫째, 황제黃帝가 건국한 나라 이름이다. 둘째, 황제가 세운 도읍지의 명칭을 가리킨다. 지리상으로 현재의 하남성河南省 신정시新鄭市이다.

7. 전욱顓頊-1-007 주석15 참고.

8. 고양高陽-1-007 주석13 참고.

9. 곡뢰곡嚳-1-009 주석5 참고.

10. 고신高辛-1-009 주석4 참고.

11. 요堯-1-012 주석3 참고.

12. 도당陶唐-1-012 주석3 참고.

13. 유우有虞-1-016 주석8 참고.

14. 하후夏后-3가지 의미가 있다. 첫째, 하는 중국 최초의 세습왕조이고, 통치자의 성은 사姒이며 씨는 하후씨夏后氏이다. 하후씨와 11개 씨족 즉 유호씨有扈氏, 유남씨有男氏, 짐심씨斟鄩氏, 동성씨彤城氏, 포씨褒氏, 비씨費氏, 기씨杞氏, 증씨繒氏, 신씨辛氏, 명씨冥氏, 짐관씨斟灌氏 등 씨족이 연합하여 설립한 국가가 하나라이고 하후씨가 우두머리이다. 하나라를 건국한 이후에 씨족 명칭으로 국호를 삼았다. 즉 하후는 씨족 명칭이 변해서 국호가 되었고, 하왕夏王의 의미가 되었다. 둘째, 하는 원래 우가 순에게 양적陽翟 지역을 하사받고 하백夏伯으로 임명되고 난 이후에 관직 명칭이 변해서 국호가 된 경우이다. 셋째, 하는 유하有夏, 대하大夏의 지명이 부락 명칭이 되고 나중에 국호가 된 것이라고 함.

15. 사씨姒氏-순의 통치시기에 곤鯀의 부인 수기修己는 유신씨有莘氏

의 여성으로, 의이薏苡(율무)라는 식물을 먹고 임신하여 우를 낳았다. 나중에 우가 치수에 성공하자 순은 우에게 사姒라는 성씨를 하사하였다. 왜냐하면 사姒와 의薏는 발음이 같기 때문이다.

16. 설契-1-026 주석7 참고.

17. 상商-고고학상의 상의 기원으로 대표적인 것은 이리강문화二里崗文化이다. 이것은 대문구문화大汶口文化와 산동용산문화山東龍山文化(빈부의 분화와 분업, 남녀합장으로 추측할 때 일부일처제 사회)가 결합된 동해안 선사문화에 기원을 두고 있었다. 상족의 발상지는 황하 하류 발해만 해안지대이고, 역사가 유구한 부족이었다. 전설에 의하면 모계 씨족사회 기간에 간적簡狄이라는 여인이 해안가에서 목욕을 하다가 현조玄鳥(제비)가 낳은 알을 삼킨 후에 상의 시조인 설契을 낳았다고 한다. 이것은 발해만의 여러 부족에 공통적으로 존재하던 새 토템(Bird Totem)을 반영한 것이다. 설은 하夏의 우왕禹王과 동일시기에 순舜의 조정에서 근무하였다고 전해진다. 설은 자라서 우를 도와 치수에 공을 세워서 상에 봉해졌고 자성子姓을 하사받았다.

18. 자씨子氏-설의 어머니 간적이 제비의 알을 삼킨 후에 낳았다고 해서 자씨를 하사받았다.

19. 기棄-1-026 주석10 참고.

20. 주周-주는 황하 상류, 위수渭水 중류 및 섬서陝西와 감숙甘肅 지역에서 오랫동안 활동하다가, 나중에 주원周原에 정착하였으므로 주周라고 일컬었다. 주는 하夏나라 시기에 섬서성陝西省과 감숙성甘肅省 지역에서 활동하다가 상商나라 시기에 이르러 상에 예속되었다. 즉 상 왕조의 외복外服 중에서 서쪽의 일개 방국方國이었고 또한 서쪽의 많은 방국 중에서 가장 세력이 강한 방국이었다. 주는 희성姬姓 부족인데 주위의 강성姜姓 부족과 대대로 통혼하여 부락연맹

을 구성하였다. 주의 시조는 기棄이고, 그의 모친인 강원姜嫄(5제
중의 곡의 부인이라고 전해짐)은 거인의 발자취를 따라 걷다가 임신
하여 기를 낳았다고 한다. 기는 성장하면서 농사짓는 것을 좋아하
여 오곡을 심고 농업에 종사하였다. 요의 통치 시기에는 농사農師
에 임명되었고, 순의 통치 시기에는 그를 합邰(섬서성 무공현武功縣)
외곽에 봉하고 후직后稷이라고 일컬었다.

21. 희씨姬氏–황제黃帝가 처음에 거주한 곳이 희수姬水 근처여서 희를
성씨로 삼았다. 황제의 직계 후손만이 희씨 성을 사용하였고, 중국
의 가장 오래된 8대 성씨 중의 하나이다.

|국역|

황제에서 순, 우에 이르기까지 모두 동일한 성씨이지만, 그러나 국호
는 달랐으며 각자의 밝은 덕을 나타냈다. 그래서 황제의 국호는 유웅이
고 전욱은 고양이며, 곡은 고신이고 요는 도당이며, 순은 유우이다. 우는
하후이지만 그러나 성씨가 달랐는데, 성은 사씨이다. 설은 상의 시조이
고 성은 자씨이다. 기는 주의 시조이고 성은 희씨이다.

|참고|

상고시대 국호의 유래–상고시대 국호의 유래는 다음과 같다. 첫째,
발생지 또는 부락의 명칭으로 정하는데, 유웅씨와 유우씨, 주가 여기에
속한다. 둘째, 책봉 지역 또는 작위의 명칭으로 정하는데, 고양씨, 고신
씨, 도당씨, 하후씨, 상이 여기에 속한다.

1-030

太史公曰 : 學者多稱五帝, 尙矣。然尙書獨載堯以來 ; 而百家言黃帝, 其文不雅馴, 薦紳先生難言之。孔子所傳宰予問五帝德及帝繫姓, 儒者或不傳。余嘗西至空桐, 北過涿鹿, 東漸於海, 南浮江淮矣, 至長老皆各往往稱黃帝, 堯, 舜之處, 風教固殊焉, 總之不離古文者近是。予觀春秋, 國語, 其發明五帝德, 帝繫姓章矣, 顧弟弗深考, 其所表見皆不虛。書缺有間矣, 其軼乃時時見於他說。非好學深思, 心知其意, 固難爲淺見寡聞道也。余并論次, 擇其言尤雅者, 故著爲本紀書首。

|음역|

태사공왈 : 학자다칭오제, 상의. 연상서독재요이래 ; 이백가언황제, 기문불아순, 천신선생난언지. 공자소전재여문오제덕급제계성, 유자혹부전. 여상서지공동, 북과탁록, 동점어해, 남부강회의, 지장로개각왕왕칭황제, 요, 순지처, 풍교고수언, 총지불리고문자근시. 여관춘추, 국어, 기발명오제덕, 제계성장의, 고제불심고, 기소표견개불허. 서결유간의, 기질내시시견어타설. 비호학심사, 심지기의, 고난위천견과문도야. 여병논차, 택기언우아자, 고저위본기서수.

|주석|

1. 태사공太史公-3가지 의미가 있다. 첫째, 태사는 관직 명칭으로 하, 상, 주에서 사관史官과 역관曆官의 우두머리이다. 서주와 춘추 시대에는 지위가 매우 높은 조정 대신으로 문서와 책명을 관장하고 겸하여 역사, 서적, 역법, 제사 등을 관할하였다. 진대에는 태사령太史令으로 일컬었고, 한대에는 태상太常에 예속되어 천문역법을 관장하였다. 태사공은 서한西漢 무제武帝 시기에 설치한 관직 명칭이다. 지위는 승상丞相의 위이고, 천하의 보고서는 먼저 태사공에

게 올린다. 태사공의 구체적인 직권은 태사령太史令의 업무와 인재를 선발하는 직책을 담당하고 있다. 둘째, 태사는 《사기》를 가리키기도 한다. 셋째, 사마천은 《사기》에서 자신의 부친 사마담司馬談과 자신을 일컫는 호칭으로 사용하였다.

2. 5제五帝-5제는 여러 가지 학설이 있지만 비교적 유력한 것으로 두 가지가 있다. 첫째, 태호太昊, 염제炎帝, 황제黃帝, 소호少昊, 전욱顓頊이 있다. 그 의미는 동서남북중의 5개 방위에 천신天神이 있고, 동방은 태호, 남방은 염제, 서방은 소호, 북방은 전욱, 중앙은 황제가 담당하였다. 둘째, 황제, 전욱, 곡嚳, 요堯, 순舜으로, 중국 상고시대 전설 중의 5명의 제왕을 가리킨다. 여기서는 두 번째의 학설을 따랐다.

3. 상尙-오래되다.

4. 상서尙書-본래 의미는 중국 상고시대 왕실의 문서를 모아 놓은 책이다. 또 상은 풀어 놓는다는 의미이고 서는 문자기록, 즉 비밀이 해제된 왕실의 문서라는 의미가 있다. 《상서》는 전국시대에 《서書》로 일컬었고, 한대에 《상서》로 일컬었으며, 유가의 5경 중의 하나로 《서경》이라고 일컬었다. 여러 가지 체제의 문헌을 모아 놓은 것으로 중국의 현존하는 최초의 역사 문헌으로, 《우서虞書》, 《하서夏書》, 《상서商書》, 《주서周書》로 구분되어 있다. 내용적으로는 《주서》의 〈목서牧誓〉에서 〈여형呂刑〉까지의 16편은 서주의 사료이고, 〈문후지명文侯之命〉, 〈비서費誓〉, 〈진서秦誓〉는 춘추시대의 사료이며, 〈요전堯典〉, 〈고요모皐陶謨〉, 〈우공禹貢〉은 전국시대에 기록된 사료이다.

5. 요堯-1-012 주석3 참고.

6. 백가百家-3가지 의미가 있다. 첫째, 학술상의 각종 학파를 말한다. 둘째, 여러 가지 분야에 종사하는 모종의 전문 활동가 혹은 기능

있는 사람을 가리키기도 한다. 셋째, 서적의 명칭으로도 사용된다.

7. 황제黃帝-1- 001 주석1 참고.

8. 아순雅馴-문장이 우아하고 숙련되다.

9. 천신薦紳-3가지 의미가 있다. 첫째, 관직이 있거나 관리를 역임한 사람을 가리킨다. 달리 진신縉紳으로 기록한다. 둘째, 일반적으로 사대부를 말한다. 셋째, 고급관리의 옷차림을 말하기도 한다. 또 천薦은 진搢과 통한다.

10. 공자孔子-공자는 기원전 551년 현재의 산동성 곡부시에서 출생하였다. 성은 자子이고 씨는 공孔이며 이름은 구丘이고 자는 중니仲尼이다. 춘추시대 말기의 사상가 겸 교육자이고 유가의 창시자로 전해오고 있다.

11. 5제덕五帝德-《대대예기大戴禮記》 62편과 《공자가어孔子家語》 23편에 기록되어 있다. 즉, 재여宰予가 공자에게 5제(황제, 전욱, 곡, 요, 순)의 품덕, 치적과 생애에 관한 일을 질문하였고, 특별히 고대 제왕의 덕성에 관한 문제에 대해서 상세히 토론하였다. 사마천의 〈5제본기〉는 이것으로 부분적 근거로 삼았다는 것을 알 수 있다.

12. 제계성帝繫姓-《대대예기》와 《공자가어孔子家語》에 기록되어 있다. 내용은 고대 제왕의 세계世系를 기록하였는데, 위로는 소전少典이 헌원軒轅을 낳고부터 아래로는 하夏나라의 계啓에까지 이르렀다.

13. 유자儒者-유학을 숭배하고 유가의 경전을 학습하는 사람을 가리킨다. 한대漢代 이전에는 6예, 즉 서書, 예禮, 악樂, 사射, 어御, 수數를 학습하는 사람을 가리켰고, 그 이후에는 일반적으로 공부하는 사람을 일컬었다.

14. 공동空桐-1- 005 주석3 참고.

15. 탁록涿鹿-1- 004 주석4 참고.

16. 점漸-유입, 진입.

17. 부浮 — 지나다, 초과하다.

18. 강회江淮 — 1-018 주석11 참고.

19. 장로長老 — 노인.

20. 순舜 — 1-016 주석8 참고.

21. 고固 — 물론, 본디부터.

22. 춘추春秋 — 편년체로 기록된 유가 경전 중의 하나이다. 전해오기를 공자가 노나라의 사관이 편찬한 《춘추》에 의거해서 정리하고 수정하여 완성한 것이다. 기원전 722년부터 기원전 481년까지의 역사를 기록한 중국 최초의 편년체 역사서이다.

23. 국어國語 — 중국 최초로 나라별 역사를 기록한 서적으로, 주周나라 왕실과, 노魯, 제齊, 진晉, 정鄭, 초楚, 오吳, 월越나라 등 8개 나라의 역사를 기록했다. 주로 역사 인물의 언론에 편중하였고 춘추시대의 사회상황을 반영하였다. 특히 주나라 목왕穆王 12년(기원전 990년)부터 기원전 453년 지백智伯이 멸망할 때까지, 각 나라의 귀족 상호 간의 조빙朝聘, 연회宴會, 풍간諷諫, 변설辨說, 응대應對 및 부분적 역사사건과 전설 등을 포함하였다. 작자는 사마천이 좌구명左丘明이라고 하였지만, 한나라 이후에 많은 학자들이 의문을 제기하여 아직까지 의견이 분분하여 확정되지 않았다.

24. 장章 — 현저함, 명백하게 나타남, 또는 상고시대의 문자로 기록된 서적.

25. 고제顧第 — 단지. 제는 제第와 같다.

26. 표견表見 — 기록하다. 견은 현現과 통한다.

27. 허虛 — 허망, 거짓.

28. 서결유간書缺有閒 — 《상서》에 빠져 없어진 부분과 공백이 있다.

29. 질軼 — 일佚과 통한다. 없어졌다.

┃국역┃

태사공이 말하기를 학자들이 대부분 황제, 전욱, 곡, 요, 순 등 5제를 일컫지만, 시대가 너무 오래되었다. 그러나 《상서》에 홀로 요 이래의 일을 기록하였고, 그리고 많은 학파에서도 황제를 말했지만 그 문장이 우아하거나 숙련되지 않아서 사대부와 선생들도 황제에 대해서 말하기가 어려웠다. 공자에 의해 전수된 재여가 공자에게 〈5제덕〉 및 〈제계성〉에 관하여 질문하는 2편의 문장도 유생들 중에서 어떤 사람은 전수하지 않았다. 나는 일찍이 서쪽으로는 공동산에 이르고, 북쪽으로는 탁록을 지났으며, 동쪽으로는 바닷가에 진입하고, 남쪽으로는 장강과 회하를 지나갔는데, 노인들이 모두 황제, 요, 순이 활동했던 지역이라고 말하는 곳에 가보면 풍속과 교화가 본디부터 달랐으며, 대체적으로 말해서 옛날 문헌 즉 《상서》에 위배되지 않고 사실과 가까웠다. 내가 《춘추》와 《국어》를 읽어보고 그중에서 〈5제덕〉과 〈제계성〉의 문장이 매우 분명함을 알게 되었는데, 단지 사람들이 깊이 고찰하지 않았을 뿐 그 기록한 바가 모두 허망한 것은 아니었다. 《상서》에는 빠져 없어진 부분과 공백도 많은데, 거기서 빠진 부분은 또한 다른 서적에 보인다. 배우기를 좋아하고 깊이 생각해서 마음으로 그 뜻을 알지 못하기 때문에, 진실로 얕은 견해와 들은바가 적은 사람이 설명하기가 매우 어렵다. 내가 전부 합해서 순서에 의거하여 논술하고, 서술한 내용 중에서 특별히 우아한 문장을 선택하여 〈본기〉를 저술하였으며 전체 서적의 제1편으로 삼았다.

사마천의 가계家系

왕 조	시 기	이 름	직 위
주周	기원전 9~8세기	사마씨(이름불명)	?
진晉	기원전 652년경	〃	?
진秦	기원전 620년	〃	?
진秦 惠文王	기원전 320년경	사마착司馬錯	將軍?
〃 昭襄王	기원전 300년경	사마근司馬靳	將軍?
〃 始皇帝	기원전 220년경	사마창司馬昌	鐵官
한漢 文帝	기원전 202년~기원전 157년	사마무택司馬無澤	市長
〃 景帝	기원전 188년~기원전 141년	사마희司馬喜	五大夫
〃 武帝	기원전 156년~기원전 87년	사마담司馬談	太史令
〃	〃	사마천司馬遷	太史令

3. 〈5제본기〉 평 론

　〈5제본기〉는 상고시대의 5제 즉 황제, 전욱, 제곡, 요, 순에 대해서 기록하였다. 상고시대는 일반적으로 문자로 기록하기 이전의 시기를 말한다. 당연히 문자로 기록된 것이 없기 때문에 구전으로 전해졌고 진실성도 매우 낮다. 사마천의 《사기》에 기록된 5제도 여러 가지 학설이 난무하고 있으며, 현재 학자들이 연구하고 있는 5제에 대한 주장도 대부분 가설에 불과한 실정이다.

　중국의 신화 전설에 등장하는 인물은 수명이 매우 길게 나타난다. 장수를 상징하는 팽조의 경우는 800년을 살았다고 한다. 주지하다시피 원시사회에서 인류의 평균 나이는 20~30세에 불과하다. 그러면 왜 신화 전설에 등장하는 인물의 수명이 이렇게 길까? 이것은 아마도 아래 3가지가 원인 중 하나일 것이다. 첫째, 고대와 현재는 시간을 표시하는 단위가 다를 수 있지 않을까? 둘째, 전설이 계승되는 과정에서 숫자가 과장되었을 경우이다. 셋째, 등장인물의 이름은 어떤 한 사람을 지칭하는 것이 아니고 동일 씨족 전체를 가리키는 경우이다. 예를 들면 신농씨와 염제의 경우, 신농씨는 종족 전체의 명칭을 가리키고 염제는 신농씨 종족의 우두머리를 지칭하는 명칭일 가능성이 농후하다. 황제 또한 동일한 이치라고 생각된다.

　중국 역사에서 황제는 중화민족의 시조이고 모든 문명의 창시자로 전해질 정도로 황당한 면이 많다. 그러나 사마천이 대단하다는 것은 중국 최초의 기전체 역사서인 《사기》에서 이런 황당한 신화 전설 중에서 비교적 대표 격인 황제의 이야기를 역사에 포함시켰다는 것이다. 또 황제의 성이 어떻고 이름이 어떻고 등도 모두 진실성이 떨어진다는 사실이다. 그렇기 때문에 현재의 학자들이 황제의 일체에 관해서 연구하는 것조차도 그리 의의가 있는 일은 아닐 것이다.

중국의 신화 전설에 의하면 황제는 최대의 적수가 2명 있었는데 1명은 염제이고 다른 1명은 치우이다. 염제는 신농씨의 우두머리이고, 황제가 등장하기 이전에 가장 강력한 실력자이다. 황제가 신농씨 부락연맹의 구성원으로서 부락의 우두머리를 공격한 이유는, 다른 제후를 침략한다는 핑계로 판천에서 염제와 3차례 전쟁하여 염제가 누리던 위치를 차지하였다. 황제가 치우와 탁록에서 전쟁한 이유는, 치우가 난리를 일으키고 천자의 명령을 듣지 않아서라고 한다. 물론 이것은 황제가 염제와 전쟁할 때보다 훨씬 명분이 있어 보인다. 간단하게 말해서 황제가 염제와 치우와 전쟁한 것은 완전히 후대 왕조에서 다른 왕조로 바뀌는 이유와 과정을 그대로 답습하여 서술하였다. 즉, 《사기》는 한나라 시대에 완성되었기 때문에, 사마천도 한나라가 건립되던 역사 중에서 이에 상응하는 역할을 찾았던 것으로 보인다. 즉, 염제는 진나라의 구세력이고 황제는 진나라 말기 농민봉기군의 우두머리인 유방의 세력이며, 제후는 세력이 그리 강하지 않은 기타 농민봉기군의 세력이고, 치우는 세력이 강한 항우에 비유하였던 것이다.

황제 이후에 전욱과 곡의 비범함을 거쳐서 요의 시대에 진입하였다. 요는 천하가 인정하는 품덕과 전문지식을 겸비하여 백성을 행복하게 만들었다. 그러나 요의 최대 고민은 후계자를 선정하는 일이었다. 첫째, 곤을 등용하여 후계자의 자질을 시험하였지만, 곤은 둑을 쌓는 방식으로 9년간 치수하였지만 실패하였다. 둘째, 아들 단주는 성격이 흉악하여 후계자로 삼지 않았다. 셋째, 효행과 덕망이 뛰어나 화합에 적합한 순을 선택하였다. 그리고 잘못된 선택을 미연에 방지하기 위해서 몇 가지 방법을 사용하여 순을 테스트하였다.

　순은 요의 몇 가지 테스트를 통과하여 마침내 천자의 자리를 계승하였다. 요의 후계자 기준은 대략 효성과 화합, 그리고 능력을 위주로 한 것을 알 수 있다. 첫째, 순은 가정환경이 매우 좋지 않았다. 일반 사람이라면 이런 환경에서 적응하기가 매우 어려운데, 순은 효행과 넓은 마음으로 부모형제와 잘 화합하였다. 둘째, 요는 자신의 두 딸을 순에게 시집보내서 당시의 도덕표준에 맞게 가정을 다스리는지를 살펴보았다. 셋째, 순을 등용하여 관직을 맡기고 업무를 처리하는 전문능력을 살펴본 이후에 정식으로 후계자로 선정하였다. 순은 재위하면서 품덕과 전문지식을 겸비한 인재를 선발하고, 관직을 세분하여 행정체계를 완성하였다. 그리고 3년마다 관리들에 대해서 공적 평가를 단행하여 상벌을 분명히 하였다. 당시 치수를 성공적으로 완수한 우의 공적이 가장 뛰어나서 순은 우를 후계자로 선정하였고, 천하를 우에게 넘겨준 것은 조금도 이상한 일이 아니다. 우의 업적에 관해서는 〈하본기〉에서 상세히 서술하겠다.

　《사기》를 독서하면서 〈5제본기〉는 사실 읽지 않아도 크게 문제가 되지 않을 것으로 여긴다. 왜냐하면 실증적인 역사학자의 관점으로 보면 모든 문자 기록이 완전히 황당한 신화 전설로 이루어져 있어서, 오히려 중국 역사를 이해하는데 장애를 받지 않을까 걱정스럽다. 물론 그렇다고 신화 전설은 그 나름대로 시사하는 바가 전혀 없지는 않다는 것을 잊지는 말자.

Ⅲ. 〈하본기夏本紀〉

하나라 세계世系

대략 기원전 21세기~기원전 16세기 존속, 성씨는 사姒이다.

1. 우禹(재위 45년)
2. 계啓(재위 29년)
3. 태강太康(재위 29년)
4. 중강仲康(재위 13년)
5. 상相(재위 28년)
6. 소강少康(재위 21년)
7. 여予(재위 17년)
8. 괴槐(재위 44년)
9. 망芒(재위 18년)
10. 설泄(재위 21년)
11. 불강不降(재위 59년)
12. 편扃(재위 21년)
13. 근廑(재위 21년)
14. 공갑孔甲(재위 31년)
15. 고皋(재위 11년)
16. 발發(재위 11년)
17. 걸桀(재위 52년)

1. 〈하본기〉 내용소개

〈하본기〉는 《상서尙書》와 상관 전설에 근거하여 기원전 21세기부터 기원전 16세기까지, 즉 우왕禹王부터 걸왕桀王까지의 약 400년간의 역사를 체계적으로 서술하였다. 주요 내용은 원시 부락연맹에서 노예제 사회가 형성된 국가체제로의 변화과정을 정치, 경제, 사회, 군사, 문화, 생활 등 방면의 내용을 중심으로 서술하였고, 특별히 우왕과 같은 공적이 뛰어난 통치자의 형상을 두드러지게 묘사한 것이 특징이다. 하 종족은 본래 오래전부터 존재했던 부락연맹으로 내부에는 10여 개의 부락 구성원이 연합하여 발전하였다.

요와 순 시기에 이르러 하 부락연맹의 우두머리 우는 치수에 성공하여 제왕의 자리를 차지하였다. 우의 치수 성공은 아래의 3가지 조건을 충족하였다. 첫째, 선공후사先公後私의 정신으로 일관하였다. 둘째, 부분적인 치수가 아닌 전반적인 치수를 실행하였다. 즉, 먼저 9주九州를 답사하여 지리형세를 파악하고, 각 지역의 하천과 호수 및 산맥과 도로 등을 수리하고 소통시켰다. 셋째, 9주의 토양과 생산물을 조사하여 각 지역의 공품貢品과 부세賦稅를 확정하였고, 공품 운송의 편리를 위해서 산맥과 도로를 소통시켜서 생산물의 안정적인 공급으로 백성의 생활을 안정시켰다. 이로 인하여 백성의 민심을 획득하고 정치적 우세를 차지하여 순의 계승자가 되어서 중국 역사상 최초의 왕조를 건국하였다.

〈하본기〉는 하나라의 흥망사이고, 동시에 우의 치수성공으로 인한 군주권 획득과 애민정신을 표출한 우의 흥성사興盛史이다. 그 반면에 공갑

孔甲과 걸왕桀王의 황음무도한 행위로 백성들의 기군棄君 사상을 드러내기도 하였다.

2. 〈하본기〉 2-001~034

2-001

夏禹, 名曰文命。禹之父曰鯀, 鯀之父曰帝顓頊, 顓頊之父曰昌意,
昌意之父曰黃帝。禹者, 黃帝之玄孫而帝顓頊之孫也。禹之曾大父昌
意及父鯀皆不得在帝位, 爲人臣。

|음역|

하우, 명왈문명. 우지부왈곤, 곤지부왈제전욱, 전욱지부왈창의, 창의지
부왈황제. 우자, 황제지현손이제전욱지손야. 우지증대부창의급부곤개부
득재제위, 위인신.

|주석|

1. 하夏-황제의 후예 하후씨夏后氏는 하 부락연맹의 창시자라고 전
   해졌다. 하 부락연맹은 중국 역사상 최초의 왕조인 하나라로 발전
   했으며, 시기는 대략 기원전 21세기이다. 하 왕조의 건립은 중국
   청동기 시대의 시작과 국가단계(state)의 성립 및 성시혁명(Urban
   revolution)의 확대와 최고 지도자의 칭호인 왕의 등장과 문자가 출
   현한 일대 변혁의 시대였다. 하 왕조는 우왕禹王에서 시작하여 걸
   왕桀王에 이르기까지 14대 17왕의 대략 400여 년 존속하였다. 하
   우夏禹는 우왕이 하 왕조의 첫 번째 제왕이므로 후대 사람들이 하

우라고 일컬었다. 우왕은 성은 사姒이고 씨는 하후夏后이며, 하후씨夏后氏 부락의 우두머리이다. 그의 어머니는 유신씨有莘氏의 여성 수기修己이다.

2. 우禹-1- 026 주석5 참고.

3. 문명文命-1- 026 주석5 참고.

4. 곤鯀-1- 015 주석15 참고.

5. 전욱顓頊-1- 007 주석15 참고.

6. 창의昌意-1- 007 주석8 참고.

7. 황제黃帝-1- 001 주석1 참고.

8. 증대부曾大父 증조부를 말한다.

┃국역┃

하나라의 우는 이름을 문명이라 일컬었다. 우의 아버지는 곤이라 일컬었고, 곤의 아버지는 전욱이라 일컬었으며, 전욱의 아버지는 창의라 일컬었고, 창의의 아버지는 황제라 일컬었다. 우는 황제의 현손자이고 전욱의 손자이다. 우의 증조할아버지 창의와 아버지 곤은 모두 제왕의 자리에 오르지 못하고 제왕의 신하가 되었다.

┃참고┃

하夏 부족의 기원-중국 고대문헌의 기록에 의하면, 하후씨夏后氏가 건립하기 이전에 하 부족과 주위의 기타 부족과의 연맹 수령 자리를 차지하기 위한 전쟁이 빈번하였다. 또 하 부족은 대략 고대 전설 중의 전욱顓頊 이후에 점차 흥성한 것으로 나타나는데, 아마도 전욱 부락의 일파이고 그들의 후예일 가능성이 농후하다.

2-002

當帝堯之時, 鴻水滔天, 浩浩懷山襄陵, 下民其憂。堯求能治水者,
群臣四嶽皆曰鯀可。堯曰:"鯀爲人負命毀族, 不可。" 四嶽曰:"等
之未有賢於鯀者, 願帝試之。" 於是堯聽四嶽, 用鯀治水。九年而水
不息, 功用不成。於是帝堯乃求人, 更得舜。舜登用, 攝行天子之政,
巡狩。行視鯀之治水無狀, 乃殛鯀於羽山以死。天下皆以舜之誅爲
是。於是舜擧鯀子禹, 而使續鯀之業。

|음역|

당제요지시, 홍수도천, 호호회산양릉, 하민기우. 요구능치수자, 군신사
악개왈곤가. 요왈:"곤위인부명훼족, 불가." 사악왈:"등지미유현어곤자,
원제시지." 어시요청사악, 용곤치수. 구년이수불식, 공용불성. 어시제요
내구인, 갱득순. 순등용, 섭행천자지정, 순수. 행시곤지치수무상, 내극곤
어우산이사. 천하개이순지주위시. 어시순거곤자우, 이사속곤지업.

|주석|

1. 요堯-1-012 주석3 참고.

2. 홍수鴻水-1-018 주석8 참고.

3. 도천滔天-1-015 주석12 참고.

4. 호호浩浩-1-015 주석13 참고.

5. 회懷-둘러싸다.

6. 양릉襄陵-1-015 주석14 참고.

7. 4악四嶽-1-015 주석10 참고.

8. 등等-비교하다.

9. 공용功用-공적.

10. 곤鯤-1-015 주석15 참고.

11. 부명負命-천명을 저버림.

12. 훼족毁族-동족 간의 화합을 무너뜨림.

13. 순舜-1-016 주석8 참고.

14. 극殛-귀양 보내다, 죽이다, 처벌하다.

15. 우산羽山-1-018 주석22 참고.

16. 우禹-1-026 주석5 참고.

┃국역┃

요의 통치시기에 홍수로 물이 세차게 흘러서 하늘에까지 이를 정도이고, 거대한 물줄기가 산을 감고 높은 곳까지 올라가니 아래쪽의 백성들이 매우 근심하였다. 요가 능히 물난리를 다스릴 사람을 구하였고, 여러 신하들과 사방 제후의 우두머리가 모두 곤이 적당하다고 일컬었다. 요가 말하기를 "곤은 사람 됨됨이가 천명을 저버리고 동족간의 화합을 무너뜨려서 등용하기가 불가능하다." 사방 제후의 우두머리가 말하기를 "다른 사람과 비교해도 곤보다 현명한 자가 없으니 천자께서 그를 시험해 보기를 원합니다." 그래서 요는 사방 제후의 우두머리 의견을 듣고 곤을 등용하여 물난리를 다스리게 하였다. 9년이 지났지만 물난리는 그치지 않았고, 치수는 성공하지 못했다. 그래서 요는 이에 다른 사람을 찾다가 새로이 순을 얻었다. 순을 등용하여 천자의 정치를 대신하고 각 지역을 순시하게 하였다. 순시하는 과정에 곤의 치수가 효과가 없는 것을 발견하고, 이에 곤을 우산에서 처벌하여 살해하였다. 온 세상 사람들이 모두 순이 곤을 처벌한 것이 옳다고 여겼다. 그래서 순은 곤의 아들 우를 등용하였고, 그로 하여금 곤의 치수사업을 계속하게 하였다.

2-003

堯崩, 帝舜問四嶽曰 : "有能成美堯之事者使居官?" 皆曰 : "伯禹爲司空, 可成美堯之功." 舜曰 : "嗟, 然!" 命禹 : "女平水土, 維是勉之." 禹拜稽首, 讓於契, 后稷, 皐陶. 舜曰 : "女其往視爾事矣." 禹爲人敏給克勤 ; 其德不違, 其仁可親, 其言可信 ; 聲爲律, 身爲度, 稱以出 ; 亹亹穆穆, 爲綱爲紀.

┃음역┃

요붕, 제순문사악왈 : "유능성미요지사자사거관?" 개왈 : "백우위사공, 가성미요지공." 순왈 : "차, 연!" 명우 : "여평수토, 유시면지." 우배계수, 양어설, 후직, 고요. 순왈 : "여기왕시이사의." 우위인민급극근 ; 기덕불위, 기인가친, 기언가신 ; 성위율, 신위도, 칭이출 ; 미미목목, 위강위기.

┃주석┃

1. 요堯-1- 012 주석3 참고.

2. 순舜-1- 016 주석8 참고.

3. 4악四嶽-1- 015 주석10 참고.

4. 백우伯禹-1- 026 주석5 참고.

5. 사공司空-1- 026 주석23 참고.

6. 계수稽首-1- 026 주석25 참고.

7. 설契-1- 026 주석7 참고.

8. 후직后稷-1- 026 주석8 참고.

9. 고요皐陶-1- 026 주석6 참고.

10. 민급敏給-말주변이 좋음.

11. 극근克勤-고생을 참아낼 정도로 부지런하다.

12. 율律 – 음률.

13. 신身 – 행동거지.

14. 도度 – 법도.

15. 칭稱 – 구체적 사항에 의거하여 일을 처리함.

16. 출出 – 나타낼, 뛰어나게 함.

17. 미미亹亹 – 부지런하며 피곤하지 않는 모양.

18. 목목穆穆 – 용모와 언어가 아름답고 행동이 엄숙하고 단정함.

19. 강기綱紀 – 기강紀綱, 국가를 다스림.

┃국역┃

요가 사망하고 순은 사방 제후의 우두머리들에게 묻기를 "누가 능히 요의 업적을 크게 빛낼 수 있으며, 또 그로 하여금 관직을 맡길만한 사람이 있느냐?" 모두 말하기를 "백우를 수리와 토목건축을 담당하는 사공으로 임명하면 요의 업적을 크게 빛낼 수 있습니다." 순이 말하기를 "오, 그렇구나." 우에게 명령하기를 "그대가 치수와 토목사업을 처리하시오. 오직 부지런한 마음가짐으로 업무를 처리해야 합니다." 우는 무릎 꿇고 절하며 설, 후직, 고요에게 양보하였다. 순이 말하기를 "그대가 가서 이 일을 처리하시오." 우의 사람 됨됨이는 말 주변이 좋고 고생을 참아낼 정도로 부지런하였다. 그의 품성은 도덕에 어긋남이 없고, 그의 인자함은 누구에게나 친밀하고, 그의 말은 믿을 수가 있었다. 목소리는 음률에 부합하고, 행동거지는 법도에 부합하고, 구체적 사항에 의거하여 일을 처리할 때도 뛰어나게 하였다. 부지런해도 피곤하지 않은 모양이고, 용모와 언어가 아름답고 행동이 엄숙하고 단정하여, 국가를 다스리는데 근본이 되었다.

禹乃遂與益, 后稷奉帝命, 命諸侯百姓興人徒以傳土, 行山表木, 定高山大川。禹傷先人父鯀功之不成受誅, 乃勞身焦思, 居外十三年, 過家門不敢入。薄衣食, 致孝于鬼神。卑宮室, 致費於溝淢。陸行乘車, 水行乘船, 泥行乘橇, 山行乘檋。左準繩, 右規矩, 載四時, 以開九州, 通九道, 陂九澤, 度九山。令益予衆庶稻, 可種卑溼。命后稷予衆庶難得之食。食少, 調有餘相給, 以均諸侯。禹乃行相地宜所有以貢, 及山川之便利。

|음역|

우내수여익, 후직봉제명, 명제후백성흥인도이부토, 행산표목, 정고산대천. 우상선인부곤공지불성수주, 내노신초사, 거외십삼년, 과가문불감입. 박의식, 치효우귀신. 비궁실, 치비어구역. 육행승거, 수행승선, 니행승취, 산행승국. 좌준승, 우규구, 재사시, 이개구주, 통구도, 피구택, 탁구산. 영익여중서도, 가종비습. 명후직여중서난득지식. 식소, 조유여상급, 이균제후. 우내행상지의소유이공, 급산천지편리.

|주석|

1. 우禹−1-026 주석5 참고.

2. 익益−1-026 주석13 참고.

3. 후직后稷−1-026 주석8 참고.

4. 제후諸侯−1-002 주석3 참고.

5. 백성百姓−1-002 주석4 참고.

6. 흥興−일으키다, 불러 모으다.

7. 인도人徒−죄를 지어 노역에 종사하는 사람.

8. 부토傅土-부천지하막비왕토傅(溥)天之下莫非王土, 즉 온 천하를 가리킴.

9. 행산行山-산에 오름.

10. 표목表木-나무를 세워서 표지를 정함.

11. 정定-고정, 측정.

12. 상傷-불쌍히 여기다.

13. 선인先人-돌아가신 아버지.

14. 박薄-보잘 것 없는, 누추한.

15. 비卑-보잘 것 없는.

16. 비費-쓰다, 소모하다.

17. 구역溝淢-구혁溝洫과 같다. 밭 사이의 물길을 가리킨다.

18. 취橇-고대에 진흙 위를 걸어갈 때 신는 덧신으로 교라고 읽는다. 썰매를 뜻할 때는 취라고 읽는다. 종류로는 얼음에서 타는 빙취氷橇, 눈에서 타는 설취雪橇 등이 있다.

19. 국檋-산에 오를 때 미끄러지지 않도록 신발 바닥에 뾰족한 못을 박은 신발.

20. 준승準繩-물체의 수평과 직선을 측정하는 기구이다. 즉 준은 수평을 측정하는 수준기水準器이고, 승은 직선을 그리는 먹줄을 말한다.

21. 규구規矩-원형을 그리는 규와 사각형을 그리는 구를 가리킨다. 대부분 표준 법도를 비유하는데 사용한다.

22. 재載-수레에 적재하다.

23. 9주九州-1-027 주석10 참고.

24. 9도九道-9주의 도로.

25. 피陂-방죽, 제방, 여기서는 열다, 개척하다. 피披와 통한다.

26. 9택九澤-1-027 주석15 참고.

27. 탁度-헤아리다, 계산하다.

28. 9산九山-1-027 주석14 참고.

29. 중서衆庶-백성을 가리킨다.

30. 비습卑溼-지세가 낮고 습기가 있다.

31. 난득지식難得之食-부족하여 급히 필요한 양식.

32. 조調-고르다, 걷다.

33. 균均-균등하게.

34. 상相-관찰, 시찰하다.

35. 지의소유地宜所有-각기 다른 토양에서는 각기 다른 생물의 성장에 적합하다.

❚국역❚

우는 드디어 익, 후직과 더불어 순의 명령을 받들었고, 제후와 백관들에게 명령하기를, 죄를 지어 노역에 종사하는 백성을 불러 모아 온 천하의 토지를 작업하게 하고, 산에 올라가서 나무를 세워 표지를 정하게 하였으며, 높은 산과 큰 강의 형세를 측정하도록 하였다. 우는 돌아가신 아버지 곤이 치수의 공적을 이루지 못하고 죽임을 당한 것을 불쌍히 여기고, 스스로 몸을 수고롭게 하고 마음을 애태우며 밖에서 13년을 거주하였으며, 자기 집 문 앞을 지나가도 감히 들어가지 않았다. 우는 옷 입는 것과 음식 먹는 것은 보잘 것 없는 것으로 하였지만 조상귀신에 대해서는 정성을 다하여 받들었다. 거주하는 곳은 보잘 것 없고 작지만 밭 사이의 물길을 만드는 일에는 비용을 아끼지 않았다. 육로를 다닐 때에는 수레를 타고 다니고, 수로를 다닐 때에는 배를 타고 다녔으며, 진흙 길을 다닐 때에는 진흙 길을 다니는 썰매를 타고 다녔고, 산을 오를 때에는 바닥에 뾰족한 못을 박은 신발을 신고 다녔다. 왼손에는 수평을 측정하는 수준기와 직선을 그리는 먹줄을 들고 다니고, 오른손에는 원형을 그리는 규와 사각형을 그리는 구를 들고 다녔으며, 또 4계절을 측정하는 도구를 수레에 싣고 다녔고, 전국을 9주로 나누고, 9주로 가는 9개의 도로를 개통하였으며, 9개의 저수지 물길을 열고, 9개의 산에서 나는 생산물을 헤아렸다. 익에게는 백성들에게 볍씨를 나눠주도록 명령하니 지세가 낮고 습기 있는 곳에서도 심을 수 있었다. 후직에게는 부족하여 급히 필요한 양식을 나눠주도록 명령하였다. 양식이 부족하여 적은 곳에서는 양식이 남는 곳으로부터 서로 나눠주게 조절하여, 각 제후국이 균형을 이루게 하였다. 우는 이에 각 지역을 순시하면서 각기 다른 토양에서는 각기 다른 생물이 성장하기에 적합하다는 것을 관찰하고 그것으로써 공물로 바치게 하였으며, 아울러 산길과 물길 운송의 편리한 상황을 살피기에 이르렀다.

2-005

> 禹行自冀州始。冀州 : 旣載壺口, 治梁及岐。旣脩太原, 至于嶽陽。覃懷致功, 至於衡漳。其土白壤。賦上上錯, 田中中, 常, 衞旣從, 大陸旣爲。鳥夷皮服。夾右碣石, 入于海。

┃음역┃

우행자기주시. 기주 : 기재호구, 치양급기. 기수태원, 지우악양. 담회치공, 지어형장. 기토백양. 부상상착, 전중중, 상, 위기종, 대륙기위. 조이피복. 협우갈석, 입우해.

┃주석┃

1. 우禹-1-026 주석5 참고.
2. 기주冀州-1-022 주석2 참고.
3. 기旣-이미, 다하다.

4. 재재載 - 행하다.

5. 호구壺口 - 호구산壺口山은 호관산壺關山, 호산壺山으로 일컬어졌고, 산서성山西省 장치시長治市 동남부에 있다.

6. 양梁 - 양산梁山을 가리키며, 현재 산동성山東省 양산현梁山縣에 있다.

7. 기岐 - 기산岐山을 가리키고, 달리 봉황산鳳凰山이라고 일컬으며, 섬서성陝西省 보계시寶鷄市에 있다.

8. 수脩 - 수修와 동일, 다스리다.

9. 태원太原 - 산서성의 중심 도시이다.

10. 악양嶽陽 - 옛날에는 파릉巴陵이라고 일컬었고, 달리 악주岳州라는 명칭이 있다. 호남성湖南省 북부에 있다.

11. 담회覃懷 - 하대夏代의 지명이고, 현재 하남성河南省 심양현沁陽縣과 온현溫縣 주위를 일컫는다.

12. 형衡 - 형수衡水이고 하북성河北省 동남부에 있다.

13. 장장漳 - 장하漳河는 하북성과 하남성河南省의 경계에 있다.

14. 양양壤 - 부드러운 토양.

15. 부부賦 - 토지세.

16. 상상上上 - 상상에서 하하下下까지의 9등급 중에서 제1등급을 말함.

17. 착착錯 - 잡雜, 뒤섞이다.

18. 중중中中 - 상상에서 하하까지의 9등급 중에서 제5등급을 말한다.

19. 상상常 - 항수恒水를 가리킨다. 하북성河北省 곡양현曲陽縣에 있다.

20. 위衛 - 위수衛水 하남성 신향新鄉 부근이다.

21. 대륙大陸 - 9택 중의 하나인 대륙택大陸澤이고, 하북 평원 서부 태행산太行山 하류에 있다.

22. 조이鳥夷 - 1-027 주석29 참고.

23. 갈석碣石 - 하북성河北省 창려현昌黎縣 북쪽에 있는 산.

┃국역┃

우의 치수 관련 행적은 기주부터 시작되었다. 기주에서는 이미 호구산을 다스렸고, 이어서 양산과 기산을 다스렸다. 그리고 이미 태원을 다스렸고 악양까지 이르렀다. 담회의 치수에 훌륭한 공적을 이룩하고 형수와 장하의 물길을 다스리기에 이르렀다. 그곳의 토양은 희고 부드러웠다. 납부하는 토지세는 전국에서 1등(상상)이지만 2등(상중)도 섞여 있었다. 토지는 5등급(중중)에 속하고, 상수(항수)와 위수도 이미 다스렸으며 대륙택도 이미 다스렸다. 조이의 공물(특산물)은 가죽 옷이다. 공물은 선박에 싣고 오른쪽으로 갈석산을 끼고 바다에서 황하로 들어왔다.

2-006

> 濟, 河維沇州：九河旣道, 雷夏旣澤, 雍, 沮會同, 桑土旣蠶, 於是民得下丘居土。其土黑墳, 草繇木條。田中下, 賦貞, 作十有三年乃同。其貢漆絲, 其篚織文。浮於濟, 漯, 通於河。

┃음역┃

제, 하유연주 : 구하기도, 뇌하기택, 옹, 저회동, 상토기잠, 어시민득하구거토. 기토흑분, 초요목조. 전중하, 부정, 작십유삼년내동. 기공칠사, 기비직문. 부어제, 탑, 통어하.

┃주석┃

1. 제濟−제하濟河를 가리키고, 제수濟水라고 일컫는다. 하남성河南省 제원시濟源市에서 발원하여 산동성山東省을 거쳐 발해渤海로 들어간다. 산동성의 제남濟南, 제령濟寧, 제양濟陽은 모두 제수로 말미암아 명칭을 지은 것이다.

2. 하河-황하.

3. 유維-시是와 같고, 이다, 그렇다 의미이다.

4. 연주沇州-연沇은 고대에 연沈으로 썼다. 즉, 연주兗州는 연주沇州로 기록하였고, 산동성山東省 서남부를 가리킨다.

5. 9하九河-1- 027 주석16 참고.

6. 도道-소통되다.

7. 뇌하雷夏-1- 027 주석15 참고. 9택 중의 하나이다.

8. 옹雍-옹수雍水이고, 섬서성陝西省 봉상현鳳翔縣 옹산雍山에서 발원하여 동남으로 흐른다.

9. 저沮-저하沮河이고, 고대에는 희수姬水라고 일컬었다. 발원지는 자오령子午嶺 동쪽 기슭이다.

10. 분墳-비옥하다.

11. 요繇-무성하다.

12. 조條-긴 가지가 높게 자라다.

13. 정貞-《사기삼가주史記三家注》에 의하면 정正이고, 토지세는 하하下下, 즉 9등급이라고 함.

14. 칠사漆絲-칠기와 비단.

15. 비篚-대나무로 만든 원형의 바구니.

16. 직문織文-고대에 일종의 채색 꽃무늬가 있는 비단으로 만든 제품이다.

17. 부浮-지나다, 통과하다.

18. 탑하潔-탑하潔河이고 하남성河南省 중남부에 있다.

┃국역┃

제수와 황하 사이는 연주이다. 9개의 하천은 이미 소통되었고, 뇌하도 이미 저수지가 되었으며, 옹수와 저수는 모여서 하나가 되었고, 땅에는 뽕나무를 심고 누에를 길렀으며, 그래서 백성들은 언덕 아래로 내려와서 평지에 거주하였다. 이곳의 토양은 검고 비옥하였으며, 풀은 무성하고 나무는 가늘고 긴 가지가 자랐다. 토지는 6등급(중하)이지만 토지세는 전국에서 9등(하하)으로, 치수한 지 13년이 지나서 다른 8개 주의 토지세와 같아졌다. 이곳의 공물(특산물)은 칠과 비단, 대나무로 만든 원형바구니에 담긴 채색 꽃무늬로 짠 비단제품이 있다. 공물은 선박에 싣고 제수와 탑수를 지나서 황하로 운송되었다.

2-007

海岱維青州：堣夷旣略，濰，淄其道。其土白墳，海濱廣潟，厥田斥鹵。田上下，賦中上。厥貢鹽絺，海物維錯，岱畎絲，枲，鉛，松，怪石，萊夷爲牧，其篚檿絲。浮於汶，通於濟。

|음역|

해대유청주 : 우이기략, 유, 치기도. 기토백분, 해빈광석, 궐전척로. 전상하, 부중상. 궐공염치, 해물유착, 대견사, 시, 연, 송, 괴석, 래이위목, 기비염사. 부어문, 통어제.

|주석|

1. 해海-중국의 동쪽 바다, 또는 발해渤海를 가리킨다.
2. 대岱-1-005 주석2 참고.
3. 청주青州-고대 9주의 하나이고 범위는 대체적으로 태산泰山 이동에서 발해渤海에 이르는 지역을 가리킨다.
4. 우이堣夷-고대의 지명으로 산동성山東省 등주登州를 가리킨다.
5. 약略-다스리다.

6. 유灘-유하灘河를 가리키고 고대에는 유수灘水라고 일컬었다. 발원
    지는 산동성山東省 거현莒縣 기옥산箕屋山이다.

7. 치淄-치하淄河를 가리키고, 달리 치수淄水, 치강淄江으로 일컬었으
    며, 산동성의 중요 하천 중의 하나이다.

8. 도道-소통되다.

9. 백분白墳-희고 비옥하다.

10. 석潟-조수가 드나들어 염분이 많이 섞인 땅.

11. 궐厥-기其, 그.

12. 척로斥鹵-염분이 많아서 곡식이 안 되는 땅.

13. 치絺-가는 갈포葛布로 만든 옷.

14. 해물海物-바다에서 생산되는 물품.

15. 견畎-산골짜기, 밭 중간의 도랑.

16. 시枲-모시풀, 또는 마麻의 섬유.

17. 연鉛-납.

18. 내이萊夷-상고시대 산동성山東省의 중부와 동부에서 활동하던 동
    이족東夷族의 일파이다.

19. 비篚-2-006 주석15 참고.

20. 염사壓絲-누에가 산뽕나무 잎을 먹고 토해낸 실.

21. 문汶-문하汶河를 가리키고, 옛날에는 문수汶水라고 일컬었다. 발
    원지는 산동성 임구현臨朐縣 남쪽이고 유하灘河로 흘러 들어간다.

22. 제濟-2-006 주석1 참고.

|국역|

동쪽으로는 바다에 이르고 북쪽으로는 태산에 이르는 곳은 청주이다.
우이는 이미 다스려졌고, 유수와 치수도 소통되었다. 이곳의 토양은 희
고 비옥하며, 바닷가에는 넓고 조수가 드나들어 염분이 많은 땅이 있으

며, 이곳의 땅도 염분이 많아서 곡식이 잘 안 되는 땅이다. 토지는 3등급(상하)에 속하지만 토지세는 전국에서 4등(중상)이었다. 이곳의 공물(특산품)은 소금, 가는 갈포로 짠 옷과 바다에서 생산되는 해산물이 섞여 있으며, 또 태산의 산골짜기에서 생산되는 비단, 모시풀, 납, 소나무, 기이한 형상의 돌이 있고, 내이의 공물은 축목제품으로 대나무로 만든 원형의 바구니에 담긴 누에가 산뽕나무 잎을 먹고 토해낸 실이 있다. 공물은 선박에 싣고 문수를 지나서 제수로 운송되었다.

2-008

海岱及淮維徐州：淮，沂其治，蒙，羽其藝。大野既都，東原底平。其土赤埴墳，草木漸包。其田上中，賦中中。貢維土五色，羽畎夏狄，嶧陽孤桐，泗濱浮磬，淮夷蠙珠臮魚，其篚玄纖縞。浮于淮，泗，通于河。

┃음역┃

해대급회유서주 : 회, 기기치, 몽, 우기예. 대야기도, 동원지평. 기토적식분, 초목점포. 기전상중, 부중중. 공유토오색, 우견하적, 역양고동, 사빈부경, 회이빈주기어, 기비현섬호. 부우회, 사, 통우하.

┃주석┃

1. 해海-2-007 주석1 참고.

2. 대岱-1-005 주석2 참고.

3. 회淮-회하淮河, 회수淮水를 가리키고, 하남성河南省 동백현桐柏縣 동백산에서 발원하여 안휘성安徽省과 강소성江蘇省을 거쳐 황하로 흘러들어가는 강.

4. 서주徐州—상고시대 팽성彭城이라 일컬었고, 요堯 시기에 팽조彭祖가 대팽씨국大彭氏國을 건립하였다. 우禹 시기에 9주의 하나가 되었다.

5. 기沂—기하沂河 또는 기수沂水를 가리키고, 산동성山東省의 기산沂山에서 발원하여 사수泗水로 흘러 들어가는 강.

6. 몽蒙—두 가지 의미가 있다. 첫째, 몽산蒙山이고 고대에는 동몽東蒙, 동산東山으로 일컬었다. 산동성山東省 임기시臨沂市 서북쪽에 있다. 둘째, 고대에는 상산象山이라고 일컬었다. 호북성湖北省 형문시荊門市에 있다.

7. 우羽—우산羽山을 가리키고, 강소성江蘇省 동해현東海縣에 있다.

8. 예藝—심다.

9. 대야大野—상고시대 9택九澤의 하나이다. 다른 명칭으로 거야巨野, 鉅野라고 일컬으며, 산동성山東省 거야현巨野縣에 있다.

10. 도都—물이 가득 차다.

11. 동원東原—고대의 지역 명칭으로 한대漢代의 동평군東平郡 지역이다. 유래는 동원지평東原底平에서 명칭을 정했다. 산동성山東省 동평 일대이다.

12. 지평底平—지평至平과 같다. 즉 홍수가 물러나고 원상태를 회복하여 농사를 지을 수 있게 됨.

13. 식분埴墳—흙이 찰진 것을 식, 비옥한 것을 분이라고 한다. 즉 흙이 찰지고 비옥한 것을 가리킴.

14. 포包—포苞와 같고, 더부룩이 날, 무성하게 자람.

15. 5색五色—청색, 적색, 황색, 백색, 흑색.

16. 견畎—2- 007 주석15 참고.

17. 하적夏狄—꿩 털.

18. 역嶧—갈역산葛嶧山을 가리키며, 동해東海 하비下邳에 있다.

19. 양陽-남쪽.

20. 고동孤桐-홀로 자라는 오동나무.

21. 사빈泗濱-사泗는 사하泗河를 가리키고, 달리 사수泗水라고 일컫는
다. 산동성山東省 중부의 비교적 큰 강이다. 또 경석산磬石山의 북
쪽으로는 사수에 인접해 있어서 사빈泗濱이라고 일컫는다.

22. 부경浮磬-경석산磬石山 주위에 호수가 많아서 홍수가 나서 물이
넘치면 경석산이 물위에 떠있는 것 같이 보이므로 부경이라고 하
였다. 경磬은 돌로 만든 악기의 명칭이다.

23. 회이淮夷-하夏 이전에는 산동山東과 하북河北 등지에서 생활하였
고 동이東夷라고 일컬었다. 부락의 수령은 치우蚩尤이고 염황炎黃
부락과 탁록涿鹿의 전투에서 패배한 이후에 일부는 염황 부락에 흡
수되고, 다른 일부는 남쪽으로 이동하여 회하淮河 유역 일대에서
거주하면서 회이라고 일컫기 시작하였다.

24. 빈주蠙珠-진주.

25. 기어臮魚-미어美魚, 즉 아름다운 물고기.

26. 비篚-2-006 주석15 참고.

27. 섬호纖縞-가늘고 고운 명주.

┃국역┃

동쪽으로는 바다에 이르고 북쪽으로는 태산에 이르고 남쪽으로는 회
수에 이르는 지역은 서주이다. 회수와 기수가 다스려지자 몽산과 우산은
경작할 수 있게 되었다. 대야택에는 이미 물이 가득 찼고, 동원지역은 홍
수가 물러나고 원래 상태를 회복하여 농사를 지을 수 있게 되었다. 이곳
의 토양은 붉은 색으로 찰지고 비옥하였으며, 풀과 나무들이 점차 무성
하게 자랐다. 이곳의 토지는 2등급(상중)이지만 토지세는 전국에서 5등
(중중)이었다. 공물(특산물)은 청, 홍, 적, 황, 백색의 5색 흙과 우산 계곡

에서 잡은 꿩의 깃털, 갈역산 남쪽에서 홀로 자라는 오동나무, 사수 물가에서 구한 돌로 만든 악기인 경, 회이의 진주와 아름다운 물고기, 대나무로 만든 원형 바구니에 담긴 검은색으로 물들인 가늘고 고운 명주가 있다. 공물은 선박에 싣고 회수와 사수를 지나서 황하로 운송되었다.

┃참고┃

경磬은 어떤 악기인가?―경은 고대에 일종의 돌로 만든 유일한 타악기이다. 재료는 돌 이외에 후대에는 옥 또는 구리로 만든 것이 있다. 왼쪽부분은 걸어두고 오른쪽 부분은 손으로 잡고 치면서 소리를 낸다.

2-009

淮海維揚州：彭蠡既都，陽鳥所居。三江既入，震澤致定。竹箭既布。其草惟夭，其木惟喬，其土塗泥。田下下，賦下上上雜。貢金三品，瑤，琨，竹箭，齒，革，羽，旄，島夷卉服，其篚織貝，其包橘，柚錫貢。均江海，通淮，泗。

┃음역┃

회해유양주 : 팽려기도, 양조소거. 삼강기입, 진택치정. 죽전기포. 기초유요, 기목유교, 기토도니. 전하하, 부하상상잡. 공금삼품, 요, 곤, 죽전, 치, 혁, 우, 모, 도이훼복, 기비직패, 기포귤, 유석공. 균강해, 통회, 사.

┃주석┃

1. 회淮―2-008 주석3 참고.
2. 해海―2-007 주석1 참고.
3. 양주揚州―상고시대 9주의 하나이고, 범위는 대략 강소성江蘇省 중

부와 장강 하류 북쪽 및 회수淮水 남쪽을 포괄한다.

4. 팽려彭蠡－상고시대 9택 중의 하나이다. 팽려호이고 고대에는 파양호鄱陽湖, 팽려택, 팽택彭澤, 팽호彭湖, 궁정호宮亭湖 등으로 불렸다. 강서성江西省에 있고, 중국에서 가장 큰 담수호이다.

5. 도都－2-008 주석10 참고.

6. 양조陽鳥－기러기 일종의 철새, 또는 학, 태양을 가리키기도 한다.

7. 3강三江－두 가지 의미가 있다. 첫째, 송강松江, 전당강錢唐江, 포양강浦陽江이다. 둘째, 장강長江, 황하黃河, 회하淮河를 가리킨다. 현재 정설은 없다.

8. 진택震澤－고대에는 수진택藪震澤, 구구具區, 입택笠澤 등으로 불렸다. 장강과 전당강 하류 삼각주에 있으며 현재의 태호太湖를 가리킨다.

9. 정定－평정, 안정되다.

10. 죽전竹箭－가는 대나무, 또는 대나무로 만든 화살.

11. 포布－분포, 분산되다.

12. 유惟－~하다, ~이다.

13. 요夭－풀과 나무가 무성하고 아름답다.

14. 교喬－높게 자라다.

15. 도니塗泥－진흙.

16. 금삼품金三品－금, 은, 동.

17. 요瑤－옥돌.

18. 곤琨－아름다운 옥.

19. 치齒－상아.

20. 모旄－야크의 꼬리로 장식한 지휘하는 기(깃발), 또는 야크의 꼬리를 가리킴.

21. 도이島夷－상고시대 동쪽에 거주하던 동이東夷의 일파이고, 회수淮

水 하류지역과 인근 섬에서 활약하였다.

22. 훼복卉服-가는 갈포로 만든 옷.

23. 직패織貝-고대의 비단 명칭, 또는 조개 무늬를 넣은 비단.

24. 포包-포장하다.

25. 유柚-유자.

26. 석공錫貢-천자의 명령이 있기를 기다린 후에 공물을 바치는 것으로, 정기적인 시기에 공물을 바치는 상공常貢과 구별된다.

27. 균均-연沿과 같다. 즉 물을 따라 내려가다.

28. 강江-장강을 가리킨다.

29. 사泗-2-008 주석21 참고.

｜국역｜

북쪽으로는 회수에 이르고 남쪽으로는 바다에 이르는 지역은 양주이다. 팽려택에는 이미 물이 가득 찼고, 기러기 같은 철새들이 머물렀다. 송강, 전당강, 포양강 등 3강이 이미 바다로 흘러들어가서 진택도 안정되었다. 이곳은 가는 대나무가 널리 분포되어 있고, 풀은 무성하고 나무는 높게 자랐으며, 토양은 수분이 많은 진흙이다. 토지는 9등급(하하)이고 토지세는 전국에서 7등(하상)인데 한 단계 위인 6등(중하)이 되기도 하였다. 공물(특산물)은 금, 은, 동 3가지 금속과 옥돌, 아름다운 옥, 가는 대나무, 상아, 코뿔소 가죽, 새 깃털, 야크의 꼬리와 또 도이의 가는 갈포로 만든 옷, 대나무로 만든 원형의 바구니에 담긴 조개 무늬를 넣어서 짠 비단과 천자의 명령이 있은 다음에 바치는 귤과 유자 꾸러미가 있다. 공물은 선박에 싣고 장강과 바다를 따라서 회수와 사수로 운송되었다.

2-010

荊及衡陽維荊州：江，漢朝宗于海。九江甚中，沱，涔已道，雲土，夢爲治。其土塗泥。田下中，賦上下。貢羽，旄，齒，革，金三品，杶，榦，栝，柏，礪，砥，砮，丹，維箘簬，楛，三國致貢其名，包匭菁茅，其篚玄纁璣組，九江入賜大龜。浮于江，沱，涔，（于）漢，踰于雒，至于南河。

|음역|

형급형양유형주 : 강, 한조종우해. 구강심중, 타, 잠이도, 운토, 몽위치. 기토도니. 전하중, 부상하. 공우, 모, 치, 혁, 금삼품, 춘, 간, 괄, 백, 려, 지, 노, 단, 유균로, 곡, 삼국치공기명, 포궤청모, 기비현훈기조, 구강입사대구. 부우강, 타, 잠, （우）한, 유우낙, 지우남하.

|주석|

1. 형荊— 형산荊山이고 산에 가시나무가 많아서 붙여진 명칭이다. 호북성湖北省 서부에 있다.

2. 형衡—형산衡山은 달리 남악南岳, 수악壽岳, 남산南山으로 불리며 중국의 5악五岳 중의 하나이다. 호남성湖南省 형양시衡陽市에 있다.

3. 양陽—남쪽.

4. 형주荊州—상고시대 9주九州의 하나이다. 호북성湖北省 중남부와 장강長江 중하류 및 강한江漢 평원의 중심지이다.

5. 강江—장강을 가리킨다.

6. 한漢—한강漢江, 한수漢水를 가리키고, 고대에는 면수沔水라고 일컬었다.

7. 조종朝宗—작은 강이 큰 강으로 흘러들어가는 것을 비유한 말이다.

8. 9강九江 - 고대에는 강주江州라고 일컬었다. 안휘성安徽省 수현壽縣 지역이다. 또 오강烏江, 방강蚌江, 오백강烏白江, 가미강嘉靡江, 사강 沙江(건강畎江), 늠강廩江, 제강隄江, 균강箘江을 가리키고 모두 팽려 택彭黎澤으로 흘러가는 까닭에 명칭을 9강이라고 일컬었다.

9. 심중甚中 - 지리형세의 중간에 위치함을 나타냄.

10. 타沱 - 타수沱水를 가리키고, 고대에는 강수江水가 여기에서 남북으로 나눠지고, 남쪽은 강수 북쪽은 타수가 되었다. 호북성湖北省 지 강현枝江縣에 있다.

11. 잠涔 - 잠수涔水를 가리키고, 달리 심수鬵水라고 한다.

12. 도道 - 소통되다.

13. 운토雲土 - 운택雲澤을 가리키며, 몽택夢澤과 합하여 운몽택(즉 현재의 洞庭湖이다)이라고 일컬으며 9택九澤 중의 하나이다. 강남에 있으며, 운토라고 한 것은 호수 가운데에 흙이 쌓여 형성된 낮은 언덕이 있어서 물이 빠지면 밭으로 변해서 경작할 수 있다.

14. 몽夢 - 몽택으로 위의 운토를 참고할 것.

15. 둔杶 - 참죽나무.

16. 간榦 - 자柘와 같다. 산뽕나무.

17. 괄栝 - 전나무.

18. 백柏 - 측백나무, 잣나무.

19. 여礪 - 거친 숫돌.

20. 지砥 - 가는 숫돌.

21. 노砮 - 돌살촉.

22. 단丹 - 수은과 유황의 화합물, 적색 물감의 원료로 쓰이는 재료이다.

23. 균箘 - 가늘고 작은 대나무로 화살대를 만들기에 적합하다.

24. 노簵 - 화살을 만드는 대나무로 껍질은 검은 빛을 띠고 있음.

25. 곡楛 - 호楛와 같다. 싸리나무의 일종으로 중국 북방의 소수민족들이

화살을 만드는데 사용하며, 이것으로 만든 호시楛矢가 유명하다.

26. 3국三國-3개의 제후국을 말함.

27. 포궤包匭-작은 상자에 싼 물건, 또는 공물을 일컫는 명칭으로 쓰임.

28. 청모菁茅-향초香草의 일종으로, 가시 풀을 가리키기도 한다. 고대에 제사를 지낼 때 술을 거르는데 사용하였다.

29. 현훈玄纁-검은색과 연한 홍색을 띤 비단으로 후대에 제왕이 어진 인재를 초빙할 때 주는 선물로 사용하였다.

30. 기조璣組-기는 진주를 가리키고, 조는 진주 등 구슬을 꿰는 끈 종류를 가리킨다.

31. 입入-납부하다, 바치다.

32. 사賜-사명賜命이고, 천자가 명령을 하달하는 것을 높여 부르는 말이다. 즉 입사대귀入賜大龜는 천자가 거북이를 공물로 바치라는 명령이 있으면 그때에 바치는 것을 말함.

33. 부浮-지나다.

34. 유踰-통과하다.

35. 낙雒-낙수雒水를 일컫는 명칭이고 현재 하남성河南省의 낙하洛河를 가리킨다.

36. 남하南河-하남성河南省 주마점시駐馬店市에 있으며, 중국에서 유일하게 거꾸로 내륙을 향하여 흐르는 강으로 유명하다.

┃국역┃

북쪽으로는 형산에 이르고 남쪽으로는 형산의 남쪽에 이르는 지역은 형주이다. 장강(강수)과 한수는 작은 강이 큰 강으로 흘러 들어가듯이 바다로 흘러갔다. 9개의 강(고대의 강주 지역)은 지리 형세상 한 가운데에 위치하여 있고, 타수와 잠수는 이미 소통되었으며, 운택의 흙으로 쌓여 형성된 낮은 언덕과 몽택도 다스려졌다. 이곳의 토양은 수분이 많은 진흙이다. 토지는 8등급(하중)이지만 토지세는 전국에서 3등(상하)이었다. 공물(특산물)로는 새의 깃털, 야크의 꼬리, 상아, 코뿔소 가죽, 금, 은, 동 3가지 금속과 참죽나무, 산뽕나무, 전나무, 측백나무와 거친 숫돌, 가는 숫돌, 돌화살촉, 단사가 있고, 또 가늘고 작은 대나무, 검은 빛을 띤 대나무, 화살용 싸리나무는 3군데 제후국에서 바치는 공물 중에서 매우 유명한 것이며, 작은 상자에 포장한 향기로운 풀, 대나무로 만든 원형의 바구니에 담긴 검은색과 연한 홍색을 띤 비단과 진주꾸러미가 있고, 그 외에 9강(강주) 지역에서는 천자가 공물을 바치라는 명령이 있으면 큰 거북이를 바쳤다. 공물은 선박에 싣고 장강(강수), 타수, 잠수, 한수를 지나고, 낙수를 통과하여 남하에 이르렀다.

2-011

> 荊河惟豫州：伊, 雒, 瀍, 澗旣入于河, 滎播旣都, 道荷澤, 被明都。
> 其土壤, 下土墳壚。田中上, 賦雜上中。貢漆, 絲, 絺, 紵, 其篚纖絮,
> 錫貢磬錯。浮於雒, 達於河。

|음역|

형하유예주 : 이, 낙, 전, 간기입우하, 형파기도, 도하택, 피명도. 기토양, 하토분로. 전중상, 부잡상중. 공칠, 사, 치, 저, 기비섬서, 석공경착. 부어낙, 달어하.

|주석|

1. 형荊-2-010 주석1 참고.
2. 하河-황하를 가리킨다.
3. 유惟-~하다, ~이다.

4. 예주豫州−고대 9주九州의 하나이고, 하수河水와 한수漢水의 사이이다. 실제로 행정구획이 된 것은 서한西漢 무제武帝 시기이다.

5. 이伊−이수伊水를 가리킨다. 발원지는 웅이산熊耳山 남쪽이며 숭현嵩縣과 이천伊川 및 낙양洛陽을 거쳐서 낙수洛水로 흘러간다.

6. 낙雒−2- 010 주석35 참고.

7. 전瀍−전수瀍水를 가리키고, 발원지는 하남성河南省 곡성현谷城縣이다.

8. 간澗−간수澗水를 가리키고, 발원지는 신안현新安縣 백석산白石山이다.

9. 형파滎播−형수滎水와 파수波水를 가리킨다. 형은 형양滎陽이고 파는 파播로 읽고 발원지는 하남성河南省 노산魯山이다.

10. 도都−2- 008 주석10 참고.

11. 도道−다스리다.

12. 하택荷澤−9택九澤 중의 하나이다.

13. 피被−널리 미치다.

14. 명도明都−9택九澤 중의 하나이고, 달리 맹도택孟瀦澤이라고 일컬었다.

15. 하토下土−지대가 낮고 움푹 파인 땅.

16. 분로墳壚−비옥하고 검은색의 딱딱한 토양.

17. 치絺−2- 007 주석13 참고.

18. 저紵−모시.

19. 섬서纖絮−가늘고 고운 목면.

20. 석공錫貢−2- 009 주석26 참고.

21. 경착磬錯−경磬을 갈 때 쓰는 돌을 가리킨다. 옥이나 돌을 갈고 다듬는 것을 착錯이라고 한다.

|국역|

서남쪽으로는 형산에 이르고 북쪽으로는 황하에 이르는 지역은 예주이다. 이수, 낙수, 전수, 간수는 이미 황하로 흘러 들어갔고, 형수와 파수도 이미 물이 가득 찬 호수가 되었으며, 9택의 하나인 하택이 다스려지고 명도택까지 널리 이르게 되었다. 이곳의 토양은 지대가 낮고 움푹 파인 땅이지만, 비옥하고 검은 색으로 딱딱하였다. 토지는 4등급(중상)이지만 토지세는 전국에서 2등(상중)이고 때때로 1등(상상)일 경우도 있었다. 공물(특산물)은 옻칠, 비단, 가는 갈포, 모시와 대나무로 만든 원형의 바구니에 담긴 가늘고 고운 목면, 또 천자가 공물을 바치라는 명령이 있으면 경을 갈 때 사용하는 숫돌을 바쳤다. 공물은 선박에 싣고 낙수를 지나서 황하에 도달하였다.

2-012

華陽黑水惟梁州：汶, 嶓旣藝, 沱, 涔旣道, 蔡, 蒙旅平, 和夷底績。其土靑驪。田下上, 賦下中三錯。貢璆鐵, 銀, 鏤, 砮, 磬, 熊, 羆, 狐, 貍, 織皮。西傾因桓是來, 浮于潛, 踰于沔, 入于渭, 亂于河。

∣음역∣

화양흑수유량주 : 문, 파기예, 타, 잠기도, 채, 몽려평, 화이지적. 기토청려. 전하상, 부하중삼착. 공구철, 은, 누, 노, 경, 웅, 비, 호, 이, 직피. 서경인환시래, 부우잠, 유우면, 입우위, 난우하.

∣주석∣

1. 화양華陽—일반적으로 화산華山의 남쪽을 가리킨다. 화산은 중국의 유명한 5악五岳 중의 하나이고, 서안西安 동쪽에 있다.
2. 흑수黑水—사천성四川省 흑수현黑水縣의 흑수하黑水河를 가리킨다.
3. 양주梁州—고대의 9주九州의 하나이다.

4. 문문汶-문산汶山, 민산岷山을 가리키고, 감숙성甘肅省 서남과 사천성
   四川省 북부에 있다.

5. 파파嶓-파총산嶓冢山을 가리키고, 섬서성陝西省 영강현寧强縣에 있다.

6. 타타沱-2-010 주석10 참고.

7. 잠잠涔-2-010 주석11 참고.

8. 채채蔡-채산蔡山을 가리키고, 호북성湖北省 황매하향黃梅下鄕에 있다.

9. 몽몽蒙-2-008 주석6 참고.

10. 여평旅平-산에 제사지내는 것을 여旅라 하고, 평은 공적이 완료
    된 것을 말한다.

11. 화이和夷-고대의 지명으로 두 가지 의미가 있다. 첫째, 사천성四
    川省 형경현滎經縣이다. 둘째, 호북성湖北省 무당산武當山 일대이다.

12. 지적底績-공적을 이루다.

13. 청려靑驪-검푸른색.

14. 구구璆-아름다운 옥으로 경을 만들 수 있다.

15. 누루鏤-조각하는데 쓰는 강철.

16. 노노砮-돌화살촉.

17. 비비羆-불곰, 갈색 곰.

18. 이이貍-너구리.

19. 직피織皮-동물의 털을 사용하여 만든 카펫.

20. 서경西傾-서경산西傾山을 가리키고, 청해성靑海省 동남부에 있다.

21. 환환桓-환수桓水를 가리키고, 가릉강嘉陵江 상류의 백룡강白龍江 지
    류이다.

22. 잠수潛-잠수潛水를 가리키고, 환수桓水 부근에 있다.

23. 면면沔-한강漢江, 한수漢水를 고대에는 면수沔水라고 일컬었다.

24. 위위渭-위수渭水를 가리키고, 황하의 가장 큰 지류이다. 발원지는
    감숙성甘肅省 위원현渭源縣이다.

25. 난亂 - 건너다.

▌국역▐

동쪽으로는 화산의 남쪽에 이르고 서쪽으로는 흑수에 이르는 지역은 양주이다. 문산(민산)과 파총산은 이미 곡식을 심을 수 있게 되었고, 타수와 잠수도 벌써 다스려졌다. 채산과 몽산에서는 산신에게 제사를 지내서 치수의 업적이 완성되었음을 알렸으며, 화이 지역에서도 치수 활동이 완료되었다. 이곳의 토양은 검푸르렀다. 토지는 7등급(하상)이고, 토지세는 전국에서 8등(하중)이지만 풍년에는 7등(하상)을 흉년에는 9등(하하)을 할 경우도 있었다. 공물(특산물)은 아름다운 옥, 강철, 은, 돌화살촉, 경과 곰, 불곰, 여우, 너구리, 동물의 털로 만든 카펫이 있다. 서경산의 공물은 환수를 거쳐서 운송하였고, 다른 공물은 선박에 싣고 잠수를 지나고 면수를 통과하여 위수로 들어와서 황하를 건넜다.

2-013

黑水西河惟雍州：弱水旣西, 涇屬渭汭。漆, 沮旣從, 灃水所同。荊, 岐已旅, 終南, 敦物至于鳥鼠。原隰底績, 至于都野。三危旣度, 三苗大序。其土黃壤。田上上, 賦中下。貢璆, 琳, 琅玕。浮于積石, 至于龍門西河, 會于渭汭。織皮昆侖, 析支, 渠搜, 西戎卽序。

▌음역▐

흑수서하유옹주 : 약수기서, 경속위예. 칠, 저기종, 풍수소동. 형, 기이여, 종남, 돈물지우조서. 원습지적, 지우도야. 삼위기도, 삼묘대서. 기토황양. 전상상, 부중하. 공구, 임, 낭간. 부우적석, 지우용문서하, 회우위예. 직피곤륜, 석지, 거수, 서융즉서.

|주석|

1. 흑수黑水-2-012 주석2 참고.

2. 서하西河-서하西河는 낙하洛河에 속한 강중에서 가장 큰 하천으로 섬서성陝西省 징성현澄城縣에 있다.

3. 옹주雍州-9주의 하나이다. 명칭의 유래는 섬서성 봉상현鳳翔縣에 있는 옹산雍山과 옹수雍水이다. 범위는 일반적으로 섬서성 중부와 북부, 감숙성甘肅省과 청해성靑海省 및 영하寧夏 회족자치구 일대를 가리킨다.

4. 약수弱水-고대의 하천 명칭으로, 수심이 얕아 배를 띄울 수 없어서 약수라고 일컬었다. 발원지는 감숙성 산단하山丹河이다.

5. 경涇-경하涇河를 가리키고, 황하 중류의 커다란 지류이다. 발원지는 영하寧夏이고 위하渭河로 흘러 들어간다.

6. 속屬-미칠, 이를 체逮와 같다.

7. 위渭-2-012 주석24 참고.

8. 예汭-물 흘러가는 곳의 북쪽.

9. 칠漆-칠수漆水를 가리키고, 발원지는 섬서성 칠현漆縣으로 주周 왕조의 발상지이다.

10. 저沮-2-006 주석9 참고.

11. 풍수灃水-풍수酆水, 봉수丰水 등으로 쓰며 발원지는 섬서성 장안현長安縣이고 위수渭水로 흘러 들어간다.

12. 형荊-2-010 주석1 참고.

13. 기岐-2-005 주석7 참고.

14. 여旅-산신에게 제사지내다.

15. 종남終南-종남산終南山을 가리키고, 달리 태을산太乙山, 지폐산地肺山, 중남산中南山, 주남산周南山으로 일컫고, 간략하게 남산南山으로 일컬었다. 또 천하제일 복지福地로 불려졌다.

16. 돈물敦物-돈물산敦物山을 가리키고, 수산垂山으로 일컬었으며, 섬
　　서성陝西省 무공현武功縣에 있다.

17. 조서鳥鼠-산의 명칭이다.

18. 지적底績-2-012 주석12 참고.

19. 도야都野-도야택都野澤을 가리키고 달리 휴도택休屠澤으로 일컬었
　　으며 무위武威에 있다.

20. 삼위三危-1-018 주석19 참고.

21. 도度-택宅과 같다. 살다, 거주하다.

22. 3묘三苗-1-018 주석10 참고.

23. 구廖-2-012 주석14 참고.

24. 임琳-아름다운 옥, 푸른색의 옥.

25. 낭간琅玕-옥 비슷한 아름다운 돌, 또는 진주로 나무처럼 만든 장
　　식품, 혹은 전설과 신화에 나오는 선수仙樹를 가리킨다. 그 외에
　　진귀하고 아름다운 물건을 비유할 때 사용한다.

26. 적석積石-적석산積石山을 가리키고, 달리 마적설산瑪積雪山이라고
　　일컨는다. 청해성靑海省 동남부에 있고, 곤륜산崑崙山의 갈래이다.

27. 용문龍門-황하 중류에 있는 용문산龍門山을 가리킨다.

28. 직피織皮-2-012 주석19 참고.

29. 곤륜昆侖-중국 서쪽에 있는 곤륜산崑崙山을 가리키고, 중국 제일
　　의 신산神山, 옥산玉山, 만조지산萬祖之山이라고 일컬었다.

30. 석지析支-1-027 주석21 참고.

31. 거수渠搜-1-027 주석22 참고.

32. 서융西戎-1-018 주석21 참고.

|국역|

서쪽으로는 흑수에 이르고 동쪽으로는 서하에 이르는 지역은 옹주이

다. 약수는 이미 서쪽으로 흐르고, 경수도 위수의 북쪽에까지 이르게 되었다. 칠수와 저수도 이미 다스려져서 위수로 흘러들어갔고, 풍수도 위수로 흘러들어가서 모이게 되었다. 형산과 기산에서는 산신에게 제사를 지내서 치수의 업적이 완료되었음을 알렸고, 종남산과 돈물산은 물론 오서산에 이르기까지 치수가 완료되었다. 고원지대와 낮고 습한 지역도 치수의 업적을 이루었고 도야택까지 완료하였다. 삼위산(삼위지역)은 이미 치수가 완료되어 백성들이 거주하게 되었고, 3묘 부락도 크게 안정되었다. 이곳의 토양은 누렇고 부드러웠다. 토지는 1등급(상상)이고 토지세는 전국에서 5등급(중중)이었다. 공물(특산물)은 아름다운 옥, 푸른색의 옥, 옥 비슷한 아름다운 돌이 있다. 공물은 선박에 싣고 적석산을 지나서 용문산과 서하에 이르고, 위수 북쪽에서 한군데로 모였다. 동물의 털을 사용하여 만든 카펫은 곤륜, 석지, 거수의 물품이며, 서융 종족도 이미 크게 안정되었다.

2-014

道九山：汧及岐至于荊山，踰于河；壺口，雷首至于太嶽；砥柱，析城至于王屋；太行，常山至于碣石，入于海；西傾，朱圉，鳥鼠至于太華；熊耳，外方，桐柏至于負尾；道嶓冢，至于荊山；內方至于大別；汶山之陽至衡山，過九江，至于敷淺原。

|음역|

도구산 : 견급기지우형산, 유우하 ; 호구, 뇌수지우태악 ; 지주, 석성지우왕옥 ; 태행, 상산지우갈석, 입우해 ; 서경, 주어, 조서지우태화 ; 웅이, 외방, 동백지우부미 ; 도파총, 지우형산 ; 내방지우대별 ; 문산지양지형산, 과구강, 지우부천원.

|주석|

1. 도道-다스리다, 개통하다.

2. 9산九山-견산汧山, 호구산壺口山, 지주산砥柱山, 태행산太行山, 서경산西傾山, 웅이산熊耳山, 파총산嶓冢山, 내방산內方山, 기산岐山을 가리킨다.

3. 견汧-9산 중의 하나이고, 달리 오산吳山이라고 일컬었으며 섬서성陝西省 농현隴縣에 있다.

4. 기岐-2- 005 주석7 참고.

5. 형산荊山-2- 010 주석1 참고.

6. 하河-황하를 가리킨다.

7. 호구壺口-2- 005 주석5 참고.

8. 뇌수雷首-뇌수산雷首山을 가리키고, 하동河東 포판현蒲阪縣 동남쪽에 있다.

9. 태악太嶽-9산 중의 하나이고, 무당산武當山, 삼상산參上山, 태화산太和山으로 일컫고 호북성湖北省 단강구시丹江口市에 있다.

10. 지주砥柱-9산 중의 하나이고, 달리 지주산厎柱山, 삼문산三門山으로 일컬으며, 황하 중류에 있는 10여 미터 높이의 산 형태의 암석이다.

11. 석성析城-석성산析城山을 가리키고, 양성현陽城縣 서남쪽에 있다.

12. 왕옥王屋-왕옥산王屋山을 가리키고 왕옥현王屋縣에 있다.

13. 태행太行-9산 중의 하나이고 산양현山陽縣에 있다.

14. 상산常山-달리 긍산恆山이라고 일컬으며, 상산군常山郡 상곡양현上曲陽縣에 있다.

15. 갈석碣石-2- 005 주석23 참고.

16. 서경西傾-2- 012 주석20 참고.

17. 주어朱圉-주어산周圉山을 가리키고, 감숙성甘肅省 감곡현甘谷縣에

있다.

18. 조서鳥鼠−2-013 주석17 참고.

19. 태화太華−태화산太華山을 가리키고, 달리 화산華山, 화음산華陰山
    으로 일컬으며, 화음현華陰縣에 있다.

20. 웅이熊耳−9산 중의 하나이고 산동성山東省 조장시棗庄市에 있다.

21. 외방外方−외방산外方山은 선진先秦 시기의 명칭이고 현재는 숭산
    崇山이라고 일컫는다.

22. 동백桐柏−동백산桐柏山을 가리키고, 달리 대복산大復山이라고 일컬
    으며 평씨현平氏縣 동남쪽에 있다.

23. 부미負尾−부미산負尾山을 가리키고, 달리 배미산陪尾山, 횡미산橫尾
    山으로 일컬으며, 안육현安陸縣 동북쪽에 있다.

24. 파총嶓冢−2-012 주석5 참고.

25. 내방內方−9산 중의 하나이고, 달리 장산章山, 입장산立章山으로 일
    컬으며, 호북성湖北省 종상현鐘祥縣에 있다.

26. 대별大別−대별산大別山을 가리키고, 하남성河南省, 안휘성安徽省, 호
    북성湖北省의 경계에 있고 서쪽으로는 동백산桐柏山과 인접해 있다.

27. 문산汶山−2-012 주석4 참고.

28. 형산衡山−2-010 주석2 참고.

29. 9강九江−2-010 주석8 참고.

30. 부천원敷淺原−부천원산敷淺原山을 가리키고, 달리 부양산傅陽山으
    로 일컬으며 예장현豫章縣에 있다.

┃국역┃

9개의 산을 다스렸다. 견산 및 기산을 다스리고 형산까지 이르렀으며,
황하를 넘어서까지 다스렸다. 호구산과 뇌수산을 지나서 태악산에 이르
렀다. 지주산과 석성산을 지나서 왕옥산에 이르렀다. 태행산과 상산을

지나서 갈석산에 이르렀고, 바다에 들어가기에 이르렀다. 서경산과 주어산 및 오서산을 지나서 태화산에 이르렀다. 웅이산과 내방산 및 동백산을 지나서 부미산에 이르렀다. 파총산을 다스리고 형산까지 이르렀다. 내방산을 지나서 대별산에 이르렀다. 문산(민산)의 남쪽을 지나서 형산에 이르렀고, 9강을 지나 부천원산에 이르렀다.

2-015

道九川：弱水至於合黎，餘波入于流沙。道黑水，至于三危，入于南海。道河積石，至于龍門，南至華陰，東至砥柱，又東至于盟津，東過雒汭，至于大邳，北過降水，至于大陸，北播爲九河，同爲逆河，入于海。嶓冢道瀁，東流爲漢，又東爲蒼浪之水，過三澨，入于大別，南入于江，東匯澤爲彭蠡，東爲北江，入于海。汶山道江，東別爲沱，又東至于醴，過九江，至于東陵，東迆北會于匯，東爲中江，入于海。道沈水，東爲濟，入于河，泆爲滎，東出陶丘北，又東至于荷，又東北會于汶，又東北入于海。道淮自桐柏，東會于泗，沂，東入于海。道渭自鳥鼠同穴，東會于灃，又東北至于涇，東過漆，沮，入于河。道雒自熊耳，東北會于澗，瀍，又東會于伊，東北入于河。

|음역|

도구천 : 약수지어합려, 여파입우류사. 도흑수, 지우삼위, 입우남해. 도하적석, 지우용문, 남지화음, 동지지주, 우동지우맹진, 동과낙예, 지우대비, 북과강수, 지우대륙, 북파위구하, 동위역하, 입우해. 파총도양, 동류위한, 우동위창랑지수, 과삼서, 입우대별, 남입우강, 동회택위팽려, 동위북강, 입우해. 문산도강, 동별위타, 우동지우례, 과구강, 지우동릉, 동이북회우회, 동위중강, 입우해. 도연수, 동위제, 입우하, 일위형, 동출도구

북, 우동지우하, 우동북회우문, 우동북입우해. 도회자동백, 동회우사, 기,
동입우혜. 도위자조서동현, 동회우풍, 우동북지우경, 동과칠, 저, 입우하.
도낙자웅이, 동북회우간, 전, 우동회우이, 동북입우하.

┃주석┃

1. 9천九川-약수弱水, 흑수黑水, 하수河水, 양수瀁水, 강수江水, 연수沈
   水, 회수淮水, 위수渭水, 낙수洛水를 9천九川이라고 한다. 또는 9주九
   州의 큰 강을 가리킨다.
2. 약수弱水-2-013 주석4 참고.
3. 합려合黎-하천의 명칭으로 강곡수羌谷水, 선수鮮水, 부표수覆表水
   로 일컫고, 현재는 부투하副投河, 장액하張掖河로 일컫는다. 또는 산
   의 명칭을 가리키고, 난문산蘭門山, 궁석산窮石山으로 일컫는다.
4. 유사流沙-1-008 주석11 참고.
5. 흑수黑水-2-012 주석2 참고.
6. 삼위三危-1-018 주석19 참고.
7. 남해南海-양주揚州 동쪽의 큰 바다를 가리킨다.
8. 적석積石-2-013 주석26 참고.
9. 용문龍門-2-013 주석27 참고.
10. 화음華陰-화산華山 북쪽을 가리킴.
11. 지주砥柱-2-014 주석10 참고.
12. 맹진盟津-오늘날의 맹진현孟津縣을 가리키고, 하남성河南省 중서부
    에 있다.
13. 낙雒-2-010 주석35 참고.
14. 예汭-2-013 주석8 참고.
15. 대비大邳-대비산大邳山을 가리키고, 달리 여양동산黎陽東山, 청단
    산靑壇山으로 일컬으며 여양黎陽 남쪽에 있다.

16. 강수降水-발원지는 둔류현屯留縣 서남쪽이고 동북으로 흘러서 기
    주冀州에 이르렀다가 바다로 흘러간다.

17. 대륙大陸-2-005 주석21 참고.

18. 파播-헤치다, 흩뜨리다.

19. 9하九河-1-027 주석16 참고.

20. 역하逆河-황하가 바다로 유입되는 곳으로, 바닷물 조류의 영향을
    받아서 생긴 명칭이다.

21. 파총嶓冢-2-012 주석5 참고.

22. 양양瀁-양수瀁水를 가리키고, 발원지는 룽서隴西 저도현氐道縣 파총
    산嶓冢山이다.

23. 한漢-2-010 주석6 참고.

24. 창랑蒼浪-창랑수蒼浪水를 가리키고, 달리 하수夏水라고 일컬으며
    무당현武當縣에 있다.

25. 삼서三澨-삼서수三澨水를 가리키고, 달리 삼삼수三參水라고 일컬
    으며 경릉현竟陵縣에 있다.

26. 대별大別-2-014 주석26 참고.

27. 강江-장강을 가리킨다.

28. 회匯-물이 돌아서 흘러 모이다.

29. 팽려彭蠡-2-009 주석4 참고.

30. 북강北江-팽려택彭蠡澤에서 분리되어 형성된 강.

31. 문산汶山-2-012 주석4 참고.

32. 별別-나누다, 갈라지다.

33. 타沱-2-010 주석10 참고.

34. 예례醴-예수醴水를 가리키고, 달리 풍수灃水라고 일컬으며 호남성湖
    南省 서북쪽에 있다. 발원지는 상식현桑植縣 북쪽이고 동정호洞庭湖
    로 흘러들어간다.

35. 9강九江-2- 010 주석8 참고.

36. 동릉東陵-지역 명칭이다.

37. 이池-비스듬히 갈, 여기서는 넘칠 일溢의 의미이다.

38. 회匯-여기서는 팽려택彭黎澤을 가리킨다.

39. 중강中江-사천성四川省 중부에 있다.

40. 연수沇水-발원지는 원현垣縣 동쪽 왕옥산王屋山이다.

41. 제濟-2- 006 주석1 참고.

42. 일泆-넘칠 일溢.

43. 형榮-형택榮澤을 가리키고, 황하 연안의 제수濟水가 넘쳐서 모여
이루어진 저수지이다.

44. 도구陶丘-고대의 지명으로 달리 부구釜丘라고 일컬으며, 산동성山
東省 정도현定陶縣西 남쪽이다.

45. 하荷-2- 011 주석12 참고.

46. 문汶-2- 007 주석21 참고.

47. 회淮-2- 008 주석3 참고.

48. 동백桐柏-2- 014 주석22 참고.

49. 사泗-2- 008 주석21 참고.

50. 기沂-2- 008 주석5 참고.

51. 위渭-2- 012 주석24 참고.

52. 조서鳥鼠-2- 013 주석17 참고.

53. 동혈同穴-새와 쥐는 암수가 같은 동굴에서 살기 때문에 조서동혈
鳥鼠同穴이라고 한다. 조서산鳥鼠山 또는 조서동혈산은 위수渭水의
발원지이다.

54. 풍灃-2- 013 주석11 참고.

55. 경涇-2- 013 주석5 참고.

56. 칠漆-2- 013 주석9 참고.

57. 저沮-2-006 주석9 참고.

58. 웅이熊耳-2-014 주석20 참고.

59. 간澗-2-011 주석8 참고.

60. 전瀍-2-011 주석7 참고.

61. 이伊-2-011 주석5 참고.

|국역|

9개 하천을 다스렸다. 약수에서 합려수까지 이르렀고, 나머지 물 흐름은 유사로 흘러 들어가게 하였다. 흑수를 다스리고 삼위까지 이르렀으며, 남해로 흘러 들어가게 하였다. 황하를 다스리고, 적석산에서부터 용문산까지 이르렀으며, 남쪽으로는 화산 북쪽까지 이르렀고, 동쪽으로는 지주산까지 이르렀으며, 또 동쪽으로는 맹진에 이르렀고, 다시 동쪽으로는 낙수의 북쪽을 지나고, 대비산에 이르렀으며, 북쪽으로는 강수를 지나서 대륙택까지 이르렀으며, 북쪽으로 흩뜨려져서 9개의 하천이 되고, 다시 하나로 합류하게 하여 역하가 되었으며, 바다로 흘러 들어갔다. 파총산에서 양수를 다스리고, 동쪽으로 흘러서 한수가 되었으며, 다시 동쪽으로 창랑수가 되고, 삼서수를 지나서 대별산으로 흘러 들어갔으며, 남쪽의 장강으로 흘러 들어갔고, 동쪽으로 물이 돌아나가서 팽려택이 되었으며, 또 동쪽으로 북강이 되고, 바다로 흘러 들어갔다. 문산에서 장강을 다스리고, 동쪽으로 갈라져서 타수가 되고, 또 동쪽으로 예수에 이르고, 9강을 지나서 동릉에 이르렀으며, 동쪽으로 넘쳐흘러서 북쪽의 팽려택에 모였고, 또 동쪽으로 중강이 되어서 바다로 흘러 들어갔다. 연수를 다스리고 동쪽으로 제수가 되었으며, 황하로 유입되었고, 강물이 넘쳐서 형택이 되었고, 동쪽으로 도구 북쪽으로 흘러 들어갔으며, 또 동쪽으로 하택에 이르렀고, 다시 동북쪽의 문수와 합해졌고, 다시 동북으로 바다로 흘러 들어갔다. 동백산에서부터 황하를 다스렸고, 동쪽의 사수와 기수를 만나고, 동쪽으로 바다로 흘러 들어갔다. 조서산(조서동혈산)에서부터 위수를 다스리고, 동쪽의 풍수와 만나고, 또 동북으로 경수에 이르렀으며, 동쪽으로 칠수와 저수를 지나서 황하로 흘러 들어갔다. 웅이산에서부터 낙수를 다스리고, 동북의 간수와 전수와 만나고, 또 동쪽의 이수와 만나서 동북쪽으로 황하로 흘러 들어갔다.

2-016

於是九州攸同, 四奧旣居, 九山栞旅, 九川滌原, 九澤旣陂, 四海會
同。六府甚脩, 衆土交正, 致愼財賦, 咸則三壤成賦。中國賜土姓：
"祇台德先, 不距朕行。"

|음역|

어시구주유동, 사오기거, 구산간려, 구천척원, 구택기피, 사해회동. 육부심수, 중토교정, 치신재부, 함즉삼양성부. 중국사토성："지태덕선, 불거짐행."

|주석|

1. 9주九州−1-027 주석10 참고.
2. 유攸−바 소所와 같다.
3. 4오四奧−사방 토지의 안쪽을 가리킨다.
4. 9산九山−1-027 주석14 참고.
5. 간려栞旅−간은 산길을 나타내는 표지이고, 려는 산신에게 지내는
   제사를 가리킨다. 즉 도로를 개통하고 나무를 잘라서 표지를 만들
   고 산신에게 제사를 지냄.
6. 9천九川−2-015 주석1 참고.

7. 척원滌原-막히거나 통하지 않는 곳을 제거하여 없앰.

8. 9택九澤-1-027 주석15 참고.

9. 피피陂-제방, 둑. 즉 제방을 쌓아서 저수지의 물이 흘러넘치지 못하게 함.

10. 4해四海-두 가지 의미가 있다. 첫째, 동해, 서해, 남해, 북해 등 온 천하를 가리킨다. 둘째, 9이九夷, 8적八狄, 7융七戎, 6만六蠻 등 이민족이 거주하는 편벽한 지역을 가리킨다.

11. 6부六府-두 가지 의미가 있다. 첫째, 금金, 목木, 수水, 화火, 토土, 곡穀 등 백성들이 생활에 없어서는 안 될 6가지 물자를 가리킨다. 둘째, 하夏 시기에 공물과 세금을 관장하는 6개 관직, 즉 사토司土, 사본司本, 사수司水, 사초司草, 사기司器, 사화司貨, 전사典司를 가리킨다.

12. 수수脩-수修와 같고, 다스리다.

13. 중토衆土-좋고, 나쁘고, 높고, 낮은 등 여러 종류의 토지를 가리킴.

14. 교정交正-교는 구俱와 같고 정은 정征, 즉 징수의 의미이다.

15. 치신致愼-세금을 징수할 때는 법률에 의거 신중하게 해야 한다.

16. 함咸-모두.

17. 3양三壤-토양을 비옥과 척박을 기준으로 상, 중, 하 3등급으로 나누고, 이에 따라 세금을 부과한다.

18. 중국中國-1-019 주석9 참고.

19. 토성土姓-사방 제후의 토지와 명칭 유래를 가리킨다.

20. 지태祗台-지는 공경할 경敬, 태는 아我를 가리킨다.

21. 덕선德先-덕치를 베푸는 것을 우선적으로 함.

22. 거거距-어기다, 따르지 않다.

|국역|

그래서 9개의 주가 모두 동일하게 안정되었고, 사방 토지의 안쪽에까지 이미 백성들이 거주하게 되었으며, 9개의 산은 도로를 개통하고 나무를 잘라서 표지를 만들고 산신에게 제사를 지내서 알렸으며, 9개의 하천은 막히거나 통하지 않은 곳은 제거하여 없앴고, 9개의 저수지는 제방을 쌓아서 저수지의 물이 흘러넘치지 못하게 하였으며, 온 천하가 하나로 통일되었다. 백성들이 생활에 없어서는 안 될 금, 목, 수, 화, 토, 곡식 등 6가지 물자가 매우 풍부해졌고, 좋고, 나쁘고, 높고, 낮은 등 여러 종류의 토지도 각각의 상태에 따라서 등급이 정해졌으며, 세금을 징수할 때는 법률에 의거하여 신중하게 하였고, 모든 토지는 비옥과 척박함을 기준으로 상, 중, 하 3등급으로 나누고 세금을 부과하였다. 천자는 수도에서 제후들에게 토지와 성씨를 하사하고, 말하기를 "천자가 덕치를 베푸는 것을 우선적으로 해서 공경하고 기뻐하니, 백성들이 천자의 행정조치를 위배하지 않을 것이다."

2-017

令天子之國以外五百里甸服：百里賦納總，二百里納銍，三百里納秸服，四百里粟，五百里米。甸服外五百里侯服：百里采，二百里任國，三百里諸侯。侯服外五百里綏服：三百里揆文敎，二百里奮武衛。綏服外五百里要服：三百里夷，二百里蔡。要服外五百里荒服：三百里蠻，二百里流。

|음역|

영천자지국이외오백리전복 : 백리부납총, 이백리납질, 삼백리납갈복, 사백리속, 오백리미. 전복외오백리후복 : 백리채, 이백리임국, 삼백리제

후. 후복외오백리수복 : 삼백리규문교, 이백리분무위. 수복외오백리요
복 : 삼백리이, 이백리채. 요복외오백리황복 : 삼백리만, 이백리유.

｜주석｜

1. 영令−규정하다, 명령하다.
2. 전복甸服−고대의 지방제도인 5복五服제도의 하나로 왕기王畿 외부
   에서 5백 리까지의 지역을 가리킨다. 또는 광의의 의미로 수도 부
   근의 지역을 가리킨다.
3. 총總−말 사료용으로 쓰는 볏단.
4. 질銍−벼 이삭.
5. 갈복秸服−껍질을 벗긴 볏짚.
6. 속粟−껍질을 벗기지 않은 쌀.
7. 후복侯服−왕기王畿 외부의 5백 리에서 1천 리 이내의 지역을 가
   리킨다.
8. 채采−고대 사대부士大夫의 봉읍封邑을 가리키고, 달리 채읍采邑,
   식읍食邑, 채지采地라고 일컫는다.
9. 임국任國−천자를 위하여 복역하는 작은 나라를 가리킴.
10. 수복綏服−왕기王畿 외부의 1천 리에서 1천5백 리 이내의 지역을
    가리킨다.
11. 규揆−법칙, 법도.
12. 투奮−노력, 분발.
13. 요복要服−왕기王畿 외부의 1천5백 리에서 2천 리 이내의 지역을
    가리킨다.
14. 채蔡−법칙, 천자의 형법을 준수하는 곳.
15. 황복荒服−왕기王畿 외부의 2천 리에서 2천5백리 이내의 지역을
    가리킨다.

16. 流流-1-017 주석36 참고.

┃국역┃

천자가 직접 통치하는 지역 바깥의 5백 리 지역은 전복이라고 규정하였다. 왕성에서 1백 리 떨어진 지역은 세금으로 볏단을 납부하고, 2백 리 떨어진 지역은 세금으로 벼이삭을 납부하고, 3백 리 떨어진 지역은 세금으로 껍질을 벗긴 볏짚을 납부하고, 4백 리 떨어진 지역은 세금으로 껍질을 벗기지 않은 쌀을 납부하고, 5백 리 떨어진 지역은 세금으로 껍질을 벗긴 쌀을 납부하였다. 전복 바깥의 5백 리 지역은 후복이다. 전복에 가까운 1백 리 지역은 경, 대부를 분봉하는 채읍이고, 2백 리 지역은 천자를 위하여 복역하는 작은 나라를 분봉하는 곳이고, 3백 리 지역은 제후를 분봉하는 곳이다. 후복 바깥의 5백 리 지역은 수복이다. 후복과 가까운 3백 리 지역은 학문으로 교화하는 것을 법칙으로 삼는 곳이고, 뒤쪽 2백 리 지역은 무력을 진흥하고 국토를 수호하는 일을 열심히 하는 곳이다. 수복 바깥의 5백 리 지역은 요복이다. 수복과 가까운 3백 리 지역은 이족이 거주하는 곳이고, 뒤쪽 2백 리 지역은 천자의 형법을 준수하는 곳이다. 요복 바깥의 5백 리 지역은 황복이다. 요복과 가까운 3백 리 지역은 만족이 거주하는 곳이고, 뒤쪽 2백 리 지역은 죄인을 귀양 보내는 곳이다.

2-018

東漸于海, 西被于流沙, 朔, 南曁：聲教訖于四海。於是帝錫禹玄圭, 以告成功于天下。天下於是太平治。

동점우해, 서피우류사, 삭, 남기 : 성교흘우사해. 어시제석우현규, 이고 성공우천하. 천하어시태평치.

1. 점漸－나아가다.

2. 피被－널리 미치다.

3. 유사流沙－1- 008 주석11 참고.

4. 삭朔－북방을 가리킴.

5. 기曁－미치다, 이르다, 다다르다.

6. 성교聲敎－명성과 교화.

7. 흘訖－이르다.

8. 석錫－하사하다, 사賜와 동일.

9. 우禹－1- 026 주석5 참고.

10. 현규玄圭－검은 색의 옥을 가리킨다. 고대의 천자가 의례를 거행할 때에 사용하던 일종의 옥기玉器이며, 통상적으로 신하를 표창할 때에 하사한다.

동쪽으로는 바다에 이르고, 서쪽으로는 유사에 이르기까지 널리 미쳤으며, 북방과 남방까지 이르렀다. 명성과 교화가 온 천하에 이르렀다. 그래서 순은 검은 색의 옥을 우에게 하사하고, 온 천하에 치수사업이 완료되었음을 선포하였다. 온 천하는 그래서 태평하게 다스려졌다.

皐陶作士以理民。帝舜朝, 禹, 伯夷, 皐陶相與語帝前。皐陶述其謀
曰：“信其道德, 謀明輔和。”禹曰：“然, 如何？”皐陶曰：“於！慎其
身脩, 思長, 敦序九族, 衆明高翼, 近可遠在已。”禹拜美言, 曰：
“然。”皐陶曰：“於！在知人, 在安民。”禹曰：“吁！皆若是, 惟帝其
難之。知人則智, 能官人；能安民則惠, 黎民懷之。能知能惠, 何憂
乎驩兜, 何遷乎有苗, 何畏乎巧言善色佞人？”皐陶曰：“然, 於！亦
行有九德, 亦言其有德。”乃言曰：“始事事, 寬而栗, 柔而立, 愿而
共, 治而敬, 擾而毅, 直而溫, 簡而廉, 剛而實, 彊而義, 章其有常,
吉哉。日宣三德, 蚤夜翊明有家。日嚴振敬六德, 亮采有國。翕受普
施, 九德咸事, 俊乂在官, 百吏肅謹。毋教邪淫奇謀。非其人居其官,
是謂亂天事。天討有罪, 五刑五用哉。吾言底可行乎？”禹曰：“女言
致可績行。”皐陶曰：“余未有知, 思贊道哉。”

▌음역▌

고요작사이리민. 제순조, 우, 백이, 고요상여어제전. 고요술기모왈 :
“신기도덕, 모명보화.”우왈 :“연, 여하?”고요왈 :“어! 신기신수, 사장,
돈서구족, 중명고익, 근가원재이.”우배미언, 왈 :“연.”고요왈 :“어! 재
지인, 재안민.”우왈 :“우! 개약시, 유제기난지. 지인즉지, 능관인 ; 능안
민즉혜, 여민회지. 능지능혜, 하우호환두, 하천호유묘, 하외호교언선색영
인?”고요왈 :“연, 어! 역행유구덕, 역언기유덕.”내언왈 :“시사사, 관이
율, 유이입, 원이공, 치이경, 요이의, 직이온, 간이염, 강이실, 강이의, 장
기유상, 길재. 일선삼덕, 조야익명유가. 일엄진경육덕, 양채유국. 흡수보
시, 구덕함사, 준예재관, 백리숙근. 무교사음기모. 비기인거기관, 시위난
천사. 천토유죄, 오형오용재. 오언지가행호?”우왈 :“여언치가적행.”고

요왈 : "여미유지, 사찬도재."

I주석I

1. 고요皐陶-1-026 주석6 참고.

2. 사士-1-026 주석31 참고.

3. 순舜-1-016 주석8 참고.

4. 우禹-1-026 주석5 참고.

5. 백이伯夷-1-026 주석9 참고.

6. 신愼-진실로, 삼가다.

7. 돈敦-도탑다, 돈독하다.

8. 9족九族-1-013 주석7 참고.

9. 중명고익衆明高翼-다수의 현명한 사람으로 천자를 보좌하는 신하로 삼는다.

10. 혜惠-인애, 은덕.

11. 회懷-따르다.

12. 환두讙兜-1-015 주석4 참고.

13. 유묘有苗-삼묘三苗이다. 1-018 주석10 참고.

14. 9덕九德-중국 전통문화 중의 9가지 미덕을 말한다. 《일주서逸周書》〈상훈常訓〉에서는 충忠, 신信, 경敬, 강剛, 유柔, 화和, 고固, 정貞, 순順을 가리킨다.

15. 시사사始事事-일을 처리하는 것으로부터 시작하여.

16. 관이율寬而栗-너그러우면서 엄밀하게 한다.

17. 유이입柔而立-부드러우면서 입장은 굳건하게 한다.

18. 원이공愿而共-타인의 원하는 바를 들어주면서 책임감 있게 한다.

19. 치이경治而敬-공평하면서 공경하게 한다.

20. 요이의擾而毅-인내심 있으면서 과감하게 한다.

21. 직이온直而溫－자신에게는 엄격하게 타인에게는 관대하게 한다.

22. 간이염簡而廉－타인에게 평이하게 다가가면서 원칙을 유지하게 한다.

23. 강이실剛而實－주동적으로 하면서 절제 있게 한다.

24. 강이의彊而義－능력이 뛰어나면서 타인과 좋은 관계를 유지하게 한다.

25. 장章－밝히다.

26. 길吉－좋다.

27. 선宣－발양함.

28. 3덕三德－3가지 품덕(簡而廉, 剛而實, 彊而義).

29. 조야蚤夜－일찍 조루와 통하고, 숙야夙夜와 같음.

30. 익翊－보좌하다, 돕다.

31. 가家－경, 대부가 되어 채읍采邑을 소유하는 것을 가리킴.

32. 엄嚴－공경할 경敬과 통한다.

33. 진경振敬－공경하다.

34. 6덕六德－9덕 중에서 6가지 미덕을 가리킴(治而敬, 擾而毅, 直而溫, 簡而廉, 剛而實, 彊而義).

35. 양채亮采－양은 믿을 신信과 통하고, 채는 일 사事와 통한다. 정사政事를 보좌한다는 의미이다.

36. 국國－제후가 되어 국國을 건국하는 것을 가리킨다.

37. 흡수보시翕受普施－흡은 합슴과 통한다. 3덕과 6덕을 합하고 그것을 널리 베풀다.

38. 9덕함사九德咸事－9덕을 갖춘 사람으로 하여금 모두 일을 처리하게 하다.

39. 준예재관俊乂在官－재주와 덕행이 뛰어난 사람이 관직을 담당하게 하다.

40. 백리百吏－백관.

41. 숙근肅謹-일처리를 엄숙하고 신중하게 하다.

42. 5형五刑-1-017 주석38 참고.

43. 지底-이를 지至와 통한다.

44. 적행績行-공적, 성과.

45. 찬도贊道-정치와 교화를 실행하도록 보좌하는 것.

ㅣ국역ㅣ

고요를 법률을 담당하는 관리인 사로 임명하여 백성을 다스리게 하였다. 순이 조회할 때에 우, 백이, 고요가 순 앞에서 서로 의견을 나누었다. 고요가 그 계획하는 바를 말하였다. "도덕적으로 일 처리 한다는 것을 믿게 되면, 계획하는 것이 분명해지고 천자를 보필하는 신하들도 화목해집니다." 우가 말하기를 "그렇다. 그러면 어떻게 해야 합니까?" 고요가 말하기를 "오, 근신하며 자신을 수양하고, 또 자신을 수양하는 것을 오랫동안 실천할 도리라고 생각하고, 부모, 형제, 자매, 자식, 외조부, 외조모, 이종사촌, 장인, 장모 등 9족으로 하여금 돈독하게 하여 상하 질서를 유지하고, 많은 현명한 사람으로 하여금 천자를 보좌하는 신하로 삼으면, 정치를 가까운 곳에서부터 먼 곳에 이르게 하는 방법이 바로 여기에 있습니다." 우는 그의 좋은 말에 절하며 말하기를 "그렇습니다." 고요가 말하기를 "오, 천하를 다스리는 것은, 어진 사람을 알아보는 것이고, 백성을 편안하게 해주는 것입니다." 우가 말하기를 "오, 완전히 이렇게 하는 것은 요도 그리 하기가 어렵다고 했습니다. 어진 사람을 알아보는 것은 즉 지혜가 있어야 하고, 그래야 관리로 임명할 수 있으며, 또 능히 백성을 편안하게 하려면 즉 자애로워야 되고, 그래야 백성들이 비로소 그를 따르게 됩니다. 능히 지혜롭고 자애로우면 어찌 환두를 근심하고, 어찌 유묘(삼묘)를 내쫓으며, 어찌 교묘한 말과 얼굴빛으로 아첨하는 사람을 두려워하겠습니까?" 고요가 말하기를 "그렇습니다. 오, 또한 사람의 행위에는 9가지 도덕이 있습니다. 그 도덕에 대해서 말하겠습니다."이에 말하기를 "일을 처리하는 것으로부터 시작해서, 너그러우면서 엄밀하게, 부드러우면서 입장은 굳건하게, 타인의 원하는 바를 들어주면서 책임감 있게, 공평하면서 공경하게, 인내심 있으면서 과감하게, 자신에게는 엄격하면서 타인에게는 관대하게, 타인에게 평이하게 다가가면서 원칙을 유지하게, 주동적으로 하면서 절제 있게, 능력이 뛰어나면서 타인과 좋은 관계를 유지하는 것으로, 이것을 널리 알리고 오랫동안 유지한다면 좋은 일입니다."매일 그중에서 3가지 품덕을 유지하고, 아침부터 저녁까지 실천에 게으르지 않으면 곧 경, 대부가 될 수 있습니다. 매일 엄정하면서 근신하는 태도로 그중에서 6가지 품덕을 실시하고, 정사를 보좌하면 곧 제후가 될 수 있습니다. 3덕과 6덕을 합하고 그것을 널리 베풀고, 9가지 덕행을 갖춘 사람으로 하여금 모두 일을 처리하게하고, 재주와 덕행이 뛰어난 사람이 관직을 담당하면, 백관은 모두 일처리를 엄숙하고 신중하게 할 것입니다. 그들은 사악하고 음란하며 기묘한 모략을 부리지 못하게 할 것입니다. 적합하지 않은 사람이 관직을 맡으면, 하늘의 안배를 어지럽히는 것입니다. 하늘은 죄 있는 사람을 토벌하고, 묵형, 비형, 의형, 궁형, 대벽형 등 5가지 형벌은 5가지 서로 다른 죄에 적용될 것입니다. 내 말이 실행될 수 있습니까?"우가 말하기를 "당신의 말이 만약 실행되면 곧 효과를 낼 수 있습니다."고요가 말하기를 "나는 어떤 아는 바도 없습니다. 단지 정치와 교화를 실행하도록 보좌하는 것에 대해서 도움을 주는 바가 있었으면 하는 생각입니다."

┃참고┃

고요와 법치—전설에 중국 법률의 시조로 일컬어지고 있다. 요 시기에 범죄를 다스리는 법률을 제정하였고, 순 시기에 백성의 권리를 보호하는 법률을 제정하였으며, 우 시기에는 《옥전獄典》을 제정하였다고 전해진다. 《옥전》에는 살인, 간음, 절도 등 범죄와 형량에 대해서 기록하였다고 한다. 그 외에 치국의 도리로 수신과 현명한 인재를 등용하고 백성을 평안하게 하는 방법을 주장하였다.

2-020

帝舜謂禹曰：“女亦昌言。”禹拜曰；“於，予何言！予思日孳孳。”皐陶難禹曰：“何謂孳孳？”禹曰：“鴻水滔天，浩浩懷山襄陵，下民皆服於水。予陸行乘車，水行乘舟，泥行乘橇，山行乘梮，行山栞木。與益予衆庶稻鮮食。以決九川致四海，浚畎澮致之川。與稷予衆庶難得之食。食少，調有餘補不足，徙居。衆民乃定，萬國爲治。”皐陶曰：“然，此而美也。”

|음역|

제순위우왈 : "여역창언." 우배왈 ; "어, 여하언! 여사일자자." 고요난우왈 : "하위자자?" 우왈 : "홍수도천, 호호회산양릉, 하민개복어수. 여육행승거, 수행승주, 니행승취, 산행승국, 행산간목. 여익여중서도선식. 이결구천치사해, 준견회치지천. 여직여중서난득지식. 식소, 조유여보부족, 사거. 중민내정, 만국위치." 고요왈 : "연, 차이미야."

|주석|

1. 순舜-1-016 주석8 참고.
2. 우禹-1-026 주석5 참고.
3. 창언昌言-좋은 말.
4. 자자孳孳-부지런히 힘쓰는 모양.
5. 난難-책망하다.

6. 고요皐陶-1-026 주석6 참고.

7. 홍수鴻水-1-018 주석8 참고.

8. 도천滔天-1-015 주석12 참고.

9. 호호浩浩-1-015 주석13 참고.

10. 회懷-둘러싸다.

11. 양릉襄陵-1-015 주석14 참고.

12. 복服-다스리다.

13. 취橇-2-004 주석18 참고.

14. 국梮-2-004 주석19 참고.

15. 간목栞木-산길의 도표로서 나뭇가지를 꺾거나 나무를 깎아서 표시한 나무.

16. 선식鮮食-날짐승이나 뭇짐승을 금방 잡아 죽인 것을 선鮮이라고 한다.

17. 결決-터뜨리다.

18. 9천九川-2-015 주석1 참고.

19. 4해四海-2-016 주석10 참고.

20. 준浚-치다, 준설하다.

21. 견회畎澮-밭 사이의 고랑.

22. 직稷-1-026 주석8 참고.

23. 난득지식難得之食-2-004 주석31 참고.

24. 만국萬國-각 지역.

┃국역┃

순이 우에게 일러 말하기를 "그대도 또한 좋은 말이 있으면 하시오." 우가 절하며 말하기를 "오, 제가 무엇을 말하겠습니까? 저는 단지 매일 부지런히 힘쓰려고 생각할 뿐입니다." 고요가 우를 비난하면서 말하기를

"무엇을 일러 부지런히 힘쓴다는 것입니까?" 우가 말하기를 "홍수로 물이 세차게 흘러서 하늘에까지 이를 정도이고, 거대한 물줄기가 산을 감고 높은 곳까지 올라가니, 아래쪽의 백성들이 모두 물난리에 고통 받고 있습니다. 저는 육로를 다닐 때에는 수레를 타고 다니고, 수로를 다닐 때에는 배를 타고 다녔으며, 진흙길을 다닐 때에는 진흙길을 다니는 썰매를 타고 다녔고, 산을 오를 때에는 바닥에 뾰족한 못을 박은 신발을 신고 다녔으며, 산을 다닐 때에는 산에 도로를 만들고, 도로 표지를 나뭇가지를 꺾거나 나무를 깎아서 표시를 하였습니다. 저는 익과 더불어서 백성들에게 곡식과 날짐승과 뭇짐승의 신선한 고기를 배급하였습니다. 9개의 하천을 소통시켜서 동해, 서해, 남해, 북해로 흘러 들어가게 하였고, 밭도랑의 물길을 준설하여 하천으로 흘러 들어가게 하였습니다. 저는 후직과 더불어서 백성들에게 구하기 힘든 양식을 배급해줬습니다. 양식이 부족한 곳은 양식이 많은 곳으로부터 조달하여 부족한 곳을 보충하게 하였고, 백성들을 생산이 풍부한 곳으로 이주시켰습니다. 백성들은 이에 안정되었고 각 지역은 잘 다스려졌습니다." 고요가 말하기를 "그렇군요. 이것이 당신의 미덕입니다."

2-021

禹曰："於, 帝! 愼乃在位, 安爾止。輔德, 天下大應。淸意以昭待上帝命, 天其重命用休。" 帝曰："吁, 臣哉, 臣哉! 臣作朕股肱耳目。予欲左右有民, 女輔之。余欲觀古人之象。日月星辰, 作文繡服色, 女明之。予欲聞六律五聲八音, 來始滑, 以出入五言, 女聽。予卽辟, 女匡拂予。女無面諛。退而謗予。敬四輔臣。諸衆讒嬖臣, 君德誠施皆淸矣。" 禹曰："然。帝卽不時, 布同善惡則毋功。"

우왈 : "어, 제! 신내재위, 안이지. 보덕, 천하대응. 청의이소대상제명, 천기중명용휴." 제왈 : "우, 신재, 신재! 신작짐고굉이목. 여욕좌우유민, 여보지. 여욕관고인지상. 일월성신, 작문수복색, 여명지. 여욕문육률오성 팔음, 내시골, 이출입오언, 여청. 여즉벽, 여광불여. 여무면유, 퇴이방여. 경사보신. 제중참폐신, 군덕성시개청의." 우왈 : "연. 제즉불시, 포동선악 즉무공."

|주석|

1. 우禹-1-026 주석5 참고.
2. 신愼-삼가다.
3. 안이지安爾止-행동거지를 편안하게 하고, 경거망동하지 않으면.
4. 보덕輔德-조현보덕助賢輔德, 즉 덕이 있는 사람을 등용하여 보좌하게 하다.
5. 청의淸意-청정한 마음.
6. 소대昭待-천명을 기다린다.
7. 중명重命-중은 중복의 의미로, 거듭 중대한 사명을 부여하다.
8. 용휴用休-용미用美와 통하고, 미는 상서로움을 의미한다.
9. 고굉股肱-다리와 팔, 즉 가장 믿는 중요한 신하를 가리킴.
10. 좌우유민左右有民-좌우조민左右助民, 즉 천하의 백성을 돕다.
11. 상象-고대 귀족의 복식服飾에 있는 각종 그림.
12. 문수복색文繡服色-수를 놓은 문양과 복식의 색채.
13. 6률六律-고대에 음악의 높고 낮음의 표준을 확정한 것으로 12율이 있다. 즉 황종黃鍾, 대려大呂, 태족太簇, 협종夾鍾, 고선姑洗, 중려中呂, 유빈蕤賓, 임종林鍾, 이칙夷則, 남려南呂, 무역無射, 응종應鍾이고, 그중에서 1, 3, 5, 7, 9, 11번째의 6개를 양률陽律, 즉 6률六律

이라고 한다. 또 2, 4, 6, 8, 10, 12번째의 6개를 음률陰律, 즉 6려六呂라고 한다. 위의 6률과 6려를 합하여 율려律呂라고 일컫는다.

14. 5성五聲－5음五音이라고 일컬으며, 고대의 5음계 중의 궁宮, 상商, 각角, 치徵, 우羽이고, 현재 음계의 1, 2, 3, 5, 6의 5음계에 해당한다. 후대에 변궁變宮, 변치變徵가 더해져서 7음계가 되었다.

15. 8음八音－1-026 주석54 참고.

16. 내시골래始滑－물찰圀로서 신하가 군주를 만날 때 손에 잡고 있는 물건이다. 또 시始는 다스리다의 의미이고, 골滑은 어지럽다, 혼탁하다의 의미이다. 즉 치세와 난세의 상황을 살피다.

17. 5언五言－인, 의, 예, 지, 신 5덕의 언론.

18. 즉卽－만약.

19. 벽辟－허물.

20. 광불匡拂－바르게 바로잡고 보필하다.

21. 면유面諛－면전에서 아첨하며 따르는 것.

22. 방謗－뒤에서 헐뜯음.

23. 4보신四輔臣－천자를 보필하는 4명의 신하로 앞에는 의疑, 뒤에는 승丞, 왼쪽에는 보輔, 오른쪽에는 필弼이라고 한다.

24. 참폐신讒嬖臣－남을 헐뜯거나 아첨으로 총애 받는 신하.

25. 즉불시卽不時－즉은 혹或이고, 시는 시是이다. 즉 혹시 그렇게 하지 않으면 의미이다.

26. 포동선악布同善惡－포는 널리 미칠 부敷(溥)와 통하여 부동溥同으로 쓰며, 어질고, 어리석고, 착하고, 나쁜 자를 똑같이 대우하고 구별을 두지 않는 것을 가리킴.

|국역|

우가 말하기를 "오, 천자시여! 근신하는 태도로 천자의 자리에 계시면서, 행동거지를 안정되게 하고 경거망동하지 마십시오. 덕이 있는 인물을 등용하여 보좌하게 하면, 천하가 모두 당신의 교화에 순응하게 될 것입니다. 당신의 청정한 마음으로 상제의 천명을 기다리면, 하늘은 거듭 중대한 사명을 부여하고 상서로움을 내려 줄 것입니다." 순이 말하기를 "오, 신하들이여, 신하들이여, 그대들은 내가 가장 믿는 중요한 신하(팔, 다리, 눈, 귀의 역할을 하는)가 되어 주시오. 내가 천하의 백성을 도우려고 생각하니, 그대들은 나를 보좌해주시오. 나는 고대 귀족의 복식에 있는 각종 도안(그림)을 관찰하려고 합니다. 해와 달과 별을 도안으로 하여 자수를 놓고 복식의 색채를 결정하려고 하니, 그대들은 나의 뜻을 분명히 알아야 할 것이오. 나는 황종, 태족, 고선, 유빈, 이칙, 남려, 무역의 6가지 음률과 궁, 상, 각, 치, 우 5가지 음계와 쇠, 돌, 실, 대나무, 바가지, 흙, 가죽, 나무의 8가지 악기가 내는 소리를 듣고 치세와 난세의 상황을 살피고, 인, 의, 예, 지, 신 5덕에 부합하는 언론을 받아들이려하니, 그대들은 자세히 들으시오. 내가 만약 허물이 있으면, 그대들이 바르게 바로잡고 보필해 주시오. 그대들은 면전에서 아첨하며 따르지 말고 뒤에서 헐뜯지도 마시오. 전후좌우에서 보필하는 4명의 신하를 공경할 것입니다. 다수의 남을 헐뜯거나 아첨으로 총애 받는 신하들도 군주의 덕치가 진정으로 널리 시행되면 모두 깨끗이 정리될 것이오." 우가 말하기를 "그렇습니다. 천자가 만약 그렇게 하지 않고, 어질고, 어리석고, 착하고, 나쁜 자를 똑같이 대우하고 구별을 두지 않게 되면 업적을 이룰 수 없습니다."

2-022

帝曰："毋若丹朱傲, 維慢游是好, 毋水行舟, 朋淫于家, 用絶其世。予不能順是。"禹曰："予娶塗山, 辛壬癸甲, 生啓予不子, 以故

能成水土功。輔成五服, 至于五千里, 州十二師, 外薄四海, 咸建
五長, 各道有功。苗頑不卽功, 帝其念哉。"帝曰："道吾德, 乃女功
序之也。"

┃음역┃

제왈："무약단주오, 유만유시호, 무수행주, 붕음우가, 용절기세. 여불
능순시." 우왈："여취도산, 신임계갑, 생계여부자, 이고능성수토공. 보성
오복, 지우오천리, 주십이사, 외박사해, 함건오장, 각도유공. 묘완불즉공,
제기념재." 제왈："도오덕, 내여공서지야."

┃주석┃

1. 단주丹朱-1-015 주석3 참고.

2. 유維-이다, 되다.

3. 만유慢游-방탕하며 노닐다.

4. 명음朋淫-간사한 자들이 무리를 지어 결탁하여 음란한 짓을 하다.

5. 도산塗山-달리 도산涂山으로 쓰며, 동산東山으로 일컫는다. 고대
   도산국涂山國의 소재지이고 안휘성安徽省 방부시蚌埠市 서쪽에 있
   다. 이곳에 거주하는 도산씨涂山氏 종족의 여성은 우禹의 부인이
   되어 아들 계啓를 낳았다고 한다. 중국 상고 신화에 하족夏族의 시
   조신은 도산씨이고, 하족은 후에 중국 최초의 왕조인 하夏를 건국
   하였다.

6. 신임계갑辛壬癸甲-두 가지 의미가 있다. 첫째, 오직 한 마음으로
   공적인 일만 생각하는 것, 즉 개인의 사익을 고려하지 않는 정신을
   말함. 둘째, 신일辛日에 결혼하고 4일 후인 갑일甲日에 치수하러 집
   을 떠남을 가리킴.

7. 계啓-우禹의 아들이고 성은 사씨姒氏이며 하의 2대 왕이다. 우는 왕위를 익益에게 양위했으나 백성의 추대로 왕위를 계승하였다. 계는 선양제禪讓制를 타파하고 세습제世襲制를 확립한 최초의 군주이다.

8. 보輔-보좌하다.

9. 5복五服-1-026 주석34 참고.

10. 사師-두 가지 의미가 있다. 첫째, 고대의 지방행정 구획 단위이다. 1가家는 5~8명이고, 8가를 린鄰, 3린을 붕朋, 3붕을 리里, 5리를 읍邑, 10읍을 도都, 10도를 사師, 12사를 주州라고 한다. 둘째, 군대의 편제 단위로 1사는 2,500명이다. 여기서는 첫째의 의미이다.

11. 박薄-박迫과 통하고, 접근하다, 가까이 가다.

12. 4해四海-2-016 주석10 참고.

13. 5장五長-제후가 통치하는 5개의 국가에 어진 사람 1명을 방백方伯으로 임명하고, 그 사람을 제후의 우두머리로 삼아 통치하게 하였는데 이것을 5장이라고 한다.

14. 묘苗-1-018 주석10 참고.

15. 완頑-완고하고 어리석음.

16. 도道-선양하다.

17. 서序-실마리, 단서.

|국역|

순이 말하기를 "단주처럼 오만방자하지 말아야 한다. 그는 단지 방탕하게 노니는 것만 좋아하였고, 물이 없는 육지에서 배를 타고 다녔으며, 집에서도 간사한 무리와 결탁하여 음란한 짓을 하여, 그의 후대가 단절되었다. 나는 이러한 행위를 용납할 수 없다." 우가 말하기를 "저는 도산씨의 여성을 아내로 맞아들이고, 결혼하고 4일 후에 집을 떠나 치수를 담당하러 갔을 정도로 오직 한마음으로 공적인 것만 살폈으며, 아들 계가 태어났어도 집으로 돌아가서 친히 자식을 교육시키지도 않았고, 그래서 능히 치수의 공적을 이룰 수 있었습니다. 또 천자를 보좌하여 5복 제도를 완성하였고, 영토는 5천 리에 이르게 하였으며, 각 주에는 8가, 3린, 3붕, 5리, 10읍, 10도, 12사의 체제로 편제하였고, 수도 밖으로는 동해, 서해, 남해, 북해까지 이르렀으며, 제후가 통치하는 5개의 국가에 어진 사람 1명을 방백으로 임명하고 제후의 우두머리가 되어 통치하게 하는 5장 제도를 두어, 각기 해당 지역을 통치하여 업적을 이루었습니다. 오직 묘족만이 완고하고 어리석어 다스리지 못했으니, 천자께서는 이것을 염두에 두십시오." 순이 말하기를 "나의 정치와 교화가 널리 선양된 것은, 모두 너의 업적이 실마리가 된 것이다."

2-023

皐陶於是敬禹之德，令民皆則禹。不如言，刑從之。舜德大明。

｜음역｜

고요어시경우지덕, 영민개칙우. 불여언, 형종지. 순덕대명.

｜주석｜

1. 고요皐陶－1-026 주석6 참고.
2. 칙則－본받다.
3. 순舜－1-016 주석8 참고.

｜국역｜

고요는 그래서 우의 공덕을 공경하였고, 백성들로 하여금 모두 우를 본받게 하였다. 자신의 말과 같이 하지 않으면 형벌을 사용하여 백성들을 따르게 하였다. 순의 덕치와 교화는 크게 빛나게 되었다.

2-024

於是夔行樂, 祖考至, 群后相讓, 鳥獸翔舞, 簫韶九成, 鳳皇來儀,
百獸率舞, 百官信諧。帝用此作歌曰:"陟天之命, 維時維幾。"乃歌
曰:"股肱喜哉, 元首起哉, 百工熙哉!"皐陶拜手稽首揚言曰:"念
哉, 率爲興事, 愼乃憲, 敬哉!"乃更爲歌曰:"元首明哉, 股肱良哉,
庶事康哉!"舜又歌曰:"元首叢脞哉, 股肱惰哉, 萬事墮哉!"帝拜
曰:"然, 往欽哉!"於是天下皆宗禹之明度數聲樂, 爲山川神主。

┃음역┃

어시기행악, 조고지, 군후상양, 조수상무, 소소구성, 봉황래의, 백수솔
무, 백관신해. 제용차작가왈 : "척천지명, 유시유기." 내가왈 : "고굉희재,
원수기재, 백공희재!" 고요배수계수양언왈 : "염재, 솔위흥사, 신내헌, 경
재!" 내갱위가왈 : "원수명재, 고굉양재, 서사강재!" 순우가왈 : "원수총
좌재, 고굉타재, 만사휴재!" 제배왈 : "연, 왕흠재!" 어시천하개종우지명
도수성악, 위산천신주.

┃주석┃

1. 기夔-1-026 주석10 참고.
2. 행악行樂-음악을 연주하다.
3. 조고祖考-조상의 신령.
4. 군후群后-두 가지 의미가 있다. 첫째, 사방 제후 및 각 주의 목牧
   과 백伯을 가리킨다. 둘째, 광의의 의미로 공경公卿을 가리킨다.
5. 소소簫韶-두 가지 의미가 있다. 첫째, 순舜 시대의 음악 명칭이다.

소악韶樂 또는 순악舜樂이라고 일컫는다. 기원전 3천 년 전에 기원하였고, 일종의 시와 음악과 춤이 결합된 종합적 고전예술이다. 둘째, 일반적으로 미묘하고 신비로운 음악을 가리킨다.

6. 9성九成-음악의 각 장절이 끝날 때를 성成이라 하고, 그럴 때 마다 필히 다르게 연주를 해야 되는데 그렇게 9번 하는 것을 말한다.

7. 의儀-거동하다.

8. 솔率-따르다.

9. 신해信諧-진실로 화목한 모습을 드러내다.

10. 작가作歌-노래 가사를 짓다.

11. 척천지명陟天之命-하늘의 천명을 삼가 받들어 국가와 백성을 다스리다.

12. 유시유기維時維幾-오직 시세의 변화에 순응하고, 오직 말과 행동을 근신하게 하다.

13. 고굉희股肱喜-가장 믿는 중요한 신하들이 충성을 다하기를 기뻐하다.

14. 원수기元首起-군주의 통치가 성대하게 일어나다.

15. 백공회百工熙-많은 관리가 추진하는 사업이 흥성해지다.

16. 고요皐陶-1- 026 주석6 참고.

17. 배수拜手-달리 배수拜首라고 쓰며, 무릎을 꿇고 가슴부분에서 두 손을 맞잡고 머리를 손 있는 데까지 숙여 절을 함.

18. 계수稽首-1- 026 주석25 참고.

19. 양언揚言-소리를 높여 말함, 또는 공적으로 하는 공언公言.

20. 염念-천자가 조심해야 할 바를 생각하다.

21. 솔率-신하를 거느리다.

22. 흥사興事-정치와 교화를 일으키다.

23. 신내헌愼乃憲-신중하게 법령을 준수하다.

24. 강강康－안정되게 추진하다.

25. 총좌叢脞－자질구레하다, 난잡하다.

26. 타타惰－게으르다.

27. 휴타墮－어그러지다, 무너지다.

28. 배拜－경의를 나타내다.

29. 왕往－언제나, 어떠한 경우에도.

30. 흠欽－공경하다.

31. 종宗－존숭하다.

32. 수數－이치, 도리.

33. 성악聲樂－두 가지 의미가 있다. 첫째, 음악으로 백성을 교화하는 것이다. 둘째, 순舜이 만든 9소九韶의 음악을 가리킨다.

┃국역┃

그래서 기가 음악을 연주하자, 조상의 신령들이 강림하여 즐겼으며, 사방 제후 및 각 주의 수령인 목과 방국의 우두머리인 백 등 공경들은 서로 자리를 양보하였고, 새와 짐승들도 날아다니며 춤을 추었다. 순 시대의 음악인 소소를 9절까지 연주하자, 봉황새가 날아와서 거동하였고, 많은 짐승들도 따라와서 춤을 추었으며, 많은 관리들도 진정으로 화목한 모습을 드러냈다. 순은 이러한 상황을 이용하여 노래 가사를 지었다. "하늘의 천명을 삼가 받들어 국가와 백성을 다스리고, 오직 시세의 변화에 순응하고, 오직 말과 행동을 근신하게 할 것이다." 이어서 노래를 부르기를 "가장 믿는 중요한 신하들은 충성을 다하기를 기뻐하니, 군주의 통치가 성대하게 일어나고, 많은 관리가 추진하는 사업이 흥성해졌다." 고요가 무릎을 꿇고 두 손을 맞잡아서 땅에 대고, 머리도 땅에 대고 절하면서 큰 소리로 말하기를 "천자가 조심해야 할 바를 생각하고, 신하들을 거느리고 정치와 교화를 일으킬 때는, 신중하게 법령을 준수하고 공경하는 자세로 자신의 직분을 다해야 합니다." 이에 고요가 다시 노래를 부르기를 "군주가 영명하니, 가장 믿는 중요한 신하들도 어질며, 많은 사업들도 안정되게 추진되고 있구나." 그러자 순이 다시 노래하기를 "군주가 하찮고 작은 일에 바쁘고, 가슴에 품은 큰 뜻이 없으면, 신하들도 게으르고, 각종 사업이 어그러지는구나." 순이 경의를 나타내며 말하기를 "그렇다. 이제부터는 언제나 이러한 도리를 공경하며 따르도록 하시오." 그래서 천하의 백성들은 모두 우가 만든 밝은 법도와 음악으로 백성을 교화하는 이치를 존숭하였으며, 산과 강을 다스리는 신령의 주재자로 삼았다.

▮참고▮

상고시대의 궁정음악—중국 고대의 궁정음악은 의례성 음악과 오락성 음악으로 구분한다. 의례성 음악은 중대한 의례활동을 거행할 때 사용한다. 즉 태자책봉, 납후納后, 원단, 동지, 조회, 연회, 제사 등이다. 종류는 황제 시기의 《운문대권雲門大卷》, 요 시기의 《함지咸池》, 순 시기의 《대소大韶》, 우 시기의 《대하大夏》, 상 시기의 《대호大濩》, 주 시기의 《대무大武》가 있으며, 이것을 총칭해서 6악六樂 이라고 한다. 6악은 주나라 시기에는 완전히 보존되었지만, 한나라 시대에 이르러서는 《대소》와 《대무》만 전해지게 되었다.

2-025

> 帝舜薦禹於天, 爲嗣。十七年而帝舜崩。三年喪畢, 禹辭辟舜之子商均於陽城。天下諸侯皆去商均而朝禹。禹於是遂卽天子位, 南面朝天下, 國號曰夏后, 姓姒氏。

제순천우어천, 위사. 십칠년이제순붕. 삼년상필, 우사벽순지자상균어 양성. 천하제후개거상균이조우. 우어시수즉천자위, 남면조천하, 국호왈하 후, 성사씨.

┃주석┃

1. 순舜-1-016 주석8 참고.
2. 우禹-1-026 주석5 참고.
3. 사嗣-후계, 계승자.
4. 사벽辭辟-천자의 자리를 양보하다.
5. 제후諸侯-1-002 주석3 참고.
6. 상균商均-1-028 주석12 참고.
7. 양성陽城-현재 하남성河南省 등봉시登封市 부근이다.
8. 거去-떠나가다.
9. 조朝-알현하다, 조회하다.
10. 남면南面-고대에 신분이 높은 사람은 북쪽에서 남쪽을 향하여 자 리에 앉는다. 즉 천자 혹은 제후가 신하를 접견하거나, 또는 경, 대부가 아랫사람을 접견할 때는 모두 남쪽을 향하여 앉는다. 그래 서 제왕, 제후, 경, 대부의 자리를 대신 일컬을 때 사용한다.
11, 하후夏后-1-029 주석14 참고.
12. 사씨姒氏-1-029 주석15 참고.

┃국역┃

순은 우를 하늘에 천거하고 후계자로 삼았다. 17년이 지나고 순이 사 망하였다. 삼년상이 끝나고, 우는 순의 아들 상균에게 천자의 자리를 양 보하고 양성으로 물러났다. 천하의 제후들은 모두 상균으로부터 떠나가고 우를 찾아뵈었다. 우는 그래서 마침내 천자의 자리에 즉위하였고, 남쪽을 향하여 앉아 천하 백성들의 알현을 받았으며, 국호를 하후라고 일컫고 사를 성씨로 삼았다.

2-026

帝禹立而擧皐陶薦之，且授政焉，而皐陶卒。封皐陶之後於英，六，或在許。而后擧益，任之政。

┃음역┃

제우립이거고요천지, 차수정언, 이고요졸. 봉고요지후어영, 육, 혹재허. 이후거익, 임지정.

┃주석┃

1. 우禹-1-026 주석5 참고.
2. 고요皐陶-1-026 주석6 참고.
3. 영英-호북성湖北省 영산현英山縣을 가리킨다.
4. 육六-안휘성安徽省 육안현六安縣 북쪽을 가리킨다.
5. 허許-하남성河南省 허창許昌 일대를 가리킨다.
6. 익益-1-026 주석13 참고.

┃국역┃

우왕은 즉위한 후에 고요를 등용하여 하늘에 추천하였고, 또 정권을 그에게 맡겼는데 그러나 고요가 사망하였다. 고요의 후손을 영과 육 두 지역에 분봉하였고, 어떤 후손은 허 지역에 분봉하였다. 그런 후에 익을 등용하여 그에게 정치를 담당하게 하였다.

2-027

十年, 帝禹東巡狩, 至于會稽而崩。以天下授益。三年之喪畢, 益讓
帝禹之子啓, 而辟居箕山之陽。禹子啓賢, 天下屬意焉。及禹崩, 雖
授益, 益之佐禹日淺, 天下未洽。故諸侯皆去益而朝啓, 曰："吾君
帝禹之子也。"於是啓遂即天子之位, 是爲夏后帝啓。

┃음역┃

십년, 제우동순수, 지우회계이붕. 이천하수익. 삼년지상필, 익양제우지
자계, 이벽거기산지양. 우자계현, 천하촉의언. 급우붕, 수수익, 익지좌우
일천, 천하미흡. 고제후개거익이조계, 왈："오군제우지자야." 어시계수즉
천자지위, 시위하후제계.

┃주석┃

1. 우禹-1- 026 주석5 참고.
2. 회계會稽-고대의 명칭으로 현재 절강성浙江省 소흥紹興을 가리킨
   다. 또 회계산을 의미하기도 하는데, 회계산은 본래 명칭이 묘산苗
   山이었다. 우禹의 무덤이 산음현山陰縣 회계산 위에 있다.
3. 익益-1- 026 주석13 참고.
4. 계啓-2- 022 주석7 참고.
5. 벽거辟居-물러나 거주하다, 매우 멀리 떨어진 곳에 거주하다. 피
   처避處와 같다.
6. 기산箕山-하남성河南省 우주시禹州市에 있다.
7. 촉의屬意-마음이 돌아서다, 마음이 기울어지다. 다른 표현으로는
   착의着意와 같다.
8. 좌佐-보좌하다.

9. 일천日淺−시간이 짧다.

10. 미흡未洽−불만족, 부족하다.

11. 제후諸侯−1-002 주석3 참고.

┃국역┃

10년이 지나고, 우왕은 동쪽을 순시하다가 회계에 이르러 사망하였다. 천하를 익에게 전해주었다. 삼년상이 끝나고, 익은 우왕의 아들 계에게 왕의 자리를 양보하고 기산의 남쪽으로 물러나 거주하였다. 우왕의 아들 계는 현명하여 천하 백성들의 마음이 그에게 돌아섰다. 우왕이 사망하면서 비록 익에게 천하를 넘겨주었지만, 익이 우왕을 보좌한 기간이 짧아서, 천하의 백성들은 통치자로서 부족하다고 여겼다. 그래서 제후들은 모두 익에게서 떠나고 계에게 알현하였으며, 말하기를 "우리의 군주는 우왕의 아들입니다." 그래서 계가 드디어 천자의 자리에 즉위하였는데, 이 사람이 바로 하후(하나라)의 계왕이다.

2-028

夏后帝啓, 禹之子, 其母塗山氏之女也。

┃음역┃

하후제계, 우지자, 기모도산씨지녀야.

┃주석┃

1. 하후夏后−1-029 주석14 참고.

2. 계啓−2-022 주석7 참고.

3. 우禹−1-026 주석5 참고.

4. 도산씨塗山氏－2-022 주석5 참고.

|국역|

하후의 계왕은 우왕의 아들이고, 그의 어머니는 도산씨의 여성이다.

|참고|

계啓의 세습제 확립－전설에 의하면 우왕禹王은 처음에는 왕위를 고요 皐陶에게 물려줬으나, 고요는 즉위하기 전에 사망하였다. 또 우왕은 다시 익益을 계승자로 선정하였으나, 우왕의 아들 계가 어질어서 천하의 민심 이 모두 계에게 향했다. 그래서 익은 부득불 왕위를 계에게 양보하였고, 계는 왕위를 세습하게 되었다. 그러나 제후들 중에서 일부는 이에 대하 여 불만을 토로하였고 가장 강렬하게 반대한 부락의 우두머리는 유호씨 有扈氏였다. 계는 자신을 지지하는 부락연맹과 균태鈞台에서 회합하고, 유호씨와 감甘이라는 곳에서 전쟁하였다. 최후에는 계가 승리하였으며 천하의 제후들도 모두 복종하였다. 이 사건을 계기로 계는 선양제禪讓制 를 타파하고 세습제世襲制를 실행하였다.

2-029

有扈氏不服, 啓伐之, 大戰於甘. 將戰, 作甘誓, 乃召六卿申之. 啓 曰：“嗟! 六事之人, 予誓告女：有扈氏威侮五行, 怠棄三正, 天用 勦絶其命. 今予維共行天之罰. 左不攻于左, 右不攻于右, 女不共命. 御非其馬之政, 女不共命. 用命, 賞于祖；不用命, 僇于社, 予則帑 僇女.” 遂滅有扈氏. 天下咸朝.

유호씨불복, 계벌지, 대전어감. 장전, 작감서, 내소육경신지. 계왈 : "차!
육사지인, 여서고여 : 유호씨위모오행, 태기삼정, 천용초절기명. 금여유공
행천지벌. 좌불공우좌, 우불공우우, 여불공명. 어비기마지정, 여불공명. 용
명, 상우조 ; 불용명, 육우사, 여즉노륙녀." 수멸유호씨. 천하함조.

▌주석▌

1. 유호씨有扈氏 – 고대의 부락 명칭으로, 하를 건국한 12개 부락 중
   의 하나이다. 주요 활동지역은 현재의 섬서성陝西省 호현戶縣 부근
   이다. 전설에 이르기를 계는 우禹을 계승한 이후에 균태鈞台에서
   각 지역의 부락 수령을 초대하여 연회를 개최하였는데, 유호씨는
   계가 선양제禪讓制를 없애고 계승제繼承制를 채택한 것에 불만을
   품고 참석하지 않았다고 한다.

2. 계啓 – 2‑ 022 주석7 참고.

3. 감甘 – 유호씨의 주요 활동지역 남쪽 교외 지명으로 현재의 섬서성
   陝西省 호현戶縣 부근이다.

4. 감서甘誓 – 계가 감甘에서 선포한 전쟁동원령으로, 현존하는 최초
   의 군법 성격의 규범이다.

5. 6경六卿 – 두 가지 의미가 있다. 첫째, 고대에 군대를 지휘하는 관
   리이다. 천자는 6군六軍을 거느리고 각 군대의 수령을 경卿이라고
   일컬었다. 둘째, 주나라의 고급관리이며, 6경의 명칭으로는 태재太
   宰, 태종太宗, 태사太史, 태축太祝, 태사太士, 태복太僕이 있다.

6. 신申 – 이야기하다, 말하다.

7. 6사六事 – 천자는 6군六軍을 거느리고 각 군대의 수령을 경卿이라
   고 일컫고, 각 군의 군사를 사事라고 일컬었다.

8. 위모威侮 – 난폭하게 업신여김.

9. 5행五行-두 가지 의미가 있다. 첫째, 봄, 여름, 가을, 겨울 4계절의 성대한 덕에 의하여 실행하는 정치를 말한다. 둘째, 5가지 덕행으로 인, 의, 예, 지, 신을 가리킨다.

10. 태기怠棄-업신여기며 등한시하다.

11. 3정三正-천天, 지地, 인人의 바른 도리.

12. 초절勦絶-절멸, 멸망시키다.

13. 유維-오직.

14. 공共-받들다.

15. 좌左-전차의 왼쪽에서 원거리의 적을 활로 쏘는 군사.

16. 공攻-다스리다, 자신의 직분을 다하다.

17. 우右-전차의 오른쪽에서 근거리의 적을 창으로 공격하는 군사를 가리킨다.

18. 어御-전차의 앞쪽에서 말을 모는 군사.

19. 정政-말을 바르게 몰다.

20. 조祖-조상의 위패, 즉 고대에 천자가 직접 정벌을 실행할 때는 필히 조상의 위패(신위)를 함께 가지고 갔으며, 군사들이 공을 세워서 상을 줄 때는 조상의 위패 앞에서 상을 주는 관례가 있다.

21. 사社-사신社神, 즉 토지신을 가리킨다. 전설에 공공씨共工氏의 아들 구룡句龍이 치수를 잘해서, 사망한 이후에 토지신으로 추대되었다고 한다. 당시 사직社稷을 바꿔 설치하려 하였으나, 백성들이 구룡에 대해서 아는 바가 없어서 부득이 그만두었다. 여기서는 토지신의 위패를 가리킨다. 즉 고대에 천자가 직접 정벌을 실행할 때는 필히 토지신의 위패(신위)도 함께 가지고 가서, 군사들이 잘못을 저질러서 처벌을 할 때는 토지신의 위패 앞에서 처형하는 관례가 있다.

22. 노帑-처와 자식, 자손.

23. 육僇-죽이다.

유호씨 부락이 복종하지 않자 계왕은 그들을 정벌하려고 감이라는 지역에서 대규모로 전쟁하였다. 장차 전투할 즈음에 일종의 전쟁동원령인 〈감서〉를 작성하였고, 천자가 거느리는 6군의 각 지휘관을 불러서 이것의 내용을 말해주었다. 계왕이 말하기를 "오, 6군의 군사들이여, 내가 그대들에게 맹세하며 말하겠다. 유호씨 부락이 4계절의 성대한 덕에 의하여 실행되는 정치를 난폭하게 업신여기고, 하늘과 땅, 사람의 바른 도리를 업신여기며 등한시 하였으니, 하늘이 그들의 운명을 멸망시킬 것이다. 현재 나는 하늘의 처벌을 받들어 실행할 것이다. 전차의 왼쪽에서 화살을 쏘는 군사가 화살을 쏘는 임무를 잘하지 못하고, 전차 오른쪽에서 창으로 공격하는 군사가 창으로 공격하는 임무를 잘하지 못하면 그대들은 하늘의 명령을 받들지 않는 것이다. 전차 앞쪽에서 말을 모는 군사가 말을 바르게 몰지 못하면 그대들은 하늘의 명령을 받들지 않는 것이다. 하늘의 명령을 따르면 조상의 위패(신위) 앞에서 상을 줄 것이고, 하늘의 명령을 따르지 않으면 토지신의 위패(신위) 앞에서 처형할 뿐만 아니라, 나는 그대들의 처와 자식들도 처형할 것이다." 드디어 유호씨 부락을 멸망시켰다. 천하의 백성들이 모두 계왕을 알현하였다.

감甘의 전쟁─세습제를 실행하려는 계왕啟王과 이에 반대하는 제후와 부락의 우두머리 유호씨有扈氏가 감甘이라는 곳에서 전쟁한 것을 가리킨다. 계왕은 전쟁의 명분과 병사들의 사기를 진작시켜서 승리를 쟁취하기 위하여 〈감서甘誓〉를 지었다. 즉 먼저 유호씨가 국법을 무시하고 정치를 게을리 한 것을 열거하고, 그리고 유호씨를 정벌하는 것은 하늘의 명령으로 이를 듣지 않으면 처벌하거나 노예로 삼을 것이라고 선언하였다. 결국 계왕의 승리로 유호씨는 멸망하였고, 중국의 왕위계승제 결정 전쟁에서 세습제가 선양제禪讓制를 대신하게 되는 전쟁이었다.

2-030

夏后帝啓崩, 子帝太康立。帝太康失國, 昆弟五人, 須于洛汭, 作五
子之歌。

┃음역┃

하후제계붕, 자제태강립. 제태강실국, 곤제오인, 수우낙예, 작오자지가.

┃주석┃

1. 하후夏后-1-029 주석14 참고.
2. 계啓-2-022 주석7 참고.
3. 태강太康-계왕의 아들로 계왕이 병으로 사망하고 천자의 자리를
   계승하였다. 재위 기간은 명의상으로는 29년이지만 실제상으로는
   2년에 불과하였다. 태강은 즉위 후 향락을 좋아하고 정치를 돌보
   지 않아서 대내외적으로 많은 문제가 발생하였다. 특히 외부에서
   장기간 사냥하며 지내다가 동이족東夷族 유궁씨有窮氏의 우두머리
   후예后羿에 의하여 정권을 탈취 당하고 궁전으로 돌아오지 못했다.
   병으로 사망하고 양하陽夏에 장사지냈다. 동생 중강仲康이 계승하
   였으나 세력이 약하여 후예의 꼭두각시에 불과하였다. 중강이 사
   망하고 아들 상相이 계승하였으나 후예는 상을 쫓아내고 스스로
   국왕이 되었다. 그러나 최후에는 후예도 한착寒浞에게 살해당했다.
   이것이 바로 태강실국太康失國과 후예대하后羿代夏의 고사이다.
4. 곤제昆弟-형제.
5. 수須-기다리다.

6. 낙洛-낙수洛水를 가리킨다. 낙수는 통상적으로 낙양시洛陽市의 낙하洛河를 가리키고, 발원지는 섬서성陝西省 낙남현洛南縣이다.

7. 예汭-물 흘러가는 곳의 북쪽.

8. 5자지가五子之歌-태강이 동이족東夷族 유궁씨有窮氏의 우두머리 후예后羿에 의하여 정권을 탈취당하고 궁전으로 돌아오지 못하는 상황에서, 태강의 5명 동생과 어머니도 낙하洛河 북쪽으로 쫓겨나서 우왕禹王의 훈계를 회상하며 지은 노래이다. 이것은 중국 최초의 시가詩歌이고, 나라를 망하게 한 군주의 탄식이며, 민본民本 사상의 표현이고, 원시적 정치사상을 구체적으로 드러낸 것이다.

┃국역┃

하후의 계왕이 사망하고, 아들 태강왕이 즉위하였다. 태강왕이 나라를 잃자 그의 형제 5명이 낙하의 북쪽에서 태강왕을 기다리며, 〈5자지가〉 즉 계왕의 다섯 아들이 지은 노래를 만들었다.

┃참고┃

나라를 잃은 태강과 후예后羿의 정권 장악-태강왕은 즉위 후에 사냥에 빠져서 나라를 돌보지 않았다. 당시 동이족의 유궁씨 부락의 우두머리 후예는 활쏘기에 능숙하였다. 그는 하나라의 통치력이 쇠약한 틈을 타서 반란을 일으키고 태강왕을 쫓아냈다. 태강왕이 사망하고 후예는 태강왕의 동생 중강을 왕으로 옹립하고 권력을 장악하였다. 또 중강왕이 사망하자 그의 아들 상을 옹립하였다가, 다시 상왕을 쫓아내고 스스로 국왕이 되었다. 이것을 역사에서는 "태강실국太康失國과 후예대하后羿代夏"라고 일컬었다. 그러나 후예도 즉위 후에 사냥에만 열중하고 정치를 한착寒浞에게 일임하였으며, 결국에는 한착에게 살해당했다.

2-031

太康崩, 弟中康立, 是爲帝中康。帝中康時, 羲, 和湎淫, 廢時亂日。
胤往征之, 作胤征。

|음역|

태강붕, 제중강립, 시위제중강. 제중강시, 희, 화면음, 폐시난일. 윤왕
정지, 작윤정.

|주석|

1. 태강太康-2-030 주석3 참고.
2. 중강中康-태강의 동생으로 중강仲康으로 쓰고 하 왕조의 4대 국
   왕이다. 후예后羿가 태강을 축출한 이후에 중강을 국왕으로 옹립하
   였다. 중강은 명의상으로는 13년 재위하였지만 실제상으로는 후예
   의 꼭두각시였다. 그는 일찍이 대사마大司馬 윤후胤侯를 파견하여
   후예의 무리를 공격하였지만, 오히려 후예에게 연금을 당하고 울
   분으로 사망하였다. 안읍安邑 부근에 장사지냈다.
3. 희羲-1-014 주석1 참고.
4. 화和-1-014 주석2 참고.
5. 면음湎淫-술에 탐닉하다, 또는 술과 여자에 탐닉하다.
6. 폐시난일廢時亂日-두 가지 의미가 있다. 첫째, 인생과 밀접한 관
   계가 있는 계절과 주야 등 자연현상에 따른 직분을 등한시하고,
   갑, 을, 병, 정 등 10간 12지의 질서를 어지럽히다. 둘째, 시간을
   낭비하다.
7. 윤胤-하 왕조의 제후국인 윤국胤國의 통치자 윤후胤侯를 가리키
   고, 당시 하나라에서 대사마大司馬라는 직책으로 군사를 주관하는

신하이다.

8. 윤정胤征 – 윤후가 출병할 때에 군사들에게 발표한 이야기를 모은
것을 가리킨다.

|국역|

태강왕이 사망하고 동생 중강이 즉위하였는데, 이 사람이 중강왕이다.
중강왕 재위시기에 천문역법을 관장하는 희씨와 화씨가 술과 여자에 빠
져서, 인생과 밀접한 관계가 있는 계절과 주야 등 자연현상에 따른 직분
을 등한시하고, 갑, 을, 병, 정 등 10간 12지의 질서를 어지럽혔다. 윤후
가 가서 그들을 정벌하였는데, 출병할 때에 군사들에게 발표한 이야기를
모은 〈윤정〉을 만들었다.

2-032

中康崩, 子帝相立。帝相崩, 子帝少康立。帝少康崩, 子帝予立。帝
予崩, 子帝槐立。帝槐崩, 子帝芒立。帝芒崩, 子帝泄立。帝泄崩, 子
帝不降立。帝不降崩, 弟帝扃立。帝扃崩, 子帝厪立。帝厪崩, 立帝
不降之子孔甲, 是爲帝孔甲。帝孔甲立, 好方鬼神, 事淫亂。夏后氏
德衰, 諸侯畔之。天降龍二, 有雌雄, 孔甲不能食, 未得豢龍氏。陶
唐旣衰, 其后有劉累, 學擾龍于豢龍氏, 以事孔甲。孔甲賜之姓曰御
龍氏, 受豕韋之後。龍一雌死, 以食夏后。夏后使求, 懼而遷去。

|음역|

중강붕, 자제상립. 제상붕, 자제소강립. 제소강붕, 자제여립. 제여붕,
자제괴립. 제괴붕, 자제망립. 제망붕, 자제설립. 제설붕, 자제불강립. 제
불강붕, 제제경립. 제경붕, 자제근립. 제근붕, 립제불강지자공갑, 시위제

공갑. 제공갑립, 호방귀신, 사음난. 하후씨덕쇠, 제후반지. 천강용이, 유자웅, 공갑불능사, 미득환룡씨. 도당기쇠, 기후유유루, 학요룡우환룡씨, 이사공갑. 공갑사지성왈어룡씨, 수시위지후. 용일자사, 이식하후. 하후사구, 구이천거.

▌주석▐

1. 중강中康-2-032 주석2 참고.

2. 상相-중강의 아들이고 소강少康의 아버지이며, 부인은 후민씨后緡氏이다. 태강실국太康失國과 후예대하后羿代夏 시기에 중강과 상은 모두 후예后羿의 꼭두각시가 되었다. 28년 동안 재위에 있었고 한착寒浞에게 살해되었으며, 제구帝丘에 장사지냈다.

3. 소강少康-상相의 유복자이고 어머니는 유잉씨有仍氏 출신이다. 소강은 달리 두강杜康으로 일컬으며, 술의 제조법을 발명했다고 전해진다.

4. 여予-여는 달리 저杼 또는 계저季杼라고 일컫는다. 소강의 아들이고 괴槐의 아버지이다. 17년 동안 재위에 있었고, 동물의 가죽을 이용한 최초의 갑옷을 만들었다. 갑옷의 발명 이후 하의 전투력이 증강되고 국력이 향상되어 전성기에 진입하였다.

5. 괴槐-괴는 달리 분芬, 분발芬發, 조무祖武라고 일컫는다. 여의 아들이고 재위 기간에 9이九夷, 즉 견이畎夷, 우이于夷, 방이方夷, 황이黃夷, 백이白夷, 적이赤夷, 현이玄夷, 풍이風夷, 양이陽夷 부락을 정벌하여 영토를 확장시켰으며, 하 왕조의 최대 전성기이다.

6. 망芒-괴의 아들이고 재위 44년에 사망하고 안읍安邑에 장사지냈다. 최초로 제물을 황하黃河 강물에 넣어서 하신河神의 비호를 구하는 침제沉祭를 시행하였다.

7. 설泄-망의 아들이고, 달리 항降으로 일컫는다. 재위 16년이고 안

읍에 장사지냈다. 재위기간에 동이東夷, 서강西羌 등 6이六夷가 사신을 보내서 알현하였다.

8. 불강不降—설의 아들이고 공갑孔甲의 아버지이며 경扃의 형님이다. 재위 59년이고 안읍에 장사지냈다. 아들 공갑이 현명하지 않자 동생 경에게 왕위를 물려주는 형제상속제인 내선內禪을 실행하였다.

9. 경扃—설의 아들이고 근의 아버지이며, 불강의 동생이다. 재위 21년이고 안읍에 장사지냈다.

10. 근廑—경의 아들이고 달리 윤갑胤甲이라고 일컬었다. 재위 21년이고 안읍 부근에 장사지냈다. 근의 통치시기에 하 왕조는 쇠락하기 시작하였고, 동쪽에 거주하는 상商의 세력은 점차 강성해졌다.

11. 공갑孔甲—불강의 아들이고 경의 조카이다. 재위 31년이고 북경 부근 연경현延慶縣 동북쪽에 장사지냈다. 공갑은 귀신을 섬기고 술과 가무를 즐기며 성격이 괴팍한 폭군으로, 각 부락 수령들이 반란하여 하 왕조는 점차 붕괴되기 시작하였다.

12. 방方—신봉하다.

13. 하후씨夏后氏—1-029 주석14 참고.

14. 제후諸侯—1-002 주석3 참고.

15. 반畔—반叛과 통하고, 반란하다.

16. 사食—기르다.

17. 환룡씨豢龍氏—순舜의 통치시기에 동부董父라는 사람이 있었는데, 용을 잘 훈련시키고 길러서 많은 용이 그에게로 날아 왔다. 순이 이 말을 듣고 매우 기뻐서 그에게 환룡이라는 성씨를 하사하였다는 전설이 있다. 환은 곡식을 먹여 기른다는 의미이다.

18. 도당陶唐—1-012 주석3 참고.

19. 유루劉累—요堯의 후예이고 하나라 공갑孔甲이 신하인 유루에게 하사한 성씨로 유씨劉氏의 시조로 일컫는다. 출생할 때에 손바닥에

유루라는 글자 문양이 새겨져 있었고, 어린 시절에 환룡씨豢龍氏에
게서 용을 잘 훈련시키고 기르는 기술을 배웠다. 공갑을 위하여 용
을 잘 훈련시켜서, 공갑이 그에게 어룡씨御龍氏라는 성씨를 하사하
였다. 전설에 유루가 기르던 암컷 용이 죽자 그것을 재료로 음식을
만들어 공갑에게 바쳤다. 공갑이 먹고 맛있어서 재차 요구하였고,
유루는 용으로 만든 음식을 공급하지 못하면 처벌받을까 두려워서
다른 지역으로 도망갔다고 한다.

20. 요擾－길들이다.
21. 어룡씨御龍氏－공갑孔甲이 신하인 유루劉累에게 하사한 성씨이다.
22. 시위豕韋－달리 위지韋地, 위국韋國으로 일컬으며, 하나라와 상나라
    시기에 황하 중하류에 있던 제후국의 명칭이다.

｜국역｜

중강왕이 사망하고 아들 상왕이 즉위하였다. 상왕이 사망하고 아들
소강왕이 즉위하였다. 소강왕이 사망하고 아들 여왕이 즉위하였다. 여왕
이 사망하고 아들 괴왕이 즉위하였다. 괴왕이 사망하고 아들 망왕이 즉
위하였다. 망왕이 사망하고 아들 설왕이 즉위하였다. 설왕이 사망하고
아들 불강왕이 즉위하였다. 불강왕이 사망하고 동생 경왕이 즉위하였다.
경왕이 사망하고 이들 근왕이 즉위하였다. 근왕이 사망하고 불강왕의 아
들 공갑이 계승하니 이 사람이 바로 공갑왕이다. 공갑왕은 즉위하고 귀
신을 신봉하는 것을 좋아하고 음란한 행위를 일삼았다. 하나라 왕실의
덕치가 쇠락해지자 제후들이 반란을 일으켰다. 하늘에서 용 두 마리를
내려 보냈는데 암컷과 수컷 각 한 마리씩이었다. 공갑왕은 용을 기를 줄
모르고, 순 시기에 용을 잘 기르던 환룡씨 같은 전문가도 구할 수 없었
다. 요의 부락인 도당씨가 이미 쇠망하고 그의 후손에 유루라는 사람이
있었는데, 환룡씨에게 용을 길들이는 기술을 배워서 공갑왕을 섬기게 되

었다. 공갑왕은 그에게 어룡씨라는 성씨를 하사하고, 시위의 후손들이 소유하던 봉토를 받게 하였다. 암컷 용 한 마리가 죽자, 하나라 국왕 공갑왕에게 용 고기로 만든 음식을 바쳐서 시식하게 하였다. 공갑왕이 사람을 보내서 재차 용 고기로 만든 음식을 요구하자, 유루는 공급을 못하면 처벌 받을까 두려워서 다른 지역으로 도망갔다.

2-033

> 孔甲崩, 子帝皋立. 帝皋崩, 子帝發立. 帝發崩, 子帝履癸立, 是爲桀. 帝桀之時, 自孔甲以來而諸侯多畔夏, 桀不務德而武傷百姓, 百姓弗堪. 迺召湯而囚之夏臺, 已而釋之. 湯修德, 諸侯皆歸湯, 湯遂率兵以伐夏桀. 桀走鳴條, 遂放而死. 桀謂人曰:"吾悔不遂殺湯於夏臺, 使至此." 湯乃踐天子位, 代夏朝天下. 湯封夏之後, 至周封於杞也.

|음역|

공갑붕, 자제고립. 제고붕, 자제발립. 제발붕, 자제이계립, 시위걸. 제걸지시, 자공갑이래이제후다반하, 걸불무덕이무상백성, 백성불감. 내소탕이수지하대, 이이석지. 탕수덕, 제후개귀탕, 탕수솔병이벌하걸. 걸주명조, 수방이사. 걸위인왈 : "오회불수살탕어하대, 사지차. " 탕내천천자위, 대하조천하. 탕봉하지후, 지주봉어기야.

|주석|

1. 공갑孔甲-2-032 주석11 참고.
2. 고皐-공갑의 아들이다.
3. 발發-고의 아들이다.

4. 이계履癸─발의 아들이고 달리 계癸라고 일컫는다. 52년 동안 재위하였다. 그는 문무를 겸비하고 힘이 장사였지만, 난폭하고 음란하여 나라의 멸망을 초래하였다. 탕에 의해서 쫓겨나고 굶어 죽었으며, 역사상 유명한 폭군으로 일컬어졌다. 상商나라의 탕왕湯王이 그의 시호를 흉악하고 난폭하다는 의미의 걸桀로 지었다.

5. 걸桀─이계를 참고할 것.

6. 제후諸侯─1- 002 주석3 참고.

7. 내迺─이에 내乃와 같다.

8. 하대夏臺─하나라의 감옥으로 달리 균대鈞臺, 均臺라고 일컫는다. 양적陽翟에 있으며, 오늘날 하남성河南省 우주禹州 근처이다.

9. 탕湯─곡설穀의 아들 설契의 14대 손자로 성은 자子이고 이름은 이履이며, 달리 상탕商湯, 성탕成湯, 무탕武湯, 천을天乙, 성당成唐, 대을大乙, 고조을高祖乙 등으로 일컫는다. 하남성河南省 상구商丘 출신으로 하나라 말기에 방백方伯의 직책으로 전문적으로 대외정벌에 종사하다가 상족商族의 우두머리가 되었다. 하나라 걸왕桀王에 의하여 남소南巢로 쫓겨났다가 명조鳴條의 전투에서 승리하여 상을 건국하였다. 재위 30년으로 그중에서 17년은 하나라의 제후국인 상의 제후였고, 나머지 13년은 상의 국왕이었다.

10. 명조鳴條─하나라와 상나라 시기 중원의 지명으로 고후원高侯原 이라고도 일컬었다. 현재 지명으로는 3가지 주장이 있다. 첫째, 하남성河南省 신향시新鄕市이다. 둘째, 낙양洛陽이다. 셋째, 산서성山西省 운성하현運城夏縣이다. 현재 둘째 주장이 비교적 우세하다. 명조의 전투는 역사상 유명한 전쟁으로, 탕이 하나라의 걸왕을 정벌할 때 여기서 전쟁하여 승리하였다.

11. 방放─추방하다.

12. 천踐─오르다, 즉위하다.

13. 기杞-기원전 11세기 주周나라의 제후국으로 기원전 445년 초楚
나라에 의하여 멸망당했다. 주나라 무왕武王이 상商을 정벌하고 우
왕禹王의 후손을 찾아서 기를 봉토로 주고 우의 제사를 받들게 하
였다.

|국역|

공갑왕이 사망하고 아들 고왕이 즉위하였다. 고왕이 사망하고 아들
발왕이 즉위하였다. 발왕이 사망하고 아들 이계가 즉위하였는데, 이 사
람이 바로 걸왕이다. 걸왕의 통치시기에 이르러, 공갑왕 이래로부터의
제후들이 대부분 하나라를 배반하였고, 걸왕은 덕치에 힘쓰지 않고 무력
을 사용하여 백관을 해쳤으며, 백관들도 감당할 수 없게 되었다. 걸왕은
이에 탕을 불러들여 하나라의 감옥인 하대에 가두었고, 얼마 되지 않아
서 그를 석방하였다. 탕이 덕치를 행하자 제후들이 모두 탕에게 귀의하
였으며, 탕은 마침내 군사를 이끌고 하나라의 걸왕을 정벌하였다. 걸왕
은 명조로 도망갔다가 마침내 추방되어 사망하였다. 걸왕이 사람들에게
말하기를 "나는 탕이 감옥인 하대에 있을 때 결국 탕을 살해하지 못했
는데, 그것이 나로 하여금 이 지경에 이르게 만든 것을 후회한다." 탕은
이에 천자의 자리에 즉위하고 하나라의 천하를 대신하였다. 탕은 하나라
의 후손을 책봉하여 제후로 삼았고, 주나라 시대에 이르러 하나라의 후
손들은 기에 책봉되었다.

|참고|

명조鳴條의 전쟁-대략 기원전 1,600년 전 상탕商湯이 명조, 즉 현재
하남성河南省 낙양시洛陽市 부근에서 하夏나라를 멸망시킨 전쟁이다. 상
탕은 일거에 하나라 걸왕桀王의 주력부대를 공격하였고, 걸왕은 소수 군
사를 거느리고 남소南巢, 즉 현재의 안휘성安徽省 소호시巢湖市 부근으로

도망갔다가 병으로 사망하였다. 상탕은 군사를 서박西亳으로 돌리고 3,000 제후의 추대를 받아서 하나라의 멸망을 정식으로 선포하였다. 명조의 전쟁은 중국 역사상 최초로 무력으로 성취한 역성혁명으로, 후대에는 이 전쟁을 가리켜 "탕무혁명湯武革命" 또는 "상탕귀족역성혁명商湯貴族易姓革命", 즉 상나라의 탕이 귀족 신분으로 도탄에 빠진 백성을 구제하기 위하여 역성혁명을 일으켜 새로운 왕조를 건국하였다는 내용이다.

2-034

> 太史公曰：禹爲姒姓，其後分封，用國爲姓，故有夏后氏，有扈氏，有男氏，斟尋氏，彤城氏，襃氏，費氏，杞氏，繒氏，辛氏，冥氏，斟(氏)戈氏。孔子正夏時，學者多傳夏小正云。自虞，夏時，貢賦備矣。或言禹會諸侯江南，計功而崩，因葬焉，命曰會稽。會稽者，會計也。

|음역|

태사공왈 : 우위사성, 기후분봉, 용국위성, 고유하후씨, 유호씨, 유남씨, 짐심씨, 동성씨, 포씨, 비씨, 기씨, 증씨, 신씨, 명씨, 짐과씨. 공자정하시, 학자다전하소정운. 자우, 하시, 공부비의. 혹언우회제후강남, 계공이붕, 인장언, 명왈회계. 회계자, 회계야.

|주석|

1. 태사공太史公–1-030 주석1 참고.

2. 우禹–1-026 주석5 참고.

3. 사姒–우禹와 하夏나라 왕실의 성씨이다.

4. 하후씨夏后氏–1-029 주석14 참고.

5. 유호씨有扈氏–2-029 주석1 참고.

6. 유남씨有男氏-달리 유남씨有南氏라고 일컬으며, 우의 후예이고 하나라의 제후국이며, 나라의 명칭을 성씨로 삼았다.

7. 짐심씨斟尋氏-우의 후예이고 하나라의 제후국이며, 나라의 명칭을 성씨로 삼았다.

8. 동성씨彤城氏-우의 후예이고 하나라의 제후국이며, 나라의 명칭을 성씨로 삼았다.

9. 포씨褒氏-포褒의 군주는 유포씨有褒氏이고 우禹를 도와서 치수에 공적이 뛰어났으며, 그 공로로 포에 분봉되고 하나라의 제후국이 되었으며, 나라의 명칭을 성씨로 삼았다. 포는 하, 상商, 주周 3대에 걸쳐서 존속되었고, 위치는 오늘날 한중시漢中市 북쪽이다.

10. 비씨費氏-우의 후예이고 하나라의 제후국이며, 나라의 명칭을 성씨로 삼았다.

11. 기씨杞氏-우의 후예이고 하나라의 제후국이며, 나라의 명칭을 성씨로 삼았다.

12. 증씨繒氏-우의 후예이고 하나라의 제후국이며, 나라의 명칭을 성씨로 삼았다.

13. 신씨辛氏-우의 아들 계啓의 서자를 신莘에 봉하고, 그 자손들이 나라의 명칭 신莘을 신辛으로 바꾸고 성씨로 삼았다.

14. 명씨冥氏-우의 후예이고 하나라의 제후국이며, 나라의 명칭을 성씨로 삼았다.

15. 짐과씨斟戈氏-우의 후예이고 하나라의 제후국이며, 나라의 명칭을 성씨로 삼았다.

16. 공자孔子-1-030 주석10 참고.

17. 정正-정은 교정校正의 의미이다. 다른 의미로는 하나라의 역법은 1월을 1년의 시작으로 하였는데 이것을 하정夏正이라고 한다.

18. 하시夏時-하나라의 봄, 여름, 가을, 겨울 등 4계절의 변화를 기록

한 역법 책. 달리 하력夏曆을 가리킨다.

19. 하소정夏小正-중국에서 현존하는 최초의 과학 문헌 중의 하나이고 또 최초의 농사와 역법에 관한 문헌으로, 원래는《대대예기大戴禮記》중의 제47편이다. 〈하소정〉은 경經과 전傳 두 부분으로 구성되어 있고, 전체 400여 글자이다. 주요 내용은 1년 12개월에 따라서 매월의 기상, 별자리와 중대한 생산방면에 관한 사항이 기록되어 있다. 이 책은 당시 농업생산에 관한, 즉 곡물, 섬유식물, 염료, 원예작물의 재배, 누에치기, 축목, 채집, 어로 등의 상황을 반영하고 있다. 결점으로는 11월과 12월의 별자리에 관한 기록이 없고, 4계절과 절기의 개념이 아직 나타나지 않았다.

20. 우虞-1-016 주석8 참고.

21. 공부貢賦-토공土貢과 군부軍賦를 합해서 일컫는 말이다. 즉 백성과 속국에서 천자에게 바치는 진귀한 토산품이나 특산품을 공이라 일컫고, 백성이 천자에게 바치는 전차, 말 등 군용물품을 부라고 일컫는다. 그러나 역대 왕조를 거치면서 부의 개념은 군부에서 농전農田, 관시關市, 산림山林과 천택川澤의 모든 과세물課稅物로 확대되었다. 그래서 공부는 점차 세금의 별칭으로 일컬어지면서 중국 고대의 세금 징수 방법이 되었다.

22. 제후諸侯-1-002 주석3 참고.

23. 강남江南-1-028 주석4 참고.

24. 회계會稽-2-027 주석2 참고.

25. 회계會計-덕이 있는 자는 작위를 주고, 공적이 있는 자는 책봉하기 위해서, 여럿이 모여서 심사하다의 의미이다.

┃국역┃

태사공이 말하기를 우왕은 성씨가 사인데, 그의 후손들은 각 지역에 책봉되어서 제후국을 건립하고 나라의 명칭으로 성씨를 삼았으며, 그래서 하후씨, 유호씨, 유남씨, 짐심씨, 동성씨, 포씨, 비씨, 기씨, 증씨, 신씨, 명씨, 짐과씨가 있게 되었다. 공자가 하나라의 봄, 여름, 가을, 겨울 등 4계절의 변화를 기록한 역법 책(하력)을 바로 잡아서, 학자들이 대부분 〈하소정〉의 내용을 전수받을 수 있었다. 순과 우왕 시기부터 세금 징수 방법인 공부제도가 완비되었다. 어떤 사람이 말하기를 우왕이 강남에서 제후를 모아놓고 업적을 심사하다가 사망하여서, 강남에 장사지내고 회계라고 이름 지었다. 회계는 덕이 있는 자는 작위를 주고 업적이 있는 자는 책봉하기 위해서, 여럿이 모여서 심사하다의 의미이다.

┃참고┃

하나라의 역법−농업과 목축업의 발전과 수요에 의하여 천문 역법의 지식도 매우 풍부하게 되었다. 《하소정夏小正》은 하대夏代 역법을 보존하고 있는 중요 문헌이었다. 오늘날도 농력農曆(陰曆)을 하력夏曆이라고 부르는데, 이것이 바로 중국 최초의 역법이며, 하나라 사람이 장기간의 농업생산 과정 중에 획득한 지식이었다. 농업 생산은 계절과 기후의 변화와 밀접하였으며, 하나라의 역법은 비교적 정확하게 기후의 변화를 반영하였다. 사료에 등장하는 「하득천수夏得天數」라는 기록으로 당시 역법의 수준을 짐작할 수 있었다. 하력은 일, 월, 년의 개념이 있었고, 1년을 12개월로 나누었다. 정삭正朔은 동지 이후 2개월째 맞는 초봄의 처음 하루를 1년의 시작으로 삼았다. 동시에 60갑자甲子(干支)로 날을 기록하는 방법을 사용하였고, 일식과 유성(별똥별)에 대한 관측도 시행하였다. 또 12개월의 차례에 따라서 매 달의 별자리와 기상 및 마땅히 해야 할 농사와 정치에 대해서도 기록하기 시작하였다.

3. 〈하본기〉 평 론

주지하다시피 인류사에서 대략 1만 년 전에 인류는 대홍수의 위력을 경험하였다. 이러한 경험은 대대로 전해져서 신화 전설에 자주 등장하였고, 인류의 뇌리 속에 엄청난 공포를 남겨주었다. 대홍수의 공포를 해결한 우의 치수 성공은 정말 대단한 업적이었을 것이다. 《사기》의 기록에 의하면, 우는 초인적인 의지와 지혜로 장장 13년의 세월 동안 갖은 고난을 헤쳐 나갔다고 기록한 걸로 볼 때, 당시에 등장했던 홍수도 일반적인 홍수가 아니고 거대한 홍수임에 틀림없다. 특이한 것은 우는 단순히 치수 공사만 한 것이 아니고, 동시에 각 지역을 시찰하고 지리형세와 생산물을 분석하였으며, 운송과 조달을 위하여 도로를 개통하는 등 인문지리학적 실태파악과 사회기간망 작업을 병행하였다. 이것은 이후에 천하를 다스리는 기초가 되었다. 또 더욱 감동적인 것은 결혼한 지 얼마 안되고 부인이 아이까지 낳은 상태에서 3번이나 집 앞을 지나치면서도 들어가지 않았다는 고사는 백성들의 감동을 끌어내기 쉬웠다. 사마천은 《사기》에서 우의 치수에 관련된 사항을 묘사하는 데 많은 지면을 할애하였는데, 돌이켜 생각하면 작업도구도 그리 발달하지 않은 고대에, 일반 사람이 이런 많은 일들을 성공적으로 수행하기가 가능할까라는 의문이 든다. 어쨌든 우는 치수의 성공으로 순으로부터 천하를 물려받았고, 순의 희망대로 음악을 연주하면 온갖 동물들도 와서 함께 춤을 출 정도로 화합의 정치를 실현하였다.

우왕 역시 천하를 다스리면서 가장 큰 고민은 후계자를 선정하는 일이었다. 그래서 처음에는 고요에게 물려줬지만 고요는 즉위하기도 전에 사망하였다. 다음에는 익에게 물려줬지만, 익은 우왕의 아들 계에 비해서 제후들의 신망을 얻지 못했고 스스로 계에게 통치자의 자리를 넘겨주었다. 물론 익과 계는 표면적으로는 공평하고 평화로운 경쟁을 했다고 하지만, 내부적으로는 군사력의 강약에 의한 군사민주제적인 요소가 작용했을 것으로 보인다. 결국 요, 순 이래의 평화적 정권교체인 선양제는 계에 이르러 아버지에서 아들로 전해지는 세습제가 등장하게 되었다. 역사적인 측면에서 보면 세습제는 이후의 각 왕조에서 모두 채택하여 국가는 공공의 소유가 아닌 가족 또는 개인의 소유인 가족사영제가 되었다.

계왕은 즉위 후에 정권을 안정시키기 위하여 세습제에 불만세력인 유호씨와 한바탕 전쟁을 벌였다. 전쟁을 하기 전에 감이라는 곳에서 군사들 앞에서 유호씨의 잘못을 열거하고 자신의 말을 들으면 종묘 앞에서 상을 주고 그렇지 않으면 고통을 안겨주겠다고 협박성 발언으로 군사들을 독려하여 승리하였다. 이 전쟁의 승리로 세습제가 확고하게 구축되었다.

계왕이 사망하고 그의 자손들은 특별히 기록할만한 공적이 없었다. 그중에서 비교적 재미있는 것은 공갑왕 시기에 두 마리 용을 길렀고, 나중에 한 마리가 죽어서 그것으로 요리를 해서 먹었다는 이야기가 나온다. 잘 알다시피 용은 상상의 동물이다. 또 용은 여러 종족의 토템을 합쳐서 만들어낸 다민족국가 중국의 상징성 동물이다. 그러면 상상의 동물인 용을 기르고 요리를 하고 등등의 황당한 이야기의 등장은 무엇을 말하려고 하는 것일까? 최근 학계에서 용의 실체에 대하여 연구한 논문이 있다. 즉 당시 중국의 황하 유역은 열대성 기후로 밀림이 우거졌으며, 문헌에 등장하는 용은 바로 오늘날 악어라는 주장이 있다. 이에 대하여는 하나라 시대 중국의 기후와 민속, 토템, 동물 등 많은 연구가 나올 때까지 기다려봐야 할 것이다. 결국 기후의 변화가 정치, 경제, 사회, 문화 등 모든 패러다임을 변화시킬 수 있음을 알 수 있다.

우왕에서 걸왕에 이르기까지 대략 4~500여 년 하나라는 존재하였고, 하나라의 종결자로 상나라 탕이 등장한다. 여기서는 걸왕의 포악한 정치로 인하여 상탕이 사방 제후들의 민심을 얻었음을 묘사하며, 그가 하나라를 명조의 전쟁에서 멸망시킨 것이 당연하다는 논리로 몰고 가고 있다. 이것을 "상탕귀족역성혁명"으로 일컫는데, 상탕이 귀족의 신분으로 도탄에 빠진 백성을 구제하기 위하여 역성혁명을 일으켜 새로운 왕조를 건국하였다는 뜻이다. 즉 혁명이라는 방법을 통하여 상나라 건국의 정당성을 확보하는 새로운 조치가 등장한 것이다.

Ⅳ. 〈은본기殷本紀〉

상나라 세계世系

대략 기원전 16세기~기원전 11세기 존속, 성씨는 자子이다.

선상先商(기원전 16세기~기원전 15세기)

설契―소명昭明―상토相土―창약昌若―조어曹圉―명冥―왕해王亥―왕
항王恒―미微―보을報乙―보병報丙―보정報丁―시임示壬―시계示癸

상商(기원전 15세기~기원전 11세기)

1. 대을大乙(湯, 재위 12년)
2. 외병外丙(재위 2년)
3. 중임中壬(재위 4년)
4. 대갑大甲(太宗, 재위 12년)
5. 옥정沃丁(재위 19년)
6. 대강大康(재위 5년)
7. 소갑小甲(재위 17년)
8. 옹기雍己(재위 12년)
9. 대무大戊(中宗, 재위 75년)
10. 중정中丁(재위 9년)
11. 외임外壬(재위 10년)
12. 하단갑河亶甲(재위 9년)
13. 조을祖乙(재위 19년)
14. 조신祖辛(재위 14년)
15. 옥갑沃甲(재위 5년)

16. 조정祖丁(재위 9년)

17. 남경南庚(재위 6년)

18. 양갑陽甲(재위 4년)

19. 반경盤庚(재위 14년)

20. 소신小辛(재위 3년)

21. 소을小乙(재위 10년)

22. 무정武丁(高宗, 재위 59년)

23. 조경祖庚(재위 11년)

24. 조갑祖甲(재위 33년)

25. 름신廩辛(재위 4년)

26. 강정康丁(재위 8년)

27. 무을武乙(재위 35년)

28. 문정文丁(재위 13년)

29. 을乙(재위 21년)

30. 신辛(紂, 재위 30년)

1. 〈은본기〉 내용소개

〈은본기〉는 체계적으로 상나라의 역사를 서술하였다. 상나라는 원래 상 부족에서 흥기하여 상나라 왕조의 건립을 거치고 멸망에 이르기까지의 과정을 묘사하였다. 특별히 인물묘사 방면에 있어서 인물 개성의 몇 가지 전형적인 사례를 통하여 역사적 진실을 구현했을 뿐만 아니라, 또한 인물의 형상과 내용을 더욱 풍부하게 만들었다.

〈은본기〉의 명칭에서 알 수 있듯이 은은 본래 상이라고 일컫기 때문에 〈상본기〉라고 하는 것이 바른 명칭이다. 상은 오래전부터 존재했던 부족으로 시조 설은 대략 우왕과 같은 시대에 활동하였다. 기원전 17세기에 상 부족은 점차 강성해졌고, 탕이 하나라를 멸망시켰다. 상나라가 정식으로 건국되고 도읍을 박에 정했으며, 중국 역사상 두 번째 왕조가 탄생하였다. 대략 기원전 13세기에 반경이 은으로 천도한 이후부터 주왕시기에 이르러 멸망할 때까지 270여 년 동안 도읍을 옮기지 않았다. 그래서 일반적으로 은으로 일컫지만, 이것은 잘못된 용어이고 사마천도 이러한 관습을 따랐던 것으로 보인다. 은은 도읍지의 명칭이지 왕조의 명칭이 아니므로 당연히 상이라고 일컬어야 할 것이다.

〈은본기〉의 주요 내용으로는, 상나라 통치 600여 년 동안 몇 차례 흥성과 쇠퇴 과정을 겪은 사실을 중요 사건 중심으로 서술하였다. 즉 탕왕의 흥기와 반경과 무정의 중흥을 거치고 주왕에 이르러 멸망한 과정은 상나라 역사에서 관건적인 작용을 한 중대한 사건이었다. 사마천은 탕왕과 반경 및 무정에 대해서는 어진 군주로 하늘을 두려워하고 덕행을 쌓아서 백성을 위한 정치를 실행한 대표적인 사례로 설정하였다. 반대로 주왕은 황음무도하고 어진 인물을 박해하였으며 백성을 해치는 정치를 실행한 대표적인 폭군으로 설정하여 서술하였다.

2. 〈은본기〉 3-001~035

3-001

殷契, 母曰簡狄, 有娀氏之女, 爲帝嚳次妃。三人行浴, 見玄鳥墮其
卵, 簡狄取吞之, 因孕生契。契長而佐禹治水有功。帝舜乃命契曰：
"百姓不親, 五品不訓, 汝爲司徒而敬敷五教, 五教在寬。"封于商,
賜姓子氏。契興於唐, 虞, 大禹之際, 功業著於百姓, 百姓以平。

|음역|

은설, 모왈간적, 유융씨지녀, 위제곡차비. 삼인행욕, 견현조타기란, 간
적취탄지, 인잉생설. 설장이좌우치수유공. 제순내명설왈："백성불친, 오품
불훈, 여위사도이경부오교, 오교재관." 봉우상, 사성자씨. 설흥어당, 우,
대우지제, 공업저어백성, 백성이평.

|주석|

1. 은殷-은은 상나라 후기의 명칭으로 위치는 현재 하남성河南省 안
   양安陽이며, 은상殷商이라고 일컫는다. 전설에 상나라의 시조 설契
   은 일찍이 우禹를 도와서 치수에 공을 세우고 상 지역에 책봉을
   받았다. 이후부터 상은 부락의 명칭이 되었고, 탕湯이 하夏를 멸망
   시킨 후에 상으로써 국호로 삼았다. 반경盤庚이 은으로 천도한 이
   후부터 은 또는 은상殷商으로 일컬어졌다. 결론적으로 중국의 두

번째 왕조는 은이 아니고 상이라고 일컫는 것이 올바른 표현이다.

2. 설契-1-026 주석7 참고.

3. 간적簡狄-상商의 시조 설契의 모친으로, 달리 간역簡易 간적簡逖, 또는 유융씨의 여성으로 융간娀簡으로 일컫는다. 간적이 제비가 낳은 알을 먹고 설을 낳았다는 전설은, 당시 동이족이 보편적으로 가지고 있던 새 토템(Bird Totemism) 신앙에서 유래한 것으로 상은 동이東夷의 일파임을 알 수 있다.

4. 유융씨有娀氏-고대 부락명칭으로 주요 활동지역은 현재의 산서성山西省 운성運城 일대이다.

5. 곡률嚳-1-009 주석5 참고.

6. 현조玄鳥-제비를 가리킨다.

7. 타타墮-떨어뜨리다.

8. 우禹-1-026 주석5 참고.

9. 순舜-1-016 주석8 참고.

10. 백성百姓-1-002 주석4 참고.

11. 친親-화목하다.

12. 5품五品-1-026 주석26 참고.

13. 훈訓-순화시키다.

14. 사도司徒-1-026 주석27 참고.

15. 부敷-펴다, 베풀다.

16. 5교五敎-1-024 주석13 참고.

17. 상商-1-029 주석17 참고.

18. 자씨子氏-1-029 주석18 참고.

19. 당唐-1-012 주석3 참고.

20. 우虞-1-016 주석8 참고.

21. 평平-화평하여 안정되다.

상의 시조 설의 어머니는 간적이라고 일컬었고, 유융씨의 여성이며 곡의 두 번째 부인이다. 간적 등 세 사람이 하천으로 목욕하러 갔는데, 제비가 알을 떨어뜨리는 것을 보고 간적이 주워서 삼켰으며, 그로 인하여 설을 낳았다. 설은 성장한 이후에 우를 보좌하여 치수에 공적을 세웠다. 순이 이에 설에게 명령하며 말하기를 "백관들이 서로 화목하지 못하고 인, 의, 예, 지, 신 등 5상으로도 순화시키지 못했으니, 그대가 민중의 교화와 행정사무를 담당하는 사도가 되어서 공경하게 부, 모, 형, 제, 자에 관한 5가지 가르침을 베풀도록 하시오. 5가지 가르침은 오직 관대한 마음가짐으로 업무를 처리해야 합니다." 상 지역에 책봉하고 자를 성씨로 하사하였다. 설은 요, 순, 우 시기에 흥성하였고, 업적이 백관들보다 뛰어났으며, 백관들도 그의 영향을 받아서 모두 화평하고 안정되었다.

┃참고┃

현조玄鳥는 어떤 새인가—당시 발해만渤海灣 일대에 거주하는 종족들에게는 공통적으로 새 토템(Bird Totemism) 사상이 존재하였다. 상商 부족도 동이족東夷族의 일파로 발해만 일대에서 활동하였기 때문에 예외가 아니었다. 여기에 등장하는 현조에 대해서 두 가지 주장이 있는데, 하나는 제비이고 또 다른 하나는 봉황이라는 주장이 있으며, 학계에서 아직 결론이 도출되지 않았다.

3-002

> 契卒, 子昭明立。昭明卒, 子相土立。相土卒, 子昌若立。昌若卒, 子曹圉立。曹圉卒, 子冥立。冥卒, 子振立。振卒, 子微立。微卒, 子報丁立。報丁卒, 子報乙立。報乙卒, 子報丙立。報丙卒, 子主壬立。主

壬卒, 子主癸立。主癸卒, 子天乙立, 是爲成湯。

음역

설졸, 자소명립. 소명졸, 자상토립. 상토졸, 자창약립. 창약졸, 자조어
립. 조어졸, 자명립. 명졸, 자진립. 진졸, 자미립. 미졸, 자보정립. 보정졸,
자보을립. 보을졸, 자보병립. 보병졸, 자주임립. 주임졸, 자주계립. 주계
졸, 자천을립, 시위성탕.

주석

1. 설契-1- 026 주석7 참고.
2. 소명昭明-설의 아들이고, 상토의 아버지이다.
3. 상토相土-소명의 아들이고, 달리 승두乘杜라고 일컬으며 하남성河
   南省 상구商丘 출신이다. 상나라는 상토시기에 이르러서는 세력이
   멀리 알려질 정도로 강대한 부족을 형성하였다. 그는 말을 길들여
   타는 등 운송도구로 사용하였다. 이것은 상나라의 가축 사육업의
   발달과 이들 동물을 이용하여 운송과 상품 교역활동에 종사했음을
   나타내주는 증거이고, 축목업으로 부족의 발전을 이룩했음을 알
   수 있다. 또 부계씨족사회와 노예제사회의 기초를 확립하였다. 통
   치 영역도 상구 일대에서 황하 하류의 지역과 발해渤海 일대에까지
   세력이 확대되었다.
4. 창약昌若-상토의 아들이지만, 그에 대한 행적은 기록이 거의 없다.
5. 조어曹圉-창약의 아들이고, 달리 양어粮圉라고 일컫는다. 그에 대
   한 행적은 기록이 극소수이다.
6. 명冥-조어의 아들이고, 갑골문甲骨文에는 위계謂季라고 기록되어
   있다. 하夏의 소강少康 통치시기에 사공司空을 역임하였고, 치수하

다가 물에 빠져 죽었으며 우禹 이후의 치수 영웅이고 수신水神으로 받들었으며 현명玄冥으로 일컬었다.

7. 진振-명의 아들이고, 갑골문에는 해亥 또는 왕해王亥라고 기록되어 있다. 최초로 소를 부리는 방법을 터득했다고 전해진다.

8. 미微-진의 아들이고, 갑골문에는 상갑上甲 또는 상갑미上甲微라고 기록되어 있다.

9. 보정報丁-미의 아들이다. 왕국유王國維의 갑골문 연구에 의하면 상갑미의 아들이 보을報乙이고 보을의 아들이 보병報丙이며 보병의 아들은 보정報丁이다.

10. 보을報乙-보정의 아들이다.

11. 보병報丙-보을의 아들이다.

12. 주임主壬-보병의 아들이고, 갑골문에는 시임示壬이라고 기록되어 있다.

13. 주계主癸-주임의 아들이고, 갑골문에는 시계示癸라고 기록되어 있다.

14. 천을天乙-2-033 주석9 참고.

15. 성탕成湯-2-033 주석9 참고.

┃국역┃

설이 사망하고 아들 소명이 즉위하였다. 소명이 사망하고 아들 상토가 즉위하였다. 상토가 사망하고 아들 창약이 즉위하였다. 창약이 사망하고 아들 조어가 즉위하였다. 조어가 사망하고 아들 명이 즉위하였다. 명이 사망하고 아들 진이 즉위하였다. 진이 사망하고 아들 미가 즉위하였다. 미가 사망하고 아들 보정이 즉위하였다. 보정이 사망하고 아들 보을이 즉위하였다. 보을이 사망하고 아들 보병이 즉위하였다. 보병이 사망하고 아들 주임이 즉위하였다. 주임이 사망하고 아들 주계가 즉위하였다. 주계가 사망하고 아들 천을이 즉위하였는데, 이 사람이 바로 성탕이다.

3-003

成湯，自契至湯八遷。湯始居亳，從先王居，作帝誥。

┃음역┃

성탕, 자설지탕팔천. 탕시거박, 종선왕거, 작제고.

┃주석┃

1. 성탕成湯－2-033 주석9 참고.

2. 설契－1-026 주석7 참고.

3. 8천八遷－8번이나 도읍을 옮겼는데, 현재는 상구商丘－박亳－지석砥石－번蕃 등이 고증되었으며, 대략 하남河南과 산동山東, 하북河北의 지역이었다. 그들이 빈번히 이동한 원인은 아마도 수초를 따라서 방목 생활을 하였던 것 같으며, 이동 과정 중에 세력과 활동 범위가 확대되어 상족의 발전에 토대가 되었다고 여겨진다.

4. 종선왕거從先王居－선왕(조상)의 거처를 쫓아가다. 즉 상나라의 시조인 설契의 부친 곡嚳이 일찍이 도읍을 박亳에 정했는데, 탕이 즉위하면서 선왕을 추모하기 위해서 상구商丘로부터 다시 박으로 천도한 것을 말한다.

5. 박亳－상나라의 도읍지 이름이고 하남성河南省 상구를 가리킨다. 달리 언사성偃師城을 가리킨다는 주장도 있다.

6. 제고帝誥－선왕에게 알리는 글이다. 《고문상서》에 내용이 보인다.

┃국역┃

성탕은 시조인 설부터 자신에 이르기까지 8번 도읍을 옮겼다. 탕은 박에 도읍을 정하고 거주하기 시작하였는데, 선왕(곡)이 박에 도읍을 정

하고 거주한 것을 추모하며 따르는 것이며, 선왕에게 알리는 글인 〈제고〉
를 작성하였다.

❚참고❚

설부터 탕까지 8번 천도한 지명과 이유 - 현재는 상구商丘 - 박호毫 - 지석
砥石 - 번蕃 등이 고증되었으며, 대략 하남河南과 산동山東, 하북河北의 지
역이었다. 나머지 4곳의 지명은 아직 연구 중이다. 그들이 빈번히 이동
한 원인은 아마도 유목민족으로서 수초와 수리의 편리함을 따라서 방목
생활을 하였던 것 같다. 그 외에 황하의 잦은 범람으로 국가재정의 곤란
을 극복하기 위한 것이라는 주장도 있다. 결과적으로 이동 과정 중에 세
력과 활동 범위가 확대되어 상족의 발전에 토대가 되었다고 여겨진다.

3-004

湯征諸侯。葛伯不祀, 湯始伐之。湯曰："予有言：人視水見形, 視
民知治不。" 伊尹曰："明哉! 言能聽, 道乃進。君國子民, 爲善者皆
在王官。勉哉, 勉哉!" 湯曰："汝不能敬命, 予大罰殛之, 無有攸赦。"
作湯征。

❚음역❚

탕정제후. 갈백불사, 탕시벌지. 탕왈："여유언：인시수견형, 시민지치
불." 이윤왈："명재! 언능청, 도내진. 군국자민, 위선자개재왕관. 면재,
면재!" 탕왈："여불능경명, 여대벌극지, 무유유사." 작탕정.

❚주석❚

1. 탕湯 - 2-033 주석9 참고.

2. 제후諸侯-1-002 주석3 참고.

3. 갈백葛伯-하夏 왕조의 제후국 갈나라의 군주이다. 하 왕조 말기에 상商의 탕湯은 박毫에 도읍을 정하고, 갈나라는 하남성河南省 영릉寧陵 북쪽에 위치하여 서로 인접해 있었다. 탕은 갈나라의 군주가 하늘과 조상에 제사를 지내지 않고 아동을 무고하게 살해한다는 죄명으로 갈나라를 멸망시켰는데, 이때부터 하나라를 멸망시키려는 전쟁이 시작되었다.

4. 사祀-제사.

5. 시수견형視水見形-물을 바라보고 자신의 형상을 볼 수 있다.

6. 시민지치視民知治-백성의 상황을 보고 국가가 잘 다스려지고 있는 지 아닌지를 알 수 있다.

7. 이윤伊尹-성씨는 이伊이고 그의 어머니가 이수伊水 유역에 거주하여 지역 명칭을 성씨로 삼았다. 이름은 이伊, 또는 지摯이고, 금문金文에는 이소신伊小臣으로 일컬었다. 이락伊洛 유역의 신莘나라 출신으로 윤尹은 관직 명칭이다. 상나라 초기에 유명한 신하이고, 정치, 군사, 문화, 교육 등 다방면에서 탁월한 공헌을 한 사상가, 정치가, 군사가로 중국역사상 첫 번째의 유능한 재상이며 군주의 스승이었다.

8. 군국자민君國子民-군주가 나라를 다스리고, 백성을 자식과 같이 사랑하다.

9. 위선자爲善者-덕망 있는 자, 능력 있는 자.

10. 왕관王官-왕조의 관리를 가리킨다.

11. 대벌大罰-무거운 형벌.

12. 극殛-귀양 보내다, 죽이다, 처벌하다.

13. 유사攸赦-사면하다.

14. 탕정湯征-탕의 정벌이라는 의미이고, 《고문상서古文尚書》에 내용

이 보인다.

탕은 하나라의 방백이 되어 제후를 정벌하였다. 갈나라의 군주가 하늘
과 땅과 조상에 제사를 지내지 않아서 탕은 먼저 그를 정벌하였다. 탕이
말하기를 "내가 일찍이 말했듯이, 사람은 물을 바라보고 자신의 형상을
볼 수 있듯이, 백성의 상황을 보고 나라가 잘 다스려지는지 아닌지를 알
수 있다." 이윤이 말하기를 "현명하십니다. 이런 말을 능히 듣고 따른다
면 나라를 다스리는 도리도 이에 차차 좋은 방향으로 나아가게 됩니다.
군주가 나라를 다스리고 백성을 자식과 같이 여기면, 덕망이 있는 자들
은 모두 관리로 임용될 것입니다. 노력하고 또 노력하십시오." 탕이 갈나
라의 군주에게 말하기를 "그대가 천명을 공경하지 않으니, 내가 무거운
형벌로 처벌하고 사면은 없을 것이다." 그리고 〈탕정〉을 작성하였다.

3-005

伊尹名阿衡。阿衡欲奸湯而無由, 乃爲有莘氏媵臣, 負鼎俎, 以滋味
說湯, 致于王道。或曰, 伊尹處士, 湯使人聘迎之, 五反然後肯往從
湯, 言素王及九主之事。湯擧任以國政。伊尹去湯適夏。既醜有夏,
復歸于亳。入自北門, 遇女鳩, 女房, 作女鳩女房。

이윤명아형. 아형욕간탕이무유, 내위유신씨잉신, 부정조, 이자미세탕,
치우왕도. 혹왈, 이윤처사, 탕사인빙영지, 오반연후긍왕종탕, 언소왕급구
주지사. 탕거임이국정. 이윤거탕적하. 기추유하, 복귀우박. 입자북문, 우
여구, 여방, 작여구여방.

▮주석▮

1. 이윤伊尹-3-004 주석7 참고.

2. 아형阿衡-이윤의 이름이다. 달리 상나라의 관직 명칭으로 군주를 보필하거나 왕실의 자제를 교육하는 사보師保 관리를 아형 또는 보형保衡, 아보阿保라고 일컫는다. 나중에는 군주를 보좌하는 관리로 변했다.

3. 간妍-구하다, 요구하다.

4. 무유無由-기회 또는 방법이 없다.

5. 유신씨有莘氏-상나라의 세방洗方 지역이 고대 유신씨의 활동범위이고, 대략 변주汴州의 진류현陳留縣 일대이다. 우왕禹王의 부친 곤鯤의 부인이 유신씨의 여성이고, 탕의 부인도 유신씨의 여성이다.

6. 잉신媵臣-시집가는 여성에 딸려 보내는 신하.

7. 정조鼎俎-솥과 도마. 달리 고대에 제사 또는 연회에 희생물이나 기타 음식을 담아놓는 그릇을 가리킨다.

8. 자미滋味-맛.

9. 세설說-남에게 말하여 자기 의견을 따르게 하다.

10. 탕湯-2-033 주석9 참고.

11. 치致-실행하다, 성취하다.

12. 왕도王道-왕도는 맹자孟子의 학설에서 최초로 출현하였다. 유가儒家에서 여기기를 성인이 군주가 되어 통치하는 것을 왕도라고 하며, 여기서 성왕聖王의 도라는 말이 나타났다. 즉 왕은 지고무상의 의미이고, 왕도는 군주가 인의仁義로 천하를 다스리고, 덕정德政으로써 백성을 통치하는 방법으로 패도覇道와 대칭되는 의미로 사용되고 있다.

13. 처사處士-고대에는 덕망과 재주가 있지만 은거하여 관리가 되기를 원하지 않는 사람을 가리켰다. 후대에는 보편적으로 관직을 담

당한 석이 없는 공부하는 사람을 가리킨다.

14. 5반五反-다섯 번을 거절함.

15. 소왕素王-소박함을 중시하는 태소상황太素上皇을 가리키며, 간략하게 소왕이라고 일컫는다. 달리 공자孔子를 가리키며, 또는 사관史官을 일컫기도 한다.

16. 9주九主-3가지 학설이 있다. 첫째, 사마정司馬貞의 주장으로 3황三皇 5제五帝와 우禹를 포함한 군주를 가리킨다. 둘째, 유향劉向의 주장으로 법을 엄격하게 집행하는 법군法君, 제멋대로 행동하는 전군專君, 신하에게 전권을 위임하는 수군授君, 몸소 힘쓰고 노력하는 노군勞君, 논공행상이 균등한 등군等君, 백성의 수고를 착취하는 기군寄君, 나라를 망치는 파군破君, 성을 쌓으면서 덕을 쌓지 않는 국군國君, 어린 나이에 즉위한 삼세사군三歲社君이 있다. 셋째, 마왕퇴馬王堆에서 출토된 한대漢代의 백서帛書의 기록으로 법군法君, 전수지군傳授之君, 노군勞君, 반군半君, 기주寄主, 파방주破邦主, 2인, 멸사지주滅社之主, 2인이 있다.

17. 적適-가다.

18. 추醜-추하다.

19. 박毫-3-003 주석5 참고.

20. 여구女鳩-탕湯 통치 시기의 현인이다.

21. 여방女房-탕湯 통치 시기의 현인이다.

┃국역┃

이윤의 이름은 아형이다. 아형은 탕을 만나려고 하였지만 방법이 없어서 이에 유신씨 종족의 시집가는 여성에 딸려 보내는 신하가 되었고, 솥과 도마 등 요리도구를 짊어지고 가서 음식의 맛으로 비유하여 탕에게 정치하는 방법을 유세하였으며, 인의로써 천하를 다스리고 덕정으로써 백성을 통치하는 왕도를 실행하게 하였다. 어떤 사람이 말하기를 이윤이 벼슬하지 않고 공부하고 있을 때에 탕이 사람을 보내서 그를 초빙하여 맞아들이려고 하였었는데, 다섯 번이나 거절한 이후에 비로소 가기를 승낙하고 탕을 따랐으며, 고대의 제왕인 소왕 및 9가지 군주의 유형에 대한 일을 이야기 하였다고 한다. 탕은 그를 등용하여 나라의 정사를 맡겼다. 이윤은 탕을 떠나서 하나라로 갔다. 이미 하나라의 정치가 추악한 상황에 이른 것을 알고 다시 박으로 돌아왔다. 북문으로 들어오다가 상나라의 어진 인물인 여구와 여방을 만났으며, 〈여구〉와 〈여방〉을 작성하였다.

3-006

湯出, 見野張網四面, 祝曰 : "自天下四方皆入吾網." 湯曰 : "嘻, 盡之矣!" 乃去其三面, 祝曰 : "欲左, 左. 欲右, 右. 不用命, 乃入吾網." 諸侯聞之, 曰 : "湯德至矣, 及禽獸."

|음역|

탕출, 견야장망사면, 축왈 : "자천하사방개입오망." 탕왈 : "희, 진지의!" 내거기삼면, 축왈 : "욕좌, 좌. 욕우, 우. 불용명, 내입오망." 제후문지, 왈 : "탕덕지의, 급금수."

|주석|

1. 탕湯-2-033 주석9 참고.
2. 장망張網-그물을 치다.
3. 축祝-기도하다.
4. 진盡-모두, 전부.

5. 용用-따르다, 종從과 동일함.
6. 제후諸侯-1-002 주석3 참고.

|국역|

탕이 사냥하러 외출하였는데, 들판에서 어떤 사람이 사방에 그물을 치는 것을 보았는데, 그 사람이 기도하며 말하기를 "온 천하와 사방의 모든 것이 내 그물에 들어오게 해 주십시오." 탕이 말하기를 "오, 한 그물에 다 집어넣겠다는 것은 너무 지나친 것이 아닌가!" 이에 3면의 그물을 제거하게 하고, 기도하며 말하기를 "왼쪽으로 가고자 하는 것은 왼쪽으로 가게 하고, 오른쪽으로 가고자 하는 것은 오른쪽으로 가게 해 주십시오. 명령을 따르지 않는 것이 있으면 바로 나의 그물에 들어오게 해 주십시오." 제후들이 이 말을 듣고 말하기를 "탕의 은덕이 지극하여 이미 동물에게까지 이르렀다."

|참고|

망개일면網開一面-고사성어이다. 동물을 사로잡는 그물의 3면을 제거하고 단지 1면만 남겨서 사냥하는 것이다. 즉 관대한 태도로 타인에게 빠져나갈 길을 열어주는 것을 비유한 것이다.

일망타진-網打盡-망개일면 고사성어와 밀접한 관련이 있다. 일망타진의 일반적으로 알려진 내용은 다음과 같다. 춘추시대에 진晉나라의 공자 이오夷吾와 중이重耳 형제가 있었다. 이오는 진秦나라와 제齊나라의 도움으로 왕위에 즉위하였는데, 이 사람이 바로 진나라 혜공惠公이다. 그러나 혜공의 신하들은 두 파로 분열되었으며, 혜공을 지지하는 일파는 각모卻芮와 여성呂省을 우두머리로 하고, 중이를 지지하는 일파는 이극里克과 비정조鄭을 우두머리로 하였다. 혜공은 비정이 진나라에 사신으로 갔을 때 이극을 살해하였다. 비정은 귀국한 이후에 심리적으로 매우 두려워서 암암리에 일당을 모아 혜공을 제거하려고 논의하였다. 어느 날 도안이屠岸夷가 비정을 만나기를 요청하여 만났는데, 도안이가 비정에게 말하기를 혜공이 자신을 살해하려고 한다면서 자신을 구해줄 것을 요청하였다. 비정이 말하기를 여성에게 가서 구해달라고 요청하라고 하였다. 도안이가 말하기를 여성은 좋은 사람이 아니며 자신도 그에게 원한을 품고 있다고 말하였다. 결국 몇 차례 과정을 거쳐서 비정은 마침내 도안이를 신뢰하고 그와 함께 혜공을 제거할 모의를 하였다. 그들은 한 통의 편지를 중이에게 써서 귀국할 준비를 하라고 하였으며, 비정, 공화共華, 도안이 등 10여 명의 신하들이 서명을 하였고, 도안이는 편지를 가지고 출발하였다. 그 다음날 조회에서 혜공은 비정에게 말하기를 너희들은 왜 중이를 영접하려고 하느냐? 하면서 그들을 모두 체포하여 살해하였다. 결국 편지에 서명했던 10여 명의 신하들은 도안이의 계략에 의해서 모두 일망타진 되었다.

3-007

當是時, 夏桀爲虐政淫荒, 而諸侯昆吾氏爲亂。湯乃興師率諸侯, 伊尹從湯, 湯自把鉞以伐昆吾, 遂伐桀。湯曰：“格女衆庶, 來, 女悉聽朕言。匪台小子敢行舉亂, 有夏多罪, 予維聞女衆言, 夏氏有罪。予畏上帝, 不敢不正。今夏多罪, 天命殛之。今女有衆, 女曰：‘我君不恤我衆, 舍我嗇事而割政’。女其曰：‘有罪, 其柰何’？夏王率止衆力, 率奪夏國。有衆率怠不和, 曰：‘是日何時喪？予與女皆亡’！夏德若茲, 今朕必往。爾尚及予一人致天之罰, 予其大理女。女毋不信, 朕不食言。女不從誓言, 予則帑僇女, 無有攸赦。”以告令師, 作湯誓。於是湯曰：“吾甚武”, 號曰武王。

┃음역┃

당시시, 하걸위학정음황, 이제후곤오씨위란. 탕내홍사솔제후, 이윤종탕, 탕자파월이벌곤오, 수벌걸. 탕왈 : "격여중서, 래, 여실청짐언. 비태소자감행거란, 유하다죄, 여유문여중언, 하씨유죄. 여외상제, 불감부정. 금하다죄, 천명극지. 금여유중, 여왈 : '아군불휼아중, 사아색사이할정'. 여기왈 : '유죄, 기내하'? 하왕솔지중력, 솔탈하국. 유중솔태불화, 왈 : '시일하시상? 여여여개망'! 하덕약자, 금짐필왕. 이상급여일인치천지벌, 여기대리여. 여무불신, 짐불식언. 여불종서언, 여즉노륙녀, 무유유사." 이고령사, 작탕서. 어시탕왈 : "오심무", 호왈무왕.

┃주석┃

1. 걸桀-하나라 최후의 국왕이고, 발發의 아들이며 이름은 달리 계癸, 이계履癸라고 일컬었다. 스스로를 태양이라고 여길 정도로 역사상 유명한 폭군으로 나라가 망하면서 쫓겨나 굶어 죽었다. 안휘성安徽省 소현巢縣 와우산臥牛山에 매장하였다.

2. 제후諸侯-1-002 주석3 참고.

3. 곤오씨昆吾氏-고신씨高辛氏 곡譽 시기에 전욱顓頊의 후예 오회吳回는 남방의 부락 수령이 되었는데, 오회의 아들 육종陸終, 육종의 아들에 곤오, 삼호參胡, 팽조彭祖, 회인會人, 조성曹姓, 계련季連 등 6명이 있었으며, 각자 씨족의 수령이 되고 성씨를 갖게 되었다. 곤오의 본명은 주번做樊이고, 곤오(현재 山西省 안읍 일대)에 거주하면서 지명으로써 성씨를 삼았다. 전설에 곤오는 도기 제조업의 발명자로 전해진다.

4. 탕湯-2-033 주석9 참고.

5. 이윤伊尹-3-004 주석7 참고.

6. 파把-잡다, 쥐다.

7. 격格-올, 이리로 옴, 내격來格, 격래格來로 쓰기도 한다.

8. 비匪-아닐 비非와 같다.

9. 태台-나 자신을 가리킴.

10. 소자小子-천자가 하늘에 대하여 말할 때 자신을 일컫는 말. 달리 고대에 자신을 일컫는 겸양의 말.

11. 유하有夏-하나라 왕을 가리킨다. 본문에서는 하씨夏氏, 하왕夏王 등으로 표현하였다.

12. 유維-또한 ～하다, 비록 ～하다.

13. 극殛-죽이다.

14. 유중有衆-두 가지 의미가 있다. 첫째, 상나라 시기에 농업 노동에 종사하는 노예를 가리키고, 중衆, 중인衆人으로 일컬었으며 우두머리는 소자신小藉臣이라고 하였다. 둘째, 다수의 백성을 가리킬 때 쓰기도 하며, 본문에서는 중, 유중, 중서衆庶 등으로 기록되었다.

15. 색사嗇事-농사.

16. 할정割政-농민을 해치는 정치.

17. 기其-혹은, 아마도.

18. 솔率-모두, 즉 군주와 신하가 함께.

19. 지止-저지하다, 즉 솔지중력率止衆力은 군주와 신하가 함께 백성들이 역량을 발휘하지 못하게 하는 것을 가리킨다.

20. 탈奪-착취하다. 즉 솔탈하국率奪夏國은 군주와 신하가 함께 하나라의 재산을 착취하는 것을 가리킨다.

21. 태怠-게으르다, 나태하다. 즉 솔태불화率怠不和는 백성들이 고의로 태만하여 정부 관리와 화합하지 않는 것을 가리킨다.

22. 상喪-망하다, 사라지다.

23. 여일인予一人-상왕商王을 가리키고, 전국의 최고 통치자로 정권과 군권과 신권神權을 장악하였다. 동시에 주변의 방국方國(鬼方, 土方,

夷方 등) 중에서 상나라의 책봉을 받는 여러 제후의 수령으로서 하늘에 두 태양이 없듯이 백성에게도 두 임금이 없는 유일한 존재인 여일인이라고 일컬어졌다. 상왕은 后의 소생인 적장자만이 될 수 있었고, 첩실인 부婦의 소생은 왕이 될 수 없었다.

24. 상尙―만일, 만약.

25. 치致―성취하다.

26. 이理―위로하여 포상하다, 표창하다.

27. 식언食言―거짓말하다.

28. 노륙帑僇―처자식까지 연좌하여 죽이다.

29. 유사攸赦―3-004 주석13 참고.

30. 영사슈師―명령을 기록하고 전달하는 관리이다.

31. 탕서湯誓―《상서》의 〈탕서〉 편이 있다. 일거에 하나라의 걸왕을 멸망시키기 위하여 전쟁 직전에 군사 동원령을 내린 것이다. 사관이 두 단락으로 기록하였고, 첫째 단락은 군사를 일으켜 정벌하는 이유를 설명하였고, 두 번째 단락에는 하늘을 대신하여 천벌을 내리고, 공적에 따라서 상벌을 내리는 방법을 서술하였다.

32. 무武―용맹하고 전투에 능함.

|국역|

이 시기에 이르러 하나라의 걸왕은 포악한 정치와 술과 여자에 깊이 빠져 사람으로서의 도리를 돌아보지 않는 행위를 저질렀고, 제후 곤오씨도 반란을 일으켰다. 탕은 이에 군사를 일으키고 제후들을 거느리며 정벌에 나섰으며, 이윤도 탕을 따랐다. 탕은 친히 큰 도끼를 쥐고 곤오씨를 정벌하였으며, 마침내는 하나라의 걸왕을 정벌하였다. 탕이 말하기를 "여러분, 모두 이리로 오시오. 그리고 모두 내 말을 들으시오. 내 자신이 감히 반란을 일으키는 것이 아니고, 하나라에 많은 죄악이 있으며, 나도

또한 여러분 모두가 하나라에 죄가 있다고 말하는 것을 들었다. 나는 하늘을 경외하여 감히 정벌하지 않을 수 없다. 현재 하나라는 많은 죄악을 저질러서, 천명으로 그들을 처벌할 것이다. 현재 너희들 모두는 이렇게 말할 것이다. '우리의 군주가 우리들을 사랑하지 않고 우리들로 하여금 농사를 버리고 농민을 해치는 정치를 하려 한다.' 너희들은 아마도 또 이렇게 말할 것이다. '죄가 있다면 또 어쩔 것인가!' 하나라 왕이 신하들과 함께 백성들이 역량을 발휘하지 못하게 하고, 신하들과 함께 하나라의 재산을 착취하였다. 백성들은 고의로 태만하여 정부 관리와 화합하지 않으면서 말하기를 '이 태양(하나라 왕이 스스로를 태양이라고 일컬음)이 언제 없어질 것인가! 우리들은 모두 이 태양과 함께 멸망하기를 원한다!' 하나라의 덕행이 이미 이와 같이 되었으니 현재 필히 내가 가서 토벌해야 한다. 너희들이 만약 나와 함께 하늘의 정벌을 성취하면, 내가 장차 너희들에게 크게 상을 내릴 것이다. 너희들이 나를 믿지 않는 것을 바라지 않으며, 나는 거짓말을 하지 않는다. 너희들이 나의 맹세하는 말을 따르지 않으면 나는 곧 너희들의 처자식까지 연좌하여 죽이고 사면하지 않을 것이다." 탕은 명령을 기록하고 전달하는 관리에게 알리고 〈탕서〉를 짓게 하였다. 그리고 탕이 말하기를 "나는 매우 용맹하고 전투에 능하다." 사람들이 그를 무왕이라고 일컬었다.

3-008

桀敗於有娀之虛, 桀奔於鳴條, 夏師敗績。湯遂伐三㠱, 俘厥寶玉, 義伯, 仲伯作典寶。湯旣勝夏, 欲遷其社, 不可, 作夏社。伊尹報。於是諸侯畢服, 湯乃踐天子位, 平定海內。

걸패어유융지허, 걸분어명조, 하사패적. 탕수벌삼종, 부궐보옥, 의백, 중백작전보. 탕기승하, 욕천기사, 불가, 작하사. 이윤보. 어시제후필복, 탕내천천자위, 평정해내.

|주석|

1. 걸桀-3-007 주석1 참고.

2. 유융有娀-3-001 주석4 참고.

3. 허虛-옛 도읍지의 허墟와 동일.

4. 명조鳴條-2-033 주석10 참고.

5. 패적敗績-크게 패하다.

6. 삼종三鬷-하나라의 걸왕에게 충성하던 제후국으로 현재의 정도定陶 지역이다.

7. 부俘-얻다. 취하다.

8. 궐厥-그, 이것.

9. 의백義伯-상나라 초기의 신하이며, 일찍이 탕을 보좌하여 하나라와 삼종三鬷을 정벌하였다. 하나라의 보물을 얻은 이후에 중백仲伯과 같이 〈전보典寶〉를 작성하였다.

10. 중백仲伯-의백을 참고할 것.

11. 전보典寶-전해지지 않음.

12. 탕湯-2-033 주석9 참고.

13. 사社-2-029 주석21 참고.

14. 하사夏社-두 가지 의미가 있다. 첫째, 하후씨夏后氏의 토지신을 모시는 사당이다. 둘째, 하나라의 토지신을 바꿔 설치할 수 없었던 이유를 기록한 문서이다. 현재는 전해지지 않는다.

15. 이윤伊尹-3-004 주석7 참고.

16. 보報 − 공포하다.

17. 제후諸侯 − 1- 002 주석3 참고.

18. 해내海內 − 사해지내四海之內, 즉 전국 또는 천하.

┃국역┃

걸왕은 유융씨의 옛 도읍지에서 패배하고, 명조로 도망갔으며 하나라 군대도 크게 패배하였다. 탕은 드디어 삼종을 정벌하고 그곳의 보물을 획득하였으며, 신하인 의백과 중백으로 하여금 〈전보〉를 작성하게 하였다. 탕은 이미 하나라에 승리하였고, 하나라의 토지신을 모시는 사당을 옮기려고 하였지만 이루지 못했으며 〈하사〉를 작성하였다. 이윤이 탕의 승리를 공포하였다. 그래서 제후들은 모두 복종하였고, 탕은 이에 천자의 자리에 올랐으며 전국을 평정하였다.

3- 009

湯歸至于泰卷陶, 中虺作誥。旣絀夏命, 還亳, 作湯誥："維三月, 王自至於東郊。告諸侯群后：'毋不有功於民, 勤力迺事。予乃大罰殛女, 毋予怨。'曰：'古禹, 皋陶久勞于外, 其有功乎民, 民乃有安。東爲江, 北爲濟, 西爲河, 南爲淮, 四瀆已修, 萬民乃有居。后稷降播, 農殖百穀。三公咸有功于民, 故后有立。昔蚩尤與其大夫作亂百姓, 帝乃弗予, 有狀。先王言不可不勉。'曰：'不道, 毋之在國, 女毋我怨。'"以令諸侯。伊尹作咸有一德, 咎單作明居。

┃음역┃

탕귀지우태권도, 중훼작고. 기출하명, 환박, 작탕고："유삼월, 왕자지어동교. 고제후군후：'무불유공어민, 근력내사. 여내대벌극녀, 무여원.'

왈 : '고우, 고요구로우외, 기유공호민, 민내유안. 동위강, 북위제, 서위하, 남위회, 사독이수, 만민내유거. 후직강파, 농식백곡. 삼공함유공우민, 고후유립. 석치우여기대부작란백성, 제내불여, 유상. 선왕언불가불면.' 왈 : '부도, 무지재국, 여무아원.'" 이령제후. 이윤작함유일덕, 구단작명거.

▌주석▌

1. 탕湯-2-033 주석9 참고.

2. 태권도泰卷陶-원래는 도陶라는 글자가 없다. 태동泰垌, 대동大垌으로 쓰며, 상세한 위치는 미상이지만 대략 정도定陶에서 멀지 않은 곳으로 추정된다.

3. 중훼中虺-해중奚仲의 후손으로 설薛이 본거지이고, 달리 중훼仲虺, 내주萊朱라고 일컬었다. 탕湯의 신하이고, 우상右相인 이윤과 더불어 좌상左相이 되어 탕을 보좌하여 상나라 건국에 공적을 세웠다.

4. 고誥-고명誥命으로 제왕 또는 조정에서 백성에게 반포한 명령을 가리킨다.

5. 출絀-출黜과 동일하고, 없애다, 폐지하다.

6. 하명夏命-왕명 또는 하나라의 법령.

7. 박亳-3-003 주석5 참고.

8. 탕고湯誥-《고문상서》에 〈탕고〉 편이 있고, 형식은 이것과 대략 비슷하다.

9. 유維-이다, 되다, 오직.

10. 교郊-도읍지 주변의 지역으로, 50리 떨어진 곳은 근교近郊이고 100리 떨어진 곳은 원교遠郊이다.

11. 제후諸侯-1-002 주석3 참고.

12. 군후群后-후는 군주를 가리킨다. 즉 각 제후국의 군주.

13. 근勤-노력.

14. 내사迺事-이에 내乃와 같다. 즉 이 일을 가리킨다.

15. 극진殛殄-죽이다.

16. 우禹-1-026 주석5 참고.

17. 고요皋陶-1-026 주석6 참고.

18. 강江-장강長江을 가리킨다.

19. 제濟-제수濟水를 가리킨다. 상세한 내용은 2-006 주석1 참고.

20. 하河-황하黃河를 가리킨다.

21. 회淮-회하淮河를 가리킨다. 상세한 내용은 2-008 주석3 참고.

22. 4독四瀆-독은 큰 강을 가리킨다. 즉 장강長江, 황하黃河, 제수濟水, 회수淮水를 가리킨다.

23. 후직后稷-1-026 주석8 참고.

24. 강파降播-백성들에게 파종하는 것을 가르쳐 줌. 강은 줄 사賜의 의미이다.

25. 3공三公-우禹, 고요皋陶, 후직后稷을 가리킨다.

26. 치우蚩尤-1-002 주석7 참고.

27. 대부大夫-고대의 관직으로 제후, 경, 대부, 사 계급 중에서 3급에 해당한다. 직위는 세습하고 토지를 책봉 받는다. 진한秦漢 이후에는 일반관직으로 변화되었다.

28. 제帝-황제黃帝.

29. 불여不予-불여不與와 동일. 여는 주다의 의미이다.

30. 유상有狀-죄가 있어서 멸망당했던 이와 같은 사례가 있다.

31. 선왕先王-황제黃帝, 요堯, 순舜 등을 가리킨다.

32. 부도不道-무도無道, 즉 도가 없다.

33. 재국在國-각 제후국의 제후로 임명하다의 의미이다.

34. 이윤伊尹-3-004 주석7 참고.

35. 함유일덕咸有一德-《고문상서》에 〈함유일덕〉 편이 있다. 상세한

내용은 탕湯과 이윤이 모두 한 가지 덕, 즉 군주와 신하가 마땅히 순수한 덕성德性을 가지고 있어야 함을 말한 것이다.

36. 구단씀單-탕의 신하로 사공司空을 지냈고, 백성이 거주할 때 마땅히 준수해야 할 법률을 설명한 〈명거〉편을 작성하였다. 집안이 흥성하여 대대로 구씨를 사용하였지만, 후대 자손은 구씨에서 잠씀씨로 바꿨고 구단은 태원太原 잠씨의 시조가 되었다. 또 이윤이 사망한 이후에 이윤의 업적을 사용하여 옥정沃丁을 훈계한 〈옥정〉편을 작성하였다.

37. 명거明居-현재는 전해지지 않지만 주요 내용은 백성이 거주할 때 마땅히 준수해야 할 법률과 규칙 등을 설명한 것으로 보인다.

|국역|

탕왕이 귀국길에 태권(도)에 이르자 중훼가 백성들에게 반포할 고명을 작성하였다. 이미 하나라의 법령을 폐지하고 박으로 돌아와서 〈탕고〉를 지었다. "3월에 상나라 왕이 친히 동쪽 교외에 이르렀다. 각 제후와 제후국의 군주에게 선포하기를 '백성에 대해서 업적이 없으면 불가하니, 각자 해야 할 일에 열심히 노력하시오. 그렇지 않으면 이에 여러분을 크게 벌을 주거나 처벌할 것이니 나를 원망하지 마시오.' 또 말하기를 '고대에 하나라의 우왕과 고요는 오랫동안 밖에서 수고하여 백성에 대해서 업적이 있었으며, 백성은 이에 편안하였다. 동쪽으로는 장강을, 북쪽으로는 제수를, 서쪽으로는 황하를, 남쪽으로는 회하 등 네 줄기 큰 강은 이미 치수가 완료되어, 백성들이 비로소 정착하게 되었다. 후직은 백성들에게 파종하는 것을 가르쳐주었고, 우왕과 고요, 후직은 모두 백성들에게 업적을 쌓았으며, 그래서 그들의 후예는 모두 나라를 건국하게 되었다. 옛날에 치우가 자신의 대부들과 더불어 백관들에게 난리를 일으켰고, 황제가 이에 보살펴주지 않아서 죄를 짓고 멸망당했던 사례가 있다.

그러니 황제와 요, 순 등 선왕의 말을 실현하려고 노력하지 않을 수 없다.' 또 말하기를 '여러분이 만약 포악무도하면 제후국의 제후로 임명하지 않을 것이니, 여러분은 나를 원망하지 마시오.'" 탕왕은 이러한 말로써 제후들에게 명령하였다. 이윤은 군주와 신하가 마땅히 순수한 덕성을 가지고 있어야 한다는 내용의 〈함유일덕〉을 작성하였고, 구단은 백성이 거주할 때 마땅히 준수해야 할 법률을 설명한 〈명거〉를 작성하였다.

3-010

湯乃改正朔, 易服色, 上白, 朝會以晝。

|음역|

탕내개정삭, 역복색, 상백, 조회이주.

|주석|

1. 탕湯-2-033 주석9 참고.
2. 정삭正朔-1년의 첫 번째 시작하는 날을 가리킴. 정은 1년의 시작이고, 삭은 1월의 시작이다. 또 하夏나라에서는 날이 밝으면 삭이고, 상商나라에서는 닭이 울면 삭이었고, 주周나라에서는 한 밤중을 삭이라고 하였다. 하나라 역법으로 동지 이후 두 번째 달이 정월이고 하정夏正이라고 일컬었다. 고대에는 왕조가 바뀌면 새로운 왕조에서는 정삭을 바꾸는데, 상나라에서는 12월을 1년의 시작으로 삼았다. 주나라에서는 11월을 1년의 시작으로 삼았다. 진秦나라에서는 10월을 1년의 시작으로 삼았다. 한漢나라 무제武帝 이후에는 정삭을 바꾸지 않고 연호만 바꿨는데, 당唐나라의 무측천武則天과 태평천국太平天國에서는 정삭을 바꾸기도 하였다.

3. 역易 비꾸다.

4. 복색服色-고대에는 5덕五德 사상의 유행으로, 각 왕조마다 특별히 숭상하는 색이 있었고, 이것은 5행의 상생상극의 원리와 부합해야만 하였다. 예를 들면 하나라는 청색, 상나라는 백색, 주나라는 적색, 진나라는 흑색, 한나라는 황색이다. 후대에는 일반적으로 각급 관리의 복식을 일컬었다.

5. 상上-상尙과 동일하다. 숭상하다.

6. 조회朝會-제후가 천자를 알현하는 것은 조, 천자가 제후를 접견하는 것은 회이다. 즉 제후와 신하 및 외국의 사신이 주간에 천자를 알현하고 천자는 그들을 접견하는 것을 말한다.

┃국역┃

탕왕은 이에 1년의 시작을 12월로 하는 정삭(역법)을 바꾸고, 기물과 관리의 복식을 바꿨으며, 흰색을 숭상하고, 주간에 제후와 신하 및 외국의 사신이 천자를 알현하고 천자는 그들을 접견하는 조회를 거행하였다.

┃참고┃

탕왕의 역법(湯曆)-탕왕이 만든 역법으로 탕력湯曆, 은력殷曆, 상력商曆 등으로 일컫는다. 상나라의 역법은 비교적 과학적이며 음양합력을 사용하였다. 또 간지干支로 일日을 기록하였고(甲, 乙, 丙, 丁, 戊, 己, 庚, 申, 壬, 癸 ; 子, 丑, 寅, 卯, 辰, 巳, 午, 未, 申, 酉, 戌, 亥) 태음太陰으로는 월月을 기록하였으며(大月-30일, 小月-29일), 태양太陽으로는 연年(12개월)을 기록하였다. 태양과 태음의 시차를 조정하기 위해서 윤월閏月을 두어 12월 다음에 13월이라 하였다가, 나중에는 1년의 중간에 두었다. 1년은 춘春과 추秋로 나누고, 평균 365와 1/4로 계산하였으며 사祀라고 일컬었다. 상나라의 역법은 서방의 바빌론 역법과도 유사한 점이 많이 있는데, 아마도 상호 간에 영향을 받은 것으로 보인다. 또 상나라의 역법은 후대의 중국 전통 역법의 제정에 기초를 제공하게 되었다.

3-011

湯崩, 太子太丁未立而卒, 於是迺立太丁之弟外丙, 是爲帝外丙。帝
外丙卽位三年, 崩, 立外丙之弟中壬, 是爲帝中壬。帝中壬卽位四年,
崩, 伊尹迺立太丁之子太甲。太甲, 成湯適長孫也, 是爲帝太甲。帝
太甲元年, 伊尹作伊訓, 作肆命, 作徂后。

|음역|

탕붕, 태자태정미립이졸, 어시내립태정지제외병, 시위제외병. 제외병
즉위삼년, 붕, 입외병지제중임, 시위제중임. 제중임즉위사년, 붕, 이윤내
립태정지자태갑. 태갑, 성탕적장손야, 시위제태갑. 제태갑원년, 이윤작이
훈, 작사명, 작조후.

|주석|

1. 탕湯-2-033 주석9 참고.
2. 붕崩-제왕과 왕후의 죽음을 가리키는 말이다. 참고로 훙薨은 제후의 사망이고 그 외에는 서逝, 졸卒, 거去, 망亡, 사死, 조殂 등이 사용되었다.
3. 태정太丁-탕의 아들로 이름은 탁托이며 달리 대정大丁이라고 일컬었다. 태정은 왕위에 오르기 전에 사망한 것으로 나오지만, 갑골문에는 문무정文武丁으로 기록되어 있으며 그에 관한 기록이 많이 등장한다. 또《죽서기년竹書紀年》에 근거하면 그는 13년간 재위하였다.
4. 내迺-이에 내乃와 동일.

5. 외병外丙–탕의 둘째 아들이고, 이름은 승勝이며 달리 복병卜丙이라고 일컬었다.

6. 중임中壬–중임仲任으로도 쓴다.

7. 이윤伊尹–3-004 주석7 참고.

8. 적適–정실 적嫡과 통용하였다.

9. 태갑太甲–탕의 적장손이고 이름은 일지日至이며, 12년간 재위하였다. 묘호廟號는 태종이고 시호는 문왕文王이다. 처음에는 포악무도하였지만, 이윤의 노력으로 동궁桐宮에서 3년을 보낸 후에는 자신의 죄과를 참회하고 정치를 잘하여 태평성세를 이룩하였다.

10. 이훈伊訓–《고문상서》에 〈이훈〉 편이 있고, 주요 내용은 이윤伊尹이 상나라 조상들의 훌륭한 덕치를 설명하며 왕에게 훈계한 것이다.

11. 사명肆命–《고문상서》의 편명으로 내용은 전해지지 않는다. 아마도 정치 교화를 실행할 때 마땅히 해야 할 바를 서술한 것으로 추측된다.

12. 조후徂后–《고문상서》의 편명으로 내용은 전해지지 않는다. 아마도 탕의 법도를 서술한 것으로 추측된다.

┃국역┃

탕왕이 사망하고 태자인 태정이 즉위하지도 못하고 사망하였으며, 그래서 이에 태정의 동생 외병이 즉위하였는데 이 사람이 바로 외병왕이다. 외병왕이 즉위 3년 만에 사망하고 외병왕의 동생 중임이 즉위하였는데 이 사람이 바로 중임왕이다. 중임왕이 즉위 4년 만에 사망하자, 이윤은 태정의 아들 태갑을 즉위시켰다. 태갑은 탕왕의 적장손인데 이 사람이 바로 태갑왕이다. 태갑왕 원년에 이윤은 〈이훈〉, 〈사명〉, 〈조후〉를 작성하였다.

3-012

帝太甲既立三年, 不明, 暴虐, 不遵湯法, 亂德, 於是伊尹放之於桐宮。三年, 伊尹攝行政當國, 以朝諸侯。

|음역|

제태갑기립삼년, 불명, 포학, 부준탕법, 난덕, 어시이윤방지어동궁. 삼년, 이윤섭행정당국, 이조제후.

|주석|

1. 태갑太甲-3-011 주석9 참고.
2. 탕湯-2-033 주석9 참고.
3. 이윤伊尹-3-004 주석7 참고.
4. 방放-추방하다, 쫓아내다.
5. 동궁桐宮-상나라의 별궁으로 탕의 묘지가 있다고 전해온다. 현재 하북성河北省 임장현臨漳縣에 있다. 일찍이 이윤伊尹이 태갑을 이곳으로 내쫓았다고 한다. 다른 의미로는 제왕을 쫓아내거나 감금하는 장소를 일컫기도 한다.
6. 당국當國-국사를 장악하고 관리하는 것을 가리킴.
7. 조朝-제후를 접견하다.
8. 제후諸侯-1-002 주석3 참고.

|국역|

태갑왕은 이미 즉위한 지 3년이 되었는데, 사리에 어둡고 포악하며, 탕이 제정한 법도를 지키지 않고 도덕을 문란하게 하였다. 그래서 이윤이 그를 동궁으로 내쫓았다. 3년 동안 이윤은 태갑왕을 대신하여 행정과 국사를 장악하고 관리하였으며, 제후들을 접견하였다.

‖참고‖

태갑太甲을 축출한 이유 - 이윤伊尹은 태갑왕이 즉위한 이후에 상탕商湯의 법도를 준수하지 않고 포악무도하였다. 또 이윤이 작성한 〈이훈〉, 〈사명〉, 〈조후〉 등을 따르지 않고 제멋대로 행동하였다. 그래서 상나라의 통치를 수호하고 태갑왕을 깨우치기 위해서 태갑왕을 3년간 동궁으로 축출하였다. 이윤의 이러한 행동은 여러 가지를 고려한 최후의 수단이었다. 첫째, 태갑을 깨우치게 하고 둘째, 통치집단 내부의 모순을 해결하기 위한 일종의 방법으로 상나라 통치를 공고히 하는 결정적인 작용을 하였다. 그 외에 여기서 주목할 내용은 신하가 군주를 쫓아냈다는 사실과 쌍방 간에 어떤 의심이나 원망이 없다는 점이다. 이러한 사실은 쌍방 모두 천하와 백성을 우선시하였음을 알 수 있다.

3-013

帝太甲居桐宮三年, 悔過自責, 反善, 於是伊尹迺迎帝太甲而授之政。帝太甲修德, 諸侯咸歸殷, 百姓以寧。伊尹嘉之, 迺作太甲訓三篇, 襃帝太甲, 稱太宗。

‖음역‖

제태갑거동궁삼년, 회과자책, 반선, 어시이윤내영제태갑이수지정. 제태갑수덕, 제후함귀은, 백성이녕. 이윤가지, 내작태갑훈삼편, 포제태갑, 칭태종.

┃주석┃

1. 태갑太甲-3-011 주석9 참고.

2. 동궁桐宮-3-012 주석5 참고.

3. 반反-되돌아오다 반返과 같다.

4. 이윤伊尹-3-004 주석7 참고.

5. 내迺-이에 내乃와 동일.

6. 제후諸侯-1-002 주석3 참고.

7. 은殷-3-001 주석1 참고.

8. 백성百姓-1-002 주석4 참고.

9. 가嘉-칭찬하다.

10. 태갑훈太甲訓-이윤이 작성하였고, 《고문상서》에 〈태갑〉 상, 중, 하 3편이 있다.

11. 포褒-기리다.

12. 태종太宗-고대 제왕에게서 자주 볼 수 있는 묘호廟號이다. 묘호는 일반적으로 상나라 태갑왕부터 시작되었다. 당唐나라 이후부터 왕조의 개국 황제의 묘호는 태조이고 2대 황제는 태종이 되었다.

┃국역┃

태갑왕은 동궁에서 3년을 거주하면서 잘못을 뉘우치고 스스로를 책망하여 선한 사람으로 되돌아왔으며, 그래서 이윤은 이에 태갑왕을 맞이하고 그에게 정권을 돌려주었다. 태갑왕이 덕행을 닦는 데 힘쓰자, 제후들이 모두 상나라에 귀의하였고 백관들도 편안하게 되었다. 이윤이 그를 칭찬하며 이에 〈태갑훈〉 3편을 작성하여 태갑왕을 기렸으며, 돌아가신 후에 사당에 안치하고 묘호를 태종이라고 일컬었다.

3-014

太宗崩, 子沃丁立。帝沃丁之時, 伊尹卒。既葬伊尹於亳, 咎單遂訓
伊尹事, 作沃丁。

|음역|

태종붕, 자옥정립. 제옥정지시, 이윤졸. 기장이윤어박, 구단수훈이윤
사, 작옥정.

|주석|

1. 태종太宗-3-013 주석12 참고.
2. 옥정沃丁-이름은 현絢이고 달리 강정羌丁이라고 불렸다. 태갑의
   아들이고 29년 재위했다고 전해오며, 사후에는 시호를 소왕昭王이
   라고 일컬었다. 재위 초기에는 이윤伊尹이 재상이었고, 이윤이 사
   망한 이후에는 구단咎單이 재상이 되어 옥정을 보좌하였다. 구단은
   이윤의 업적을 이용하여 후대를 훈계하기 위하여 〈옥정〉을 작성하
   였다.
3. 이윤伊尹-3-004 주석7 참고.
4. 박亳-3-003 주석5 참고.
5. 구단咎單-3-009 주석36 참고.
6. 훈訓-훈계하다, 근거하다.

|국역|

태종이 사망하고 아들 옥정이 즉위하였다. 옥정왕 재위시기에 이윤이
사망하였다. 이윤을 박에 장사지내고 난 후에, 구단은 드디어 이윤의 업
적을 이용하여 후대를 훈계하기 위해서 〈옥정〉을 작성하였다.

3-015

沃丁崩, 弟太庚立, 是爲帝太庚。帝太庚崩, 子帝小甲立。帝小甲崩,
弟雍己立, 是爲帝雍己。殷道衰, 諸侯或不至。

▌음역▌

옥정붕, 제태경립, 시위제태경. 제태경붕, 자제소갑립. 제소갑붕, 제옹
기립, 시위제옹기. 은도쇠, 제후혹부지.

▌주석▌

1. 옥정沃丁-3-014 주석2 참고.
2. 태경太庚-이름은 변辯이고 달리 대경大庚으로 일컫는다. 25년 재
   위하였고 시호는 선왕宣王이다.
3. 소갑小甲-이름은 고高이고, 태경의 아들이라는 주장과 동생이라는
   주장이 양립하고 있다. 36년간 재위하였고 시호는 경왕敬王이다.
4. 옹기雍己-이름은 주伷이고 12년 재위하였다. 정사를 돌보지 않아
   서 상나라는 점차 쇠락해지기 시작하였고, 제후들도 조회에 참석
   하지 않았다.
5. 은殷-3-001 주석1 참고.
6. 제후諸侯-1-002 주석3 참고.

▌국역▌

옥정이 사망하고 동생 태경이 즉위하였는데, 이 사람이 바로 태경왕
이다. 태경왕이 사망하고 아들 소갑왕이 즉위하였다. 소갑왕이 사망하고
동생 옹기가 즉위하였는데, 이 사람이 바로 옹기왕이다. 상나라의 덕치
가 쇠락해지자, 제후 중에서 어떤 사람은 조회에 참석하지 않았다.

3-016

帝雍己崩, 弟太戊立, 是爲帝太戊。帝太戊立伊陟爲相。亳有祥桑穀
共生於朝, 一暮大拱 帝太戊懼, 問伊陟。伊陟曰：“臣聞妖不勝德,
帝之政其有闕與？帝其修德。”太戊從之, 而祥桑枯死而去。伊陟贊
言于巫咸。巫咸治王家有成, 作咸艾, 作太戊。帝太戊贊伊陟于廟,
言弗臣, 伊陟讓, 作原命。殷復興, 諸侯歸之, 故稱中宗。

▮음역▮

제옹기붕, 제태무립, 시위제태무. 제태무립이척위상. 박유상상곡공생
어조, 일모대공 제태무구, 문이척. 이척왈：“신문요불승덕, 제지정기유궐
여? 제기수덕.” 태무종지, 이상상고사이거. 이척찬언우무함. 무함치왕가
유성, 작함애, 작태무. 제태무찬이척우묘, 언불신, 이척양, 작원명. 은부
흥, 제후귀지, 고칭중종.

▮주석▮

1. 옹기雍己-3-015 주석4 참고.

2. 태무太戊-이름은 밀密이고 갑골문에는 대태무大太戊, 천무天戊로
   기록되어 있다. 75년간 재위하였고, 이척伊陟과 무함巫咸을 등용하
   여 덕치를 베풀어서 천하가 안정되고 국력을 크게 중흥시켰다. 병
   으로 사망하고 내황內黃에 장사하였으며 묘호는 중종中宗이다.

3. 이척伊陟-이윤의 아들이고 상나라 태무 재위시기 재상으로 국사
   를 다스렸다.

4. 박亳-3-003 주석5 참고.

5. 상祥-조짐. 여기서는 나쁜, 괴상한의 의미이다.

6. 상곡桑穀-상은 뽕나무이고 곡은 저수楮樹의 닥나무, 또는 구수枸

樹라는 호깨나무를 가리킨다.

7. 조朝-조정.

8. 공拱-뽕나무 아래에 닥나무(또는 호깨나무)가 자라서 두 나무가 서로 껴안고 있는 모습을 가리킨다.

9. 궐闕-결점, 잘못. 즉 궐여闕與(闕歟)는 잘못이 있지 않을까?의 의미이다.

10. 찬언贊言-알리다, 고告와 동일.

11. 무함巫咸-태무 재위시기 국사國師이고, 강소성江蘇省 상숙常熟 출신이며, 갑골문에는 함무咸戊로 기록되어 있다. 점성술에 능하고 서점술筮占術의 창시자이며 상나라 신권통치의 대표 인물이다.

12. 왕가王家-왕실 또는 조정을 가리킨다.

13. 함애咸艾-〈함애〉 편으로 전하지 않으며, 대략 태무와 함무를 찬양하는 내용이 기록되어 있을 것으로 추측됨.

14. 태무太戊-〈태무〉 편으로, 위와 동일하다.

15. 묘廟-사당, 종묘, 달리 조정을 가리키기도 한다.

16. 불신弗臣-신하로써 대하지 않는다.

17. 원명原命-〈원명〉 편으로 전하지 않으며, 《정의正義》에 이르기를 원은 다시 재再의 의미이고, 명命은 우禹와 탕湯의 덕치를 실행하다의 의미라고 하였다.

18. 은殷-3-001 주석1 참고.

19. 제후諸侯-1-002 주석3 참고.

20. 중종中宗-중흥시킨 군주의 묘호이다. 묘호는 상나라 태갑太甲을 태종太宗으로 일컬은 데서 시작되었다. 예를 들면 태조太祖, 고조高祖는 나라를 건국한 군주에게 부여하고, 세조世祖와 태종太宗은 나라를 흥성시킨 군주에게 부여하며, 중종中宗과 헌종憲宗은 나라를 중흥시킨 군주를 일컫는 것이 보통이다.

옹기왕이 사망하고 동생 태무가 즉위하였는데, 이 사람이 바로 태무
왕이다. 태무왕이 즉위하고 이척을 재상으로 삼았다. 박에서는 괴상한
뽕나무와 닥나무가 궁중에서 함께 자랐는데, 하루 저녁 만에 두 나무가
서로 껴안고 있듯이 크게 자란 일이 있었다. 태무왕이 두려워서 이척에
게 물었다. 이척이 말하기를 "제가 듣기에 요망함은 덕망을 이기지 못한
다고 했는데, 군주의 정치에 잘못된 점이 있지나 않은지 모르겠습니다.
그러니 군주께서는 덕행을 닦으십시오." 태무왕이 이척의 말을 따르자,
괴상한 뽕나무는 시들어 죽고 없어졌다. 이척은 이런 상황을 무함에게
알려줬다. 무함은 왕실과 조정을 다스리는데 업적이 있었고, 〈함애〉와
〈태무〉를 작성하였다. 태무왕은 종묘에서 이척을 칭찬하고 그를 신하로
써 대우하지 않았는데, 이척은 그런 대우를 사양하며 〈원명〉을 작성하
였다. 상나라는 다시 흥성해지고 제후들도 귀의하여서 묘호를 중종이라
고 일컬었다.

3-017

> 中宗崩, 子帝中丁立。帝中丁遷于隞。河亶甲居相。祖乙遷于邢。帝
> 中丁崩, 弟外壬立, 是爲帝外壬。仲丁書闕不具。帝外壬崩, 弟河亶
> 甲立, 是爲帝河亶甲。河亶甲時, 殷復衰。

|음역|

중종붕, 자제중정립. 제중정천우오. 하단갑거상. 조을천우형. 제중정
붕, 제외임립, 시위제외임. 중정서궐불구. 제외임붕, 제하단갑립, 시위제
하단갑. 하단갑시, 은부쇠.

|주석|

1. 중종中宗-3-016 주석20 참고.

2. 중정中丁-이름은 장莊이고 13년간 재위하였으며, 적천狄泉에 장사 지냈다. 재위기간에 최초로 도읍을 박毫에서 오隞로 천도하였다. 중정이 사망한 이후 동생들 간에 왕위쟁탈전이 벌어져서 형제상속 제가 붕괴되었으며, 상나라는 재차 쇠락하게 되었다.

3. 오隞-현재 하남성河南省 정주시鄭州市 부근이다.

4. 하단갑河亶甲-이름은 정整이고 중정과 외임外壬의 동생으로 외임 이 사망하고 즉위하였다. 9년간 재위하고 상相에 장사지냈다. 재위 기간에 내황內黃으로 천도하였고, 내우외환으로 상나라는 급속히 쇠락해졌다.

5. 상相-하남성 안양시安阳市이다.

6. 조을祖乙-이름은 등滕이고 19년간 재위하였고 상相-경耿-형邢- 비庇 등으로 4차례 천도하였으며, 적천狄泉에 장사지냈다. 재위 기 간에 상나라의 사회와 경제가 회복과 발전을 이루어 재차 흥성하 기 시작하였다. 갑골문에는 중종조을中宗祖乙이라고 기록되어 있고, 태을太乙·태갑太甲과 합하여 삼시三示, 즉 공적이 뛰어난 3명의 조 상으로 일컬어졌다.

7. 형邢-현재의 형태시邢台市이다.

8. 외임外壬-이름은 발發이고 갑골문에는 복임卜壬으로 기록되어 있 으며, 중정中丁의 동생이다. 중정이 사망하고 왕위를 탈취하였으며 역사상의 9세九世의 난리를 일으켰고, 제후들은 조공을 바치지 않 고 상나라는 쇠락하기 시작하였다. 15년 재위하였고 적천狄泉에 장 사지냈다.

9. 중정中丁-〈중정〉 편으로 전해지지 않는다. 대략 중정에 관한 기 록이 있을 것으로 추측된다.

10. 서書−서적, 문헌.

11. 은殷−3-001 주석1 참고.

┃국역┃

중종이 사망하고 아들 중정왕이 즉위하였다. 중정왕은 도읍을 오로 옮겼다. 하단갑은 도읍을 상으로 옮겨 거주하였다. 조을은 도읍을 형으로 옮겼다. 중정왕이 사망하고 동생 외임이 즉위하였는데, 이 사람이 바로 외임왕이다. 〈중정〉이라는 문헌은 글자가 누락된 부분이 있어서 완전하지 않았다. 외임왕이 사망하고 동생 하단갑이 즉위하였는데, 이 사람이 바로 하단갑왕이다. 하단갑왕 재위시기에 상나라는 다시 쇠락해졌다.

3-018

河亶甲崩, 子帝祖乙立。帝祖乙立, 殷復興。巫賢任職。

┃음역┃

하단갑붕, 자제조을립. 제조을립, 은부흥. 무현임직.

┃주석┃

1. 하단갑河亶甲−3-017 주석4 참고.

2. 조을祖乙−3-017 주석6 참고.

3. 은殷−3-001 주석1 참고.

4. 무현巫賢−무함巫咸의 아들이고, 조을이 즉위하면서 재상이 되었다. 무는 제사를 담당하는 신직관료神職官僚를 나타내고, 현은 어진 사람이라는 의미를 나타낸다. 신직관료는 주로 상제上帝(天)와 하제下帝(商王) 사이의 매개 임무를 담당하였다. 상商나라의 신직 관

료로는 복ト(길흉 점침), 정인貞人(운명 판단), 무巫(제사 의례), 축祝(제사 실무), 사史(기록), 작책作冊(문서 관리) 등이 있다. 이들은 모두 신의 뜻을 빌려 정치에 참여하였고, 국가의 대소사는 모두 그들의 동의를 얻어야 하기 때문에 지위는 낮았지만 권력은 상당하였다. 상나라에서 고급 정무관이 되려면 필수적으로 신직관료를 거쳐야만 한다.

┃국역┃

하단갑왕이 사망하고 아들 조을왕이 즉위하였다. 조을왕이 즉위하고 상나라는 다시 흥성하였다. 무현이 관직을 맡았다.

┃참고┃

상나라 왕의 신권정치神權政治─왕권과 신권이 결합된 것은 상나라의 정치상의 특징이다. 왕은 자칭 하늘의 대표로서 하늘을 대신해서 토지와 백성을 관리하도록 파견되었다고 하였다. 즉 왕권은 한편으로 신神의 외투를 걸치고, 다른 한편으로는 신의 힘을 빌려서 통치자의 권력을 강화하였던 것이다. 왕의 통치는 물론 지배층의 일상사 및 심지어 군사행동에 이르기까지, 일체의 행위는 점복占卜을 통하여 신의 의사를 묻고 결정하였다. 또 이를 전문적으로 대행하는 방대한 신직神職 관료가 있었으며, 국가기구의 중요한 부분을 차지하고 있었다. 신직 관료는 무巫를 대표로 하며, 사회생활과 일체의 군국정사 중에서 직접 혹은 간접적으로 지배적인 위치를 차지하였다.

3-019

祖乙崩, 子帝祖辛立。帝祖辛崩, 弟沃甲立, 是爲帝沃甲。帝沃甲崩,

立沃甲兄祖辛之子祖丁, 是爲帝祖丁。帝祖丁崩, 立弟沃甲之子南
庚, 是爲帝南庚。帝南庚崩, 立帝祖丁之子陽甲, 是爲帝陽甲。帝陽
甲之時, 殷衰。

┃음역┃

조을붕, 자제조신립. 제조신붕, 제옥갑립, 시위제옥갑. 제옥갑붕, 입옥
갑형조신지자조정, 시위제조정. 제조정붕, 입제옥갑지자남경, 시위제남
경. 제남경붕, 입제조정지자양갑, 시위제양갑. 제양갑지시, 은쇠.

┃주석┃

1. 조을祖乙-3-017 주석6 참고.

2. 조신祖辛-이름은 단旦이고 조을의 아들이다. 16년간 재위하였고
   적천狄泉에 장사지냈으며, 시호는 환왕桓王이다.

3. 옥갑沃甲-이름은 유逾이고, 갑골문에는 강갑羌甲, 개갑開甲으로 기
   록되어 있다. 25년간 재위하였고 적천狄泉에 장사지냈으며, 시호는
   희왕僖王이다.

4. 조정祖丁-이름은 신新이고 갑골문에는 차정且丁으로 기록되어
   있다. 9년간 재위하였고 비庇로 도읍을 옮겼으며, 시호는 장왕莊
   王이다.

5. 남경南庚-이름은 갱更이고 6년간 재위하였으며, 시호는 경왕頃王
   이다. 재위시기에 도읍을 엄奄으로 옮겼으며, 상나라는 재차 쇠락
   해졌다.

6. 양갑陽甲-이름은 화和이고 갑골문에는 상갑象甲으로 기록되어 있다.

7. 은殷-3-001 주석1 참고.

조을이 사망하고 아들 조신왕이 즉위하였다. 조신왕이 사망하고 동생 옥갑이 즉위하였는데, 이 사람이 바로 옥갑왕이다. 옥갑왕이 사망하고 옥갑의 형 조신의 아들 조정이 즉위하였는데, 이 사람이 바로 조정왕이다. 조정왕이 사망하고 동생 옥갑의 아들 남경이 즉위하였는데, 이 사람이 바로 남경왕이다. 남경왕이 사망하고 조정왕의 아들 양갑이 즉위하였는데, 이 사람이 바로 양갑왕이다. 양갑왕의 재위시기에 상나라는 쇠락해졌다.

3-020

自中丁以來, 廢適而更立諸弟子, 弟子或爭相代立, 比九世亂, 於是諸侯莫朝.

|음역|

자중정이래, 폐적이갱립제제자, 제자혹쟁상대립, 비구세란, 어시제후막조.

|주석|

1. 중정中丁-3-017 주석2 참고.
2. 적適-정실 적嫡과 동일.
3. 갱更-다시, 바뀔 개改와 동일.
4. 비比-연속하다.
5. 제후諸侯-1-002 주석3 참고.

┃국역┃

중정 이래로 적장자 계승을 폐지하고 여러 형제들과 그들의 자식들이 순서를 바꿔서 즉위하거나, 또 여러 형제들과 그들의 자식들이 어쩔 때 는 서로 쟁탈하여 대신 즉위하는 등 9대 동안 혼란이 연속되었으며, 그 래서 제후들이 조회하러 오지 않았다.

┃참고┃

상나라의 9세란九世亂이란?-상나라의 계승제도는 형종제급兄終弟及과, 부사자계父死子繼의 혼합이다. 상탕부터 차례로 14명의 왕은 형종제급의 원칙에 의하여 계승하였다. 그러나 중정中丁부터 외임外壬, 하단갑河亶甲, 조을祖乙, 조신祖辛, 옥갑沃甲, 조정祖丁, 남경南庚, 양갑陽甲의 9명의 왕은 형종제급과 부사자계의 원칙이 무너진 형태로 빈번히 계승되었다. 특히 왕위 쟁탈이 계속 발생하여 정치상 혼란을 초래하여 국력이 쇠약해졌고, 주변의 세력이 강대한 제후국이 알현하지 않을 뿐 아니라 반란도 계속 되었다. 심지어는 중정에서 남경에 이르기까지 박亳에서 오隞-상相-경 耿-비庇-엄奄으로 도읍을 5번이나 옮기면서, 구세력을 제어하고 사회 갈등을 해소하며, 생산을 증진시키고 유리한 지리위치를 선택하여 주변 의 강대한 제후국을 장악하는 등 정치적으로 위기를 돌파하려고 하였지 만 상황은 더욱 악화되었다. 단지 조을이 비庇로 천도한 이후에 잠깐이 나마 정치가 안정되고 생산력이 발전하였으며, 주변 제후국을 장악하여 반란이 발생하지 않았을 뿐이다.

3-021

帝陽甲崩, 弟盤庚立, 是爲帝盤庚。帝盤庚之時, 殷已都河北, 盤庚 渡河南, 復居成湯之故居, 迺五遷, 無定處。殷民咨胥皆怨, 不欲徙。

盤庚乃告諭諸侯大臣曰：“昔高后成湯與爾之先祖俱定天下，法則可修。舍而弗勉，何以成德!”乃遂涉河南，治亳，行湯之政，然後百姓由寧，殷道復興。諸侯來朝，以其遵成湯之德也。

▌음역▌

제양갑붕, 제반경립, 시위제반경. 제반경지시, 은이도하북, 반경도하남, 복거성탕지고거, 내오천, 무정처. 은민자서개원, 불욕사. 반경내고유제후대신왈：“석고후성탕여이지선조구정천하, 법칙가수. 사이불면, 하이성덕!”내수섭하남, 치박, 행탕지정, 연후백성유녕, 은도부흥. 제후래조, 이기준성탕지덕야.

▌주석▌

1. 양갑陽甲－3-019 주석6 참고.

2. 반경盤庚－이름은 순旬이고 갑골문에는 반경般庚으로 기록되어 있으며, 28년 재위하였다. 그는 당시 사회가 불안정한 상황을 변화시키기 위하여 은殷으로 천도하였고, 그곳에서 상나라는 부흥하기 시작하여 270여 년간 존속하였다.

3. 하북河北－황하 북쪽을 가리킨다.

4. 하남河南－황하 남쪽을 가리킨다.

5. 성탕成湯－2-033 주석9 참고.

6. 5천五遷－두 가지 의미가 있다. 첫째, 탕에서 반경까지 5차례 천도한 것을 가리킨다. 즉 탕湯은 박亳으로, 중정中丁은 오隞로, 하단갑河亶甲은 상相으로, 조을祖乙은 비庇와 엄奄으로, 반경盤庚은 다시 박으로 옮긴 것을 말한다. 둘째, 반경 시기에만 5차례 천도한 것을 의미한다. 즉 엄奄에서 몽蒙－엄奄－상相－북몽北蒙－은殷으로 이동

했다는 주장이 있다.

7. 은殷-3-001 주석1 참고.

8. 자咨-탄식하다.

9. 서개胥皆-서는 서로 상相과 동일, 서개는 모두, 전부의 의미이다.

10. 고유告諭-알려 깨우쳐 줌.

11. 제후諸侯-1-002 주석3 참고.

12. 고후高后-탕에 대한 경칭.

13. 박亳-3-003 주석5 참고.

14. 백성百姓-1-002 주석4 참고.

15. 유由-~로 인하여.

|국역|

양갑왕이 사망하고 동생 반경이 즉위하였는데, 이 사람이 바로 반경 왕이다. 반경왕의 재위시기에 상나라는 이미 황하 북쪽에 도읍이 있었는데, 반경이 즉위하고 황하 남쪽으로 건너가서 다시 탕의 옛 도읍지에 거주하려고 하였다. 그러나 이미 다섯 번이나 도읍을 옮겼고 고정적인 장소도 없었다. 상나라 백성들은 탄식하고 모두 통치자를 원망하면서 옮기려고 하지 않았다. 반경왕이 이에 제후와 신하들에게 알려 깨우쳐주며 말하기를 "옛날에 탕은 여러분의 조상과 함께 천하를 평정하였고, 그들이 정한 법도와 원칙으로 다스렸다. 이런 좋은 것들을 버리고 실현에 힘쓰지 않으면 무엇으로써 덕치를 이루겠는가!"이에 드디어 황하 남쪽으로 건너와서 박 지역을 정돈하고 탕의 정치를 실행하였으며, 그런 연후에 백관들은 이로 인하여 평안하게 되었고, 상나라의 정치 도덕은 다시 흥성하였다. 제후들도 조회에 참석하였는데, 이것은 탕의 덕치를 따랐기 때문이다.

l참고l

탕왕 시기 박에서 반경의 은까지 천도한 지명과 이유─상나라는 초기에 도읍을 여러 번 옮겼는데 지명은 박毫─오隞─상相─경耿─비庇─엄奄─은殷 등이다. 천도한 주요 이유로는 세 가지가 있다. 첫째, 상나라는 본래 유목종족으로 초기에는 수초를 따라서 방목 생활을 하였던 것 같으며, 이동 과정 중에 세력과 활동 범위가 확대되어 상 부족의 발전에 토대가 되었다고 여겨진다. 둘째, 이동한 도읍지는 모두 황하黃河 연안에 위치해 있어서 황하의 잦은 범람으로 인하여 농토와 생산물의 안정적인 공급에 곤란을 겪었을 것이다. 셋째, 형종제급兄終弟及과 부사자계父死子繼의 혼합형 왕위계승제로 인하여 왕권투쟁이 자주 발생하였고, 해결책의 일환으로 도읍을 옮겼을 가능성도 농후하다. 결론적으로 반경盤庚이은殷으로 천도한 이후에는 상나라가 멸망할 때까지 273년간 도읍을 옮기지 않았으며, 상 왕조도 안정기에 접어들게 되었다. 이것은 통치 질서의 확립과 정착생활 및 농업의 종사로 사회경제가 회복되었음을 나타내주는 직접적인 증거라고 할 수 있다.

3-022

> 帝盤庚崩, 弟小辛立, 是爲帝小辛。帝小辛立, 殷復衰。百姓思盤庚,
> 迺作盤庚三篇。帝小辛崩, 弟小乙立, 是爲帝小乙。

l음역l

제반경붕, 제소신립, 시위제소신. 제소신립, 은부쇠. 백성사반경, 내작반경삼편. 제소신붕, 제소을립, 시위제소을.

1. 반경盤庚-3-021 주석2 참고.

2. 소신小辛-이름은 송頌이고, 21년 재위하였으며 은殷에 장사 지냈다. 재위시기에 반경盤庚의 치국정책을 폐기하여 상나라는 재차 쇠락의 길로 접어들었다.

3. 은殷-3-001 주석1 참고.

4. 백성百姓-1-002 주석4 참고.

5. 반경盤庚-〈반경〉 3편을 가리킨다. 이것은 《상서》 중에서 사료가치가 비교적 높은 작품이다. 주요 내용은 반경의 천도와 관련된 것으로, 천도 전후에 반경이 귀족과 신하 및 서민들에게 반포한 담화와 명령으로 반경 당시의 연설문이라고 할 수 있다. 그중의 상편은 반경이 귀족과 신하에 대한 이야기인데, 귀족들의 안일하고 천도를 원하지 않는 행동을 신랄하게 질책하는 내용이다.

6. 소을小乙-이름은 염斂이고, 갑골문에는 소조을小祖乙, 후조을后祖乙, 아조을亞祖乙 등으로 기록되어 있으며 10년 재위하였다. 재위시기에 아들인 무정武丁에게 직접 경작을 하게 하는 등, 후세의 무정중흥武丁中興의 기초를 확립하였다.

|국역|

반경왕이 사망하고 동생 소신이 즉위하였는데, 이 사람이 바로 소신왕이다. 소신왕이 즉위하고 상나라는 다시 쇠퇴하였다. 백관들이 반경을 그리워하였고, 이에 〈반경〉 3편을 작성하였다. 소신왕이 사망하고 동생 소을이 즉위하였는데, 이 사람이 바로 소을왕이다.

3-023

帝小乙崩, 子帝武丁立。帝武丁卽位, 思復興殷, 而未得其佐。三年
不言, 政事決定於冢宰, 以觀國風。武丁夜夢得聖人, 名曰說。以夢
所見視群臣百吏, 皆非也。於是迺使百工營求之野, 得說於傅險中。
是時說爲胥靡, 築於傅險。見於武丁, 武丁曰是也。得而與之語, 果
聖人, 擧以爲相, 殷國大治。故遂以傅險姓之, 號曰傅說。

┃음역┃

제소을붕, 자제무정립. 제무정즉위, 사부흥은, 이미득기좌. 삼년부언,
정사결정어총재, 이관국풍. 무정야몽득성인, 명왈열. 이몽소견시군신백
리, 개비야. 어시내사백공영구지야, 득열어부험중. 시시열위서미, 축어부
험. 견어무정, 무정왈시야. 득이여지어, 과성인, 거이위상, 은국대치. 고
수이부험성지, 호왈부열.

┃주석┃

1. 소을小乙-3- 022 주석6 참고.
2. 무정武丁-이름은 소昭이고 42년간 재위하였으며, 묘호는 고종高宗이
   다. 재위시기에 부열傅說을 등용하여 재상으로 삼고, 부인 부호婦好를
   장군으로 임명하여 귀방鬼方을 정벌하는 등 탁월한 지도자였다. 그래
   서 상나라는 재차 강성해져서 무정중흥武丁中興이라고 일컬었다.
3. 은殷-3- 001 주석1 참고.
4. 좌佐-보좌하는 신하.
5. 총재冢宰-관직 명칭으로 왕실의 재정과 궁궐의 사무를 담당하는
   태재太宰를 일컫는다. 지위는 3공三公의 아래이고 6경六卿의 우두
   머리이다.

6. 국풍國風-두 가지 의미가 있다. 첫째, 국가의 풍속을 가리킨다. 둘째, 《시경》을 풍風, 아雅, 송頌으로 분류할 수 있는데, 풍은 민간에서 채집한 노래로 국풍이라고 일컫는다. 《시경》의 정수이고, 당시 백성들의 진실한 생활을 반영하고 있으며 중국 현실주의 시가의 원류이다.

7. 시視-자세히 살피다, 비교하다.

8. 백리百吏-공경公卿 이하의 여러 관리.

9. 백공百工-1-027 주석5 참고.

10. 영구營求-찾다.

11. 야野-성 밖.

12. 부험傅險-고대의 지명이고, 현재의 섭주陝州 하북현河北縣이다. 전설에 상나라의 부열傅說이 노예로 있으면서 이곳에서 축대를 쌓았다고 한다.

13. 서미胥靡-두 가지 의미가 있다. 첫째, 고대에 죄를 짓고 노역에 종사하는 노예 또는 죄인을 가리킨다. 둘째, 형벌의 명칭, 즉 부형腐刑을 일컫기도 한다.

14. 견見-알현하다.

15. 시야是也-바로 이 사람이다, 맞다.

16. 성지姓之-성씨를 하사하다.

17. 부열傅說-무정시기의 대재상大宰相이고, 탁월한 정치가, 군사가, 사상가, 건축과학자이다. 무정이 노예 신분인 그를 발탁하여 재상으로 삼고 자신을 보좌하게 하여 무정중흥武丁中興을 이룩하였으며, 〈열명說命〉3편을 작성하였다. 후대 사람들은 그를 가리켜 성인, 천신天神, 몽부夢父, 천책성天策星 등으로 일컬었다.

소을왕이 사망하고 아들 무정왕이 즉위하였다. 무정왕이 즉위하고 상
나라를 부흥시키려고 생각하였으나, 그러나 보좌할 만한 신하를 얻지 못
했다. 3년 동안 정치에 대하여 말하지 않았고 국가 정사는 전부 총재로
하여금 결정하게 하였으며, 자신은 국가의 풍속만 관찰하였다. 무정이
밤에 꿈을 꾸다가 꿈속에서 성인을 만났는데 이름이 열이었다. 꿈속에서
본 형상에 따라서 여러 신하와 관리를 자세히 살펴보았는데, 모두 그 사
람이 아니었다. 그래서 이에 백관으로 하여금 성 밖으로 나가서 찾게 하
였고, 부험이라는 곳에서 열을 찾았다. 이때에 열은 죄를 짓고 노역에
종사하는 노예 신분으로 부험에서 축대를 쌓고 있었다. 무정을 알현하게
하니 무정이 말하기를 바로 이 사람이라고 하였다. 무정은 그를 찾은 후
에 그와 더불어 이야기를 나누고 과연 성인이라고 하였으며, 그를 천거
하여 재상으로 삼으니 상나라가 잘 다스려졌다. 그래서 마침내 부험이라
는 지명으로써 그에게 성씨를 하사하고, 부열이라 일컬었다.

|참고|

무정武丁의 공로-무정의 통치 시기는 상商나라 역사상 가장 전성기였
다. 중요 이유는 두 가지가 있다. 첫째, 무정 스스로가 수양하고 덕치를
실행했으며, 대외정벌을 통하여 상나라의 정치적 영향을 확대시켰다. 둘
째, 노예 출신의 부열과 감반甘盤 등 인재를 광범위하게 선발하여 중용
하였다. 이로 인하여 무정의 묘호를 고종高宗이라고 일컫는 등 무정중흥
武丁中興을 이룩하였다.

3-024

帝武丁祭成湯, 明日, 有飛雉登鼎耳而呴, 武丁懼。祖己曰："王勿憂, 先修政事。"祖己乃訓王曰:"唯天監下典厥義, 降年有永有不永, 非天夭民, 中絶其命。民有不若德, 不聽罪, 天旣附命正厥德, 乃曰其奈何。嗚呼! 王嗣敬民, 罔非天繼, 常祀毋禮于棄道。"武丁修政行德, 天下咸驩, 殷道復興。

|음역|

제무정제성탕, 명일, 유비치등정이이구, 무정구. 조기왈:"왕물우, 선수정사." 조기내훈왕왈:"유천감하전궐의, 강년유영유불영, 비천요민, 중절기명. 민유불약덕, 불청죄, 천기부명정궐덕, 내왈기내하. 명호! 왕사경민, 망비천계, 상사무례우기도." 무정수정행덕, 천하함환, 은도부흥.

|주석|

1. 무정武丁-3-023 주석2 참고.
2. 성탕成湯-2-033 주석9 참고.
3. 명일明日-다음 날.
4. 조기祖己-무정 재위시기의 신하이고, 중훼仲虺의 후예이다. 무정이 사망하고 〈고종융일高宗肜日〉과 〈훈訓〉을 작성하였다.
5. 구响-꿩의 울음소리.
6. 하下-상천上天과 하민下民의 대구로 백성을 가리킴.
7. 전典-규범, 법칙, 항상 상常과 동일.
8. 궐厥-그 기其와 동일.
9. 강년降年-하늘이 사람에게 하사한 수명.
10. 영永-길 장長과 동일.
11. 약덕若德-도덕을 따르다.
12. 청죄聽罪-죄를 인정하다.

13. 부명附命-하늘이 내린 천명.

14. 정正-바르게 잡다.

15. 왕사경민王嗣敬民-사는 주인 주主와 동일, 즉 왕은 백성의 주인으로 마땅히 백성의 일을 공경해야 한다는 의미이다.

16. 망비천계罔非天繼-백성의 일도 하늘이 계승해야 할 법칙 아닌 것이 없다는 의미이다.

17. 상사常祀-제사의 변하지 않는 규범, 또는 고정적인 제사의 의례를 가리킨다.

18. 무례우기도毋禮于棄道-예禮는 《주례周禮》에 규정된 난도亂道, 즉 도의를 문란하게 하는 행위에 부합하는 의례를 시행하는 것을 가리키고, 기도는 불변의 법칙을 폐기하는 행위를 가리킨다. 번역하면 《주례》에 규정된 도의를 문란하게 하는 행위에 부합하는 의례를 시행하고, 그래서 제사에 있어서 불변의 법칙을 폐기하는 행위를 하지 말아야 한다.

19. 환驩-기뻐할 환歡과 동일.

20. 은殷-3-001 주석1 참고.

│국역│

무정왕이 탕왕의 제사를 지내고 그 다음 날, 꿩이 날아와서 세발 달린 솥의 손잡이에 올라와서 울어대니 무정이 두려워하였다. 조기가 말하기를 "군주께서는 근심하지 마시고, 먼저 정사를 잘 다스립시오." 조기가 이에 왕에게 훈계하며 말하기를 "하늘은 백성을 감찰하고 그러한 도의로 규범을 삼으며, 하늘이 사람에게 하사한 수명도 길거나 길지 않거나 하지만, 하늘이 백성을 요절하게 하는 것이 아니고 사람이 스스로 자기의 생명을 단절시키는 것입니다. 백성 중에 어떤 사람은 도덕을 따르지 않고, 죄를 인정하지도 않지만, 하늘이 이미 천명을 내려서 그 덕행을 바로잡은 이후에 미소소 어떻게 하나 라고 말합니다. 오! 왕은 백성의 주인으로 마땅히 백성의 일을 공경해야 하고, 백성의 일도 하늘이 계승하는 법칙 아닌 것이 없습니다. 제사에도 불변의 규칙이 있으니 마땅히 《주례》에 규정된 도의를 문란하게 하는 행위에 부합하는 의례를 시행하거나, 그래서 제사에 있어서 불변의 법칙을 폐기하는 행위를 하지 말아야 합니다." 무정은 정사를 잘 다스리고 덕치를 실행하였으며, 천하의 백성들이 모두 기뻐하였고, 상나라의 정치는 다시 부흥하였다.

3-025

> 帝武丁崩, 子帝祖庚立。祖己嘉武丁之以祥雉爲德, 立其廟爲高宗,
> 遂作高宗肜日及訓。

|음역|

제무정붕, 자제조경립. 조기가무정지이상치위덕, 입기묘위고종, 수작고종융일급훈.

|주석|

1. 무정武丁-3-023 주석2 참고.
2. 조경祖庚-이름은 약躍이고 7년간 재위하였으며, 은殷에 장사지냈다.
3. 조기祖己-3-024 주석4 참고.
4. 가嘉-칭찬하다.
5. 상치祥雉-불길하게 꿩이 울던 일.
6. 고종高宗-고대 제왕의 묘호 중에서 명예가 비교적 높은 칭호이다. 특히 창업 이후 수성에 뛰어난 군주에게 부여한다. 일반적으로 덕이 만물을 덮을 정도이고, 공덕이 뛰어나며, 백성에게 은혜를 베

품이 뛰어날 때(德覆萬物日高 ; 功德盛大日高 ; 覆幬同天日高) 고종이라
는 묘호를 부여한다.

7. 고종융일高宗肜日-《상서》에 〈고종융일〉 편이 있고, 내용은 조을
   祖乙이 왕을 훈계하는 것이다. 융은 제사를 지낸 다음 날에 또 제
   사를 지내는 것으로, 상나라에서는 융이라 하고 주나라에서는 역繹
   이라고 하였다.

8. 훈訓-즉 〈고종지훈高宗之訓〉 편을 가리키고 현재는 전해지지 않
   는다. 내용은 대략 조을祖乙이 왕을 훈계하는 것으로 추측된다.

┃국역┃

무정왕이 사망하고 아들 조경왕이 즉위하였다. 조기는 무정이 불길하
게 꿩이 울던 일을 계기로 덕치를 실행한 것을 칭찬하고, 무정의 신위를
종묘에 안치하고 고종이라고 일컬었으며, 마침내 〈고종융일〉 및 〈고종
지훈〉을 작성하였다.

3-026

帝祖庚崩, 弟祖甲立, 是爲帝甲。帝甲淫亂, 殷復衰。

┃음역┃

제조경붕, 제조갑립, 시위제갑. 제갑음란, 은부쇠.

┃주석┃

1. 조경祖庚-3-025 주석2 참고.

2. 조갑祖甲-이름은 재載이고 차갑且甲 또는 제갑帝甲으로 일컬었으
   며, 33년 재위하였다. 《사기》에는 황음무도하여 상나라가 재차 쇠

락해졌다고 하였다. 그러나 《죽서기년竹書紀年》에는 즉위 초기에는
서융西戎을 정벌하고 백성을 잘 보살폈지만 후기에 이르러 가혹한
형벌의 적용으로 상나라의 쇠락을 초래했다고 한다.

3. 제갑帝甲-3-026 주석2 참고.
4. 은殷-3-001 주석1 참고.

|국역|

조경왕이 사망하고 동생 조갑이 즉위하였는데, 이 사람이 바로 갑왕
(조갑)이다. 갑왕은 음란하여 상나라가 다시 쇠락해졌다.

3-027

帝甲崩, 子帝廩辛立。帝廩辛崩, 弟庚丁立, 是爲帝庚丁。帝庚丁崩,
子帝武乙立。殷復去亳, 徙河北。

|음역|

제갑붕, 자제름신립. 제름신붕, 제경정립, 시위제경정. 제경정붕, 자제
무을립. 은부거박, 사하북.

|주석|

1. 제갑帝甲-3-026 주석2 참고.
2. 늠신廩辛-이름은 수受이고, 달리 풍신馮辛으로 일컬었다.
3. 경정庚丁-이름은 효囂이고 8년간 재위하였으며, 갑골문에는 강정
   康丁, 강조정康祖丁, 강차정康且丁 등으로 달리 기록되어 있다.
4. 무을武乙-이름은 구瞿이고 35년간 재위하였으며, 은殷에 장사지
   냈다. 상나라 후기에 신권정치神權政治에서 왕권정치王權政治로 변

해가는 과정에 중대한 역할을 담당하였다.

5. 은殷-3-001 주석1 참고.

6. 박亳-3-003 주석5 참고.

7. 하북河北-황하 북쪽.

갑왕(조갑)이 사망하고 아들 늠신왕이 즉위하였다. 늠신왕이 사망하고 동생 경정이 즉위하였는데, 이 사람이 바로 경정왕이다. 경정왕이 사망하고 아들 무을왕이 즉위하였다. 상나라는 다시 박을 떠나서 황하 북쪽으로 이동하였다.

3-028

帝武乙無道, 爲偶人, 謂之天神。與之博, 令人爲行。天神不勝, 乃僇辱之。爲革囊, 盛血, 卬而射之, 命曰"射天"。武乙獵於河渭之閒, 暴雷, 武乙震死。子帝太丁立。帝太丁崩, 子帝乙立。帝乙立, 殷益衰。

Ⅰ음역Ⅰ

제무을무도, 위우인, 위지천신. 여지박, 영인위행. 천신불승, 내육욕지. 위혁낭, 성혈, 앙이사지, 명왈"사천". 무을렵어하위지간, 폭뢰, 무을진사. 자제태정립. 제태정붕, 자제을립. 제을립, 은익쇠.

Ⅰ주석Ⅰ

1. 무을武乙-3-027 주석4 참고.

2. 우인偶人-흙이나 나무로 사람의 형상을 만든 것.

3. 천신天神-두 가지 의미가 있다. 첫째, 하늘의 여러 신으로 우주를

주재하는 신과 해, 달, 별, 생명 등을 주관하는 신을 포함하다. 둘째, 신선을 가리킨다.

4. 박博-현대의 일종의 승부를 겨루는 게임으로 바둑, 장기 또는 씨름, 격투기 등과 비슷하다.

5. 행行-대신하게 하다.

6. 육욕僇辱-욕보이다, 모욕하다.

7. 혁낭革囊-가죽 주머니.

8. 앙卬-우리를 앙仰과 동일, 바라보다.

9. 사천射天-역사에 전해오기를 무을이라는 폭군이 가죽 주머니에 피를 가득 채워서 걸어놓고, 사람으로 하여금 그 밑을 걸어가게 하고 활로 가죽 주머니를 쏘아서 피를 뒤집어쓰게 하였다. 일종의 자신의 무력을 다른 사람에게 드러내거나 하늘과 투쟁하는 모습을 과시하는 행동이다. 후대에는 포악하고 반란을 일으키는 행위를 가리키는 말로 사용되었다.

10. 하위河渭-황하와 위수渭水, 또는 그 사이를 가리킨다.

11. 폭뢰暴雷-갑자기 포, 갑작스런 우레.

12. 진사震死-벼락 칠 진, 벼락을 맞아 죽음.

13. 태정太丁-대정大丁, 문정文丁으로 일컬었고, 갑골문에는 문무정文武丁으로 기록되어 있다.

14. 을乙-이름은 이羡이고 26년간 재위하였으며 은殷에 장사지냈다. 재위시기에 상나라는 몰락하기 시작하였고 말년에 조가朝歌로 천도하였다.

15. 은殷-3- 001 주석1 참고.

|국역|

무을왕은 포악무도하였고, 나무로 사람 형상을 만들어서 그것을 하늘에 있는 신(천신)이라고 일컬었다. 그는 천신과 바둑을 두면서, 다른 사람으로 하여금 천신 대신에 두게 하였다. 천신이 이기지 못하면 곧 그를 모욕하였다. 그는 가죽 주머니에 피를 가득 채워서 걸어놓고 쳐다보며 활로 쏘았으며, 사천이라고 이름을 지었다. 무을은 황하와 위수 사이에서 사냥하였는데, 갑작스런 우레에 무을은 벼락 맞아 죽었다. 아들 태정왕이 즉위하였다. 태정왕이 사망하고 아들 을왕이 즉위하였다. 을왕이 즉위하고 상나라는 더욱 쇠퇴하였다.

|참고|

낭혈사천囊血射天－고사성어이다. 가죽 주머니에 피를 가득 채워서 높은 곳에 걸어두고, 사람으로 하여금 그 밑을 지나가게 한 다음에 화살로 가죽 주머니를 쏘아서 피를 뒤집어쓰게 하는 것이다. 일종의 자신의 무력을 다른 사람에게 드러내거나 하늘과 투쟁하는 모습을 과시하는 행동이다. 후대에는 포악하고 반란을 일으키는 행위를 가리키는 말로 사용되었다.

3-029

帝乙長子曰微子啓, 啓母賤, 不得嗣。少子辛, 辛母正后, 辛爲嗣。帝乙崩, 子辛立, 是爲帝辛, 天下謂之紂。

|음역|

제을장자왈미자계, 계모천, 부득사. 소자신, 신모정후, 신위사. 제을붕, 자신립, 시위제신, 천하위지주.

1. 을乙-3-028 주석14 참고.

2. 미자계微子啓-이름은 계이고 상나라 왕 을乙의 서자이다. 후에 송宋나라의 시조가 되었다.

3. 천賤-본처, 즉 왕후王后가 아니고 후궁 또는 첩이라는 의미이다.

4. 신辛-이름은 수受이고, 후대 사람들이 주紂라고 일컬었다. 을乙의 둘째 아들이지만 모친이 왕후였기 때문에 왕위를 계승하였다. 30년간 재위하였고 즉위 초기에는 지혜와 근력이 뛰어나서 상나라의 세력을 크게 확장시켰으나, 후기에 이르러 자만하고 사치와 재정의 낭비 및 주지육림의 건설과 충언의 무시 등으로 급속히 멸망하였다.

5. 주紂-잔인하고 덕이 없음을 나타내는 의미로, 주나라 사람들이 상나라의 마지막 왕인 신辛을 모욕하고 멸시하는 칭호이다.

┃국역┃

을왕의 큰아들은 미자계라고 일컫는데, 미자계의 어머니가 후궁이어서 왕위를 계승하지 못했다. 작은아들 신은 어머니가 왕후여서 왕위를 계승하였다. 을왕이 사망하고 아들 신이 즉위하였는데 이 사람이 바로 신왕이며, 천하 사람들은 잔인하고 덕이 없음을 나타내는 의미로 주라고 일컬었다.

┃참고┃

후后와 부婦의 차이-상왕의 본처를 후라고 하고, 첩을 부라고 한다. 무정武丁의 경우를 예로 들면 부가 60여 명 있었다고 한다. 미자계가 왕위를 계승하지 못한 것은 그의 어머니가 부 출신일 가능성이 크다. 결론적으로 상나라 왕은 후의 소생인 적장자만이 될 수 있었고, 첩실인 부의 소생은 왕이 될 수 없었다. 왕위 계승은 표면상으로는 형제상속제인 것 같으나, 아마도 왕위 계승권이 있는 복수의 대가족 집단의 우두머리가 번갈아 즉위하였던 것으로 보인다.

3-030

帝紂資辨捷疾, 聞見甚敏；材力過人, 手格猛獸；知足以距諫, 言足以飾非；矜人臣以能, 高天下以聲, 以爲皆出己之下。好酒淫樂, 嬖於婦人。愛妲己, 妲己之言是從。於是使師涓作新淫聲, 北里之舞, 靡靡之樂。厚賦稅以實鹿臺之錢, 而盈鉅橋之粟。益收狗馬奇物, 充仞宮室。益廣沙丘苑臺, 多取野獸蜚鳥置其中。慢於鬼神。大冣樂戲於沙丘, 以酒爲池, 縣肉爲林, 使男女倮相逐其閒, 爲長夜之飮。

|음역|

제주자변첩질, 문견심민；재력과인, 수격맹수；지족이거간, 언족이식비；긍인신이능, 고천하이성, 이위개출기지하. 호주음악, 폐어부인. 애달기, 달기지언시종. 어시사사연작신음성, 북리지무, 미미지악. 후부세이실록대지전, 이영거교지속. 익수구마기물, 충인궁실. 익광사구원대, 다취야수비조치기중. 만어귀신. 대취악희어사구, 이주위지, 현육위림, 사남녀나상축기간, 위장야지음.

|주석|

1. 자資－천부적.
2. 변辨－말 잘할 변辯과 동일.
3. 첩질捷疾－민첩, 신속.
4. 격格－때려죽이다.

5. 거距－거부하다 거拒와 동일.

6. 식비飾非－자신의 나쁜 점을 감쌈.

7. 긍矜－뻐기다, 으스대다.

8. 출기지하出己之下－자신과 비교할 수 없다.

9. 음淫－탐하다, 심하다, 미혹하다.

10. 폐嬖－총애하다.

11. 달기妲己－유소씨有蘇氏의 미녀이고 노래와 춤에 뛰어났다. 하나라 의 말희妹喜, 상나라의 달기妲己, 주나라의 포사褒姒, 춘추시대의 여희驪姬를 4대 경국지색傾國之色으로 일컫는다.

12. 사연師涓－이름은 연延이고 사는 악사樂師의 의미이며, 달리 사연師 延이라 일컫는 음악가이다. 춘추시대 위衛나라의 유명한 음악가이 고, 민간 음악의 수집과 거문고 연주 및 대량의 신곡을 작성하였다.

13. 음성淫聲－두 가지 의미가 있다. 첫째, 고대에는 아악雅樂을 정성正 聲이라하고 속악俗樂을 음성이라고 하였다. 둘째, 음란하고 사악한 음악을 가리키기도 한다.

14. 북리지무北里之舞－일종의 궁중 무도이고, 춤추는 사람은 나체로 온 몸에 술을 뿌리며 자유분방한 형식으로 춤추는 방식을 가리킨다.

15. 미미지악靡靡之樂－부드럽고 약하며 의기소침한 모양의 음악을 가 리킨다.

16. 부세賦稅－전부田賦와 기타 세수稅收의 총칭이다. 점차 인구수에 따라서 군역 및 군수품을 징수하는 것을 부라고 하고, 토지 및 공 상 경영에 따라서 재물을 징수하는 것을 세라고 일컬었다.

17. 녹대鹿臺－상나라 조가朝歌 성안의 높은 돈대이고, 크기는 3리里이 며 높이는 1천 척尺이다. 위주현衛州縣 서남쪽에 있다.

18. 거교鉅橋－창고 이름이다. 달리 거록수鉅鹿水의 커다란 다리를 가 리킨다.

19. 인仞-가득 찰 인物과 동일.

20. 사구沙丘-고대의 지명으로 현재의 하북성河北省 광종현廣宗縣이다.

21. 원苑-중국 역사상 최초의 왕실 정원으로, 하북성 광종현에 유적
    이 남아있다.

22. 대臺-누대.

23. 비조蜚鳥-날 비飛와 동일, 나는 새.

24. 만慢-오만불손.

25. 취取-모일 취聚와 동일.

26. 현縣-매달다 현懸과 동일.

27. 나倮-알몸, 벌거숭이 나裸와 동일.

28. 장야長夜-밤새도록.

┃국역┃

주왕은 천부적으로 말을 잘하고, 행동이 민첩하며, 듣고 본 지식이 뛰
어났고, 힘이 보통사람보다 강하여 맨손으로 맹수를 때려죽였으며, 지혜
는 신하의 충고하는 말을 거절하기에 충분하고, 말재주는 자신의 나쁜
점을 감싸기에 충분하였으며, 자신의 재능으로써 신하들에게 으스대고,
자신의 명성으로써 천하에 드높였으며, 다른 사람은 모두 자신의 아래에
있어서 비교할 수 없다고 여겼다. 그는 술 마시기를 좋아하고 음악에 미
혹되었으며 여성을 매우 좋아하였다. 달기를 총애하여 달기의 말은 모두
따랐다. 그래서 연이라는 악사에게 새로운 속악(또는 음란하고 사악한 곡)
을 작곡하게 하고, 나체로 춤추며 온 몸에 술을 뿌리며 자유분방한 형식
으로 춤추는 북리라는 춤을 추게 하였으며, 부드럽고 약하며 의기소침한
형식의 음악을 연주하였다. 세금을 증가시켜서 성안의 높은 돈대인 녹대
에 돈을 가득 채우고, 그리고 거교라는 창고에 곡식을 가득 채웠다. 게
다가 개와 말과 기이한 물건을 거둬들여서 궁실을 가득하게 채웠다. 또

사구에 있는 왕실 정원과 누대를 확장하고, 야생동물과 나는 새들을 대량으로 잡아서 그 안에 두고 길렀다. 귀신 섬기는 일에도 오만불손하였다. 사구에서 대규모로 모여서 각종 음악과 유희를 즐겼는데, 술로써 연못을 만들고 고기를 매달아서 숲처럼 만들었으며, 남자와 여자로 하여금 벌거벗게 하고 그 사이에서 서로 잡으러 쫓아다니게 하면서 밤새도록 술을 마셨다.

|참고|

주지육림酒池肉林−고사성어이다. 원래는 상商나라의 주왕紂王이 달기妲己와 어울려 극도로 황음무도하고 사치한 생활을 가리켰고, 후대에 이르러는 술과 안주가 매우 많음을 나타내는 의미로 사용되었다. 역대 왕조의 말기 군주는 대부분 흉폭하고 향락을 추구하였으며, 상나라의 주왕도 예외가 아니었다. 또한 상나라의 귀족과 백성들도 술 마시기를 좋아하였는데, 그 증거로 상나라의 청동기는 술그릇과 술잔이 매우 많이 출토되었다. 현대 과학으로 당시 상나라의 청동 술그릇과 술잔을 분석한 결과, 청동기에 주석 성분이 많이 포함되어 있어서 상나라 사람들이 술을 마시면 주석 성분이 용해되어 중독 현상을 일으키고 신체 상황이 심각하게 쇠약해지게 된다. 그래서 주周나라가 통치하면서부터는 상나라 사람들의 거주지에 금주령을 내리고 엄격하게 실행한 이유를 짐작할 수 있다.

3-031

百姓怨望而諸侯有畔者, 於是紂乃重刑辟, 有炮格之法。以西伯昌, 九侯, 鄂侯爲三公。九侯有好女, 入之紂。九侯女不憙淫, 紂怒, 殺之, 而醢九侯。鄂侯爭之彊, 辨之疾, 幷脯鄂侯。西伯昌聞之, 竊嘆。

崇侯虎知之, 以告紂, 紂囚西伯羑里。西伯之臣閎夭之徒, 求美女奇
物善馬以獻紂, 紂乃赦西伯。西伯出而獻洛西之地, 以請除炮格之
刑。紂乃許之, 賜弓矢斧鉞, 使得征伐, 爲西伯。而用費中爲政。費
中善諛, 好利, 殷人弗親。紂又用惡來。惡來善毀讒, 諸侯以此益疏。

I음역I

백성원망이제후유반자, 어시주내중형벽, 유포격지법. 이서백창, 구후,
악후위삼공. 구후유호녀, 입지주. 구후녀불희음, 주노, 살지, 이해구후.
악후쟁지강, 변지질, 병포악후. 서백창문지, 절탄. 숭후호지지, 이고주,
주수서백유리. 서백지신굉요지도, 구미녀기물선마이헌주, 주내사서백. 서
백출이헌낙서지지, 이청제포격지형. 주내허지, 사궁시부월, 사득정벌, 위
서백. 이용비중위정. 비중선유, 호리, 은인불친. 주우용악래. 악래선훼참,
제후이차익소.

I주석I

1. 백성百姓－1- 002 주석4 참고.

2. 제후諸侯－1- 002 주석3 참고.

3. 주紂－3- 029 주석5 참고.

4. 형벽刑辟－형법.

5. 포격炮格－주왕紂王의 잔혹한 형벌 중의 하나이고, 달리 포락炮烙
   으로 일컫는다. 즉 구리기둥에 기름을 바르고 밑에서 불을 피워서
   달군 후에, 죄인으로 하여금 걷게 하고 떨어지면 불에 태워서 죽이
   는 형벌이다.

6. 서백西伯－ 주나라 문왕文王인 희창姬昌을 가리킨다. 즉 상나라 말
   기에 희창은 서쪽에 있는 제후국 중에서 우두머리라는 의미이다.

7. 창昌 - 성씨는 희姬이고 이름이 창이다. 주후周侯 또는 주나라 문왕
   으로 일컬었다.

8. 구후九侯 - 상나라 주왕紂王 시기의 제후이고 달리 귀후鬼侯라고 일
   컫는다. 악후鄂侯와 서백西伯 창昌과 더불어 3공三公으로 일컬었다.
   교호姣好라는 딸을 주왕의 후궁으로 보냈는데, 교호가 음란함을 싫
   어하자 부녀를 모두 살해하였다.

9. 악후鄂侯 - 상나라 주왕 시기의 제후이고 달리 한후邗侯라고 일컫
   는다. 주왕에게 직언하다가 살해되었다.

10. 3공三公 - 천자 좌우에서 군사와 정치를 보좌하는 최고 관리이고,
    태사太師, 태부太傅, 태보太保를 가리킨다.

11. 희憙 - 기뻐할 희喜와 동일.

12. 해醢 - 사람을 죽여 소금에 절여 젓갈을 만드는 가혹한 형벌, 또는
    삶아 죽이는 형벌.

13. 강彊 - 강경하다.

14. 변辨 - 밝히다, 쟁론하다.

15. 질疾 - 결점.

16. 포脯 - 사람을 죽여 살로 포를 뜨는 가혹한 형벌.

17. 절탄竊嘆 - 위를 쳐다보며 가만히 한탄하는 것.

18. 숭후호崇侯虎 - 상나라 주왕紂王 시기의 제후국 숭崇나라의 제후이
    고, 봉지는 현재 서안시西安市 교외이다. 숭나라는 순舜, 하夏나라
    시기에도 존재했었고 주周나라 문왕文王 시기에 멸망했다. 그는 중
    국역사상 최초의 밀고자라는 불명예를 가지고 있다. 서백西伯 창昌
    의 한탄을 주왕紂王에게 밀고하여 창은 감옥에 갇히게 되었다.

19. 유리羑里 - 고대의 지명으로 달리 유리牖里라고 일컬으며, 현재의
    상주相州 탕음현湯陰縣이다. 후대의 역사서에는 상나라의 감옥을 유
    리라고 일컫는다고 기록하였다.

20. 굉요闊夭-주나라의 개국공신으로 문왕사우文王四友, 즉 문왕의 믿을만한 4명 친구 중의 1명으로 태전, 산의생, 남궁괄 등과 더불어 문왕을 보좌하였다. 문왕이 서백西伯의 신분으로 상商나라 주왕紂王에 의하여 감옥에 갇혔을 때, 미녀와 보물을 바쳐서 창을 위험으로부터 구조하였다. 나중에는 무왕武王을 보좌하여 상나라를 멸망시켰다.

21. 낙서洛西-낙수洛水의 서쪽.

22. 비중費中-주왕紂王 시기의 간신으로 달리 비중費仲으로 일컫는다.

23. 유유諛-아첨하다.

24. 은殷-3-001 주석1 참고.

25. 악래惡來-상나라 주왕紂王의 총애하는 신하인 비렴蜚廉의 아들이다. 비렴은 달리기를 잘하고 악래는 힘이 장사였다. 특히 악래는 남을 헐뜯기를 잘하여서 주周나라 무왕武王이 상나라를 정벌할 때 악래도 같이 살해하였다. 나중에 악래의 후손이 진秦나라를 건국하였는데, 진나라가 다시 주나라를 멸망시킨 것은 역사의 아이러니이다.

26. 훼참毁讒-헐뜯음.

|국역|

백관들은 주왕을 원망하였고, 그리고 제후 중에서 배반하는 자가 있었다. 그래서 주왕은 이에 형벌을 무겁게 하고 포격(락)이라는 형벌을 만들었다. 서백 창과 구후, 악후를 등용하여 천자 좌우에서 군사와 정치를 보좌하는 최고 관리인 3공으로 삼았다. 구후는 아름다운 딸이 있어서 주왕에게 후궁으로 들였다. 구후의 딸은 음란한 짓을 좋아하지 않았고 주왕은 화를 내고 그녀를 살해하였으며, 그리고 구후도 죽여서 소금에 절여 젓갈을 만드는 가혹한 형벌에 처했다. 악후가 이에 대해서 강경하게 따지고 결점을 밝히자, 악후도 죽여서 살을 떠서 육포로 만들었다. 서백 창이 이 사건을 듣고 위를 쳐다보며 가만히 한탄하였다. 숭후호가 이것을 알고 주왕에게 밀고하였으며, 주왕은 서백 창을 유리에 있는 감옥에 가뒀다. 서백 창의 신하 굉요의 무리가 미녀와 기이한 물건 및 잘 달리는 말 등을 구해서 주왕에게 헌납하였으며, 주왕은 이에 서백 창을 사면하였다. 서백 창은 출옥한 이후에 낙수 서쪽의 토지를 헌납하고, 이로써 포격이라는 잔혹한 형벌을 폐지해 줄 것을 청원하였다. 주왕은 이에 폐지를 허락하고 활과 화살과 큰 도끼, 작은 도끼를 하사하였으며, 서백 창으로 하여금 기타 제후국을 정벌하는 권한을 주고, 서쪽에 있는 제후국 중에서 우두머리로 삼았다. 그리고 주왕은 비중을 등용하여 국가 정사를 담당하게 하였다. 비중은 아첨을 잘하고 재물을 탐하는 것을 좋아하여, 상나라 사람들은 그와 가까이 하지 않았다. 주왕은 또 악래를 등용하였다. 악래는 남을 헐뜯기를 잘하여 제후들은 이로 인하여 상나라와 더욱 소원해졌다.

┃참고┃

상나라의 잔혹한 형벌-문헌의 기록에 의하면 상나라의 형벌체계는 탕형湯刑이라는 엄한 형벌이 있었고, 형벌의 종류는 5형을 위주로 하였다. 그러나 5형 이외에도 매우 잔혹한 형벌이 3,000여 종류가 있는데, 그중에서 대표적인 것을 열거하면 아래와 같다. 해형醢刑(사람을 죽여서 살로 젓갈을 담그는 형벌), 포형脯刑(사람의 살을 떠서 포로 만드는 형벌), 척고剔剐(사람의 피부와 살을 분리하는 형벌), 부심剖心(사람의 내장을 꺼내는 형벌), 포격炮烙(불에 달군 구리기둥 위를 걷게 하는 형벌), 의진劓殄(범죄자 본인 및 후손을 모두 사형시키는 형벌) 등이 있다.

3-032

西伯歸, 乃陰修德行善, 諸侯多叛紂而往歸西伯。西伯滋大, 紂由是
稍失權重。王子比干諫, 弗聽。商容賢者, 百姓愛之, 紂廢之。及西
伯伐飢國, 滅之, 紂之臣祖伊聞之而咎周, 恐, 奔告紂曰：“天旣訖我
殷命, 假人元龜, 無敢知吉, 非先王不相我後人, 維王淫虐用自絶,
故天棄我, 不有安食, 不虞知天性, 不迪率典。今我民罔不欲喪, 曰
‘天曷不降威, 大命胡不至’? 今王其柰何?” 紂曰：“我生不有命在天
乎!” 祖伊反, 曰：“紂不可諫矣。” 西伯旣卒, 周武王之東伐, 至盟津,
諸侯叛殷會周者八百。諸侯皆曰：“紂可伐矣。” 武王曰：“爾未知天
命。” 乃復歸。

┃음역┃

서백귀, 내음수덕행선, 제후다반주이왕귀서백. 서백자대, 주유시초실
권중. 왕자비간간, 불청. 상용현자, 백성애지, 주폐지. 급서백벌기국, 멸
지, 주지신조이문지이구주, 공, 분고주왈：“천기흘아은명, 가인원구, 무
감지길, 비선왕불상아후인, 유왕음학용자절, 고천기아, 불유안식, 불우지
천성, 부적솔전. 금아민망불욕상, 왈‘천갈불강위, 대명호부지’? 금왕기내
하?” 주왈：“아생불유명재천호!” 조이반, 왈：“주불가간의.” 서백기졸,
주무왕지동벌, 지맹진, 제후반은회주자팔백. 제후개왈：“주가벌의.” 무왕
왈：“이미지천명.” 내복귀.

┃주석┃

1. 서백西伯-3- 031 주석6 참고.

2. 제후諸侯-1- 002 주석3 참고.

3. 주紂-3- 029 주석5 참고.

4. 자滋-더욱, 한층 더.

5. 초稍-점차.

6. 권중權重-권세와 위엄.

7. 비간比干-태정太丁의 아들이고, 20세에 태사太師가 되어 을乙을 보좌하였으며, 그 후에는 주紂를 보좌하였다. 관직에 있으면서 세금의 감경과 농축목업 발전에 힘써서 부국강병을 실현하였지만, 주에게 살해되었다.

8. 상용商容-상나라 주紂의 재위시기 재상으로 주의 폭정에 직언하고 고향으로 돌아갔다. 노자老子의 스승이라고 전해진다. 주周나라 무왕武王이 상나라를 정벌한 후에 관직을 하사하였지만 거절하였고, 무왕이 충의롭다고 칭찬하였다.

9. 백성百姓-1-002 주석4 참고.

10. 기국飢國-상商나라의 제후국으로 달리 기국耆國으로 일컫는다.

11. 조이祖伊-상나라 주紂의 재위시기 신하이고, 조기祖己의 후예이다.

12. 구咎-미워하다.

13. 흘訖-마치다, 끊다.

14. 은殷-3-001 주석1 참고.

15. 가인假人-천지길흉을 아는 지인至人 또는 현인賢人의 관찰을 가리킨다.

16. 원귀元龜-점칠 때 사용하는 큰 거북이의 점괘를 가리킨다.

17. 상相-돕다.

18. 유維-오직, 다만.

19. 안식安食-편안히 먹고살다.

20. 우지虞知-고려하거나 이해하다.

21. 천성天性-하늘의 뜻 또는 하늘이 안배한 운명.

22. 적迪-행하다, 따르다.

23. 솔전率典－고정적인 법률, 또는 일정한 법률.

24. 욕상欲喪－주紂가 멸망하기를 바람.

25. 갈曷－어찌.

26. 대명大命－천명.

27. 호胡－어찌, 왜.

28. 유명재천有命在天－천명에 순응하고 따르는 것.

29. 반反－되돌아가다.

30. 주周－1-029 주석20 참고.

31. 무왕武王－서백 창(문왕)의 둘째 아들인 발發(무왕)은 실질적으로 주나라 왕조의 개국 군주이다. 청동기 명문에는 무왕珷王으로 기록되어 있다. 시호는 무왕武王이고 묘호는 세조世祖이다. 즉위 후에 호경鎬京으로 도읍을 옮겨서 정치 중심을 동쪽으로 이동하였으며, 상나라를 정벌하기 위하여 기회를 엿보고 있었다. 그러던 중 상나라의 주紂가 동이족東夷族과 대규모 전쟁을 치르는 기회를 이용하여 목야牧野의 전투에서 상나라를 공격하여 멸망시켰다. 탁월한 정치와 군사 업적으로 중국 역사상 명군으로 일컫는다.

32. 맹진盟津－고대 황하의 나루터 명칭으로 달리 맹진孟津으로 일컫는다. 현재 하남성河南省 맹진현孟津縣 동북쪽에 있다. 주나라 무왕이 상나라의 주紂를 정벌할 때에 800여 명의 제후가 여기서 회맹을 맺고 황하를 건넜다.

33. 이爾－너, 2인칭 대명사.

┃국역┃

서백은 돌아와서 암암리에 덕행을 닦고 선정을 베푸니, 제후들도 대부분 주왕을 배반하고 가서 서백에게 귀의하였다. 서백의 역량은 한층 더 커졌고, 주왕은 이로 인하여 권세와 위엄을 점차 잃어버리게 되었다.

왕자(주왕의 숙부이다) 비간이 주왕에게 권고하였지만 듣지 않았다. 상용은 어진 신하로 백관들이 그를 경애하였지만, 주왕은 그를 파면시켰다. 서백이 기나라를 정벌할 때에 이르러, 기나라가 멸망당하자 주왕의 신하인 조이가 듣고 주나라를 증오하였고, 또 두려워서 주왕에게 달려가서 말하기를 "하늘이 이미 우리 상나라의 운명을 끊으려고 하니, 천지길흉을 잘 아는 지인 또는 현인의 관찰과 점 칠 때 사용하는 큰 거북이의 점괘로 봐도, 감히 길한 것을 알 수 없고, 조상(선왕)이 우리 후손을 도와주지 않으려는 것이 아니며, 오직 왕이 음란하고 잔혹하여 스스로 하늘의 명을 끊어버리니, 그래서 하늘이 우리를 포기하였습니다. 백성들을 편안히 먹고살지도 못하게 하고, 하늘의 뜻을 고려하거나 이해하지도 못하며, 고정적인 법률을 따르지도 못했습니다. 현재 우리 백성들은 주왕이 사망하기를 바라지 않는 사람이 없으며, 그들이 말하기를 '하늘이 어찌 천벌을 내리지 않으며, 천명이 어찌 이르지 않는가?' 현재의 왕은 장차 어떻게 할 것인가?" 주왕이 말하기를 "내가 태어난 것이 바로 천명에 순응하고 따른 것이 아닌가요!" 조이가 돌아가서 말하기를 "주왕에게는 간언을 할 수가 없다." 서백은 이미 사망하였고, 주나라 무왕의 동쪽 정벌은 맹진에 이르렀으며, 제후들이 상나라를 배반하고 주나라와 회맹한 자가 800명이나 되었다. 제후들이 모두 말하기를 "주왕은 정벌할 만합니다." 무왕이 말하기를 "여러분은 천명을 모릅니다." 그러고는 다시 되돌아갔다.

┃참고┃

맹진지서盟津之誓─주周나라 무왕武王 9년(기원전 1048년), 무왕이 대군을 거느리고 동쪽으로 진격하다가 황하 남쪽의 맹진에 이르러서 군사들에게 맹세하는 의식, 즉 맹진의 맹세를 거행하였다. 이 의식에 참여한 제후와 부락 우두머리는 800여 명이어서 역사에서는 "800 제후가 맹진에서 회맹會盟하였다"라고 일컫는다. 이것은 상商나라를 멸망시키기 위한 실전연습과 총동원령으로, 최초로 주나라의 맹주 지위를 확정하였다. 동시에 상나라 주왕紂王의 폭정이 극에 달하자, 무왕 11년(기원전 1046년)에 재차 맹진에 제후들을 모이게 하고 정식으로 상나라 정벌의 서막을 열었다. 그 후 파죽지세로 진격하여 목야牧野에서 상나라 군사와 전쟁하여 승리하였다.

3-033

紂愈淫亂不止。微子數諫不聽, 乃與大師, 少師謀, 遂去。比干曰：
"爲人臣者, 不得不以死爭。" 迺强諫紂。紂怒曰："吾聞聖人心有七竅。" 剖比干, 觀其心。箕子懼, 乃詳狂爲奴, 紂又囚之。殷之大師, 少師乃持其祭樂器奔周。周武王於是遂率諸侯伐紂。紂亦發兵距之牧野。甲子日, 紂兵敗。紂走入, 登鹿臺, 衣其寶玉衣, 赴火而死。周武王遂斬紂頭, 縣之大白旗。殺妲己。釋箕子之囚, 封比干之墓, 表商容之閭。封紂子武庚祿父, 以續殷祀, 令修行盤庚之政。殷民大說。於是周武王爲天子。其後世貶帝號, 號爲王。而封殷後爲諸侯, 屬周。

┃음역┃

주유음란부지. 미자삭간불청, 내여대사, 소사모, 수거. 비간왈 : "위인신자, 부득불이사쟁." 내강간주. 주노왈 : "오문성인심유칠규." 부비간, 관기심. 기자구, 내상광위노, 주우수지. 은지대사, 소사내지기제악기분주. 주무왕어시수솔제후벌주. 주역발병거지목야. 갑자일, 주병패. 주주입, 등록대, 의기보옥의, 부화이사. 주무왕수참주두, 현지대백기. 살달기. 석기자지수, 봉비간지묘, 표상용지려. 봉주자무경녹부, 이속은사, 영수행반경지정. 은민대열. 어시주무왕위천자. 기후세폄제호, 호위왕. 이봉은후위제후, 속주.

┃주석┃

1. 주紂-3-029 주석5 참고.

2. 유愈-더욱.

3. 미자微子-3-029 주석2 참고.

4. 삭數-자주, 여러 번.

5. 대사大師-태사太師를 가리키며, 3공三公 중의 하나이다. 주紂의 재위시기의 대사는 이름이 자疵라고 전해진다.

6. 소사少師-태자太子를 보필하는 궁중 관리이다. 주紂의 재위시기의 소사는 이름이 강彊이라고 전해진다.

7. 비간比干-3-032 주석7 참고.

8. 쟁爭-간할 쟁諍과 동일.

9. 7규七竅-두 가지 의미가 있다. 첫째, 얼굴 부위에 있는 7개 구멍, 즉 눈2, 귀2, 코2, 입1이다. 둘째, 신체 부위의 7개 구멍, 즉 눈, 코, 혀, 입, 귀, 항문, 요도를 가리킨다.

10. 기자箕子-이름은 서여胥余이고 주紂의 숙부이다. 태사太師의 관직에 있으며 기箕 지역을 책봉 받았다.

11. 상詳-거짓, ~한 체하다의 양佯과 동일.

12. 은殷-3-001 주석1 참고.

13. 제악기祭樂器-제기와 악기.

14. 갑자일甲子日-주周나라 역법에 의하면 무왕武王 즉위 13년째의 2월 5일이다.

15. 주周-1-029 주석20 참고.

16. 무왕武王-3-032 주석31 참고.

17. 목야牧野-역사상의 지명으로 현재의 신향시新鄕市 북부이다. 원래

는 고유명사가 아니고, 상나라의 수도 조가朝歌를 성안에서 바깥으로 나눈 구역을 성城, 곽郭, 교郊, 목牧, 야野 등으로 일컫는다. 즉 조가 성 밖의 목과 야 지역을 합하여 가리킨 것이다.

18. 녹대鹿臺—3- 030 주석17 참고.

19. 현縣—매달다 현懸과 동일.

20. 대백기大白旗—태백기太白旗이고, 일종의 군대를 지휘할 때 사용하는 깃발이다.

21. 달기妲己—3- 030 주석11 참고.

22. 봉封—무덤 위에 흙을 첨가하여 높여주는 것을 가리킨다.

23. 표表—표창, 찬양.

24. 상용商容—3- 032 주석8 참고.

25. 여閭—두 가지 의미가 있다. 첫째, 이문里門(마을 문), 마을을 가리킨다. 둘째, 주민 편제제도로 5집을 비比, 5비를 여閭라 한다. 즉 25집을 가리킨다.

26. 무경녹부武庚祿父—무경(?~대략 기원전 1039년)은 상나라 주紂의 아들이고 별명이 녹부이다. 주周나라 무왕武王이 상나라를 멸망시키고 무경을 상나라 유민들을 관리하도록 은殷에 책봉하여 은후殷侯가 되었으며, 무경은 그의 사후에 추증된 시호이다. 주나라 문왕은 무경의 반란을 방지하기 위하여 주변에 위衞나라와 패邶나라, 채蔡나라 등을 설립하여 무경을 감시하게 하였다.

27. 반경盤庚—3- 021 주석2 참고.

28. 열說—기쁠 열悅과 동일.

29. 천자天子—1- 004 주석6 참고.

30. 제후諸侯—1- 002 주석3 참고.

주왕은 더욱 음란해지고 그칠 줄을 몰랐다. 미자계가 자주 간언했지만 듣지 않았으며, 이에 3공 중의 하나인 태사 비와 태자를 보필하는 궁중 관리인 소사 강과 더불어 상의한 후에 드디어 주왕의 곁을 떠났다. 비간이 말하기를 "신하된 자는 죽음으로써 간언하지 않을 수 없다." 이에 주왕에게 강력하게 간언하였다. 주왕이 화를 내며 말하기를 "나는 성인의 심장에는 7개의 구멍이 있다고 들었다." 비간의 배를 가르고 그 심장을 보았다. 기자는 두려워서 이에 거짓으로 미친척하고 노예가 되었지만 주왕은 다시 그를 가뒀다. 상나라의 대사와 소사는 상나라의 제기와 악기를 가지고 주나라로 도망갔다. 주나라의 무왕은 그래서 제후를 거느리고 주왕을 정벌하였다. 주왕도 또한 군사를 일으켜서 목야에서 주나라 군사에 항거하였다. 무왕이 즉위한 13년째 2월 5일에 주왕의 군사는 패배하였다. 주왕은 도망쳐서 성안으로 들어가 녹대에 올라갔으며, 보물과 옥으로 장식한 옷을 입고 불속으로 뛰어들어 죽었다. 주나라 무왕은 드디어 주왕의 머리를 잘라서 군대를 지휘할 때 사용하는 깃발인 대백기에 매달았다. 달기도 죽였다. 기자는 감옥에서 풀어주고, 비간의 묘는 흙을 첨가하여 높여주고, 상용이 거주했던 마을의 이문에는 표창하는 글을 내려주었다. 주왕의 아들 무경록부를 은에 책봉하여 상나라의 제사를 계속하게 하고, 반경의 중흥정치를 실천하도록 명령하였다. 상나라 백성들은 크게 기뻐하였다. 그리고 주나라 무왕은 천자가 되었다. 그의 후손은 제라는 호칭을 낮춰서 칭호를 왕으로 하였다. 그리고 상나라의 후손은 제후로 책봉하고 주나라에 종속시켰다.

│참고│

목야지전牧野之戰─목야의 전쟁에 대한 시기는 일치하지 않는다. 또 이 전쟁을 달리 무왕벌주武王伐紂라고 일컫는다. 주周나라 무왕武王의 연합군이 상商나라 군대와 목야에서 치른 전쟁이다. 무왕은 목야에서 군사들에게 맹세하는 의식을 거행하고, 주왕紂王의 죄상을 공개하며 하늘의 뜻으로 주왕을 정벌한다고 선포하였다. 주요 내용은 《상서尙書》〈태서泰誓〉에 기재되어 있다. 또 목야의 전쟁은 중국 고대 전쟁사상 소수와 약졸로써 다수와 강군을 이긴 대표적인 사례이다.

3-034

周武王崩, 武庚與管叔, 蔡叔作亂, 成王命周公誅之, 而立微子於宋,
以續殷後焉。

┃음역┃

주무왕붕, 무경여관숙, 채숙작란, 성왕명주공주지, 이입미자어송, 이속은후언.

┃주석┃

1. 주周-1-029 주석20 참고.

2. 무왕武王-3-032 주석31 참고.

3. 무경武庚-3-033 주석26 참고.

4. 관숙管叔-이름은 선鮮이고 무왕武王의 동생이며, 달리 관숙關叔으로 일컫는다. 관管(하남성 정주시)이라는 곳에 책봉 받아서 상나라 주紂의 아들 무경武庚을 감시하는 3감三監의 하나로서 역할을 하였다. 《제왕세기帝王世紀》에 의하면, 주공周公의 섭정에 불만을 품고 채숙과 무경 및 동이족東夷族과 연합하여 반란을 일으켰다가 피살되었고 관나라도 멸망당했다.

5. 채숙蔡叔-이름은 도度이고 무왕의 동생이다. 채蔡라는 곳에 책봉

을 받아서 상나라 주紂의 아들 무경武庚을 감시하는 3감三監의 하나로서 역할을 하였다. 《제왕세기帝王世紀》에 의하면, 주공周公의 섭정에 불만을 품고 관숙과 무경 및 동이족東夷族과 연합하여 반란을 일으켰다가 쫓겨났다.

6. 성왕成王-이름은 송誦이고 무왕의 아들이다. 어려서 즉위하여 주공周公이 섭정하였고, 친정한 이후에는 정치가 안정되고 사회가 평안하여 형벌을 40여 년 사용하지 않을 정도로 태평성대를 이룩하였다. 시호는 성왕成王이다.

7. 주공周公-이름은 단旦이고 무왕의 동생이며, 주周(섬서성 기산)라는 곳에 책봉 받아서 달리 주공단周公旦, 숙단叔旦으로 일컬었다. 성왕成王을 일깨우기 위해서 〈무일無逸〉 편을 작성하였다. 서주 초기의 정치가, 사상가, 군사가이고, 공자가 가장 존경하는 성인 중의 한 명이다.

8. 미자微子-3- 029 주석2 참고.

9. 송宋-주周나라 초기의 제후국의 하나이다. 위치는 하남성河南省 상구商丘이고, 상商나라 왕족 미자계微子啓가 개국 군주이다.

10. 은殷-3- 001 주석1 참고.

┃국역┃

주나라 무왕이 사망하자 무경과 관숙 및 채숙이 반란을 일으켰고, 성왕은 주공에게 명령하여 그들을 정벌하게 하였으며, 미자(계)를 송나라에 책봉하고 상나라의 후대를 계승하게 하였다.

┃참고┃

3감三監의 반란-서주 초기에 무왕이 상나라를 멸망하고, 상나라 왕기王畿 지역을 3등분하여 3감을 설치하고 다스리게 하였다. 즉 상나라 주왕

紂王의 아들 무경武庚, 무왕의 동생 관숙管叔, 채숙蔡叔으로 다스리게 하였다. 무왕이 사망하고 주공周公이 섭정하면서 3감이 반란을 일으켰다. 주공은 반란을 진압하면서 무경과 관숙을 살해하고 채숙은 유배보냈다.

3-035

太史公曰：余以頌次契之事，自成湯以來，采於書詩。契爲子姓，其後分封，以國爲姓，有殷氏，來氏，宋氏，空桐氏，稚氏，北殷氏，目夷氏。孔子曰，殷路車爲善，而色尙白。

|음역|

태사공왈 : 여이송차설지사, 자성탕이래, 채어서시. 설위자성, 기후분봉, 이국위성, 유은씨, 내씨, 송씨, 공동씨, 치씨, 북은씨, 목이씨. 공자왈, 은노거위선, 이색상백.

|주석|

1. 태사공太史公-1-030 주석1 참고.
2. 송頌-《시경詩經》의 분류 방법 중의 하나이다. 송은 〈주송周頌〉, 〈노송魯頌〉, 〈상송商頌〉으로 구분하며 대부분 종묘에서 제사지낼 때 사용하던 노래와 춤곡이다. 《주송》은 대부분 주나라 초기 제사 악곡이다. 〈노송魯頌〉은 춘추시대 노나라 조상을 찬양하는 노래이다. 〈상송商頌〉은 춘추시대 송나라 사람이 조상의 업적을 찬양하며 지은 노래이다. 여기서는 〈상송商頌〉을 가리킨다.
3. 차次-이르다, 계승하다.
4. 설契-1-026 주석7 참고.
5. 성탕成湯-2-033 주석9 참고.

6. 채采-선택하다.

7. 서書-1-030 주석4 참고.

8. 시詩-중국 최초의 시가집詩歌集이다. 시기는 서주 초기에서 춘추
   시대 중엽까지 대략 500여 년의 시가를 수록하였다. 선진시기에
   《시삼백》, 《시》 등으로 일컫다가, 서한시기에 이르러 유가의 경전
   이 되면서 《시경》으로 일컬었다. 분류는 풍風, 아雅, 송頌, 부賦, 비
   比, 흥興으로 나눈다. 풍, 아, 송은 음악의 다름에 따라서 분류한
   것이고, 부, 비, 흥은 표현수법에 따라서 분류한 것이다. 풍은 15
   개 지역의 민가民歌이고 시경의 핵심내용이다. 아는 정성아악正聲雅
   樂으로 궁정음악이다. 즉 귀족의 향연이나 제후의 조회시기에 연주
   한 노래이다. 송은 〈주송周頌〉, 〈노송魯頌〉, 〈상송商頌〉으로 구분하
   며 대부분 종묘에서 제사지낼 때 사용하던 노래와 춤곡이다.

9. 자성子姓-1-029 주석18 참고.

10. 은씨殷氏-상의 제후국으로 나라 이름을 성씨로 삼은 경우이다.
    그들의 최초 발원지는 하남과 하북 일대이다.

11. 내씨來氏-상의 제후국으로 나라 이름을 성씨로 삼은 경우이다.
    지역은 알려지지 않는다.

12. 송씨宋氏-상의 제후국으로 나라 이름을 성씨로 삼은 경우이다.
    그들의 최초 발원지는 하남 상구商丘이다. 주周나라 초기에 무왕武
    王이 미자계微子啓을 송에 책봉하여 송씨의 시조가 되었다.

13. 공동씨空桐氏-상의 제후국으로 나라 이름을 성씨로 삼은 경우이
    다. 그들의 최초 발원지는 하남 우성현虞城縣 일대이다.

14. 치씨稚氏-상의 제후국으로 나라 이름을 성씨로 삼은 경우이다.
    그들의 최초 발원지는 치수稚水 유역이다.

15. 북은씨北殷氏-상의 제후국으로 나라 이름을 성씨로 삼은 경우이
    다. 지역은 은殷 북쪽으로 추정된다. 달리 모씨髦氏, 호씨亳氏라고

일컬었다.

16. 목이씨目夷氏-상의 제후국으로 나라 이름을 성씨로 삼은 경우이다. 그들의 최초 발원지는 등주시滕州市 일대이다. 주나라가 건국된 이후에 소주국小邾國으로 변했고, 목이씨의 신분도 귀족에서 평민으로 추락했으며, 성씨는 묵이씨墨夷氏로 변했다가 다시 묵씨墨氏로 변했다.

17. 공자孔子-1-030 주석10 참고.

18. 은殷-3-001 주석1 참고.

19. 노거路車-천자가 능묘陵廟 또는 순시를 갈 때와 왕공王公에게 책명册命을 내릴 때 타는 큰 수레이고, 노거輅車라고 쓴다.

|국역|

태사공이 말하기를 나는 《시경》〈상송〉에 근거하여 상나라 시조 설에 관한 사적에 이르렀고, 성탕 이후로는 《시경》과 《서경》의 문자 기록을 채용하였다. 설은 자로 성씨를 삼았는데, 그 후손이 각 나라에 분봉되면서 나라 이름으로써 성씨를 삼았으며, 은씨, 래씨, 송씨, 공동씨, 치씨, 북은씨, 목이씨 등이 있다. 공자가 말하기를 상나라에서는 천자가 타고 다니는 노거가 가장 좋고, 그리고 색깔은 흰색을 숭상하였다.

|참고|

상나라가 흰색을 숭상한 이유-5덕종시설五德終始說, 즉 전국시대의 음양가陰陽家 추연鄒衍이 주장한 역사 관념에 근거한다. 5덕은 5행의 목, 화, 토, 금, 수가 대표하는 덕성을 가리키고, 종시는 5덕이 돌면서 다시 시작하는 순환운행을 가리킨다. 추연은 이것으로 역사변천과 왕조 흥망 성쇠를 해석하였다. 나중에는 5행상생상극으로 5덕종시설을 해석하기도 하였다. 즉 한토중황漢土中黃, 하목동청夏木東靑, 상금서백商金西白, 주화

남적周火南赤, 진수북흑秦水北黑 등이다. 상세한 내용은 아래 표로 정리하였다.

5덕종시표五德終始表

구분	숫자	색	방위	통치자	왕조
금金	일一	백白	서西	전욱顓頊	상商
목木	이二	청靑	동東	소호少昊	하夏
수水	삼三	흑黑	북北	요堯	진秦
화火	사四	적赤	남南	곡嚳	주周
토土	오五	황黃	중中	황제皇帝 순舜	한漢

3. 〈은본기〉평 론

　순의 통치시기에 교육을 담당하던 설을 기억할 것이다. 설의 탄생 설화는 당시 발해만 유역에 광범위하게 존재하던 새 토템(Bird Totem)의 영향을 말해주고 있다. 이것 이외에는 《사기》에서 그의 특별한 점을 이야기하지는 않았다. 특별하다면 그의 후손 탕이 400여 년을 존속한 중국의 두 번째 왕조 상나라를 건국하였다는 점이라고 할 수 있다.

　상나라를 건국한 탕은 상탕 또는 성탕이라고 일컬었다. 상탕은 자신이 위대하다기보다는 기회를 잘 잡았다고 하는 편이 옳을 것이다. 왜냐하면 《사기》에서 탕에 대한 설명은 그리 큰 비중을 차지하지 않고 있는 걸로 알 수 있다. 당시 하나라의 걸왕은 포학무도하여 제후 곤오씨가 난리를 일으켰다. 그래서 탕은 하나라 제후의 신분으로 군사를 이끌고 곤오씨를 정벌하였다. 곤오씨를 정벌한 이후에 탕의 사기는 충천하였고, 겸해서 하나라의 걸왕을 정벌하기에 이르렀으며 천하를 차지하였다. 《사기》에 의하면 탕이 하나라의 걸왕을 정벌한 것은 주나라 무왕이 상나라의 주왕을 정벌한 것보다도 용이하였다. 위 두 사건은 매우 흡사한 점이 있다. 주요 이유로는 첫째, 탕이 걸왕을 정벌한 이후에 스스로 나는 무력이 강하다라고 일컬어서 탕을 가리켜 달리 무왕이라고 일컬은 점이다. 둘째, 탕과 주나라 무왕은 모두 훌륭한 참모를 거느리고 있었다. 즉 탕에게는 이윤이 있고, 주나라 무왕에게는 강상(태공)이 있다. 특히 이윤은 주나라의 주공 단에 비유할 정도로 "1인지하 만인지상"의 위치에 있었다. 그러나 이들은 권력의 유혹에 직면해서는 스스로 신하의 책임과 본분을 다하였다.

이윤은 정치에 입문할 때에 신분이 매우 낮았다. 심지어 탕에게 접근할 수 있는 기회도 유신씨가 시집갈 때 딸려 보내는 미천한 신분이었을 정도다. 이윤은 어느 날 탕과 요리의 도리에 관해서 이야기할 기회가 있었고, 탕의 마음에 들어 관직을 맡기 시작하였다. 이즈음에 하나라 걸왕의 포학무도한 행위로 인하여 탕에게 혁명을 부추겼을 가능성이 농후하다. 당시 혁명을 하려면 군사력도 있어야 하지만 인품이 훌륭해야 한다. 탕의 인품에 대해서는 그물의 3면을 열어놓고 사냥하는 망개삼면의 고사가 증명해준다. 이 일로 인하여 탕의 인품은 사람은 물론 동물에게까지 사랑으로 대한다는 선전 효과가 극대화되었다. 어찌되었건 그물의 3면을 열어놓고 사냥하는 망개삼면의 사건 이후에, 제후 곤오씨가 난리를 일으켰고 탕이 곤오씨를 정벌하면서 진일보 하나라의 걸왕을 일거에 정벌하여 천자의 자리를 차지하였다.

탕왕이 사망한 이후에 여러 명의 왕이 사망하고 즉위하였는데, 이들을 즉위시키고 보좌한 사람은 모두 이윤이었다. 이윤은 매우 철저하게 천자를 보좌하였고, 특히 상탕의 손자 태갑의 경우에는 포악하다는 이유로 3년 동안 쫓아낼 정도였다. 그리고 이윤은 태갑이 뉘우치기를 기다리며 섭정의 직위로 상나라를 이끌었고, 태갑이 돌아오자 미련 없이 천자의 자리를 태갑에게 돌려주었다.

상나라는 탕왕의 공로로 신속하게 흥성하였고 또 주왕의 죄악으로 홀연히 망했다. 《사기》에 의하면 상나라의 마지막 왕 주왕은 3가지 특징이 있다. 첫째, 총명하고, 둘째, 힘이 강하고 셋째, 생활태도가 음주가무를 좋아하는 등 문제가 있었다. 사마천은 탕과 반경 및 무정에 대해서는 어진 군주로 하늘을 두려워하고 덕행을 쌓아서 백성을 위한 정치를 실행한 대표적인 사례로 설정하였다. 반대로 주왕은 황음무도하고 어진 인물을 박해하였으며 백성을 해치는 정치를 실행한 대표적인 폭군으로 설정하여 서술하였다. 주나라 무왕이 상나라를 정벌하려고 조가에 진입했을 때 주왕은 녹대에서 타오르는 불꽃 속으로 몸을 던졌으며, 죄 많은 일생을 마무리하였다. 주라는 칭호는 그의 이름이 아니고, 그의 본래 이름은 신이다. 주는 잔인하고 덕이 없음을 나타내는 의미로, 주나라 사람들이 상나라의 마지막 왕인 신을 모욕하고 멸시하는 칭호이다. 아마도 승전국의 오만함과 정벌의 당위성이 작용하였고, 사마천 당시 성행하던 유학의 영향도 배제할 수 없을 것이다.

V.〈주본기周本紀〉

주나라 세계世系

대략 기원전 16세기~기원전 256년 존속, 성씨는 희姬이다.

선주先周(기원전 16세기~기원전 11세기)

기기棄—부줄不窋—국국鞠—공류公劉—경절慶節—황복皇僕—차불差弗—훼유毀隃—공비公非—고어高圉—아어亞圉—공숙조류公叔祖類—고공단부古公亶父—계력季歷

서주西周(기원전 1061년~기원전 771년)

1. 창昌(文王, 기원전 1099년~기원전 1061년)
2. 무왕武王(재위 5년)
3. 성왕成王(재위 22년)
4. 강왕康王(재위 25년)
5. 소왕昭王(재위 19년)
6. 목왕穆王(재위 55년)
7. 공왕恭王(재위 21년)
8. 의왕懿王(재위 9년)
9. 효왕孝王(재위 5년)
10. 이왕夷王(재위 8년)
11. 여왕厲王(재위 37년)
    공화행정共和行政(기원전 841년~기원전 828년)
12. 선왕宣王(재위 46년)
13. 유왕幽王(재위 11년)

동주(춘추시대, 기원전 770년~기원전 476년)

1. 평왕平王(재위 51년)

2. 환왕桓王(재위 23년)

3. 장왕莊王(재위 15년)

4. 이왕釐王(재위 5년)

5. 혜왕惠王(재위 25년)

6. 양왕襄王(재위 33년)

7. 경왕頃王(재위 6년)

8. 광왕匡王(재위 6년)

9. 정왕定王(재위 21년)

10. 간왕簡王(재위 14년)

11. 영왕靈王(재위 27년)

12. 경왕景王(재위 25년)

13. 도왕悼王(재위 1년)

14. 경왕敬王(재위 44년)

동주(전국시기, 기원전 475년~기원전 256년)

15. 원왕元王(재위 7년)

16. 정정왕貞定王(재위 28년)

17. 애왕哀王(재위 1년)

18. 사왕思王(재위 1년)

19. 고왕考王(재위 15년)

20. 위열왕威烈王(재위 24년)

21. 안왕安王(재위 26년)

22. 열왕烈王(재위 7년)

23. 현왕顯王(재위 48년)

24. 신정왕愼靚王(재위 6년)

25. 난왕赧王(재위 59년)

서주국西周國

1. 환공桓公(기원전 440년~기원전 415년)

2. 위공威公(기원전 414년~기원전 367년)

3. 혜공惠公(기원전 367년~?)

4. 무공武公(?~?)

5. 문공文公(기원전 ?~기원전 256년)

6. 서주공西周公(?~?)

동주국東周國

1. 혜공惠公(기원전 367년~?)

2. 소문군昭文君(?~?)

3. 무공武公(?~?)

4. 주정공周靖公(?~기원전 249년)

1. 〈주본기〉 내용소개

〈주본기〉는 주周나라의 홍망성쇠의 역사를 개괄적으로 서술하였다. 즉 천하의 종주국인 주나라의 각기 다른 군주들의 정치행위 및 군주와 신하간의 정치행위를 위주로 서술하였다. 일찍이 요堯 시기에 주의 시조인 후직后稷은 농업생산을 담당하였고, 공유公劉와 고공단보古公亶父 시기에 도읍을 건설하고 관직을 설치하였으며 인덕을 널리 베풀었다. 또 계력季歷과 문왕文王의 경영을 거치고, 무왕武王 시기에는 천하의 제후를 거느리게 되었다.

〈주본기〉에서 사마천은 유가儒家의 사상적 관점으로 주나라 역사를 처리하였고, 인의로써 나라를 경영해야 한다는 도리를 주장하였다. 이러한 묘사는 주로 문왕, 무왕, 성왕成王, 주공周公의 경우에 두드러졌다. 이들은 모두 유가의 이상적인 군주와 신하의 표준이 되었고, 군신간의 화목과 전쟁이 없는 태평성세의 상황 또한 유가의 이상적인 정치 환경을 설명하고 있다. 특별히 무왕의 경우에 상商나라를 멸망시키는 과정과 사직의 안정을 위하여 실행한 정치책략 등을 상세히 묘사하여 고대 정치가의 이미지를 적극 서술하였다. 성왕 이후에는 현명한 군주가 나타나지 않고 대부분 무능한 폭군이 등장하는 경우가 많았다. 사마천 또한 이들에게 엄준한 역사적 평가를 부과하였다. 즉 여왕厲王의 탐욕, 유왕幽王의 포사褒姒 총애 등 인물성격에 대한 상세한 묘사가 있었다. 이와 동시에 충신에 대하여도 상세한 묘사가 있었는데, 목왕穆王 시기에 제공모보祭公謀父와 여왕 시기의 예량부芮良夫와 소공召公, 주공周公 등의 군주에 대한 충간직언이다.

〈주본기〉의 서술상의 특징은 인물의 성격 묘사를 통한 역사적 배경과 사실을 서술하여 800년 왕조사를 간명하면서도 생동감 있게 표현하였다.

2. 〈주본기〉 4-001~077

4-001

周后稷, 名棄。其母有邰氏女, 曰姜原。姜原爲帝嚳元妃。姜原出野, 見巨人迹, 心忻然說, 欲踐之, 踐之而身動如孕者。居期而生子, 以爲不祥, 棄之隘巷, 馬牛過者皆辟不踐；徙置之林中, 適會山林多人, 遷之；而棄渠中冰上, 飛鳥以其翼覆薦之。姜原以爲神, 遂收養長之。初欲棄之, 因名曰棄。

┃음역┃

주후직, 명기. 기모유태씨녀, 왈강원. 강원위제곡원비. 강원출야, 견거인적, 심흔연열, 욕천지, 천지이신동여잉자. 거기이생자, 이위불상, 기지애항, 마우과자개피불천 ; 사치지림중, 적회산림다인, 천지 ; 이기거중빙상, 비조이기익부천지. 강원이위신, 수수양장지. 초욕기지, 인명왈기.

┃주석┃

1. 주周-1-029 주석20 참고.
2. 후직后稷-1-026 주석8 참고.
3. 기棄-1-026 주석8 참고.
4. 유태씨有邰氏-유태는 고대 제후국의 이름이고, 현재 섬서성陝西省 무공현武功縣 일대이다. 성씨는 강姜이고 염제炎帝의 후예이다.

5. 강원姜原-주周나라의 시조 후직后稷의 어머니이고 곡嚳의 부인이
   다. 달리 강원姜嫄이라고 쓴다. 또 고신씨高辛氏 후대 자손의 부인
   이라는 주장도 있다.
6. 곡嚳-1-009 주석5 참고.
7. 야野-성 밖.
8. 열說-기쁠 열悅과 동일.
9. 천踐-밟다.
10. 거기居期-기간이 차다.
11. 애항隘巷-좁은 골목.
12. 피辟-피할 피避와 동일.
13. 적회適會-만나다.
14. 부천覆薦-위를 덮어주고 아래를 깔아주다.

┃국역┃

주나라의 시조 후직은 이름이 기이다. 그의 어머니는 유태씨의 여성
으로 강원이라고 일컬었다. 강원은 곡의 정실부인이다. 강원은 성 밖으
로 나갔다가 거인의 발자국을 보고 마음속으로 기뻐하며 그것을 밟아보
고 싶었는데, 발자국을 밟자 몸속에서 움직임이 있었고 마치 임신한 것
과 같았다. 기간이 쌓이고 아들을 낳았지만 스스로 상서롭지 못하다고
여기고 좁은 골목에 버렸는데, 지나가는 말과 소가 모두 피하고 밟지 않
았다. 아이를 옮겨서 숲 속에 두었는데, 마침 숲 속에서 많은 사람을 만
나서 다른 곳으로 옮겼다. 그리고 도랑의 얼음 위에 버렸는데, 날아다니
는 새가 날개로 위를 덮고 아래를 깔아주었다. 강원은 신비롭게 여기고
마침내 거둬서 키웠다. 처음에 아이를 버리려고 생각했기 때문에, 그래
서 이름을 버린다는 의미의 기라고 일컬었다.

4-002

棄爲兒時, 屹如巨人之志。其游戲, 好種樹麻, 菽, 麻, 菽美。及爲成
人, 遂好耕農, 相地之宜, 宜穀者稼穡焉, 民皆法則之。帝堯聞之,
舉棄爲農師, 天下得其利, 有功。帝舜曰︰"棄, 黎民始飢, 爾后稷播
時百穀。"封棄於邰, 號曰后稷, 別姓姬氏。后稷之興, 在陶唐, 虞,
夏之際, 皆有令德。

│음역│

기위아시, 흘여거인지지. 기유희, 호종수마, 숙, 마, 숙미. 급위성인,
수호경농, 상지지의, 의곡자가색언, 민개법칙지. 제요문지, 거기위농사,
천하득기리, 유공. 제순왈︰"기, 여민시기, 이후직파시백곡." 봉기어태,
호왈후직, 별성희씨. 후직지흥, 재도당, 우, 하지제, 개유영덕.

│주석│

1. 기棄-1-026 주석8 참고.
2. 흘屹-견고, 안정, 동요하지 않다.
3. 거인巨人-어른.
4. 미美-잘 자라다.
5. 상지지의相地之宜-각기 다른 토양에서는 각기 다른 생물의 성장
   에 적합함을 관찰하다. 간략하게 토지의 특성을 관찰하다의 의미
   이다.
6. 가색稼穡-심는 것을 가라고 하고 수확하는 것을 색이라 한다.
7. 법칙法則-본받다.
8. 요堯-1-012 주석3 참고.
9. 농사農師-고대에 농업을 담당하는 관리이다. 달리 주나라 시대에

는 상사上士를 가리키는 관직 명칭으로 사용되었다.

10. 순舜-1-016 주석8 참고.

11. 태邰-후직后稷이 출생하고 책봉 받은 지역이며, 현재의 옹주雍州 무공현武功縣이다. 여기에 후직과 강원姜嫄의 사당이 있다.

12. 후직后稷-1-026 주석8 참고.

13. 희씨姬氏-1-029 주석21 참고.

14. 도당陶唐-1-012 주석3 참고.

15. 우虞-1-016 주석8 참고.

16. 하夏-2-001 주석1 참고.

17. 영덕令德-아름다운 덕행, 또는 고상한 도덕이 있는 사람을 가리 킨다.

|국역|

기는 어린아이일 때에 이미 어른들이 가지고 있는 의지처럼 굳건하였 다. 놀이를 할 때는 삼과 콩 심는 것을 좋아하였고, 삼과 콩도 잘 자랐 다. 어른이 되어서는 농사짓는 것과 토지의 특성을 관찰하는 것을 좋아 하였고, 곡식을 재배하기에 적합한 곳에서는 심고 거두었으며 백성들도 모두 그를 본받았다. 요가 이 일을 듣고, 기를 등용하여 농업을 담당하 는 관리인 농사에 임명하였으며, 천하 사람들이 모두 그의 이로움을 얻 어서 공로가 컸다. 순이 말하기를 "기, 이전에 백성들이 굶주리기 시작 하자, 그대 후직은 때 맞춰 온갖 곡식을 심어서 구제하였다." 기를 태에 책봉하고 후직이라고 일컬었으며, 별도로 희라는 성씨를 하사하였다. 후 직 집안의 흥기는 요, 순, 우의 시기이고, 대대로 모두 아름다운 덕행이 있었다.

기棄와 농업사회 ― 주나라는 황하 상류, 위수渭水 중류 및 섬서陝西와 감숙甘肅 지역에서 오랫동안 활동하다가, 나중에 주원周原에 정착하였으므로 주周(西周)라고 일컬었다. 원래 희성姬姓 부족으로 주위의 강성姜姓 부족과 대대로 통혼하여 부락연맹을 구성하였다. 시조는 기이고, 기의 이후에 부계 씨족사회로 진입하였다고 여겨진다. 기는 성장하면서 농사 짓는 것을 좋아하여 오곡을 심고 농업에 종사하였다. 요堯의 통치 시기에는 농사農師에 임명되었고, 순舜의 통치 시기에는 그를 합邰이라는 지역(현재 陝西省 武功縣 외곽)에 봉하고 후직后稷이라 일컬었다. 즉 기의 농업과 관계된 전설로 볼 때 주나라는 농업 위주의 사회였음을 반영하고 있다.

4-003

后稷卒, 子不窋立。不窋末年, 夏后氏政衰, 去稷不務, 不窋以失其官而奔戎狄之間。不窋卒, 子鞠立。鞠卒, 子公劉立。公劉雖在戎狄之間, 復脩后稷之業, 務耕種, 行地宜, 自漆, 沮度渭, 取材用, 行者有資, 居者有畜積, 民賴其慶。百姓懷之, 多徙而保歸焉。周道之興自此始, 故詩人歌樂思其德。公劉卒, 子慶節立, 國於豳。

후직졸, 자부줄립. 부줄말년, 하후씨정쇠, 거직불무, 부줄이실기관이분 융적지간. 부줄졸, 자국립. 국졸, 자공류립. 공류수재융적지간, 부수후직 지업, 무경종, 행지의, 자칠, 저도위, 취재용, 행자유자, 거자유축적, 민뢰 기경. 백성회지, 다사이보귀언. 주도지흥자차시, 고시인가악사기덕. 공류 졸, 자경절립, 국어빈.

1. 후직后稷-1-026 주석8 참고.

2. 부줄不窋-고대 주周 종족의 수령으로 후직后稷의 아들이다. 후직의 농사 관직을 계승하였으나, 하夏나라 공갑孔甲 시기에 관직을 잃고 부락민을 이끌고 경양慶陽 일대로 이동하였다. 이곳에서 초기 주나라의 정치, 경제, 사상, 문화 활동의 기초를 확립하였다. 최근에는 후직과 부줄은 시기상 격차가 너무 커서 부자관계가 아니라는 주장이 설득력 있다.

3. 하후씨夏后氏-1-029 주석14 참고.

4. 거직去稷-거는 폐기하다이고, 직은 농업을 주관하는 관직인 농사農師, 직관稷官, 직정稷正 등을 가리킨다. 즉 농업을 주관하는 관직을 폐기하는 의미이다.

5. 융적戎狄-춘추시대에 화하족華夏族과 주변의 이민족인 이夷, 융戎, 만蠻, 적狄의 구분이 있었다. 융적은 주로 황하 북쪽과 서북지역에 거주하였고, 일반적으로 서북지역의 이민족을 통칭하는 용어로 사용되었다.

6. 간間-사이.

7. 국鞠-부줄不窋의 아들이고 처음에는 국도鞠陶라고 일컬었으며, 기타 문헌에는 도陶라고 기록되어 있다.

8. 공류公劉-부줄의 아들이고 기棄의 손자로 빈邠(彬, 豳, 豳)에 정착하여 농업 경제를 발전시켰으며, 주나라의 발전에 새로운 계기를 가져왔다. 그는 농업에 종사하는 이외에 무력을 발전시키고 종묘를 건립하였다.

9. 수脩-다스릴 수修와 동일.

10. 행行-살펴보다.

11. 지의地宜-상지지의相地之宜과 동일하다. 즉 각기 다른 토양에서는

각기 다른 생물의 성장에 적합함을 관찰하다. 간략하게 토지의 특성을 살피다의 의미이다. 달리 지리환경 혹은 조건을 가리키기도 한다.

12. 칠漆-2-013 주석9 참고.

13. 저沮-2-006 주석9 참고.

14. 위渭-2-012 주석24 참고.

15. 취재용取材用-목재를 채취하여 사용하다.

16. 자資-밑천으로 삼다, 재물.

17. 축적畜積-쌓다, 쌓인 재물.

18. 경慶-은덕.

19. 백성百姓-1-002 주석4 참고.

20. 회懷-그리워하다.

21. 보귀保歸-귀부, 귀의하다.

22. 주周-1-029 주석20 참고.

23. 시인詩人-《시경》의 작자를 가리킨다. 즉 《시경》〈대아大雅〉편에 「독공류篤公劉」라는 시가 있는데, 공류의 위대한 업적과 고상한 품덕을 칭송하는 시가이다.

24. 경절慶節-공류의 아들이고 경양慶陽에서 정식으로 빈국豳國을 건립하였다. 빈국은 당시 서북지역에서 세력이 비교적 강한 부락 국가를 형성하였다.

25. 국國-도읍지를 나타내고, 여기서는 도읍지를 건립하다는 의미로 사용되었다.

26. 빈豳-고대의 도읍 명칭으로 빈邠(彬, 豩) 등으로 쓴다. 현재 섬서성陝西省 빈현彬縣이다.

┃국역┃

후직이 사망하고 아들 부줄이 즉위하였다. 부줄의 말년에 하후씨 즉 하나라의 정치가 쇠락하고, 농업을 주관하는 관직인 농사를 없애고 농업에 힘쓰지 않게 되었으며, 부줄은 관직을 잃고 황하 서북방의 이민족인 융적이 거주하는 지역으로 도망갔다. 부줄이 사망하고 아들 국이 즉위하였다. 국이 사망하고 아들 공류가 즉위하였다. 공류는 비록 황하 서북방의 이민족인 융적이 거주하는 지역에서 생활하였지만, 다시 후직이 하던 일에 종사하였고, 밭을 갈고 씨 뿌리는 데 힘쓰며, 각기 다른 토양에서는 각기 다른 생물의 성장에 적합함을 관찰하였다. 칠수와 저수로부터 위수를 건너서 목재를 채취하여 사용하도록 하니, 길을 다니는 사람에게는 밑천으로 삼을 재물이 생기고 집에 있는 사람에게도 재물이 쌓였으며, 백성들이 그의 은덕에 의지하게 되었다. 백관들도 그를 그리워하였고, 많은 사람들이 옮겨와서 그에게 귀의하였다. 주나라의 정치와 교화의 흥성은 이때부터 시작되었고, 그래서 《시경》의 작자가 《시경》〈대아大雅〉편에「독공류篤公劉」를 지어서, 공류의 위대한 업적과 고상한 품덕을 칭송하며 회상하였다. 공류가 사망하고 아들 경절이 즉위하였고 빈에 도읍을 건립하였다.

┃참고┃

공류公劉의 역사상 공헌─주周 종족은 처음에는 축목업을 중심으로 생활하였다. 공류는 북방 이민족의 침입을 계기로 빈豳으로 이동하고, 농업을 중심으로 생산방식을 전환하였다. 당시 발전된 생산도구의 사용과 후직后稷의 전통 계승으로 인하여 주 종족의 농업생산은 크게 확대되었고, 주나라 형성에 유리한 기초를 형성하게 되었다. 그래서 《시경》〈대아大雅〉편에 공류의 공적이 기록될 정도였다.

4-004

慶節卒, 子皇僕立。皇僕卒, 子差弗立。差弗卒, 子毀隃立。毀隃卒,
子公非立。公非卒, 子高圉立。高圉卒, 子亞圉立。亞圉卒, 子公叔
祖類立。公叔祖類卒, 子古公亶父立。古公亶父復脩后稷, 公劉之業,
積德行義, 國人皆戴之。薰育戎狄攻之, 欲得財物, 予之。已復攻,
欲得地與民。民皆怒, 欲戰。古公曰："有民立君, 將以利之。今戎狄
所爲攻戰, 以吾地與民。民之在我, 與其在彼, 何異。民欲以我故戰,
殺人父子而君之, 予不忍爲。"乃與私屬遂去豳, 度漆, 沮, 踰梁山,
止於岐下。豳人舉國扶老攜弱, 盡復歸古公於岐下。及他旁國聞古公
仁, 亦多歸之。於是古公乃貶戎狄之俗, 而營築城郭室屋, 而邑別居
之。作五官有司。民皆歌樂之, 頌其德。

┃음역┃

경절졸, 자황복립. 황복졸, 자차불립. 차불졸, 자훼유립. 훼유졸, 자공
비립. 공비졸, 자고어립. 고어졸, 자아어립. 아어졸, 자공숙조류립. 공숙
조류졸, 자고공단보립. 고공단보부수후직, 공류지업, 적덕행의, 국인개대
지. 훈육융적공지, 욕득재물, 여지. 이복공, 욕득지여민. 민개노, 욕전. 고
공왈 : "유민입군, 장이리지. 금융적소위공전, 이오지여민. 민지재아, 여
기재피, 하이. 민욕이아고전, 살인부자이군지, 여부인위." 내여사속수거
빈, 도칠, 저, 유량산, 지어기하. 빈인거국부로휴약, 진복귀고공어기하.
급타방국문고공인, 역다귀지. 어시고공내폄융적지속, 이영축성곽실옥, 이
읍별거지. 작오관유사. 민개가악지, 송기덕.

┃주석┃

1. 경절慶節 - 4-003 주석24 참고.

2. 황복皇僕―고대 주周 종족의 수령으로 경절의 아들이다.

3. 차불差弗―고대 주 종족의 수령으로 황복의 아들이다.

4. 훼유毁隃―고대 주 종족의 수령으로 차불의 아들이다.

5. 공비公非―고대 주 종족의 수령으로 훼유의 아들이다.

6. 고어高圉―고대 주 종족의 수령으로 공비의 아들이다.

7. 아어亞圉―고대 주 종족의 수령으로 고어의 아들이다.

8. 공숙조류公叔祖類―고대 주 종족의 수령으로 아어의 아들이다.

9. 고공단보古公亶父―고대 주 종족의 수령으로 공숙조류의 아들이다. 고는 옛날 석昔과 같고 공은 작위이며, 이름은 단보이다, 달리 주나라 태왕太王으로 일컫는다. 위로는 후직后稷과 공류公劉의 업적을 계승하고 아래로는 문왕文王과 무왕武王의 태평성세를 가져오게 한 정치가, 개혁가, 군사가이다.

10. 후직后稷―1- 026 주석8 참고.

11. 공류公劉―4- 003 주석8 참고.

12. 국인國人―주나라 시기에 성읍城邑 및 그 주위에 거주하던 백성을 가리킨다. 주로 공상업에 종사하였다. 참고로 야인野人은 성읍 바깥에 거주하는자이고 농업에 종사하였다. 국인과 야인은 모두 자유민이고 노예가 아니다.

13. 대戴―존중하여 받들다.

14. 훈육薰育―1- 005 주석7 참고.

15. 융적戎狄―4- 003 주석5 참고.

16. 이已―오래지 않아서.

17. 유민有民―백성, 민중.

18. 소위所爲―소이所以와 동일하고, 원인, 목적의 의미이다.

19. 사속私屬―집안의 식솔.

20. 빈豳―4- 003 주석26 참고.

21. 칠漆-4-003 주석12 참고.

22. 저沮-4-003 주석13 참고.

23. 양산梁山-옹주雍州 호치현好畤縣 서북쪽에 있다.

24. 기하岐下-기산岐山 아래를 가리킨다. 이곳은 주周 문화의 발상지
    이고, 섬서성陝西省 부풍현扶風縣 서북쪽에 있으며, 남쪽에 주원周原
    이 있다.

25. 휴휴攜-끌다.

26. 폄貶-감소, 제거의 의미.

27. 읍별거지邑別居之-읍락을 설치하고 따로따로 거주하다.

28. 5관五官-상商나라와 주周나라 시기 정사를 담당하던 고급 관직으
    로, 사도司徒, 사마司馬, 사공司空, 사토司土, 사구司寇을 가리킨다.
    달리 광의의 의미로 백관을 가리킨다.

29. 유사有司-관리.

┃국역┃

경절이 사망하고 아들 황복이 즉위하였다. 황복이 사망하고 아들 차불
이 즉위하였다. 차불이 사망하고 아들 훼유가 즉위하였다. 훼유가 사망하
고 아들 공비가 즉위하였다. 공비가 사망하고 아들 고어가 즉위하였다.
고어가 사망하고 아들 아어가 즉위하였다. 아어가 사망하고 아들 공숙조
류가 즉위하였다. 공숙조류가 사망하고 아들 고공단보가 즉위하였다. 고
공단보는 다시 후직과 공류가 했던 일을 다스리고, 덕을 쌓고 의로움을
실행하였으며, 성읍 및 그 주위에 거주하던 백성인 국인들이 모두 그를
추대하였다. 서북방의 이민족 훈육과 융적이 그를 공격하고 재물을 얻으
려고 하니 재물을 주었다. 오래지 않아서 다시 공격하고 토지와 백성을
차지하려고 하였다. 백성이 모두 분노하여 그들과 전쟁하려고 하였다. 고
공이 말하기를 "백성이 군주를 세우는 것은 장차 백성들을 이롭게 하려

는 것이다. 지금 융적이 공격하여 전쟁하려는 목적은 우리의 토지와 백성이다. 백성들이 우리 쪽에 있거나 그들과 더불어 저쪽에 있거나 무엇이 다르겠는가! 백성들이 나와의 연고로 인하여 전쟁하려는 것은, 다른 사람의 부친과 자식을 살해하면서 그들의 군주가 되려는 것과 같으므로, 나는 참을 수 없다." 이에 집안의 식솔과 더불어 드디어 빈을 떠났으며, 칠수와 저수를 건너고 양산을 넘어서 기산 아래에 정착하였다. 빈 지역의 백성들은 온 나라에서 모두 노인은 부축하고 어린이는 이끌면서, 전부 기산의 아래에 정착하고 있는 고공에게 다시 귀의하였다. 게다가 그의 주변 나라에서까지 고공이 어질다는 것을 듣고 또한 대다수가 그에게 귀의하였다. 그래서 고공은 융적의 습속을 폐지하고 성곽과 집을 건축하였으며, 그리고 백성을 몇 개 읍락으로 나누어 거주하게 하였다. 또 사도, 사마, 사공, 사토, 사구 등 5종류의 고급관직을 설치하고 관리를 두었다. 그래서 백성들은 모두 《시경》의 〈천작天作〉편과 〈비궁閟宮〉편에 실린 것처럼 시와 노래를 지어 그의 은덕을 칭송하였다.

┃참고┃

기산岐山에서 봉황새가 운 까닭-고공단보古公亶父는 외적의 침입으로 종족을 이끌고 기산岐山으로 이동하였다. 기산은 바로 주 종족의 발상지로 여겨졌으며, 기산 아래의 평야가 바로 주원周原이다. 《국어國語》〈주어周語〉에 보면 기산은 봉황새가 울어서 달리 봉황산이라고 일컬었다. 봉황새는 전설 속의 불사조이고, 길상을 나타내며 흥성과 발전을 상징한다고 한다. 즉 고공단보의 기산 개척과 봉황새의 울음은 미래에 주 종족의 흥성과 발전을 상징하는 표시이다. 그 외에 고공단보는 성곽과 가옥을 지어 부락민들로 하여금 나누어 거주하게 하였고, 5관五官과 담당 부서를 두어 통치하게 하는 등 개혁을 단행하였다. 그의 이러한 개혁은 계급 사회와 국가 기구의 초보적 형태가 구비되었음을 나타내주고 있었다. 이후에 무왕武王이 상나라를 멸망시키게 되는 실력의 기초는 바로 이 시기에 갖추게 되었던 것이다.

4-005

古公有長子曰太伯, 次曰虞仲。太姜生少子季歷, 季歷娶太任, 皆賢婦人, 生昌, 有聖瑞。古公曰 : "我世當有興者, 其在昌乎?" 長子太伯, 虞仲知古公欲立季歷以傳昌, 乃二人亡如荊蠻, 文身斷髮, 以讓季歷。

|음역|

고공유장자왈태백, 차왈우중. 태강생소자계력, 계력취태임, 개현부인, 생창, 유성서. 고공왈 : "아세당유흥자, 기재창호?" 장자태백, 우중지고공욕립계력이전창, 내이인망여형만, 문신단발, 이양계력.

|주석|

1. 고공古公－4-004 주석9 참고.
2. 태백太伯－고공단보古公亶父의 큰아들이고 달리 태백泰伯으로 일컬었다. 고공단보가 셋째 아들 계력季歷에게 왕위를 계승시키려고 하자, 둘째인 중옹仲雍과 함께 남방으로 도망갔다. 나중에 오吳나라의 개국 군주가 되었다.
3. 우중虞仲－고공단보의 둘째 아들이고 원래 명칭은 중옹仲雍이다. 달리 오중吳仲, 숙재孰哉 등으로 일컬었다. 고공단보가 셋째 아들 계력季歷에게 왕위를 계승시키려고 하자, 첫째인 태백과 함께 남방으로 도망갔다. 나중에 오나라의 2대 군주가 되었다. 우중이라고 일컬은 이유는 중옹의 증손자에 우중이 있는데, 주나라 무왕武王에

의하여 우虞나라에 책봉되었다. 후대 사람들이 우나라의 우를 중옹의 명칭 앞에 붙여서 우중이라고 일컬어서 중옹을 달리 우중이라고 불렀다고 전해온다.

4. 태강太姜 - 유태씨有邰氏의 여성으로 고공단보의 부인이고 계력의 어머니이다. 문왕文王의 어머니인 태임太任과 무왕武王의 어머니 태사太姒와 더불어 주나라 왕실의 3명의 훌륭한 어머니에 속한다.

5. 계력季歷 - 고공단보의 셋째 아들이고, 즉위한 이후에는 공계公季라고 일컬었고, 주나라 무왕이 상商나라를 멸망시킨 이후에는 왕계王季로 추존되었다.

6. 태임太任 - 지임씨摯任氏의 여성으로 계력의 부인이고 문왕文王 창昌의 어머니이다. 달리 대임大任으로 일컬으며, 주나라 왕실의 3명의 훌륭한 어머니에 속한다.

7. 창昌 - 3-031 주석7 참고.

8. 성서聖瑞 - 성스러운 조짐. 즉 창은 용 얼굴에 호랑이 어깨와 키가 10척이고 가슴에 젖이 4개 있다고 한다.

9. 세世 - 평생.

10. 망亡 - 도주하다.

11. 형만荊蠻 - 춘추전국시대의 초楚나라 지역, 또는 오월吳越 지역, 혹은 초월楚越과 남방 사람에 대한 칭호를 가리킨다. 초나라는 월越나라를 멸망시켰고, 진秦나라는 다시 초나라를 멸망시켰는데, 진나라는 장양왕庄襄王의 이름이 자초子楚이기 때문에 피휘避諱하기 위하여 초를 형荊으로 고쳤던 것이다. 만은 남방민족에 대한 멸시적인 칭호이다.

12. 문신단발文身斷髮 - 고대에 오월吳越 지역에서는 문신단발의 풍속이 있었다. 이유는 물속에서 생활을 많이 하였기 때문에 머리를 짧게 잘랐고, 또 동물 문양의 문신을 하면 용의 자손으로 여겨져 다른

동물로부터 피해를 당하지 않는다는 믿음 때문이었다고 전해진다.

|국역|

고공단보는 맏아들이 태백이고 둘째는 우중이라고 일컬었다. 고공단보의 부인 태강은 셋째 계력을 낳았고 계력은 태임을 부인으로 맞아들였는데, 모두 현명한 부인이었다. 태임은 창을 낳았는데, 성스러운 조짐이 있었다. 고공단보가 말하기를 "내 평생에 마땅히 큰일을 일으킬 자가 있다는데, 아마도 창인 것 같다." 맏아들 태백과 우중은 고공단보가 계력을 후계자로 세워서 창에게 왕위를 전해주려는 것을 알았고, 이에 두 사람은 장강 이남의 초나라 지역으로 도망갔다. 그곳의 풍속에 따라서 문신하고 머리를 짧게 잘랐으며, 계력에게 왕위를 양보하였다.

|참고|

주실3모周室三母─주나라 왕실의 현모양처 3명을 가리킨다. 고공단보古公亶父의 부인 태강太姜, 계력季歷의 부인 태임太任, 문왕文王의 부인 태사太姒이다. 태강은 유태씨有邰氏 부락의 여성으로 고공단보를 내조하여 주원周原으로 천도하였다. 태임은 지임씨摯任氏의 여성으로 몸가짐과 태교를 중시하여 실천하였고 문왕을 낳았다. 태사는 유신씨有莘氏 부락의 여성으로 가정교육을 중시하였으며, 무왕武王과 주공周公 단旦의 어머니이다.

4-006

> 古公卒, 季歷立, 是爲公季。公季脩古公遺道, 篤於行義, 諸侯順之。

고공졸, 계력립, 시위공계. 공계수고공유도, 독어행의, 제후순지.

┃주석┃

1. 고공古公−4−004 주석9 참고.

2. 계력季歷−4−005 주석5 참고.

3. 공계公季−4−005 주석5 참고.

4. 독篤−두텁게 하다, 오로지, 충실하게 하다.

5. 제후諸侯−1−002 주석3 참고.

6. 순順−따를, 복종하다.

┃국역┃

고공단보가 사망하고 계력이 즉위하였는데, 이 사람이 바로 공계이다. 공계는 고공단보가 남긴 치국의 도리를 잘 다스리고, 인의를 실행하는 일을 충실히 하자 제후들이 모두 그를 따랐다.

4-007

公季卒, 子昌立, 是爲西伯。西伯曰文王, 遵后稷, 公劉之業, 則古公, 公季之法, 篤仁, 敬老, 慈少。禮下賢者, 日中不暇食以待士, 士以此多歸之。伯夷, 叔齊在孤竹, 聞西伯善養老, 盍往歸之。太顚, 閎夭, 散宜生, 鬻子, 辛甲大夫之徒皆往歸之。

┃음역┃

공계졸, 자창립, 시위서백. 서백왈문왕, 준후직, 공류지업, 칙고공, 공계지법, 독인, 경로, 자소. 예하현자, 일중불가식이대사, 사이차다귀지.

백이, 숙제재고죽, 문서백선양로, 합왕귀지. 태전, 굉요, 산의생, 죽자, 신갑대부지도개왕귀지.

▮주석▮

1. 공계公季-4- 005 주석5 참고.

2. 창昌-3- 031 주석7 참고.

3. 서백西伯-3- 031 주석6 참고.

4. 문왕文王-3- 031 주석7 참고.

5. 준違-좋다.

6. 후직后稷-1- 026 주석8 참고.

7. 공류公劉-4- 003 주석8 참고.

8. 칙則-본받다.

9. 고공古公-4- 004 주석9 참고.

10. 예하禮下-예의와 겸손으로 자신을 낮추다.

11. 일중日中-1- 014 주석8 참고.

12. 가暇-틈, 겨를.

13. 사士-1- 026 주석31 참고.

14. 백이伯夷-성씨는 묵墨 또는 묵태씨墨胎氏이고 이름은 윤允이며 자는 공신公信이다. 고죽국孤竹國 군주의 맏아들이다. 군주가 사망하면서 둘째 숙제叔齊에게 왕위를 계승하게 하였는데, 숙제가 백이에게 왕위를 양보하자 부모의 명령을 어길 수 없다면서 주周나라로 도망갔다. 나중에 숙제도 주나라로 왔으며, 둘이서 주나라 무왕武王이 상商나라를 정벌하는 것을 만류하였으나 듣지 않자 수양산首陽山으로 들어가서 굶어 죽었다는 전설이 있다.

15. 숙제叔齊-성씨는 묵墨 또는 묵태씨墨胎氏이고 이름은 치致이고 자는 공달公達이다. 고죽국孤竹國 군주의 둘째 아들이고 백이의 동생

이다. 그에 관한 전설은 백이와 숙제가 수양산에서 굶어 죽은 내용을 참고할 것.

16. 고죽孤竹-하夏나라 시기에 이미 건국되었고 상商나라 시기에는 제후국이 되었으며, 성씨는 묵태씨墨胎氏 또는 묵墨이다. 달리 고죽觚竹이라고 쓰며, 갑골문에 고죽의 활동에 관한 글자가 많이 등장한다. 통치 지역은 하북성河北省 노룡현盧龍縣에서 요서遼西 일대이다.

17. 합盍-어찌 ~하지 않으냐, 개蓋와 동일. 이곳의 문장은《맹자孟子》〈이루離婁〉의 "합귀호래盍歸乎来!"를 참조하였다.

18. 태전太顚-주나라의 개국공신으로, 문왕사우文王四友 즉 문왕의 믿을 만한 4명 친구 중의 1명으로 상세한 내용은 전해지지 않는다. 참고로 이에 대한 주장은 두 가지가 있다. 첫째, 태전太顚, 굉요閎天, 산의생散宜生, 남궁괄南宮适이다. 둘째, 태공망太公望, 굉요, 산의생, 남궁괄이다.

19. 굉요閎天-3·031 주석20 참고.

20. 산의생散宜生-주나라의 개국공신으로, 문왕사우文王四友 즉 문왕의 믿을 만한 4명 친구 중의 1명으로 태전, 굉요, 남궁괄 등과 더불어 문왕을 보좌하였다. 문왕이 서백의 신분으로 상나라 주紂에 의하여 감옥에 갇혔을 때, 미녀와 보물을 바쳐서 창을 위험으로부터 구조하였다. 나중에는 무왕을 보좌하여 상나라를 멸망시켰다. 현재의 섬서성陝西省 봉상현鳳翔縣 지역에 책봉되었다.

21. 죽자鬻子-축융씨祝融氏의 후손으로 이름은 웅熊이고 초楚에 책봉되었다. 문왕, 무왕, 성왕은 그를 스승으로 섬겼다.

22. 신갑辛甲-상나라 주紂의 신하인데 75차례 간언을 하였지만 듣지 않자 주周나라로 갔다. 주나라의 사관으로 문왕이 태사太史로 임명하고 장자長子에 책봉하였다. 장자는 현재의 산서성山西省 장자현長子縣 지역이다.

23. 대부大夫-3- 009 주석27 참고.

▎국역▎

공계가 사망하고 아들 창이 즉위하였는데, 이 사람이 바로 서백이다. 서백은 문왕이라고 일컬었는데, 후직과 공류의 사업을 따라했고, 고공단보와 공계의 법도를 본받았으며, 인의를 실행하고 노인을 공경하며 어린이에게 자애롭게 대했다. 어진 사람에게는 예의와 겸손으로 자신을 낮추었고, 정오까지 식사할 겨를도 없이 경과 대부의 가신그룹인 사 계층 사람들을 접대하여서, 사 계층 사람들은 대다수 그에게 귀의하였다. 백이와 숙제는 고죽국에서 서백이 노인을 잘 봉양한다는 말을 듣고, 어찌 가서 그에게 귀의하지 않겠는가 하면서 귀의하였다. 태전, 굉요, 산의생, 죽자, 신갑 등의 대부 계층의 무리들도 모두 가서 그에게 귀의하였다.

▎참고▎

백이伯夷와 숙제叔齊가 굶어 죽은 이유-백이와 숙제는 주周나라 문왕文王이 노인을 잘 봉양한다는 말을 듣고 주나라에 귀의하였다. 그 후에 문왕이 사망하고 무왕武王이 상商나라를 정벌한다는 말을 듣고, 무왕에게 두 가지 이유를 들어서 간언을 하였다. 즉 첫째, 문왕이 사망한 지 얼마 안 되서 군사를 일으키는 것은 불효이다. 둘째, 상나라 주왕紂王은 군주이고 무왕은 신하로서, 신하가 군주를 정벌하는 것은 불충이다. 그러나 무왕이 상나라를 멸망시키자, 백이와 숙제는 자신들의 간언이 효과가 없음에 상심하고, 또 스스로 지조를 잃었다고 여기고 수양산에 들어가서 굶어 죽었다.

4-008

崇侯虎譖西伯於殷紂曰："西伯積善累德，諸侯皆嚮之，將不利於帝。"帝紂乃囚西伯於羑里。閎夭之徒患之。乃求有莘氏美女，驪戎之文馬，有熊九駟，他奇怪物，因殷嬖臣費仲而獻之紂。紂大說，曰："此一物足以釋西伯，況其多乎！"乃赦西伯，賜之弓矢斧鉞，使西伯得征伐。曰："譖西伯者，崇侯虎也。"西伯乃獻洛西之地，以請紂去炮格之刑。紂許之。

❙음역❙

숭후호참서백어은주왈 : "서백적선누덕, 제후개향지, 장불리어제." 제주내수서백어유리. 굉요지도환지. 내구유신씨미녀, 여융지문마, 유웅구사, 타기괴물, 인은폐신비중이헌지주. 주대열, 왈 : "차일물족이석서백, 황기다호!" 내사서백, 사지궁시부월, 사서백득정벌. 왈 : "참서백자, 숭후호야." 서백내헌낙서지지, 이청주거포격지형. 주허지.

❙주석❙

1. 숭후호崇侯虎－3-031 주석18 참고.

2. 참譖－무고하다, 헐뜯다.

3. 서백西伯－3-031 주석6 참고.

4. 은殷－3-001 주석1 참고.

5. 주紂－3-029 주석5 참고.

6. 제후諸侯－1-002 주석3 참고.

7. 향嚮－향할 향向과 동일.

8. 유리羑里－3-031 주석19 참고.

9. 굉요閎夭－3-031 주석20 참고.

10. 유신씨有莘氏-3-005 주석5 참고.

11. 여융驪戎-고대 융족戎族의 일파이다. 상나라와 주나라 시기에 여융국이 있었으며, 군주는 성씨가 희姬이고 작위는 남작男爵이며, 활동범위는 섬서성陝西省 임동현臨潼縣 일대이다. 일찍이 진秦나라의 선조와 통혼하였고, 춘추시대 초기에는 진晉나라의 헌공獻公이 정벌하여 여희驪姬를 얻었다.

12. 문마文馬-붉은 색 말갈기에 흰색 몸체에 눈은 황금색의 준마이다.

13. 유웅有熊-1-029 주석6 참고.

14. 사駟-고대에 4필의 말이 끄는 수레를 가리킨다. 참고로 2필의 말이 끄는 수레는 거車, 8필의 말이 끄는 수레는 연輦이다.

15. 인因-부탁하다.

16. 폐신嬖臣-총애하는 신하.

17. 비중費仲-3-031 주석22 참고.

18. 열說-기쁠 열悅과 동일.

19. 낙서洛西-3-031 주석21 참고.

20. 거去-폐지하다.

21. 포격炮格-3-031 주석5 참고.

┃국역┃

숭후호가 상나라 주왕에게 서백을 헐뜯으며 말하기를 "서백이 선한 업적을 쌓고 덕치를 행하여 제후들이 모두 그에게 귀의하므로, 장차 주왕에게 이롭지 않을 것입니다." 주왕은 이에 서백을 상나라의 감옥인 유리에 가뒀다. 굉요 등 무리가 이 일을 걱정하고, 곧 유신씨의 미녀와 여융족의 붉은 색 말갈기에 흰색 몸체에 눈은 황금색의 준마와 유웅씨의 4마리 말이 끄는 수레 9대(또는 36필의 말), 기타 기이하고 진귀한 물건을 구하여, 상나라 왕의 총애를 받는 신하 비중에게 부탁하여 주왕에게

바쳤다. 주왕은 크게 기뻐하며 말하기를 "유신씨의 미녀 한 가지만으로
도 충분히 석방할 만한데, 하물며 이렇게 많으니 말할 것도 없다." 이에
서백을 석방하고 그에게 활, 화살, 큰 도끼, 작은 도끼를 하사하였으며,
서백으로 하여금 기타 제후국을 정벌하는 권한을 주었다. 그리고 말하기
를 "서백을 헐뜯은 자는 바로 숭후호이다." 서백은 이에 낙수 서쪽의 땅
을 바치고, 주왕에게 포격형을 폐지해 줄 것을 요청하였다. 주왕이 허락
하였다.

4-009

西伯陰行善, 諸侯皆來決平。於是虞, 芮之人有獄不能決, 乃如周。
入界, 耕者皆讓畔, 民俗皆讓長。虞, 芮之人未見西伯, 皆慙, 相謂
曰:"吾所爭, 周人所恥, 何往爲, 祇取辱耳。"遂還, 俱讓而去。諸侯
聞之, 曰:"西伯蓋受命之君"。

┃음역┃

서백음행선, 제후개래결평. 어시우, 예지인유옥불능결, 내여주. 입계,
경자개양반, 민속개양장. 우, 예지인미견서백, 개참, 상위왈 : "오소쟁,
주인소치, 하왕위, 기취욕이." 수환, 구양이거. 제후문지, 왈 : "서백개수
명지군".

┃주석┃

1. 서백西伯-3-031 주석6 참고.
2. 음陰-남모르게.
3. 제후諸侯-1-002 주석3 참고.
4. 결평決平-결단, 평결, 판결.

5. 우虞-고대의 우虞나라이고, 위치는 하동河東 대양현大陽縣이다.

6. 예芮-고대의 예芮나라이고, 위치는 풍익馮翊 임진현臨晉縣이다.

7. 옥獄-송사.

8. 주周-1- 029 주석20 참고.

9. 양반讓畔-자신의 밭두둑 경계지역을 상대방이 많이 점유하도록 양보하는 것을 가리킨다.

10. 양장讓長-나이 많은 사람에게 양보하는 것을 가리킨다.

11. 참慙-부끄러워하다.

12. 개蓋-아마도.

┃국역┃

서백이 남몰래 선행을 행하자 제후들이 모두 와서 공정한 판결을 원했다. 그리고 우나라와 예나라 사람에게 송사가 있었는데, 판결을 할 수 없어서 이에 주나라로 갔다. 주나라의 국경에 진입하니, 농사짓는 사람들은 모두 자신의 밭두둑 경계지역을 상대방이 많이 점유하도록 양보하고, 백성들의 풍속도 모두 나이 많은 사람에게 양보하였다. 우나라와 예나라 사람은 서백을 만나보지 못했지만 모두 부끄러워하면서 서로 말하기를 "우리가 다투는 바는 바로 주나라 사람들이 수치스럽게 여기는 것인데 어찌 가서 그런 일을 할 것인가, 단지 치욕만 얻을 뿐이다." 마침내 돌아와서 함께 양보하고 헤어졌다. 제후들이 이 말을 듣고 말하기를 "서백은 아마도 하늘로부터 천명을 받은 군주이다."

4- 010

明年, 伐犬戎。明年, 伐密須。明年, 敗耆國。殷之祖伊聞之, 懼, 以告帝紂。紂曰 : "不有天命乎? 是何能爲!"明年, 伐邘。明年, 伐崇

侯虎。而作豐邑, 自岐下而徙都豐。明年, 西伯崩, 太子發立, 是爲
武王。

명년, 벌견융. 명년, 벌밀수. 명년, 패기국. 은지조이문지, 구, 이고제
주. 주왈 : "불유천명호? 시하능위!" 명년, 벌우. 명년, 벌숭후호. 이작풍
읍, 자기하이사도풍. 명년, 서백붕, 태자발립, 시위무왕.

1. 견융犬戎-고대 유목종족의 명칭으로 달리 험윤獫狁 또는 서융으
   로 일컬었고, 섬서성陝西省과 감숙성甘肅省 일대에서 활동하였다.
   이리같이 사나운 개를 토템으로 하여 견융이라고 명칭을 지었다.
   다른 주장은 중국 서방 소수민족을 멸시하는 칭호로 사용되었다.

2. 밀수密須-요堯 시기에 감숙성 밀수에서 건국한 소수민족 정권으
   로 성씨는 길姞이다. 상商나라 말기에는 그 주변에서 가장 강성하
   였지만 나중에 서백에게 정벌당했으며, 주周나라 공왕恭王 시기에
   멸망하였다.

3. 기국耆國-상商나라의 제후국으로 여국黎國이라는 주장도 있으며,
   산서성山西省 장치長治 일대가 활동지역이다. 군주는 상나라의 서사
   西史 직위에 있으면서 상나라의 중요 협력국의 역할을 담당하였다.
   주周나라 문왕 시기에 멸망했다.

4. 은殷-3-001 주석1 참고.

5. 조이祖伊-3-032 주석11 참고.

6. 주紂-3-029 주석5 참고.

7. 우邘-고대의 나라 명칭으로 현재 하남성河南省 심양현沁陽縣 서북

쪽이다.

8. 숭후호崇侯虎-3-031 주석18 참고.

9. 풍읍豐邑-주나라 문왕文王 시기의 도읍지로 호경鎬京을 가리키고, 섬서성陝西省 서안시西安市 서남쪽이다.

10. 기하岐下-4-004 주석24 참고.

11. 서백西伯-3-031 주석6 참고.

12. 무왕武王-3-032 주석31 참고.

▮국역▮

다음 해에 견융을 정벌하였다. 또 다음 해에 밀수를 정벌하였다. 또 다음 해에 기국을 패배시켰다. 상나라의 조이가 이 사실을 듣고 두려워하며 주왕에게 알렸다. 주왕이 말하기를 "나에게 천명이 있는 게 아니었더냐? 그 사람이 어찌 능히 할 만한 게 있겠느냐!" 또 다음 해에 숭후호를 정벌하고 풍읍을 건설하였으며, 기산 아래에서 풍읍으로 도읍을 옮겼다. 또 다음 해에 서백이 사망하고 태자 발이 즉위하였는데, 이 사람이 바로 무왕이다.

4-011

西伯蓋即位五十年。其囚羑里, 蓋益易之八卦爲六十四卦。詩人道西伯, 蓋受命之年稱王而斷虞芮之訟。後十年而崩, 諡爲文王。改法度, 制正朔矣。追尊古公爲太王, 公季爲王季：蓋王瑞自太王興。

▮음역▮

서백개즉위오십년. 기수유리, 개익역지팔괘위육십사괘. 시인도서백, 개수명지년칭왕이단우예지송. 후십년이붕, 시위문왕. 개법도, 제정삭의.

추존고공위태왕, 공계위왕계 : 개왕서자태왕흥.

▮주석▮

1. 서백西伯-3- 031 주석6 참고.

2. 개蓋-아마도.

3. 유리羑里-3- 031 주석19 참고.

4. 8괘八卦-중국 고대의 상징적 의미가 있는 부호를 말한다. 즉 일一
   은 양을 대표하고 이二는 음을 대표하고 삼三은 이런 부호를 사용
   하여 8가지 형식을 만든 것을 말한다. 각 1가지 형식은 일정한 사
   물을 가리킨다. 건乾은 하늘, 곤坤은 땅, 감坎은 물, 이離는 불, 진震
   은 우레, 간艮은 산, 손巽은 바람, 태兌는 연못을 가리킨다. 이것으
   로 각종 자연현상과 인간세상의 변화를 예측한다.

5. 64괘六十四卦-8괘를 상하로 중첩해서 얻은 부호로, 각 괘의 의미
   는 《주역·상》의 30괘와 《주역·하》 34괘를 참고할 것.

6. 시인詩人-4- 003 주석23 참고.

7. 도道-말하다.

8. 우虞-4- 009 주석5 참고.

9. 예芮-4- 009 주석6 참고.

10. 문왕文王-3- 031 주석7 참고.

11. 정삭正朔-3- 010 주석2 참고.

12. 고공古公-4- 004 주석9 참고.

13. 태왕太王-4- 004 주석9 참고.

14. 공계公季-4- 005 주석5 참고.

15. 왕계王季-4- 005 주석5 참고.

16. 왕서王瑞-왕조를 개국할 상서로운 조짐.

서백은 대략 50년간 재위하였다. 그가 유리에 갇혔을 때, 아마도 《주역》의 8괘를 64괘로 늘렸을 것이다. 《시경》의 작자가 서백에 대해서 말하기를 아마도 천명을 받은 해에 왕을 일컬었고, 우나라와 예나라 사람의 소송을 해결했을 것이다. 그 10년 후에 사망하고 시호를 문왕이라고 일컬었다. 상나라의 법도를 고치고 1년의 시작을 11월로 하는 정삭(달력)을 제정하였다. 고공단보를 태왕으로 공계는 왕계로 추존하였는데, 아마도 왕조를 개국할 상서로운 조짐이 태왕부터 일어났기 때문이다.

|참고|

주나라의 천문학과 역법−주나라 시대에 28수宿가 이미 확정되었다. 28수는 황도黃道 부근의 하늘을 28개 지역으로 나누고 28개 별자리를 만들었다. 당시 사람들은 이 별자리에 의하여 천체와 하늘의 모양을 관찰하였다. 당시의 일식日蝕에 관한 기록은 《시경》〈소아小雅〉에 상세히 적혀있다(기원전 776년 9월 6일). 그 외에 해의 그림자를 관측하는 토규土圭가 이미 발명되었는데, 토규를 이용하여 해의 그림자를 관측하는 것은 기하학의 원리를 적용한 것이다. 이것으로 밤과 낮의 길고 짧음을 측량하였고, 하지와 동지 춘분과 추분의 기일을 확정하였으며, 1태양년의 길이를 측정하였다. 정삭은 11월을 1년의 시작으로 정했고, 달은 상반월上半月과 하반월下半月로 나누고 상반월은 1분分과 2분, 하반월은 3분과 4분으로 구분하고 각 분은 7일씩 분배하였다.

4-012

武王卽位, 太公望爲師, 周公旦爲輔, 召公, 畢公之徒左右王, 師脩文王緖業。

무왕즉위, 태공망위사, 주공단위보, 소공, 필공지도좌우왕, 사수문왕서업.

1. 무왕武王−3- 032 주석31 참고.

2. 태공망太公望−성씨는 여呂이고 이름은 망望이며, 자는 자아子牙이다. 달리 강상姜尙, 여상呂尙, 강태공姜太公, 태공망太公望, 사상보師尙父, 단호아單呼牙 등으로 일컬었다. 주周나라 문왕文王 시기에 태사太師에 임명되었고, 6명의 왕을 섬겼다. 무왕武王을 보좌하여 상商나라를 멸망시키고, 제齊나라에 책봉되었다. 중국 역사상 유명한 정치가, 군사가, 지략가이다.

3. 사師−두 가지 의미가 있다. 첫째, 주周나라 시대 군주를 보좌하는 무관으로 태사太師를 가리킨다. 태부太傅, 태보太保와 더불어 3공三公의 하나로 최고위 관직이다. 또 사의 명칭은 하夏나라 이후에 계속 있었고, 갑골문에는 문사文師의 칭호로 등장하였다. 둘째, 음악을 담당하는 악사이다.

4. 주공周公−3- 034 주석7 참고.

5. 보輔−천자 좌우에서 보필하는 대신을 통칭하는 말이다.

6. 소공召公−이름은 석奭이고 문왕의 아들이고 무왕의 동생이다. 최초로 소召(陝西省 岐山)에 책봉을 받아서, 소공邵公, 소백召伯, 소강공召康公, 태보소공太保召公 등으로 일컬었다. 주공周公과 더불어 통치하였고, 또 주공의 섭정과 반란을 평정하는 것을 지지하였다.

7. 필공畢公−이름은 고高이고 문왕의 아들이다. 무왕이 상나라를 정벌한 이후에 필畢에 책봉을 받아서 필공, 필공고畢公高라고 일컬었다.

8. 좌우左右−보좌하다.

9. 문왕文王−3- 031 주석7 참고.

10. 사수師脩―본받고 계승하다.

11. 서업緖業―사업.

|국역|

무왕은 즉위하고(기원전 1061년) 태공 망을 태사로 임명하였고, 주공 단은 천자를 보필하는 보로 임명하였으며, 소공과 필공 등 무리는 왕의 좌우에서 보좌하게 하고, 문왕의 사업을 본받고 계승하였다.

4-013

九年, 武王上祭于畢。東觀兵, 至于盟津。爲文王木主, 載以車, 中軍。武王自稱太子發, 言奉文王以伐, 不敢自專。乃告司馬, 司徒, 司空, 諸節:"齊栗, 信哉! 予無知, 以先祖有德臣, 小子受先功, 畢立賞罰, 以定其功。"遂興師。師尙父號曰:"總爾衆庶, 與爾舟楫, 後至者斬。"武王渡河, 中流, 白魚躍入王舟中, 武王俯取以祭。既渡, 有火自上復于下, 至于王屋, 流爲烏, 其色赤, 其聲魄云。是時, 諸侯不期而會盟津者八百諸侯。諸侯皆曰:"紂可伐矣。"武王曰:"女未知天命, 未可也。"乃還師歸。

|음역|

9년, 무왕상제우필. 동관병, 지우맹진. 위문왕목주, 재이거, 중군. 무왕자칭태자발, 언봉문왕이벌, 불감자전. 내고사마, 사도, 사공, 제절:"제율, 신재! 여무지, 이선조유덕신, 소자수선공, 필립상벌, 이정기공."수흥사. 사상보호왈:"총이중서, 여이주즙, 후지자참."무왕도하, 중류, 백어약입왕주중, 무왕부취이제. 기도, 유화자상부우하, 지우왕옥, 유위오, 기색적, 기성백운. 시시, 제후불기이회맹진자팔백제후. 제후개왈:"주가벌의." 무왕왈 : "여미지천명, 미가야." 내환사귀.

┃주석┃

1. 무왕武王-3-032 주석31 참고.

2. 상제上祭-제사를 지내다.

3. 필畢-두 가지 의미가 있다. 첫째, 문왕文王의 묘지가 있는 지역의 명칭이다. 둘째, 28수宿의 하나로 군사와 전쟁을 담당하는 별자리 명칭이며, 군대를 출동하여 전쟁할 때에는 먼저 필성畢星에게 제사를 지낸다.

4. 관병觀兵-군대를 열병하다.

5. 맹진盟津-3-032 주석32 참고.

6. 문왕文王-3-031 주석7 참고.

7. 목주木主-신주神主, 즉 위패를 가리킨다. 나무로 만들어서 사망자의 시호를 적고 제사를 지낼 때 사용한다. 고대에는 군주가 군대를 동원하거나 순시를 떠날 때에는 항상 신주를 수레에 싣고 간다.

8. 중군中軍-전쟁 또는 작전할 때에 군대를 좌, 우, 중 혹은 상, 중, 하 3군으로 나누고 총지휘관은 중군에서 지휘한다. 그래서 후대에는 총지휘관을 가리키는 용어로 사용되기도 하였다. 또는 중군장군中軍將軍의 약칭이다. 여기서는 군대 안에 두다는 의미이다.

9. 사마司馬-상商나라 시기에 처음으로 설치하였고, 지위는 3공三公의 아래이고 6경六卿과 동급이다. 사도司徒, 사공司空, 사사司士, 사구司寇와 더불어 5관五官이라고 일컬으며. 군대와 군부軍賦를 담당하였다.

10. 사도司徒-1-026 주석27 참고.

11. 사공司空-1-026 주석23 참고.

12. 제절諸節-왕명을 받은 여러 관리를 가리킨다. 즉 절은 부절符節이

고, 여기서는 왕명을 의미한다.

13. 제율齊栗-몸을 단정히 하고 언행을 조심하는 모양.

14. 신信-성실, 신뢰.

15. 소자小子-자기 자신을 낮춰 부르는 말.

16. 필畢-모두, 완전.

17. 사상보師尙父-4-012 주석2 참고.

18. 총總-합하다, 모두.

19. 여與-더불어 가다, 좇다.

20. 주즙舟楫-배와 노, 수운.

21. 중류中流-강을 중간쯤 건너다.

22. 유流-부단히 변하다.

23. 백魄-의성어로 보보보 지저귄다.

24. 운云-어조사.

25. 불기不期-기약하지 않다.

26. 환사還師-군사를 돌리다, 환군還軍과 동일.

┃국역┃

9년에 무왕은 필에서 문왕에게 제사를 지냈다. 동쪽으로 가서 군대를 열병하고 맹진에 이르렀다. 문왕의 신주(위패)를 만들어서 수레에 싣고 부대 안에 두었다. 무왕이 스스로 "태자 발"이라고 일컫고, 문왕의 명령을 받들고 정벌에 나섰기 때문에 감히 스스로 제멋대로 하지 못한다고 말했다. 이에 사마, 사도, 사공과 왕명을 받은 여러 관리들에게 알리기를 "몸을 단정히 하고 언행을 조심하며 믿음이 있어야 한다! 나는 전쟁을 잘 알지 못하지만, 선조 시기부터 활동하던 공덕이 있는 신하들이 있음으로써, 나는 단지 선조의 공덕을 계승하고, 완벽한 상벌제도를 만들어서 선조의 업적을 공고히 할 것이다." 드디어 군사를 일으켰다. 사상보의 지위에 있던 강태공이 호령하며 말하기를 "너희들의 부하를 모으고, 너희들의 선박을 따르게 해라. 늦게 도착하는 자는 처형할 것이다." 무왕이 황하를 건너서 중간쯤 도착했을 때, 흰색의 물고기가 무왕이 타고 있던 배 안으로 튀어 올랐는데, 무왕이 몸을 굽혀 잡아서 제사 지냈다. 황하를 건너니 불덩어리가 하늘에서 다시 아래로 날아다니다가 무왕이 머무는 숙소에 이르러서는 부단히 변화하다가 까마귀 형상이 되었으며, 그 색깔은 붉고 우는 소리는 보보보하였다. 이 시기에 제후들 중에서 기약하지 않고 맹진에 모인 자가 800명이었다. 제후가 모두 말하기를 "상나라의 주왕을 정벌해야 합니다." 무왕이 말하기를 "그대들은 천명을 모른다. 아직 정벌할 수 없다." 이에 군사를 돌려서 돌아갔다.

┃참고┃

사상보師尙父의 의미—강상姜尙은 문왕과 무왕을 보좌하여 상나라를 멸망시켰다. 무왕이 상나라를 정벌할 때에 강상을 군사를 지휘하는 사씨師氏에 임명하고 그를 극도로 존경하여 사상보라고 일컬었다. 《집해集解》에 의하면 사지師之, 상지尙之, 부지父之, 즉 군사지휘관으로 공경하여 어버이처럼 대우할 정도로 그를 존경하고 따랐던 것이다.

4-014

居二年, 聞紂昏亂暴虐滋甚, 殺王子比干, 囚箕子。太師疵, 少師彊抱其樂器而奔周。 於是武王徧告諸侯曰: "殷有重罪, 不可以不畢伐。" 乃遵文王, 遂率戎車三百乘, 虎賁三千人, 甲士四萬五千人, 以東伐紂。十一年十二月戊午, 師畢渡盟津, 諸侯咸會。曰: "孳孳無怠!" 武王乃作太誓, 告于衆庶: "今殷王紂乃用其婦人之言, 自絶于天, 毀壞其三正, 離逷其王父母弟, 乃斷棄其先祖之樂, 乃爲淫聲,用變亂正聲, 怡說婦人。故今予發維共行天罰。勉哉夫子, 不可再, 不可三!"

|음역|

거이년, 문주혼란포학자심, 살왕자비간, 수기자. 태사자, 소사강포기악기이분주. 어시무왕편고제후왈 : "은유중죄, 불가이불필벌." 내준문왕, 수솔융거삼백승, 호분삼천인, 갑사사만오천인, 이동벌주. 십일년십이월무오, 사필도맹진, 제후함회. 왈 : "자자무태!" 무왕내작태서, 고우중서 : "금은왕주내용기부인지언, 자절우천, 훼괴기삼정, 이적기왕부모제, 내단기기기선조지악, 내위음성, 용변란정성, 이열부인. 고금여발유공행천벌. 면재부자, 불가재, 불가삼!"

|주석|

1. 주紂-3- 029 주석5 참고.
2. 자심滋甚-갈수록 심해지다.
3. 비간比干-3- 032 주석7 참고.
4. 기자箕子-3- 033 주석10 참고.
5. 태사太師-3- 033 주석5 참고.
6. 자疵-3- 033 주석5 참고.
7. 소사少師-3- 033 주석6 참고.
8. 강彊-3- 033 주석6 참고.
9. 주周-1- 029 주석20 참고.
10. 무왕武王-3- 032 주석31 참고.
11. 편고徧告-두루 알리다.
12. 제후諸侯-1- 002 주석3 참고.

13. 은殷-3- 001 주석1 참고.

14. 필畢-모두, 다 함께.

15. 문왕文王-3- 031 주석7 참고.

16. 준遵-따르다.

17. 융거戎車-전차.

18. 호분虎賁-두 가지 의미가 있다. 첫째, 용감한 군사를 가리킨다. 둘째, 왕궁을 지키거나 군주를 호위하는 군사를 가리킨다.

19. 갑사甲士-광의의 의미로 군사를 가리킨다. 달리 갑옷을 입은 군사를 말한다.

20. 맹진盟津-3- 032 주석32 참고.

21. 함咸-모두.

22. 자자孳孳-부지런히 힘쓰는 모양. 자자孜孜와 동일.

23. 태서太誓-《고문상서尙書》의 편명으로 달리 태서泰誓로 쓴다.

24. 훼괴毀壞-무너뜨림.

25. 3정三正-3가지 의미가 있다. 첫째, 하력夏曆은 1년의 시작이 1월이고, 은력殷曆은 1년의 시작이 12월이고, 주력周曆은 1년의 시작이 11월로 1년의 시작이 다른데 이것을 3정이라고 한다. 둘째, 천정天正(농력農曆 11월), 지정地正(농력 12월), 인정人正(농력 1월)을 가리킨다. 셋째, 정덕正德, 이용利用, 후생厚生을 3사三事라고 하는데, 3사가 바로 3정이다. 여기서는 이것의 의미를 채용하였다.

26. 이적離逖-소원하다.

27. 단기斷棄-절교하여 돌아보지 않음.

28. 음성淫聲-3- 030 주석13 참고.

29. 정성正聲-아악雅樂으로 순수하고 바른 음악, 또는 음률에 부합하는 표준적인 소리를 가리킨다.

30. 이열怡說-기쁘다.

31. 발發-무왕을 가리킨다.

32. 공共-공경할 공恭과 동일.

33. 부자夫子-고대에 남자에 대한 존칭이다. 여기서는 군사들을 가리킨다.

|국역|

2년이 지나고, 주왕은 정치를 어지럽히고 포악한 행동이 날이 갈수록 심해졌고, 왕자 비간을 살해하였으며 기자를 감옥에 가뒀다. 태사 자와 소사 강은 그들의 악기를 가지고 주나라로 도망갔다. 그래서 무왕은 제후들에게 두루 알리며 말하기를 "상나라는 무거운 죄를 지었으니, 다함께 정벌하지 않을 수 없다." 이에 문왕의 유훈을 좇아서 드디어 전차 300대, 용감한 무사 3,000명, 갑옷 입은 군사 45,000명을 거느리고 동쪽으로 나아가 주왕을 정벌하였다. 11년 12월 무오일에 군사들은 모두 맹진을 건넜고 제후들도 모두 모였다. 무왕이 말하기를 "부지런히 힘쓰고 나태하지 마라." 무왕은 이에 〈태서〉를 작성해서 많은 군사들에게 알렸다. "지금 상나라 주왕은 여인의 말만 따르고 스스로 하늘의 천명과 단절하였으며, 스스로 그 덕을 바르게 하는 정덕, 사물이나 사람으로 하여금 효능을 발휘하게 하는 이용, 백성의 생활을 부유하게 하는 후생의 3정을 무너뜨리고, 부모형제를 멀리 하였으며, 선조가 제정한 음악을 폐지하고, 음란한 음악을 만들었으며, 순수하고 바른 음악인 아악을 변경하여 어지럽게 해서 여인을 기쁘게 하였다. 그런 까닭에 현재 나 발은 하늘의 벌을 공경하며 실행하려고 한다. 군사들은 분투하라, 다음번을 기다릴 수 없고, 그 다음번은 더욱 기다릴 수 없다."

|참고|

주나라의 군사제도-중앙군은 6군(1군은 12,500명으로 오伍 5명, 양兩 25

명, 족族 100명, 사師 500명, 여旅 2,500명, 군軍 12,500명) 제도가 있다. 군사를 지휘하는 무관으로는 사씨師氏, 아려亞旅 등의 호칭이 있었다. 군사는 보병으로 조직된 돌격대를 호분虎賁이라 일컬었고, 전차병도 있어서 보병과 같이 작전을 수행하였다. 전차병은 천자는 1만승을 보유하고 있었으며 (萬乘之國), 제후국은 1천승을 보유하고 있었다(千乘之國). 1승乘에는 마부, 활 쏘는 자, 창 쓰는 자 3명이 탑승하였고 보병 25명이 예속되었다.

4-015

二月甲子昧爽, 武王朝至于商郊牧野, 乃誓。武王左杖黃鉞, 右秉白旄, 以麾。曰："遠矣西土之人!"武王曰："嗟! 我有國冢君, 司徒, 司馬, 司空, 亞旅, 師氏, 千夫長, 百夫長, 及庸, 蜀, 羌, 髳, 微, 纑, 彭, 濮人, 稱爾戈, 比爾干, 立爾矛, 予其誓。"王曰："古人有言'牝雞無晨。牝雞之晨, 惟家之索'。今殷王紂維婦人言是用, 自棄其先祖肆祀不答, 昏棄其家國, 遺其王父母弟不用, 乃維四方之多罪逋逃是崇是長, 是信是使, 俾暴虐于百姓, 以姦軌于商國。今予發維共行天之罰。今日之事, 不過六步七步, 乃止齊焉, 夫子勉哉! 不過於四伐五伐六伐七伐, 乃止齊焉, 勉哉夫子! 尚桓桓, 如虎如羆, 如豺如離, 于商郊, 不禦克奔, 以役西土, 勉哉夫子! 爾所不勉, 其于爾身有戮。"誓已, 諸侯兵會者車四千乘, 陳師牧野。

│음역│

이월갑자매상, 무왕조지우상교목야, 내서. 무왕좌장황월, 우병백모, 이휘. 왈："원의서토지인!"무왕왈："차! 아유국총군, 사도, 사마, 사공, 아려, 사씨, 천부장, 백부장, 급용, 촉, 강, 무, 미, 노, 팽, 복인, 칭이과, 비이간, 입이모, 여기서."왕왈："고인유언'빈계무신. 빈계지신, 유가지

삭'. 금은왕주유부인언시용, 자기기선조사사부답, 혼기기가국, 유기왕부모제불용, 내유사방지다죄포도시숭시장, 시신시사, 비포학우백성, 이간궤우상국. 금여발유공행천지벌. 금일지사, 불과육보칠보, 내지제언, 부자면재! 불과어사벌오벌육벌칠벌, 내지제언, 면재부자! 상환환, 여호여비, 여시여리, 우상교, 불어극분, 이역서토, 면재부자! 이소부면, 기우이신유육." 서이, 제후병회자거사천승, 진사목야.

｜주석｜

1. 매상昧爽 − 날이 새려고 먼동이 틀 때.
2. 무왕武王 − 3- 032 주석31 참고.
3. 조朝 − 조회 받다, 모이다.
4. 상商 − 상나라 도성 조가朝歌를 가리키고, 현재 하남성河南省 상구현商丘縣이다.
5. 교郊 − 3- 009 주석10 참고.
6. 목야牧野 − 3- 033 주석17 참고.
7. 장杖 − 잡다.
8. 황월黃鉞 − 고대에 군주 전용으로 황금으로 장식한 도끼이고, 특별히 정벌에 나서는 신하에게 하사하였다.
9. 병秉 − 잡다.
10. 백모白旄 − 고대에 사용하던 일종의 군기이다. 긴 장대 끝에 소꼬리로 장식하였고, 군대를 지휘할 때 사용한다.
11. 휘麾 − 군대 지휘관 깃발. 가리키다, 지휘하다.
12. 서토西土 − 서쪽지역.
13. 총군冢君 − 제후국 군주를 높이는 칭호.
14. 사도司徒 − 1- 026 주석27 참고.
15. 사마司馬 − 4- 013 주석9 참고.

16. 사공司空-1-026 주석23 참고.

17. 아려亞旅-서주와 춘추시대의 관직 명칭이고, 달리 상대부上大夫의 별칭으로 사용되었다. 지위는 삼사三司의 아래이며 사씨師氏의 위이다.

18. 사씨師氏-두 가지 의미가 있다. 첫째, 상고시기에 군주를 보좌하던 중요 대신을 사라고 일컬었다. 후대에 이르러 관직 명칭으로 성씨를 삼았다. 둘째, 주나라의 군사지휘관을 가리킨다.

19. 천부장千夫長-《주례》에 의하면 2천5백 명을 사師라고 하고, 지휘관은 사수師帥 또는 천부장이라고 일컫는데 모두 중대부中大夫이다.

20. 백부장百夫長-고대 군사 편제에서 100인의 지휘관을 백부장이라고 일컬었다. 고대에 백부장이 지휘하는 군사는 꼭 100명이 아니고 대략 50~70명 정도였던 일종의 하급 장교이다.

21. 용庸-고대 제후국인 용나라의 간략한 호칭이다. 무왕武王이 상商나라를 멸망시킨 후에 상나라가 직접 통치하던 지역을 3부분으로 나누고 동생 관숙管叔에게 용을 다스리게 하였다.

22. 촉蜀-고대 제후국인 촉나라의 간략한 호칭이다. 성씨는 촉산씨蜀山氏이고 강족羌族의 일파이다.

23. 강羌-중국 서쪽의 소수민족인 강족을 가리키고 갑골문에는 강, 강방羌方, 다강多羌으로 기록되어 있으며, 주요 거주지는 사천성四川省 무현茂縣과 문천현汶川縣이다. 상商나라 시기에는 항상 상나라의 공격을 받았고, 주周나라 무왕武王이 상나라를 정벌할 때에 참가하였다.

24. 무髳-고대 제후국인 무나라의 간략한 호칭이다. 서남 소수민족이 건립하였고, 종족은 주로 사천성四川省 남쪽과 운남성雲南省 북쪽에 분포되어 있다.

25. 미微-고대 제후국인 미나라의 간략한 호칭이다. 서남이西南夷의

일종이 건립하였다.

26. 노繡-고대 제후국인 노나라의 간략한 호칭이다.

27. 팽彭-고대 제후국인 팽나라의 간략한 호칭이다. 축융씨祝融氏의 후손인 팽조彭祖가 팽에 책봉 받아서 대팽씨국大彭氏國을 건립하였다. 상나라가 멸망한 이후에는 나라 이름을 성씨로 삼아 팽씨彭氏가 되었다. 지역은 강소성江蘇省 서주시徐州市 일대이다.

28. 복인濮人-중국 고대 민족의 명칭이다. 상나라 탕왕湯王 시기에 장강長江과 한수漢水 일대에 분포하였고, 일찍이 주나라 무왕武王을 도와서 상나라 주왕紂王을 정벌하였다. 달리 복인卜人, 백복白濮 등으로 일컬었다.

29. 칭稱-들다.

30. 비比-나란히 하다.

31. 빈계무신牝雞無晨-암탉은 새벽에 울지 않는다는 뜻이다. 빈계사신牝鷄司晨, 즉 후비后妃가 국정을 농단한다는 의미와 반대이다.

32. 유惟-오직, 단지.

33. 삭索-다하다, 멸망하다.

34. 유維-오직, 단지.

35. 은殷-3-001 주석1 참고.

36. 주紂-3-029 주석5 참고.

37. 사사肆祀-제사의 명칭으로, 소 1마리 전체와 양 1마리 전체로 조상에게 지내는 제사를 가리킨다.

38. 혼기昏棄-멸시하여 버리다.

39. 유遺-버리다.

40. 유維-오직, 단지.

41. 다죄多罪-다양한 죄를 짓다.

42. 포도逋逃-도망치는 죄인, 유랑자.

43. 시숭시장是崇是長-추대하고 중시하다.

44. 시신시사是信是使-신뢰하고 등용하다.

45. 비俾-~로 하여금.

46. 백성百姓-1-002 주석4 참고.

47. 간궤姦軌-간은 내란을, 궤는 외란을 의미한다.

48. 발發-4-014 주석31 참고.

49. 공共-공경하다.

50. 지제止齊-대열을 정돈하고 행렬을 질서 있게 만듦.

51. 부자夫子-4-014 주석33 참고.

52. 상尙-명령이나 희망을 나타냄.

53. 환환桓桓-용감하고 위엄 있는 모양.

54. 비羆-말곰, 불곰.

55. 시豺-승냥이.

56. 이螭-3가지 의미가 있다. 첫째, 교룡 이螭와 동일하다. 둘째, 전설에 등장하는 뿔 없는 용을 가리킨다. 셋째, 색깔이 노란 용을 가리키기도 한다.

57. 어禦-저지하다.

58. 극분克奔-전쟁에 져서 적군에게 항복한 군사를 처단하는 것을 말함.

59. 역役-부리다, 돕다.

60. 육戮-죽이다.

61. 이已-그치다, 다하다.

62. 제후諸侯-1-002 주석3 참고.

63. 승乘-4필의 말이 끄는 전차이며, 1승에는 갑사 3명과 보병 25명이 포함되어 있다.

64. 진사陳師-진을 치다, 군사를 배열하다.

2월 갑자일 날이 새려고 먼동이 틀 때, 무왕은 상나라의 수도 조가성의 교외의 목야에 도착해서, 신하들의 조회를 받으며 이에 맹세하였다. 무왕은 왼손에는 군주 전용의 황금으로 장식한 도끼인 황월을 들고, 오른 손에는 군대를 지휘할 때 사용하던 소꼬리로 장식한 백모를 잡고, 지휘하면서 말하기를 "먼 길을 왔구나, 서쪽에서 온 군사들이여!" 무왕이 말하기를 "오! 각 나라의 제후들과 사도, 사마, 사공, 아려, 사씨, 천부장, 백부장 등 지휘관 및 용나라, 촉나라, 강나라, 무나라, 미나라, 노나라, 팽나라와 장강과 한수 일대에 거주하는 복족의 군사들이여, 그대들이 두 가닥으로 갈라진 창을 들고, 그대들이 방패를 나란히 하고, 그대들이 한 가닥으로 된 창을 세우면, 내가 선언할 것이다." 무왕이 말하기를 "옛 사람의 말에 '암탉은 새벽에 울지 않는다. 암탉이 새벽에 울면 집이 망한다.' 지금 상나라 주왕이 오직 여인의 말만 듣고, 스스로 조상에게 지내는 사라는 제사를 폐기하고 조상의 보살핌에 보답하지 않으며, 가족과 국가를 멸시하며 버리고, 왕의 부모형제를 버리고 등용하지 않으며, 오직 사방에서 다양한 죄를 짓고 도망치는 죄인을 추대하고 중시하며 신뢰하고 등용하여서, 그들로 하여금 백관에게 포악무도하게 대하게 만들어서, 상나라를 안팎으로 내란과 외환에 빠뜨렸다. 현재 나 발은 오직 공경하며 하늘의 벌을 실행할 것이다. 오늘의 작전은, 전진할 때에는 예닐곱 걸음을 넘지 않고 곧 대열을 정돈하고 행렬을 질서 있게 만들어야 한다. 군사들이여, 명령을 힘써 지키도록 노력하여라. 정벌할 때에도 4번, 5번, 6번, 7번의 공격을 초과하지 말고 곧 대열을 정돈하고 행렬을 질서 있게 만들어야 한다. 군사들이여 명령을 힘써 지키도록 하여라. 용감하고 위엄 있는 모양이 마치 호랑이 같고 불곰 같고 승냥이 같고 교룡 같기를 희망한다. 상의 도성 교외에서 작전할 때에는, 전쟁에 져서 항복하는 군사를 처단하거나 저지하지 말고, 서쪽 땅으로 데리고 가서 노역하게 만들 것이다. 군사들이여 명령을 힘써 지키도록 하여라! 그대들이 명령을 힘써 지키지 않으면, 그대들이 죽임을 당할 것이다." 선서가 끝나고 제후들의 군사가 모였는데, 전차가 4,000대였고 목야에 진을 쳤다.

|참고|

빈계무신牝雞無晨 — 고사성어이다. 암탉은 새벽에 울지 않는다는 뜻으로 빈계사신牝鷄司晨, 즉 후비后妃가 국정을 농단한다는 의미와 반대이다. 출처는 《상서尚書》〈목서牧誓〉에 있다. 암탉이 수탉을 대신해서 울면 집안이 망하고, 후비가 군주의 정권을 탈취하면 국가가 망한다는 민간의 속어이다. 무왕은 이것을 인용하여 상나라의 달기妲己가 정권을 농단하는 것을 비유하여 군사들의 출동을 격려한 것이다.

4-016

帝紂聞武王來, 亦發兵七十萬人距武王。武王使師尚父與百夫致師, 以大卒馳帝紂師。紂師雖衆, 皆無戰之心, 心欲武王亟入。紂師皆倒兵以戰, 以開武王。武王馳之, 紂兵皆崩畔紂。紂走, 反入登于鹿臺之上, 蒙衣其殊玉, 自燔于火而死。武王持大白旗以麾諸侯, 諸侯畢拜武王, 武王乃揖諸侯, 諸侯畢從。武王至商國, 商國百姓咸待於郊。於是武王使群臣告語商百姓曰:"上天降休!" 商人皆再拜稽首, 武王亦答拜。遂入, 至紂死所。武王自射之, 三發而后下車, 以輕劍擊之, 以黃鉞斬紂頭, 縣大白之旗。已而至紂之嬖妾二女, 二女皆經自殺。武王又射三發, 擊以劍, 斬以玄鉞, 縣其頭小白之旗。武王已乃出復軍。

제주문무왕래, 역발병칠십만인거무왕. 무왕사사상보여백부치사, 이대졸치제주사. 주사수중, 개무전지심, 심욕무왕극입. 주사개도병이전, 이개무왕. 무왕치지, 주병개봉반주. 주주, 반입등우록대지상, 몽의기수옥, 자번우화이사. 무왕지대백기이휘제후, 제후필배무왕, 무왕내읍제후, 제후필종. 무왕지상국, 상국백성함대어교. 어시무왕사군신고어상백성왈 : "상천강휴!" 상인개재배계수, 무왕역답배. 수입, 지주사소. 무왕자사지, 삼발이후하거, 이경검격지, 이황월참주두, 현대백지기. 이이지주지폐첩이녀, 이녀개경자살. 무왕우사삼발, 격이검, 참이현월, 현기두소백지기. 무왕이내출복군.

1. 주紂-3- 029 주석5 참고.

2. 무왕武王-3- 032 주석31 참고.

3. 70만七十萬-갑골문에는 많아야 1만여 명으로 기록되어 있어서 실제와 부합하지 않는다.

4. 거距-막을 거拒와 동일.

5. 사상보師尙父-4- 012 주석2 참고.

6. 백부百夫-1백 명의 군사.

7. 치사致師-본격적인 전투를 시작하기 전에 먼저 용맹한 군사로 하여금 도발하게 함.

8. 대졸大卒-고대의 군대 편제이고, 대략 전차 350대, 군사 26,250명, 호분虎賁 3,000명을 거느린다.

9. 치馳-전차를 몰고 돌진하다.

10. 극亟-빠르다.

11. 도병倒兵-도과倒戈와 동일, 군사들이 반란하여 거꾸로 무기를 자

기편을 향하여 공격하는 것을 말함.

12. 개開-인도하다.

13. 반畔-배반하다.

14. 반입反入-되돌아 들어오다.

15. 녹대鹿臺-3- 030 주석17 참고.

16. 몽蒙-입다, 옷으로 둘러싸다.

17. 수옥殊玉-매우 보기 힘든 아름다운 옥.

18. 번燔-불사르다.

19. 대백기大白旗-3- 033 주석20 참고.

20. 휘麾-지휘하다.

21. 제후諸侯-1- 002 주석3 참고.

22. 읍揖-둔 손을 맞잡고 절함.

23. 상국商國-상나라의 도성 조가朝歌를 가리킨다.

24. 백성百姓-1- 002 주석4 참고.

25. 휴休-경사.

26. 계수稽首-1- 026 주석25 참고.

27. 경검輕劍-칼의 명칭이고, 달리 경려輕呂라고 일컫는다.

28. 황월黃鉞-4- 015 주석8 참고.

29. 폐嬖-총애하다.

30. 경經-목매 죽다.

31. 현월玄鉞-쇠로 만든 도끼, 즉 철월鐵鉞이라고 한다.

32. 소백기小白旗-작고 흰색의 깃발.

33. 복군復軍-군대 안으로 되돌아오다.

┃국역┃

상나라 주왕은 무왕이 공격해 왔다는 말을 듣고 또한 군사 70만 명을 동원하여 무왕에게 대항하였다. 무왕은 강태공과 100명의 용감한 군사로 하여금 본격적인 전투를 하기 전에 먼저 도발하게 하였고, 전차 350대와 군사 26,250명 및 호분 3,000명을 거느린 대졸 부대로 하여금 주왕의 군사를 향하여 돌진시켰다. 주왕의 군사는 비록 수효는 많지만 모두 전투할 마음이 없었고, 마음속으로는 무왕이 빨리 진입하기를 바랐다. 주왕의 군대는 모두 반란을 일으켜서 거꾸로 무기를 자기편을 향하여 공격하고, 무왕의 군대를 인도하였다. 무왕이 돌진하자 주왕의 군대는 모두 붕괴되거나 주왕을 배반하였다. 주왕은 달아나다가 성안으로 돌아와서 녹대 위로 올라갔고, 매우 보기 힘든 아름다운 옥으로 장식한 옷을 입고 스스로 불속으로 뛰어 들어 죽었다. 무왕은 크고 흰색의 깃발을 들고 제후들을 지휘하였고, 제후들은 모두 무왕에게 절했으며 무왕도 이에 제후들에게 두 손을 맞잡고 절하니 제후들이 모두 따랐다. 무왕이 상나라 수도 조가에 이르니, 상나라 수도 조가에 있던 백관들이 모두 성밖에서 기다리고 있었다. 그래서 무왕은 여러 신하들로 하여금 상나라의 백관들에게 알려주게 하며 말하기를 "하늘이 복을 내렸다." 상나라의 백관들은 모두 두 번 머리가 땅에 닿도록 공손히 절했고, 무왕도 또한 답례하였다. 드디어 성에 들어가서 주왕이 죽은 곳에 이르렀다. 무왕은 친히 주왕의 시신에 활을 쏘았는데 3발을 쏜 후에 전차에서 내려왔으며, 경검을 사용하여 주왕의 시신을 찌르고 군주 전용의 황금으로 장식한 도끼로 주왕의 머리를 잘라서 크고 흰색의 깃발에 매달았다. 그런 후에 주왕이 총애하는 2명의 첩이 있는 곳으로 갔는데, 두 여성은 이미 모두 목을 매서 자살하였다. 무왕은 또 화살 3발을 쏘고 칼로 그들을 찔렀으며, 쇠로 만든 도끼로 머리를 잘라서 작고 흰색의 깃발에 매달았다. 무왕은 다 마무리한 이후에 성을 나와서 군대 안으로 돌아왔다.

4-017

其明日, 除道, 脩社及商紂宮。及期, 百夫荷罕旗以先驅。武王弟叔振鐸奉陳常車, 周公旦把大鉞, 畢公把小鉞, 以夾武王。散宜生, 太顛, 閎夭皆執劍以衛武王。既入, 立于社南大卒之左, 左右畢從。毛叔鄭奉明水, 衛康叔封布茲, 召公奭贊采, 師尚父牽牲。尹佚筴祝曰﹕"殷之末孫季紂, 殄廢先王明德, 侮蔑神祇不祀, 昏暴商邑百姓, 其章顯聞于天皇上帝。" 於是武王再拜稽首, 曰﹕"膺更大命, 革殷, 受天明命。"武王又再拜稽首, 乃出。

┃음역┃

기명일, 제도, 수사급상주궁. 급기, 백부하한기이선구. 무왕제숙진탁봉진상거, 주공단파대월, 필공파소월, 이협무왕. 산의생, 태전, 굉요개집검이위무왕. 기입, 입우사남대졸지좌, 좌우필종. 모숙정봉명수, 위강숙봉포자, 소공석찬채, 사상부견생. 윤일협축왈﹕"은지말손계주, 진폐선왕명덕, 모멸신기불사, 혼포상읍백성, 기장현문우천황상제." 어시무왕재배계수, 왈﹕"응갱대명, 혁은, 수천명명."무왕우재배계수, 내출.

┃주석┃

1. 명일明日－다음 날.

2. 제除－깨끗이 하다.

3. 수脩－깨끗이 하다, 수修와 동일.

4. 사社－2-029 주석22 참고.

5. 상商－3-001 주석1 참고.

6. 주紂－3-029 주석5 참고.

7. 기期－기일, 약속된 날자.

8. 백부百夫-4-016 주석6 참고.

9. 하荷-어깨에 메다.

10. 한기罕旗-천자의 의례 때 사용하는 깃발로 9가닥의 비단으로 만든 띠가 매어있다.

11. 무왕武王-3-032 주석31 참고.

12. 숙진탁叔振鐸-주周나라 문왕文王의 아들이고 무왕武王의 동생이다. 무왕이 상나라를 정벌한 이후에 조曹나라에 책봉되었다.

13. 진陳-늘어놓다.

14. 상거常車-천자의 의례 때 사용하는 수레로 위쪽에 해와 달을 그린 태상기太常旗가 꼽혀있다.

15. 주공단周公旦-3-034 주석7 참고.

16. 필공畢公-4-012 주석7 참고.

17. 협夾-좌우에서 모심.

18. 산의생散宜生-4-007 주석20 참고.

19. 태전太顚-4-007 주석18 참고.

20. 굉요閎天-4-007 주석19 참고,

21. 대졸大卒-4-016 주석8 참고.

22. 필畢-모두.

23. 모숙정毛叔鄭-문왕文王의 아들이고 무왕의 동생이며, 모씨毛氏의 시조가 되었고 정鄭나라를 책봉 받았다.

24. 명수明水-달 밝은 밤에 내린 이슬을 모은 물.

25. 위강숙衛康叔-문왕의 아들이고 무왕의 동생이며, 이름은 봉封이다. 무왕 시기에는 강康에 책봉되어 강숙이라고 일컬었다. 성왕成王 즉위 후에는 위衛에 책봉되어 위나라와 위씨衛氏의 시조가 되었다.

26. 포자布茲-돗자리를 깔다.

27. 소공석召公奭-4-012 주석6 참고.

28. 찬채贊采-찬은 바치다, 채는 폐백 또는 비단제품을 가리킨다.

29. 사상보師尙父-4-012 주석2 참고.

30. 생牲-통째로 제사에 쓰는 소, 또는 제사에 사용되는 소, 양, 돼지 등 가축.

31. 윤일尹佚-성씨는 길姞이고 이름은 일이다. 주나라 초기에 태사太 史를 역임하였으며, 상나라가 멸망한 이후에 윤尹에 책봉되어 윤나 라의 시조가 되었다. 무왕과 성왕成王, 강왕康王을 보좌하였고《한 서漢書》〈예문지藝文志〉에 〈윤일〉 편이 소개되어 있다.

32. 협축筴祝-달리 책축策祝으로 쓰며, 제사 혹은 신에게 간구하는 내 용을 간책簡册에 기록하여 신령에게 알리는 축문을 읽는 것을 말함.

33. 은殷-3-001 주석1 참고.

34. 말손계주末孫季紂-상나라의 마지막 후손이고 을乙의 셋째 아들로 왕위를 계승한 주를 가리킴.

35. 진폐殄廢-멸절, 멸망.

36. 모멸侮蔑-업신여기고 얕봄.

37. 신기神祇-광의의 의미로 신령, 귀신을 가리키고, 협의의 의미로는 토지 신을 가리킨다.

38. 상읍商邑-상나라의 도성 조가朝歌를 가리킨다.

39. 백성百姓-1-002 주석4 참고.

40. 혼포昏暴-어리석고 사나움.

41. 장현章顯-장은 밝을, 드러날 창彰과 동일하다. 즉 뚜렷하게 나타냄.

42. 천황상제天皇上帝-천제.

43. 계수稽首-1-026 주석25 참고.

44. 응갱膺更-응은 접수하다, 갱은 바꾸다.

45. 대명大命-천하의 명령.

46. 혁革-개혁하여 없애다.

 그 다음날 도로를 청소하고, 토지 신에게 제사지내는 사 및 상나라 주
왕의 궁궐을 깨끗이 정리하였다. 예정된 기일이 되자 100명의 군사가
천자의 의례 때 사용하는 깃발로, 9가닥의 비단으로 만든 띠가 매어있는
한기를 어깨에 메고 앞장섰다. 무왕의 동생 숙진탁은 명령을 받들어 천
자의 의례 때 사용하는 수레로 위쪽에 해와 달을 그린 태상기가 꼼혀있
는 상거를 늘어놓았고, 주공 단은 큰 도끼를 들고 필공은 작은 도끼를
들고 무왕의 좌우에서 모셨다. 산의생, 태전, 굉요는 모두 칼을 들고 무
왕을 호위하였다. 성안으로 들어가서 무왕은 토지 신에게 제사지내는 사
의 남쪽이며 전차 350대 군사 26,250명 호분 3,000명을 거느린 대졸의
왼쪽에 섰고, 주변의 신하들도 모두 그를 따랐다. 모숙 정은 달 밝은 밤
에 내린 이슬을 모은 물을 받들고, 위강숙 봉은 돗자리를 깔았으며, 소
공 석은 폐백을 바치고, 강태공은 제사에 사용되는 가축을 끌고 왔다.
윤일은 신에게 갈구하는 내용을 간책에 기록하여 신령에게 알리는 축문
을 읽으며 말하기를 "상나라의 마지막 후손이고 을(을왕)의 셋째 아들로
왕위를 계승한 주왕은, 선왕의 밝은 덕치를 없애버리고, 신령을 업신여
기고 얄봐서 제사를 지내지 않았으며, 상나라 도읍의 백관들에게 어리석
고 사납게 행동하니, 이런 것들을 뚜렷하게 나타내서 하늘에 계시는 천
제(상제)로 하여금 듣도록 하는 것입니다." 그리고 무왕은 두 번 머리가
땅에 닿도록 공손히 절하며 말하기를 "도탄에 빠진 상나라를 바꾸라는
천하의 명령을 받아서 상나라를 개혁하여 없앴으며, 하늘의 밝은 명을
받아들입니다." 무왕은 또 두 번 머리가 땅에 닿도록 공손히 절하고, 이
에 물러 나왔다.

封商紂子祿父殷之餘民。武王爲殷初定未集, 乃使其弟管叔鮮, 蔡叔度相祿父治殷。已而命召公釋箕子之囚。命畢公釋百姓之囚, 表商容之閭。命南宮括散鹿臺之財, 發鉅橋之粟, 以振貧弱萌隸。命南宮括, 史佚展九鼎保玉。命閎夭封比干之墓。命宗祝享祠于軍。乃罷兵西歸。行狩, 記政事, 作武成。封諸侯, 班賜宗彝, 作分殷之器物。武王追思先聖王, 乃褒封神農之後於焦, 黃帝之後於祝, 帝堯之後於薊, 帝舜之後於陳, 大禹之後於杞。於是封功臣謀士, 而師尙父爲首封。封尙父於營丘, 曰齊。封弟周公旦於曲阜, 曰魯。封召公奭於燕。封弟叔鮮於管, 弟叔度於蔡。餘各以次受封。

┃음역┃

봉상주자녹부은지여민. 무왕위은초정미집, 내사기제관숙선, 채숙도상녹부치은. 이이명소공석기자지수. 명필공석백성지수, 표상용지려. 명남궁괄산녹대지재, 발거교지속, 이진빈약맹예. 명남궁괄, 사일전구정보옥. 명굉요봉비간지묘. 명종축향사우군. 내파병서귀. 행수, 기정사, 작무성. 봉제후, 반사종이, 작분은지기물. 무왕추사선성왕, 내포봉신농지후어초, 황제지후어축, 제요지후어계, 제순지후어진, 대우지후어기. 어시봉공신모사, 이사상보위수봉. 봉상보어영구, 왈제. 봉제주공단어곡부, 왈노. 봉소공석어연. 봉제숙선어관, 제숙도어채. 여각이차수봉.

┃주석┃

1. 상商－3-001 주석1 참고.

2. 주紂－3-029 주석5 참고.

3. 녹부祿父－3-033 주석26 참고.

4. 무왕武王-3- 032 주석31 참고.

5. 집集-편안히 하다.

6. 관숙선管叔鮮-3- 034 주석4 참고.

7. 채숙도蔡叔度-3- 034 주석5 참고.

8. 상相-돕다, 보좌하다.

9. 소공召公-4- 012 주석6 참고.

10. 기자箕子-3- 033 주석10 참고.

11. 필공畢公-4- 012 주석7 참고.

12. 백성百姓-1- 002 주석4 참고.

13. 표表-표창, 찬양.

14. 상용商容-3- 032 주석8 참고.

15. 여閭-3- 033 주석25 참고.

16. 남궁괄南宮括-서주시대의 유명한 현인賢人으로 문왕文王의 4우四 友 중 한 사람이며, 남궁자南宮子라고 일컫는다. 남궁씨의 시조이 다. 무왕武王이 상나라를 멸망한 이후에 남궁괄로 하여금 녹대鹿臺 와 거교鉅橋를 철거하고 그곳의 재물과 식량으로 가난한 백성들을 구휼하도록 하였다.

17. 산散-흩뜨리다.

18. 녹대鹿臺-3- 030 주석17 참고.

19. 발發-열다.

20. 거교鉅橋-3- 030 주석18 참고.

21. 진振-구휼하다.

22. 맹예萌隸-일반 백성.

23. 사일史佚-문왕 시기의 사관으로 원래 이름은 윤일尹佚이다. 학문 이 박식하고 덕망이 높아서 무왕은 항상 그와 정치를 상의할 정도 였다. 기타 관련 사항은 4- 017 주석31 참고.

24. 전展-살피다, 정돈하다.

25. 9정九鼎-두 가지 의미가 있다. 첫째, 하夏나라 초기에 우왕禹王은 전국을 9주州로 나누고, 9주의 목牧으로 하여금 청동을 바치게 하여 9개의 정을 만들었다. 즉 1개의 정은 1개의 주를 상징하고, 각주의 산천과 특산물을 정의 표면에 새겨서 하나라의 도성에 모아두었다. 후에 9정은 중국의 대명사이고 왕권의 상징이 되었다. 상商나라 시기에는 왕실귀족의 신분을 나타내었다. 즉 사士는 1-3개의 정을 사용하고 대부大夫는 5개의 정을 제후諸侯는 7개의 정을 천자天子는 9개의 정을 사용할 수 있으며, 천지와 조상에 제사를 지낼 때는 9정의 예를 행했다. 둘째, 9정은 9개가 아니라 1개이고, 9주를 대표하므로 9주정九州鼎이라고 하였으며 간략히 9정이라고 일컬었다.

26. 보옥保玉-귀한 옥.

27. 굉요閎夭-3-031 주석20 참고.

28. 봉봉封-3-033 주석22 참고.

29. 비간比干-3-032 주석7 참고.

30. 종축宗祝-종백宗伯과 태축太祝을 가리키며, 모두 제사를 담당하는 관리이다.

31. 향사享祠-향은 제사지낼 향饗과 동일, 사는 제사의 희생물을 가리킨다. 즉 제사지내다.

32. 행수行狩-천자가 제후국을 순행하다.

33. 무성武成-《고문상서》의 편명이고, 무왕武王이 상商나라의 주왕紂王을 정벌한 과정을 기록하였다.

34. 제후諸侯-1-002 주석3 참고.

35. 반사班賜-나눠주다, 하사하다.

36. 종이宗彝-종묘에 제사지낼 때 사용하는 술그릇.

37. 분은지기물分殷之器物－고대에 천자가 종묘에 소장된 보물을 제후와 왕실 귀족에게 나눠주고 대대로 간직하게 하는 것을 가리키고, 간략하게 분기分器라고 한다. 《상서》의 편명이다.

38. 추사追思－돌이켜 생각하다.

39. 포봉襃封－칭찬하며 하사함, 달리 포봉襃封으로 쓴다.

40. 신농神農－1-002 주석2 참고.

41. 초焦－무왕이 신농씨神農氏의 후예를 초에 책봉하고 나라를 건국하였다. 후대에는 나라 이름으로 성씨를 삼았다. 춘추시대에 진晉나라에 멸망당했다.

42. 황제黃帝－1-001 주석1 참고.

43. 축祝－무왕이 황제黃帝의 후예를 축에 책봉하고 나라를 건국하였다. 위치는 산동성山東省 제남시濟南市이다. 후대에는 나라 이름으로 성씨를 삼았다.

44. 요堯－1-012 주석3 참고.

45. 계薊－무왕이 요堯의 후예를 계에 책봉하고 나라를 건국하였다. 위치는 북경시北京市 일대이다. 후대에는 나라 이름으로 성씨를 삼았다.

46. 순舜－1-016 주석8 참고.

47. 진陳－주나라의 제후국으로 순舜의 후예를 무왕이 진에 책봉하였다. 출토된 금문 자료에는 진敶으로 기록되어 있다. 건국 군주는 주나라 문왕文王의 도기 제작을 담당하는 도정陶正 직책을 담당하였던 우알보虞閼父의 아들 만滿으로 진호공陳胡公이라 일컬었다. 위치는 하남성河南省 회양현淮陽縣 일대이다. 후대에는 나라 이름으로 성씨를 삼았다.

48. 대우大禹－1-026 주석5 참고.

49. 기杞－무왕이 우禹의 후예를 기에 책봉하고 나라를 건국하였다.

위치는 하남성 기현杞縣 일대이다. 후대에는 나라 이름으로 성씨를 삼았다.

50. 모사謀士–고대의 모사는 귀족의 일종으로 학문이 우수하지만 관직에 나가지 않은 선비를 가리키며, 문객門客, 군사軍師, 막료幕僚 등 신분으로 자신의 주인을 섬긴다. 춘추전국 시기에 모사의 활동이 두드러졌다. 달리 세객說客, 변사辯士 등으로 일컬었다.

51. 사상보師尙父–4-012 주석2 참고.

52. 영구營丘–무왕이 강태공을 제에 책봉하고 나라를 건국하였으며, 도읍을 이곳에 정했다. 위치는 산동성山東省 창락현昌樂縣 일대이다.

53. 제齊–주나라의 제후국으로 무왕이 강태공을 제에 책봉하고 나라를 건국하였다. 위치는 산동성 북부와 하북성河北省 동남이며, 도성은 영구營丘이다. 춘추 5패와 전국 7웅의 하나이다. 기원전 11세기에 건국하여 기원전 221년 진秦나라에 멸망당했다.

54. 주공단周公旦–3-034 주석7 참고.

55. 곡부曲阜–무왕이 주공 단을 노에 책봉하고 나라를 건국하였으며, 도읍을 이곳에 정했다. 위치는 산동성 서남부이다.

56. 노魯–무왕이 주공 단을 노에 책봉하고 나라를 건국하였다. 그러나 주공은 부임하지 않고 천자를 보좌하였고, 아들 백금伯禽이 즉위하였으며 나중에 초楚나라에 멸망하였다.

57. 소공석召公奭–4-012 주석6 참고.

58. 연燕–무왕이 소공을 연에 책봉하고 나라를 건국하였다. 주나라의 제후국으로 소공召公의 후예이다. 위치는 하북성河北省 북부와 요령성遼寧省 서쪽이며, 도읍은 계薊이다. 전국시대 7웅의 하나이고 나중에 진秦나라에 멸망당했다.

59. 숙선叔鮮–3-034 주석4 참고.

60. 관管–무왕이 동생 숙선을 관에 책봉하고 나라를 건국하였다. 위

치는 하남성河南省 정주시鄭州市 일대이다. 후대에는 나라 이름으로
성씨를 삼았다. 숙도와 함께 상나라의 유민을 관리하였다.

61. 숙도叔度-3-034 주석5 참고.

62. 채蔡-무왕이 동생 숙도를 채에 책봉하고 나라를 건국하였다. 위
치는 하남성 상채현上蔡縣 일대이다. 후대에는 나라 이름으로 성씨
를 삼았다. 숙선과 함께 상나라의 유민을 관리하였다. 나중에 초楚
나라에 멸망당했다.

|국역|

상나라 주왕의 아들 녹부에게 상나라의 잔여 백성을 다스리게 책봉해
주었다. 무왕은 상나라가 처음 평정되어 아직 편안히 안정되지 않아서,
이에 그의 동생 관숙 선과 채숙 도에게 녹부를 도와서 상나라를 다스리
게 하였다. 그리고는 소공에게 기자를 감옥에서 풀어주도록 명령하였다.
필공에게는 백관을 감옥에서 풀어주고, 주왕의 재위시기에 재상으로 있
던 상용이 거주했던 마을의 이문에는 표창하는 글을 내려주도록 명령하
였다. 남궁괄에게는 녹대에 쌓여있던 재물을 흩뜨리고 거교의 양식 창고
를 열어서 가난하고 병약한 백성들을 구휼하도록 명령하였다. 남궁괄,
사일(윤일)에게는 9정과 귀한 옥을 정돈하도록 명령하였다. 굉요에게는
비간의 묘소에 봉분의 흙을 첨가하여 높여주도록 명령하였다. 종백과 태
축 등 제사를 담당하는 관리에게는 군중에서 제사를 지내도록 명령하였
다. 그리고 군사를 철수하여 서쪽으로 돌아갔다. 무왕은 회군 도중에 각
제후국을 순행하면서 정사를 기록하여 《상서》의 〈무성〉 편을 작성하였
다. 제후를 책봉하고 종묘에 제사지낼 때 사용하는 술그릇을 하사하고
《상서》의 〈분은지기물〉 편을 작성하였다. 무왕은 조상과 성군의 업적을
돌이켜 생각하였고, 이에 그들의 업적을 칭찬하고 장려하면서 신농씨의
후예를 초에, 황제의 후예를 축에, 요의 후예를 계에, 순의 후예를 진에,

우의 후예를 기에 책봉하였다. 사상보(강태공)를 첫 번째로 책봉하였다. 사상보를 영구에 책봉하고 나라 이름을 제라고 하였다. 동생 주공 단을 곡부에 책봉하고 나라 이름을 노라고 하였다. 소공 석을 연에 책봉하였다. 동생 숙선은 관에, 동생 숙도는 채에 책봉하였다. 나머지도 각각 업적의 차례에 의거 책봉을 받았다.

❙참고❙

주나라의 분봉제도-수도로부터 멀리 떨어진 기외畿外 지역은 천자가 수많은 제후를 분봉하여 통치하게 하였다. 제후가 분봉을 받은 지역을 국國이라 일컬었고, 제후는 국의 군주이고 동시에 천자의 신하이다. 제후가 분봉을 받았다는 것은 그 지역의 토지와 백성의 최고 통치자이다. 제후국은 다시 둘로 나뉘는데 하나는 주나라의 왕과 같은 희성姬姓 친척이고 다른 하나는 이성異姓 제후이다. 이성 제후는 다시 인친과 공신, 옛 성왕(黃帝, 堯, 舜, 禹)의 후예의 3종류로 구별하였다. 주나라 초기의 제후국으로는 동성은 노魯(周公), 진晉(武王의 아들 叔虞), 위衛(武王의 동생 康叔), 연燕(武王의 동생 召公)과 같은 대국大國이 있었고, 소국小國으로는 《좌전》에는 40여 개국, 《순자》에는 53개국이 있다고 하였다. 그들은 대부분 문왕과 무왕, 주공의 후손들이었다. 인척과 공신으로는 제齊(姜尙-姜太公)가 있었고, 옛 성왕의 후예로는 축祝(黃帝의 후예), 계薊(堯의 후예), 진陳(舜의 후예), 기杞(禹의 후예)가 있었으며, 그들은 주나라 왕실에 대하여 방어와 공납의 의무를 졌다. 천자는 5년에 1회 순수하고, 제후는 4년 동안 천자가 개최하는 조회[朝貢, 朝獻, 朝觀(朝見)]에 참가해야 한다.

4-019

武王徵九牧之君, 登豳之阜, 以望商邑。武王至于周, 自夜不寐。周公旦卽王所, 曰："曷爲不寐?" 王曰："告女：維天不饗殷, 自發未生於今六十年, 糜鹿在牧, 蜚鴻滿野。天不享殷, 乃今有成。維天建殷, 其登名民三百六十夫, 不顯亦不賓滅, 以至今。我未定天保, 何暇寐!" 王曰："定天保, 依天室, 悉求夫惡, 貶從殷王受。日夜勞來定我西土, 我維顯服, 及德方明。自洛汭延于伊汭, 居易毋固, 其有夏之居。我南望三塗, 北望嶽鄙, 顧詹有河, 粤詹雒, 伊, 毋遠天室。" 營周居于雒邑而後去。縱馬於華山之陽, 放牛於桃林之虛；偃干戈, 振兵釋旅：示天下不復用也。

음역

무왕징구목지군, 등빈지부, 이망상읍. 무왕지우주, 자야불매. 주공단즉왕소, 왈："갈위불매?" 왕왈："고여：유천불향은, 자발미생어금육십년, 미록재목, 비홍만야. 천불향은, 내금유성. 유천건은, 기등명민삼백육십부, 불현역불빈멸, 이지금. 아미정천보, 하가매!" 왕왈："정천보, 의천실, 실구부악, 폄종은왕수. 일야노래정아서토, 아유현복, 급덕방명. 자낙예연우이예, 거역무고, 기유하지거. 아남망삼도, 북망악비, 고첨유하, 월첨낙, 이, 무원천실." 영주거우낙읍이후거. 종마어화산지양, 방우어도림지허；언간과, 진병석려：시천하불부용야.

주석

1. 무왕武王-3-032 주석31 참고.

2. 징徵-부르다.

3. 9목九牧-9주의 우두머리, 또는 9주를 가리키는 경우도 있다. 본문에서 구목지군九牧之君은 9주의 우두머리라는 의미이다.

4. 빈豳-4-003 주석26 참고.

5. 상읍商邑－상나라의 도성 조가朝歌를 가리킨다.

6. 주周－1- 029 주석20 참고. 여기서는 주나라의 도읍지 호경鎬京을
   가리킨다.

7. 자야自夜－밤새도록, 철야.

8. 주공단周公旦－3- 034 주석7 참고.

9. 즉卽－이르다, 가까이 가다.

10. 갈위불曷爲不－어찌하여 ～하지 않다.

11. 유維－어조사.

12. 향饗－제사지내다.

13. 은殷－3- 001 주석1 참고.

14. 발發－주나라 무왕武王의 이름이 발이다.

15. 미록麋鹿－두 가지 의미가 있다. 첫째, 일반적으로 순록을 가리킨
    다. 둘째, 뿔이 사슴 같기도 하고 아닌 것 같기도 하고, 머리가 말
    같기도 하고 아닌 것 같기도 하고, 몸이 나귀 같기도 하고 아닌 것
    같기도 하고, 발굽은 소 같기도 하고 아닌 것 같기도 하는 사불상
    四不象을 가리키기도 한다.

16. 목牧－성 밖, 교외 지역.

17. 비홍蜚鴻－일종의 해충으로 멸몽蠛蠓(눈에놀이)이라고 한다.

18. 향享－제사지내다.

19. 등登－등용하다.

20. 명민名民－어진 사람, 현인.

21. 부夫－성년 남자.

22. 현顯－현저하게 드러나다.

23. 빈멸賓滅－빈은 배척할 빈擯과 동일하고, 의미는 물리쳐 없앰이다.

24. 정定－확정, 공고해지다.

25. 천보天保－황통, 국운, 하늘의 보우하심.

26. 가매暇寐-잠잘 겨를.

27. 의依-의지하다.

28. 천실天室-천자의 거주 장소.

29. 부악夫惡-악인.

30. 폄貶-물리치다.

31. 종從-마치 ~처럼.

32. 은왕수殷王受-상나라 왕 주를 가리킨다. 즉 주의 이름이 수受이다.

33. 노래勞來-달리 노래勞徠로 쓰며, 근면 노력하다.

34. 현복顯服-정사를 다스리다, 각종 일처리를 하다.

35. 방方-두루 편遍과 동일.

36. 낙예洛汭-낙수洛水의 물 흐르는 곳 북쪽. 낙수는 통상적으로 낙양시의 낙하洛河를 가리키고, 낙하는 또 낙수라고 일컫는다. 낙수는 황하 하류 남쪽의 커다란 지류이다.

37. 연延-이르다.

38. 이예伊汭-이수伊水의 물 흐르는 곳 북쪽. 이수는 만거산蔓渠山에서 흘러나와 이천伊川을 거쳐서 낙양洛陽으로 흘러간다. 달리 간수奸水, 교수交水라고 일컫는다.

39. 거이물고居易勿固-거는 장소, 이는 평탄한, 물은 무無와 동일, 고는 험준하다의 의미로, 거주하는 곳이 평탄하고 험준한 곳이 없다는 의미이다.

40. 유하有夏-2-001 주석1 참고.

41. 삼도三塗-산의 명칭이고, 하남성河南省 숭현崇縣에 있다. 달리 불교에서는 3도三塗라고 쓰고, 화도火塗, 도도刀塗, 혈도血塗이며, 지옥地獄, 아귀餓鬼, 축생畜生을 가리킨다.

42. 악비嶽鄙-태행산太行山과 긍산恆山의 산악지대에 가까운 변방의 마을.

43. 고첨顧詹—돌아보다, 멀리 바라보다. 첨은 쳐다 볼 첨瞻과 동일.

44. 유하有河—황하.

45. 월粵—어조사.

46. 첨詹—볼 첨瞻과 동일.

47. 무원천실毌遠天室—천자의 거주 장소로 할 만한 곳이 멀리 있지 않다. 즉 도읍을 세우기에 적합하다는 의미이다.

48. 낙雒—하남성의 낙수洛水를 가리킨다.

49. 영營—건설하다.

50. 주거周居—주나라의 도읍지.

51. 낙읍雒邑—주나라 성왕成王 시기에 낙양洛陽에 건립한 도읍지로 달리 낙읍洛邑이라고 한다. 동쪽의 반란을 방지하기 위하여 주공周公이 건설하였고, 평왕平王 시기에 이곳으로 도읍을 옮겼다.

52. 종마縱馬—말을 방목하다.

53. 화산華山—화산은 5악五嶽 중의 하나이고, 섬서성陝西省 서안西安 동쪽에 있다.

54. 양陽—산의 남쪽.

55. 도림桃林—섬주陝州 도림현桃林縣 서쪽에 있다.

56. 허虛—구역, 소재지, 즉 옛터 허墟와 동일.

57. 언偃—쓰러지다, 눕히다, 쉬다.

58. 간과干戈—병기의 통칭.

59. 진병振兵—부대를 정돈하다.

60. 석려釋旅—석은 해산하다, 려는 병사 500명 단위를 가리킨다. 즉 군대를 해산하다의 의미이다.

|국역|

무왕은 9주의 우두머리인 9목을 소집하여 빈의 언덕에 올라가서 상나라의 도읍지를 바라보았다. 무왕은 주나라 도읍지인 호경으로 돌아와서 밤새도록 잠을 이루지 못했다. 주공 단이 무왕이 거처하는 곳으로 와서 말하기를 "어찌하여 잠을 이루지 못하십니까!" 왕이 말하기를 "너에게 말하겠다. 하늘이 상나라의 제사를 받아들이지 않아서, 나 발(무왕의 이름)이 태어나기 전부터 지금까지 60년이 되었는데도, 순록은 성 밖에서 살아가고 해충인 눈에놀이는 들판에 가득하였다. 하늘이 상나라의 제사를 받아들이지 않았기 때문에, 비로소 오늘에야 주나라가 성공할 수 있었다. 하늘이 처음 상나라를 세울 때는 등용한 어진 사람이 360명이었는데, 그들의 명성이 드러나지도 않았지만 또한 물리쳐 없애지도 않으면서 오늘에 이르렀다. 나는 하늘의 보우하심이 확정되지도 않았는데 어찌 잠잘 겨를이 있겠는가!" 왕이 말하기를 "하늘의 보우하심이 확실하면, 천자의 거주 장소인 중앙에 의지하며 모든 악인을 다 찾아서 상나라 왕 주왕(이름이 수이다)처럼 물리칠 것이다. 밤낮으로 근면 노력하여 나의 서쪽 땅을 안정시키고, 나는 정사를 잘 다스려서 공덕이 사방에 이르고 두루 밝게 빛나게 할 것이다. 낙수의 물 흐르는 곳의 북쪽에서 이수의 물 흐르는 곳의 북쪽에 이르는 곳은, 거주하는 곳이 평탄하고 험준한 곳이 없어서 하나라가 거처했던 곳이다. 나는 남쪽으로는 삼도산을 바라보고, 북쪽으로는 태행산과 긍산의 산악지대에 가까운 변방마을을 바라보며, 머리를 돌려서 황하를 바라보고 낙수와 이수를 바라보니, 천자의 거주 장소로 할 만한 곳이 멀리 있지 않도다." 낙읍에 주나라의 도읍을 건립한 이후에 떠났다. 말을 화산의 남쪽에 풀어놓고 소는 도림의 옛터에 방목하며, 무기를 내려놓고 군대를 정돈하고 해산하여, 천하에 다시는 군사를 동원하지 않겠다는 뜻을 나타냈다.

4-020

武王已克殷, 後二年, 問箕子殷所以亡。箕子不忍言殷惡, 以存亡國
宜告。武王亦醜, 故問以天道。

ㅣ음역ㅣ

무왕이극은, 후이년, 문기자은소이망. 기자불인언은악, 이존망국의고.
무왕역추, 고문이천도.

ㅣ주석ㅣ

1. 무왕武王-3-032 주석31 참고.
2. 극克-정벌, 승리.
3. 은殷-3-001 주석1 참고.
4. 기자箕子-3-033 주석10 참고.
5. 존망국의存亡國宜-국가의 생존과 멸망의 도리.
6. 추醜-부끄러워하다, 곤란하다.

ㅣ국역ㅣ

무왕은 이미 상나라를 정벌하고(기원전 1046년), 2년 후에 기자에게 상
나라가 멸망한 원인을 질문하였다. 기자는 차마 상나라의 죄악을 말하지
못하고, 단지 국가의 생존과 멸망의 도리를 무왕에게 알려줬다. 무왕 또
한 곤란하여 그래서 하늘의 도리에 대해서 질문하였다.

4-021

武王病。天下未集, 群公懼, 穆卜, 周公乃祓齋, 自爲質, 欲代武王,

武王有瘳。後而崩，太子誦代立，是爲成王。

무왕병. 천하미집, 군공구, 목복, 주공내불재, 자위질, 욕대무왕, 무왕
유추. 후이붕, 태자송대립, 시위성왕.

1. 무왕武王-3-032 주석31 참고.

2. 집集-편안히 하다.

3. 목복穆卜-경건히 점치다.

4. 주공周公-3-034 주석7 참고.

5. 불재祓齋-고대의 습속으로 사악한 것을 없애려고 의식을 거행하
   는 것을 불이라고 하며, 의식을 거행하기 전에 몸을 정갈하게 하는
   것을 재라고 한다.

6. 질質-볼모, 저당 잡히다.

7. 추瘳-병이 낫다.

8. 송誦-성왕成王의 이름.

9. 성왕成王-이름은 송이고 무왕의 아들이며 시호는 성왕이다. 나이
   어려서 즉위하여 주공周公 단旦이 섭정하고 3감三監의 반란을 평정
   하였다. 성왕이 친정한 이후에는 새로운 도읍지 낙읍洛邑을 건설하
   고 제후들을 대대적으로 책봉하였으며, 주공에게 동쪽을 정벌하도
   록 명령하였고, 예악을 편찬하는 등 주나라의 정치를 강화하였다.
   성왕과 아들 강왕康王 시기에는 사회가 안정되고 백성이 화목하였
   으며, 형벌을 40여 년 동안 사용하지 않을 정도로 태평성세를 이
   룩하였다.

무왕이 병이 들었다. 천하가 아직 안정되지 않아서 여러 신하들이 두려워하면서 경건히 점을 쳤다. 주공은 사악한 것을 없애는 의식을 거행하고 몸을 정갈하게 하였으며, 스스로 볼모가 되어 무왕을 대신하겠다고 하니 무왕의 병이 나았다. 후에 무왕이 사망하고 태자 송이 이어서 즉위하였는데, 이 사람이 바로 성왕이다(기원전 1044년).

4-022

成王少, 周初定天下, 周公恐諸侯畔周, 公乃攝行政當國。管叔, 蔡叔群弟疑周公, 與武庚作亂, 畔周。周公奉成王命, 伐誅武庚, 管叔, 放蔡叔。以微子開代殷後, 國於宋。頗收殷餘民, 以封武王少弟封爲衛康叔。晉唐叔得嘉穀, 獻之成王, 成王以歸周公于兵所。周公受禾東土, 魯天子之命。初, 管, 蔡畔周, 周公討之, 三年而畢定, 故初作大誥, 次作微子之命, 次歸禾, 次嘉禾, 次康誥, 酒誥, 梓材, 其事在周公之篇。周公行政七年, 成王長, 周公反政成王, 北面就群臣之位。

성왕소, 주초정천하, 주공공제후반주, 공내섭행정당국. 관숙, 채숙군제의주공, 여무경작란, 반주. 주공봉성왕명, 벌주무경, 관숙, 방채숙. 이미자개대은후, 국어송. 파수은여민, 이봉무왕소제봉위위강숙. 진당숙득가곡, 헌지성왕, 성왕이귀주공우병소. 주공수화동토, 노천자지명. 초, 관, 채반주, 주공토지, 삼년이필정, 고초작대고, 차작미자지명, 차귀화, 차가화, 차강고, 주고, 재재, 기사재주공지편. 주공행정칠년, 성왕장, 주공반정성왕, 북면취군신지위.

┃주석┃

1. 성왕成王－4- 021 주석9 참고.

2. 주周－1- 029 주석20 참고.

3. 주공周公－3- 034 주석7 참고.

4. 제후諸侯－1- 002 주석3 참고.

5. 반畔－배반할 반叛과 동일.

6. 섭攝－대리 집행.

7. 행정行政－정치를 실행하다.

8. 당국當國－국사를 다스리다.

9. 관숙管叔－3- 034 주석4 참고.

10. 채숙蔡叔－3- 034 주석5 참고.

11. 무경武庚－3- 033 주석26 참고.

12. 방放－쫓아내다.

13. 미자개微子開－3- 029 주석2 참고. 본래는 이름이 계啓이지만 한漢 나라 경제景帝의 이름을 피해서 개開로 한 것이다.

14. 은殷－3- 001 주석1 참고.

15. 후後－유민.

16. 국國－도읍을 세우다, 건국하다.

17. 송宋－3- 034 주석9 참고.

18. 파頗－자못, 매우 많이.

19. 무왕武王－3- 032 주석31 참고.

20. 위강숙衛康叔－4- 017 주석25 참고.

21. 진당숙晉唐叔－당숙우唐叔虞라고 하며 무왕의 아들이다. 주나라 시 기에 제후국인 진晉나라의 시조이고, 한씨韓氏와 당씨唐氏의 시조이 다. 주공周公이 섭정하면서 당唐나라를 멸망시키고 숙우叔虞에게 당 나라를 책봉하였다.

22. 가곡嘉穀－두 개의 싹이 하나의 이삭으로 핀 것을 말하며, 상서로움을 상징하는 곡식을 가리킨다.

23. 귀歸－음식이나 물건을 보낼 궤饋와 동일.

24. 병소兵所－군사 주둔지.

25. 노魯－선포하다.

26. 대고大誥－《상서》의 편명.

27. 미자지명微子之命－《고문상서》의 편명.

28. 귀화歸禾－현재 전해지지 않는다.

29. 가화嘉禾－현재 전해지지 않는다.

30. 강고康誥－《상서》의 편명.

31. 주고酒誥－《상서》의 편명.

32. 재재梓材－《상서》의 편명.

33. 주공지편周公之篇－《노주공세가魯周公世家》를 가리킨다.

34. 반정反政－반은 돌려줄 반返과 동일, 즉 정권을 돌려주다.

35. 북면北面－고대에 군주는 얼굴을 남쪽으로 향하여 앉고, 신하는 얼굴을 북쪽으로 향하고 군주를 알현한다. 즉 신하를 일컫는 다른 표현이다.

36. 취就－돌아가다.

|국역|

성왕은 나이가 어리고 주나라는 막 천하를 평정하였기 때문에, 주공은 제후들이 주나라를 배반할까 두려워서 이에 성왕을 대신하여 정치를 실행하고 국사를 다스렸다. 관숙, 채숙 등 여러 동생들은 주공을 의심하고 상나라 주왕의 아들인 무경과 더불어 난리를 일으키고 주나라를 배반하였다. 주공은 성왕의 명령을 받들어 무경과 관숙을 토벌하여 살해하고 채숙은 귀양 보냈다. 미자개에게는 상나라 유민을 대신하여 송에 도읍을 세우게 하였다. 자못 많은 상나라 유민을 거둬들이고, 무왕의 어린 동생 봉을 위강숙으로 책봉하였다. 진당숙이 두 개의 싹이 하나의 이삭으로 편 상서로운 곡식을 얻어서 성왕에게 바쳤는데, 성왕은 군사 주둔지에 있던 주공에게 보냈다. 주공은 동방지역에서 상서로운 곡식을 받고 천자의 명령을 선포하였다. 당초에 관숙과 채숙이 주나라를 배반하여 주공이 토벌하였는데, 3년 만에 모두 평정하였다. 그래서 처음에는 〈대고〉를, 그 다음에는 〈미자지명〉을, 그 다음에는 〈귀화〉를, 그 다음에는 〈가화〉를, 그 다음에는 〈강고〉를, 그 다음에는 〈주고〉와 〈재재〉를 지었는데, 그에 관련된 일들은 〈노주공세가〉에 기록되어 있다. 주공이 정치를 실행한지 7년이 되고 성왕도 성장하였으므로, 주공은 정권을 성왕에게 돌려주고 북쪽으로 얼굴을 향하는 여러 신하의 위치로 돌아갔다.

┃참고┃

3감三監의 반란─무왕은 상나라를 멸망시킨 이후에 새로이 점령한 동방의 광대한 지역을 어떻게 효과적으로 통치할 것인가에 대한 문제에 직면하게 되었다. 이에 대하여 주공周公은 분리 이용의 책략을 실행할 것을 건의하였다. 즉 주나라의 통치에 반발심을 가진 상나라의 통치 계층으로 하여금 상나라의 옛 지역을 다스리게 하였다. 동시에 주나라 왕실의 종친을 파견하여 그들에 대한 감시를 강화하였다. 그리하여 주왕紂王의 아들인 무경武庚을 상商에 책봉하고, 그로 하여금 상나라의 유민을 다스리게 하였다. 동시에 상나라의 왕기王畿 지역을 3등분하여 무왕武王의 동생인 관숙管叔, 채숙蔡叔, 곽숙霍叔을 세 지역에 파견하여 무경을 감시하게 하였는데 이를 역사에서는 3감이라고 하였다. 무왕의 아들 성왕成王은 나이가 어려서 주공이 섭정을 하였는데, 무경이 기회를 이용하여 주공과 관숙, 채숙, 곽숙 간의 분열을 조장하고 난리를 일으켰다. 무왕은 이들을 토벌하였으며, 무경과 관숙은 살해하고 채숙은 유배보냈다.

4-023

成王在豐, 使召公復營洛邑, 如武王之意。周公復卜申視, 卒營築, 居九鼎焉。曰:"此天下之中, 四方入貢道里均。"作召誥, 洛誥。成王既遷殷遺民, 周公以王命告, 作多士, 無佚。召公爲保, 周公爲師, 東伐淮夷, 殘奄, 遷其君薄姑。成王自奄歸, 在宗周, 作多方。既絀殷命, 襲淮夷, 歸在豐, 作周官。興正禮樂, 度制於是改, 而民和睦, 頌聲興。成王既伐東夷, 息愼來賀, 王賜榮伯, 作賄息愼之命。

┃음역┃

성왕재풍, 사소공부영낙읍, 여무왕지의. 주공부복신시, 졸영축, 거구정언. 왈:"차천하지중, 사방입공도리균." 작소고, 낙고. 성왕기천은유민, 주공이왕명고, 작다사, 무일. 소공위보, 주공위사, 동벌회이, 잔엄, 천기군박고. 성왕자엄귀, 재종주, 작다방. 기출은명, 습회이, 귀재풍, 작주관. 흥정예악, 도제어시개, 이민화목, 송성흥. 성왕기벌동이, 식신래하, 왕사영백, 작회식신지명.

┃주석┃

1. 성왕成王-4-021 주석9 참고.
2. 풍豐-4-010 주석9 참고.
3. 소공召公-4-012 주석6 참고.
4. 낙읍洛邑-4-019 주석51 참고.
5. 여如-따르다.
6. 무왕武王-3-032 주석31 참고.
7. 주공周公-3-034 주석7 참고.
8. 부복復卜-다시 점을 치다.

9. 신시申視-거듭, 여러 차례 시찰하다.

10. 졸卒-마침내.

11. 영축營築-건축하다.

12. 거居-두다.

13. 9정九鼎-4-018 주석25 참고.

14. 도리道里-거리도로의 원근.

15. 소고召誥-《상서》의 편명.

16. 낙고洛誥-《상서》의 편명.

17. 은殷-3-001 주석1 참고.

18. 다사多士-《상서》의 편명.

19. 무일無佚-《상서》의 편명. 달리 무일無逸로 쓴다.

20. 보保-태보太保를 가리킨다. 고대의 3공三公의 하나이고 태사太師, 태부太傅의 다음이다. 상나라 태갑太甲이 이윤伊尹을 태보로 임명하였고, 주나라 시기에는 성왕成王이 소공召公을 태보로 임명하였다. 주요 직책은 군주를 감독하고 보필하는 일이다.

21. 사師-태사太師를 가리킨다. 고대의 3공三公의 으뜸이다. 주나라 시기에 설치하였고, 천자를 보필하는 직책으로 실권은 없다.

22. 회이淮夷-2-008 주석23 참고.

23. 잔殘-소멸.

24. 엄奄-상나라의 제후국으로 회이淮夷의 북쪽에 있고, 대략 연주兗州 곡부현曲阜縣 지역이다.

25. 박고薄姑-상나라의 제후국으로 나라 이름을 성씨로 삼았다. 대략 청주青州 박창현博昌縣 동북쪽이다. 주나라 초기에 멸망당했다.

26. 종주宗周-호경鎬京을 가리킨다. 서주는 도성이 둘이 있는데 하나는 서쪽의 호경으로 종주라고 일컬었으며, 또 하나는 동쪽의 낙읍洛邑으로 성주成周라고 일컬었다.

27. 다방多方－《상서》의 편명.

28. 출絀－물리칠, 쫓을 출黜과 동일.

29. 주관周官－《고문상서》의 편명.

30. 흥정興正－일으켜 바로잡다.

31. 도제度制－제도.

32. 송성頌聲－태평성대와 군주의 덕치를 찬양하는 노랫소리.

33. 동이東夷－1-018 주석23 참고.

34. 식신息愼－1-027 주석27 참고.

35. 영백榮伯－두 가지 의미가 있다. 첫째, 명예 제후의 지위와 주나라
    의 왕실과 같은 성씨인 희姬를 하사한 것을 가리킨다. 둘째, 주나
    라의 제후국인 영榮나라의 군주를 가리킨다. 영계榮季의 아들이고
    영정공榮正公의 부친이다. 문왕文王 시기에 조정에서 관직을 맡았다
    고 전해진다. 영나라의 위치는 대략 섬서성陝西省 호현戶縣 이다.
    여기서는 첫째의 의미이다.

36. 회식신지명賄息愼之命－현재 전해지지 않는다.

｜국역｜

성왕은 호경에 머물면서 소공으로 하여금 다시 낙읍을 건설하게 하여
무왕의 뜻을 따르게 하였다. 주공은 다시 점을 치고 여러 번 시찰하였으
며, 마침내 도성을 건축하였고 그곳에 9정을 두었다. 주공이 말하기를
"이곳은 천하의 중심으로, 사방에서 공물을 바치러 오는 거리의 원근이
모두 같다." 그리고 〈소고〉와 〈낙고〉를 작성하였다. 성왕은 이미 상나라
의 유민을 옮겼고, 주공은 성왕의 명령을 알리려고 〈다사〉와 〈무일〉을
작성하였다. 소공을 태보로, 주공은 태사로 임명하고, 동쪽의 회이를 정
벌하였으며, 엄나라를 멸망시키고 엄나라의 군주를 박고로 옮겼다. 상왕
은 엄나라로부터 돌아와서 종주(호경)에 머물면서 〈다방〉을 지었다. 상

나라가 받은 천명을 물리친 후에 회이를 습격하였고, 돌아와서는 호경에 머물면서 〈주관〉을 지었다. 예의와 음악을 일으켜 바로잡았고 제도를 개혁하였으며, 백성들은 화목하고 태평성세와 군주의 덕치를 찬양하는 노랫소리가 들려왔다. 성왕은 이미 동이를 정벌하였고, 식신(숙신)이 사신을 보내서 축하하자 성왕은 명예 제후의 지위와 주나라의 왕실과 같은 성씨인 희姬를 하사하였으며, 〈회식신지명〉을 지었다.

|참고|

종주宗周와 성주成周－성왕시기에 낙읍洛邑을 동쪽의 수도로 정하고 성주成周라고 일컬었으며, 행정중심 도시이고 동방의 정치와 군사를 통치하는 거주지로 삼았다. 낙읍은 다시 동과 서로 나뉘었는데 서쪽은 왕성王城으로 일컬었으며 주나라의 백성이 사는 곳이고, 동쪽은 상나라의 유민이 거주하였다. 이로부터 주나라는 도성이 둘이 되었는데 주나라의 원래 수도는 서쪽의 호경鎬京으로 종주宗周라고 일컬었고, 제사중심 도시이다.

4-024

成王將崩, 懼太子釗之不任, 乃命召公, 畢公率諸侯以相太子而立之。成王旣崩, 二公率諸侯, 以太子釗見於先王廟, 申告以文王, 武王之所以爲王業之不易, 務在節儉, 毋多欲, 以篤信臨之, 作顧命。太子釗遂立, 是爲康王。康王卽位, 徧告諸侯, 宣告以文武之業以申之, 作康誥。故成康之際, 天下安寧, 刑錯四十餘年不用。康王命作策, 畢公分居里, 成周郊, 作畢命。

|음역|

성왕장붕, 구태자교지불임, 내명소공, 필공솔제후이상태자이립지. 성왕기붕, 이공솔제후, 이태자교견어선왕묘, 신고이문왕, 무왕지소이위왕업지불이, 무재절검, 무다욕, 이독신림지, 작고명. 태자교수립, 시위강왕. 강왕즉위, 편고제후, 선고이문무지업이신지, 작강고. 고성강지제, 천하안녕, 형착사십여년불용. 강왕명작책, 필공분거리, 성주교, 작필명.

|주석|

1. 성왕成王-4-021 주석9 참고.

2. 교釗-주나라 강왕康王의 이름.

3. 불임不任-감당하지 못하다.

4. 소공召公-4-012 주석6 참고.

5. 필공畢公-4-012 주석7 참고.

6. 제후諸侯-1-002 주석3 참고.

7. 상相-보좌하다.

8. 신고申告-반복하여 경고하다.

9. 문왕文王-3-031 주석7 참고.

10. 무왕武王-3-032 주석31 참고.

11. 소이所以-까닭, 이유.

12. 임臨-조정에 나아가 국사를 처리하다.

13. 고명顧命-《상서》의 편명. 임종 즈음에 내린 명령을 고라고 한다.

14. 강왕康王-주나라 성왕의 아들이다. 재위시기에는 귀방鬼方과 동남 각 지역을 정벌하였다. 당시 주나라는 국력이 강성하고 사회가 안정되어 성강지치成康之治, 즉 성왕과 강왕 시기의 태평성세라고 일컬었다.

15. 편고徧告-통고하다.

16. 선고宣告-선포하다.

17. 문무지업文武之業-문왕과 무왕의 위대한 업적.

18. 신申 – 거듭하다, 설명하다.

19. 강고康誥 – 《상서》의 편명.

20. 형착刑錯 – 달리 형조(刑措, 刑厝)라고 기록하며, 착은 방치하다, 두다라는 의미이다. 즉 형벌을 설치하고도 사용하지 않았다는 의미이다.

21. 책策 – 고대의 군주가 신하에 대하여 사용하는 일종의 문서로 책서策書라고 한다.

22. 분거리分居里 – 백성들로 하여금 촌락을 구분해서 거주하게 하는 것을 말함.

23. 주교周郊 – 주나라의 교외 지역.

24. 필명畢命 – 《고문상서》의 편명.

┃국역┃

성왕이 장차 임종 즈음에 태자 교가 군주의 임무를 감당하지 못할까 두려워서, 이에 소공과 필공에게 명령을 내려서 제후들을 거느리고 태자를 보좌하여 즉위하게 하였다. 성왕이 사망한 후에, 소공과 필공은 제후를 거느리고 태자 교로 하여금 선왕의 종묘에 알현하게 하고, 문왕과 무왕이 왕업을 성취한 것이 쉽지 않았던 이유를 반복하여 경고하였으며, 절약과 검소함에 힘쓰고 욕심을 많이 부리지 말며 충성스럽게 조정에 나아가 국사를 다스리게 하였고, 〈고명〉을 작성하였다. 태자 교가 마침내 즉위하였는데, 이 사람이 바로 강왕이다(기원전 1023년). 강왕은 즉위한 후에 제후들에게 통고하고, 문왕과 무왕의 위대한 업적을 알리도록 선포하였으며 〈강고〉를 지었다. 그래서 성왕과 강왕 시기에는 천하가 평안하고 형벌을 설치하고도 40여 년 동안 사용하지 않았다. 강왕은 신하에 대하여 사용하는 일종의 문서인 책서를 작성하게 하고, 필공에게는 백성으로 하여금 촌락을 구분해서 거주하도록 하여서 주나라 교외 지역의 경계를 정하도록 명령하였으며, 〈필명〉을 지었다.

4-025

康王卒, 子昭王瑕立。昭王之時, 王道微缺。昭王南巡狩不返, 卒於
江上。其卒不赴告, 諱之也。立昭王子滿, 是爲穆王。穆王卽位, 春
秋已五十矣。王道衰微, 穆王閔文武之道缺, 乃命伯冏申誡太僕國之
政, 作冏命。復寧。

|음역|

강왕졸, 자소왕하립. 소왕지시, 왕도미결. 소왕남순수불반, 졸어강상.
기졸불부고, 휘지야. 입소왕자만, 시위목왕. 목왕즉위, 춘추이오십의. 왕
도쇠미, 목왕민문무지도결, 내명백광신계태복국지정, 작경명. 부녕.

|주석|

1. 강왕康王－4-024 주석14 참고.
2. 소왕昭王－주나라 강왕의 아들이고 이름은 하瑕이다. 즉위 16년부
   터 군사를 거느리고 남쪽 형초荊楚 지역을 정벌하였다. 즉위 19년
   에는 초나라를 정벌하다가 한수漢水에서 사망하였다. 즉 정벌의 실
   패로 주나라가 쇠락하는 계기가 되었을 뿐만 아니라, 초나라는 세
   력 확대로 춘추5패春秋五霸 중의 하나가 되어 남방에서 할거하였다.
3. 하瑕－주나라 소왕의 이름.
4. 왕도王道－군주가 어진 덕으로 백성을 다스리는 공평무사한 정치
   를 말함.
5. 미결微缺－쇠미, 쇠락.
6. 부고赴告－춘추시대에 각 나라는 군주의 사망과 화복禍福을 서로

알려 주는데, 전자를 부라고 하고 후자를 고라고 한다. 달리 부고를 전하다, 급히 알리다의 의미이다.

7. 휘諱-꺼리다, 숨기다.

8. 만滿-주나라 목왕의 이름.

9. 목왕穆王-주나라 소왕의 아들이고 이름은 만이다. 목왕은 중국 역사상 가장 전설이 많은 군주로 일반에서는 목천자穆天子로 일컬었고, 전기 작품집인 《목천자전穆天子傳》이 전한다.

10. 춘추春秋-연령, 사계절, 세월, 동주東周 전반기의 역사 단계, 노魯나라의 편년체 역사서적 등을 가리킨다.

11. 쇠미衰微-쇠하여 잔약하고 희미해짐.

12. 민閔-근심, 가엽게 여기다.

13. 문무지도文武之道-문왕과 무왕의 정치.

14. 결缺-없어지다, 모자라다.

15. 백경伯冏-주나라의 신하 이름.

16. 신계申誡-훈계하다, 반복해서 말하다.

17. 태복太僕-주나라 목왕 시기에 설치한 관직으로 대략 태어중복太御衆僕의 우두머리이고 중대부中大夫가 담당한다. 진한秦漢 시기에는 황제의 수레와 말을 관리하는 관직이고, 점차 축목 업무를 전담하는 관직이 되었다.

18. 경명冏命-《고문상서》의 편명.

|국역|

강왕이 사망하고 아들 소왕 하가 즉위하였다(기원전 998년). 소왕 재위 시기에 어진 덕으로 백성을 다스리는 공평무사한 왕도정치가 쇠락해졌다. 소왕은 남쪽으로 순시를 갔다가 돌아오지 못하고 강가에서 사망하였다. 그의 사망을 제후들에게 알리지 않는데, 소왕의 사망 원인을 알리기 꺼렸기 때문이다. 소왕의 아들 만을 옹립하였는데, 이 사람이 바로 목왕이다(기원전 970년). 목왕은 즉위할 때에 나이가 이미 50이었다. 어진 덕으로 백성을 다스리는 공평무사한 왕도정치가 쇠락하자, 목왕은 문왕과 무왕의 어진 정치가 없어질까 근심하였고, 이에 백경에게 명령하여 태복의 직책으로 나라의 정사를 훈계하도록 명령하고, 〈경명〉을 지었다. 천하가 다시 편안해졌다.

4-026

穆王將征犬戎, 祭公謀父諫曰:"不可。先王燿德不觀兵。夫兵戢而時動, 動則威, 觀則玩, 玩則無震。是故周文公之頌曰:'載戢干戈, 載櫜弓矢, 我求懿德, 肆于時夏, 允王保之。'先王之於民也, 茂正其德而厚其性, 阜其財求而利其器用, 明利害之鄕, 以文脩之, 使之務利而辟害, 懷德而畏威, 故能保世以滋大。昔我先王世后稷以服事虞, 夏。及夏之衰也, 棄稷不務, 我先王不窋用失其官, 而自竄於戎狄之間。不敢怠業, 時序其德, 遵脩其緒, 脩其訓典, 朝夕恪勤, 守以敦篤, 奉以忠信。奕世載德, 不忝前人。至于文王, 武王, 昭前之光明而加之以慈和, 事神保民, 無不欣喜。商王帝辛大惡于民, 庶民不忍, 訢載武王, 以致戎于商牧。是故先王非務武也, 勸恤民隱而除其害也。夫先王之制, 邦內甸服, 邦外侯服, 侯衛賓服, 夷蠻要服, 戎翟荒服。甸服者祭, 侯服者祀, 賓服者享, 要服者貢, 荒服者王。日祭, 月祀, 時享, 歲貢, 終王。先王之順祀也, 有不祭則脩意, 有不祀則脩言, 有不享則脩文, 有不貢則脩名, 有不王則脩德, 序成而有不至則脩刑。於是有刑不祭, 伐不祀, 征不享, 讓不貢, 告不王。於是有刑罰之辟, 有攻伐之兵, 有征討之備, 有威讓之命, 有文告之辭。布令陳辭而有不至, 則增脩於德, 無勤民於遠。是以近無不聽, 遠無不服。今自大畢，伯士之終也，犬戎氏以其職來王，天子曰'予必以不享征之，且觀之兵'，無乃廢先王之訓，而王幾頓乎？吾聞犬戎樹敦，率舊德而守終純固，其有以禦我矣。"王遂征之，得四白狼四白鹿以歸。自是荒服者不至。

|음역|

목왕장정견융, 제공모보간왈 :"불가. 선왕요덕불관병. 부병즙이시동, 동즉위, 관즉완, 완즉무진. 시고주문공지송왈 : '재즙간과, 재고궁시, 아구의덕, 사우시하, 윤왕보지.' 선왕지어민야, 무정기덕이후기성, 부기재구이리기기용, 명이해지향, 이문수지, 사지무리이피해, 회덕이외위, 고능보세이자대. 석아선왕세후직이복사우, 하. 급하지쇠야, 기직불무, 아선왕부줄용실기관, 이자찬어융적지간. 불감태업, 시서기덕, 준수기서, 수기훈전, 조석각근, 수이돈독, 봉이충신. 혁세재덕, 불첨전인. 지우문왕, 무왕, 소전지광명이가지이자화, 사신보민, 무불흔희. 상왕제신대악우민, 서민부인, 흔재무왕, 이치융우상목. 시고선왕비무무야, 권휼민은이제기해야. 부선왕지제, 방내전복, 방외후복, 후위빈복, 이만요복, 융적황복. 전복자제, 후복자사, 빈복자향, 요복자공, 황복자왕. 일제, 월사, 시향, 세공, 종왕. 선왕지순사야, 유불제즉수의, 유불사즉수언, 유불향즉수문, 유불공즉수명, 유불왕즉수덕, 서성이유부지즉수형. 어시유형부제, 벌불사, 정불향, 양불공, 고불왕. 어시유형벌지벽, 유공벌지병, 유정토지비, 유위양지명, 유문고지사. 포령진사이유부지, 칙증수어덕, 무근민어원. 시이근무불청, 원무불복. 금자대필, 백사지종야, 견융씨이기직래왕, 천자왈 '여필이불향정지, 차관지병', 무내폐선왕지훈, 이왕기돈호? 오문견융수돈, 솔구덕이수종순고, 기유이어아의."왕수정지, 득사백낭사백녹이귀. 자시황복자부지.

▮주석▮

1. 목왕穆王－4-025 주석9 참고.

2. 견융犬戎－4-001 주석1 참고.

3. 제공祭公－제祭나라는 주周나라 기내畿內에 있던 제후국으로, 군주는 주공周公의 후예이다. 모보謀父는 제공의 자字이다.

4. 모보謀父－주나라 목왕穆王 시기의 신하이다.

5. 요燿－드러내다.

6. 관병觀兵－무력을 자랑하다.

7. 즙戢－무기를 거두어 저장함.

8. 시동時動－적시에 사용동원하다.

9. 완玩－경시하거나 습관적이 된다.

10. 진震－두려워하다.

11. 주문공지송周文公之頌－주문공은 주공周公 단旦의 시호이다. 《시경》〈시매時邁〉편을 가리킨다.

12. 즙간과戢干戈－창과 방패를 거두다, 또는 군사를 거두어 전쟁을 끝내다.

13. 재載－어조사로 뜻이 없음.

14. 고櫜－고대에 활과 화살을 거두어 저장하는 포대. 여기서는 활과 화살을 거두다의 의미이다.

15. 의덕懿德－미덕, 아름다운 덕.

16. 사肆－전파하다.

17. 시하時夏－시는 이, 이것이고, 하는 화하華夏, 즉 중국을 가리킨다.

18. 윤允－확실히, 틀림없이.

19. 왕王－주나라 무왕武王을 가리킨다.

20. 무茂－힘쓸 무懋와 동일.

21. 정正－단정히 하다.

22. 후후厚－넓고 두텁게 하다.

23. 성性－본성, 성미.

24. 부부阜－풍부.

25. 기용器用－쓰임새, 용도, 도구.

26. 향鄕－방향 방方과 동일.

27. 문文－예법.

28. 수修－교화하다, 훈계하다.

29. 피피辟－피할 피避와 동일.

30. 회덕懷德－마음속으로 어진 덕을 사모하다.

31. 외위畏威－형벌을 두려워하다.

32. 자대滋大－자라다, 성장하다.

33. 후직后稷－1-026 주석8 참고.

34. 우虞－1-012 주석8 참고.

35. 하夏－2-001 주석1.

36. 기직棄稷－거직去稷과 동일, 4-003 주석4 참고.

37. 부줄不窋－4-003 주석2 참고.

38. 용用－이로 인하여.

39. 찬찬竄－숨다, 달아나다.

40. 융적戎狄－4-003 주석5 참고.

41. 간間－사이. 간間과 동일.

42. 서序－선양하다.

43. 서緖－사업.

44. 훈전訓典－교훈이 되는 옛날 성현의 저서.

45. 각근恪勤－근신하며 힘쓰다.

46. 혁세奕世－여러 세대.

47. 재載－행하다.

48. 첨忝-욕되게 하다, 더럽히다.

49. 전인前人-후직后稷을 가리킨다.

50. 문왕文王-3- 031 주석7 참고.

51. 무왕武王-3- 032 주석31 참고.

52. 소昭-밝히다.

53. 자화慈和-자애와 화목.

54. 상商-1- 029 주석17 참고.

55. 제신帝辛-3- 029 주석4 참고.

56. 흔재訢載-기뻐할 흔欣과 동일, 재는 추대하다. 즉 기쁘게 추대하
    다의 의미이다.

57. 융戎-전쟁하다.

58. 상목商牧-상나라 수도 조가朝歌의 교외, 즉 목야牧野를 가리킨다.

59. 휼恤-가엽게 여기다.

60. 은隱-고통.

61. 방내邦內-수도 교외지역으로 도성에서 사방 500리 이내 지역, 또
    는 국경 안쪽.

62. 전복甸服-고대의 제도로 왕성王城에서 500리 떨어진 지역이다.
    달리 9복九服 중의 하나이고 왕기王畿 바깥의 500리에서 1,000리
    사이 지역이다. 그 외에 일반적으로 수도 부근의 지역을 가리키는
    의미로 사용되었다.

63. 후복侯服-하나라에서는 왕성에서 1,000리 떨어진 지역을 말하고,
    주나라에서는 왕성 주위 1,000리 바깥의 500리 지역을 가리킨다.

64. 후위侯衛-후은侯圻, 즉 왕기 이외의 사방 500리 지역을 말하고,
    위은衛圻은 정확한 지리 근거가 없다.

65. 빈복賓服-후복侯服에서 위복衛服까지를 총칭해서 빈복이라고 한
    다. 고대에 5복제 이외에 9복제가 있는데, 왕기王畿 이외의 500리

는 후복侯服, 후복 이외의 500리는 전복甸服, 전복 이외의 500리는 남복男服, 남복 이외의 500리는 채복采服, 채복 이외의 500리는 위복衛服, 위복 이외의 500리는 만복蠻服, 만복 이외의 500리는 이복夷服, 이복 이외의 500리는 진복鎭服, 진복 이외의 500리는 번복藩服이다. 여기서는 5복제와 9복제를 혼용해서 사용하였다.

66. 이만夷蠻－1-026 주석19 참고.

67. 요복要服－두 가지 의미가 있다. 첫째, 5복제의 하나이고, 왕기에서 1,500리에서 2,000리 지역을 가리킨다. 둘째, 변방의 먼 지역을 가리킨다.

68. 융적戎翟－4-003 주석5 참고.

69. 황복荒服－요복 이외의 500리 지역을 가리킨다.

70. 제祭－천자의 조부와 부친의 제사에 제수품을 공급하는 것.

71. 사祀－천자의 고조부와 증조부 제사에 제수품을 공급하는 것.

72. 향享－달리 헌獻이라고 하고, 천자의 먼 조상의 제사에 제수품을 공급하는 것.

73. 공貢－달리 납공納貢이라고 하고, 천자가 신에게 제사지낼 때 제수품을 공급하는 것.

74. 왕王－천자를 섬기는 것.

75. 일제日祭－매일 제사.

76. 월사月祀－매월 제사.

77. 시향時享－4계절에 따라서 제수품을 바치는 것.

78. 세공歲貢－매년 공물을 바치는 것.

79. 종왕終王－평생 동안 천자를 섬기는 것.

80. 선왕지순사先王之順祀－순은 가르칠 훈訓과 동일하고, 사는 부연된 글자로 해석이 없다. 즉 선왕의 가르침이다.

81. 수의脩意－자신의 사상이나 생각을 검토하는 것.

82. 수언修言-언어, 명령을 단정히 하는 것.

83. 수문修文-법전, 법률제도 등을 살피는 것.

84. 수명修名-귀하고 천함과 공물의 등급을 조사하는 것.

85. 수덕修德-인의예악 등 교화를 바르게 하는 것.

86. 서성序成-이상의 5가지 차례에 의해서 처리하다.

87. 수형修刑-형벌을 사용하여 다스리다.

88. 벌伐-제후에게 명령하여 정벌하도록 하는 것.

89. 정征-천자가 군사를 파견하여 토벌하는 것.

90. 위양威讓-엄하게 질책하다, 꾸짖다.

91. 고告-고할 고誥와 동일, 윗사람이 아랫사람에게 알리다.

92. 벽辟-법칙, 법률.

93. 비備-무력, 장비.

94. 사辭-문서, 공문.

95. 포布-널리 알림, 선포하다.

96. 진陳-진술하다.

97. 직職-직분.

98. 천자天子-주나라 목왕穆王을 가리킨다.

99. 대필大畢-견융씨犬戎氏의 군주이다. 흰색 이리와 흰색 사슴은 견융의 공물이다.

100. 백사伯士-견융씨의 군주이다.

101. 무내无乃-아마도.

102. 기幾-거의, 위태롭다.

103. 돈頓-무너지다, 꺾이다.

104. 수돈樹敦-수는 세우다 입立으로 입성돈독立性敦篤, 즉 돈독한 성품을 세우다의 의미이다. 달리 견융의 군주 이름이라는 주장도 있다.

105. 솔率-따르다.

106. 구덕舊德-조상에게서 전해온 순박한 품덕.

107. 수종守終-끝까지 지키다.

108. 순고純固-순수하고 견고함.

|국역|

목왕이 장차 견융을 정벌하려고 하자, 제공 모보가 간하며 말하기를 "불가합니다. 선왕은 천하에 덕행을 드러냈지 무력을 자랑하지 않았습니다. 무릇 무기는 거두어 보관했다가 적시에 사용하는 것으로, 움직여 사용하면 곧 위엄이 생기지만 자랑하면 곧 경시되거나 습관적이 되고, 경시하거나 습관적이 되면 곧 두려워하지 않게 됩니다. 이런 까닭에 주공 단이 지은 내용으로 《시경》〈시매〉 편에 이르기를 '창과 방패를 거두고, 활과 화살도 보관하였으며, 나는 아름다운 덕을 구해서, 여기 화하 지역인 중국에 전파하니, 틀림없이 무왕이 잘 지킬 것이다.' 선왕의 백성에 대해서는, 덕을 단정하게 하고 본성을 넓고 두텁게 하도록 힘쓰며, 재물이 풍부하기를 구해서 쓰임새를 이롭게 하고, 이로움과 해로움의 방향을 분명히 밝혀서 예법으로써 그들을 교화하였으며, 그들로 하여금 이로움에 힘쓰고 해로움을 피하게 하여서 마음으로 어진 덕을 사모하고 형벌을 두려워하게 하였으며, 그래서 능히 대대로 발전하도록 보전하였습니다. 옛날에 우리 선왕은 대대로 농사를 담당하는 관직인 후직이라는 직책으로 순의 우나라와 우의 하나라를 섬겼습니다. 하나라가 쇠약하게 되면서 후직이라는 관직을 없애고 농업에 힘쓰지 않았으므로, 우리 선왕 부줄은 관직을 잃고 스스로 융적이 거주하는 지역으로 달아났습니다. 그래도 감히 농사짓는 일을 게으르게 하지 않았고, 때마다 조상의 덕행을 선양하였으며, 조상이 남긴 사업을 따라 행하고, 교훈이 되는 옛날 성현의 저서로 심신을 수양하였으며, 아침저녁으로 근신하며 힘쓰고, 돈독하고 성실하게 지키면서, 충성과 믿음으로 받들었습니다. 대대로 조상의 은덕을 실행하여 조상을 욕되게 하지 않았습니다. 문왕과 무왕에 이르러서는 선대의 빛나는 업적을 밝히고 자애와 화목을 더하였으며, 신령을 섬기고 백성을 보호하니 신령과 백성으로 기뻐하지 않은 자가 없었습니다. 상나라 주왕이 백성에게 큰 죄를 저질러서 백성이 참을 수 없게 되었고, 혼연히 무왕을 추대하여서 상나라 수도 교외에서 전쟁하게 되었습니다. 이런 까닭에 선왕은 무력에 힘쓴 것이 아니고 백성의 고통을 가엽게 여기고 그 해로움을 제거한 것입니다. 무릇 선왕의 제도에는, 국경 안에는 전복, 국경 밖에는 후복, 후복의 바깥과 위복은 빈복, 동쪽과 남쪽의 오랑캐 지역은 요복, 서쪽과 북쪽 오랑캐 지역에는 황복이 있습니다. 전복에 있는 제후국은 천자의 조부와 부친의 제사에 제수품을 공급하고, 후복에 있는 제후국은 천자의 고조부와 증조부 제사에 제수품을 공급하며, 빈복에 있는 제후국은 천자의 먼 조상의 제사에 제수품을 공급하고, 요복에 있는 제후국은 천자가 신에게 제사지낼 때 제수품을 공급하며, 황복에 있는 제후국은 천자를 섬기는 것입니다. 제는 매일 거행하고, 사는 매월 거행하며, 향은 매 계절 거행하고, 공은 매년 거행하며, 왕은 주나라 천자를 평생 섬겨야 합니다. 선왕의 제사에 관한 훈시는, 제후들 중에서 제례에 참가하지 않는 경우에는, 자신의 사상이나 생각을 검토하고, 사례에 참가하지 않을 경우에는 자신의 언어와 명령을 단정히 하고, 향례에 참가하지 않을 경우에는 법전과 법률제도 등을 살피고, 공물을 바치지 않을 경우에는 귀하고 천함과 공물의 등급을 조사하고, 주나라 천자를 섬기지 않을 경우에는 인의예악 등 교화를 바르게 하고, 이상의 5가지 차례에 의해서 처리했는데도 따르지 않으면 곧 형벌을 사용하여 다스립니다. 그래서 제례에 참가하지 않으면 형벌을 실시하고, 사례에 참가하지 않으면 제후에게 명령하여 정벌하고, 향례에 참가하지 않으면 천자가 군사를 파견하여 토벌하고, 공물을 바치지 않으면 질책하고, 주나라 천자를 섬기지 않으면 천하에 알립니다. 그래서 형벌에는 법률이 있고, 공벌에는 무력이 있고, 정토에는 무력장비가 있고, 엄하게 질책하는 것에는 명령이 있고, 글로 천하에 알리는 데는 문장이 있습니다. 명령을 선포하고 천하에 알리는 문장을 써서 진술하였는데도 따르지 않는 자가 있으면, 스스로의 품덕을 더욱 수양하고, 멀리 정벌을 나가며 백성을 수고롭게 하지 않았습니다. 그래서 인근의 지역에서는 따르지 않은 나라가 없고 먼 곳의 나라도 복종하지 않음이 없는 것입니다. 현재 견융씨의 2명의 군주인 대필과 백사가 사망하여도 견융씨는 그 직분에 따라서 주나라 천자를 섬기고 있습니다. 그런데도 오히려 천자가 말하기를 '나는 필히 향례에 참가하지 않아서 그들을 정벌할 것이고 또 무력을 자랑할 것이다.' 이것은 아마도 선왕의 가르침을 폐기하고 군주께서 장차 곤경에 빠지는 것이 아니겠습니까? 내가 듣기에 견융씨는 돈독한 성품을 세우고, 조상들로부터 전해온 순박한 품덕을 따라서 끝까지 순수하고 견고함을 지키며, 우리에게 저항할 것입니다." 목왕은 마침내 견융을 정벌하였고, 4마리의 흰색 이리와 4마리의 흰색 사슴을 획득하고 귀국하였다. 이로부터 황복에 있는 제후국에서는 천자를 섬기러 오지 않았다.

4-027

諸侯有不睦者, 甫侯言於王, 作脩刑辟。王曰："吁, 來! 有國有土, 告汝祥刑。在今爾安百姓, 何擇非其人, 何敬非其刑, 何居非其宜與? 兩造具備, 師聽五辭。五辭簡信, 正於五刑。五刑不簡, 正於五罰。五罰不服, 正於五過。五過之疵, 官獄內獄, 閱實其罪, 惟鈞其過。五刑之疑有赦, 五罰之疑有赦, 其審克之。簡信有衆, 惟訊有稽。無簡不疑, 共嚴天威。黥辟疑赦, 其罰百率, 閱實其罪。劓辟疑赦, 其罰倍灑, 閱實其罪。臏辟疑赦, 其罰倍差, 閱實其罪。宮辟疑赦,

其罰五百率，閲實其罪。大辟疑赦，其罰千率，閲實其罪。墨罰之屬
千，劓罰之屬千，臏罰之屬五百，宮罰之屬三百，大辟之罰其屬二
百：五刑之屬三千。"命曰甫刑。

▮음역▮

제후유불목자, 보후언어왕, 작수형벽. 왕왈 : "우, 래! 유국유토, 고여
상형. 재금이안백성, 하택비기인, 하경비기형, 하거비기의여? 양조구비,
사청오사. 오사간신, 정어오형. 오형불간, 정어오벌. 오벌불복, 정어오과.
오과지자, 관옥내옥, 열실기죄, 유균기과. 오형지의유사, 오벌지의유사,
기심극지. 간신유중, 유신유계. 무간불의, 공엄천위. 경벽의사, 기벌백솔,
열실기죄. 의벽의사, 기벌배쇄, 열실기죄. 빈벽의사, 기벌배차, 열실기죄.
궁벽의사, 기벌오백솔, 열실기죄. 대벽의사, 기벌천솔, 열실기죄. 묵벌지
속천, 의벌지속천, 빈벌지속오백, 궁벌지속삼백, 대벽지벌기속이백 : 오
형지속삼천." 명왈보형.

▮주석▮

1. 제후諸侯－1－002 주석3 참고.

2. 보후甫侯－주周나라 목왕穆王 시기의 대신이다. 당시 주나라 왕실
   은 쇠락해지기 시작하였고, 일부 제후는 왕명을 따르지 않아서 사
   회질서가 불안하였다. 그는 목왕에게 형법을 강화할 것을 건의하
   였고, 5형 3,000조항을 만들었다. 즉 묵형墨刑 1,000조항, 의형劓刑
   1,000조항, 빈형臏刑 500조항, 궁형宮刑 300조항, 대벽형大辟刑
   200조항이다. 이러한 형벌은 귀족들은 전錢을 사용하여 속죄할 수
   있다. 보후가 건의해서 제정했기 때문에 〈보형甫刑〉이라고 일컫는
   다. 달리 보후를 여후呂侯라고 하기 때문에 〈여형呂刑〉이라고 일컫

는다.

3. 형벽刑辟-형법.

4. 유국有國-봉국封國으로 나라가 있는 자, 즉 제후를 가리킨다.

5. 유토有土-봉지封地에 토지가 있는 자, 즉 경卿, 대부大夫 등 신하를 가리킨다.

6. 상형祥刑-형벌을 잘 사용하는 이치.

7. 하택기비인何擇非其人-무엇을 선택하겠소? 마땅히 어진 사람을 선택하지 않겠는가?

8. 하경기비형何敬非其刑-무엇을 공경하겠소? 오직 5가지 형벌이 아니겠는가?

9. 하거비기의여何居非其宜與-무엇이 있어야 하겠소? 형벌의 적용이 적당해야 되지 않겠는가?

10. 양조兩造-양은 죄인의 증언, 조는 조遭(曹)와 동일하고 이르다 지至의 의미이다. 즉 원고와 피고를 가리킨다.

11. 사師-사구司寇에 소속되어 있고 명령위반, 소송, 형벌을 담당하는 관리이며, 고대에는 법을 집행하는 관리를 통칭하였다. 달리 사사士師라고 일컫고, 대부大夫 4명이 소속되어 있다.

12. 청聽-다스리다.

13. 5사五辭-5가지 심문하는 방법으로 달리 5청五聽이라고 한다. 즉 사청辭聽, 색청色聽, 기청氣聽, 이청耳聽, 목청目聽이다.

14. 간신簡信-사실을 확인하다.

15. 정正-판결.

16. 5형五刑-1-017 주석38 참고.

17. 5벌五罰-5형으로 처벌하기에 부적합한 자에 대해서는 상응하는 5종의 속죄 금액을 내게 하는 것을 말한다. 즉 묵형墨刑에는 100환鍰, 의형劓刑에는 200환, 비형剕刑에는 500환, 궁형宮刑에는 600

환, 대벽형大辟刑에는 1,000환을 내서 속죄하게 하였다.

18. 복服-따르다, 적합하다.

19. 5과五過-중국 고대 사법 심판제도의 일종으로, 재판관의 5종류의 금지성 행위를 열거한 것이다. 즉 권세를 두려워하여 법을 왜곡하는 유관惟官, 공권력이나 개인이 힘을 동원하여 보복하는 유반惟反, 친척을 감싸주는 유내惟內, 재물을 취득하고 법을 왜곡하는 유화惟貨, 타인의 청탁을 받고 법을 왜곡하는 유래惟來를 가리킨다.

20. 자疵-폐단.

21. 관옥내옥官獄內獄-관옥은 귀족이 들어가는 감옥이고, 내옥은 관리가 들어가는 감옥으로, 귀족과 관리가 관련된 소송을 가리킨다.

22. 열실閱實-분명하게 죄상을 조사하는 것.

23. 유惟-오직, 단지.

24. 균鈞-고를 균均과 동일.

25. 의疑-의문점.

26. 유사有赦-감형, 즉 5형을 감형해서 5벌로 처리하거나, 5벌을 감형해서 5과로 처리하는 것을 말한다.

27. 심극審克-심사하여 확실히 결정하다.

28. 간신유중簡信有衆-사실을 확인해서 백성이 납득해야 한다.

29. 신신訊-심문하다.

30. 계稽-증거와 부합하다.

31. 무간無簡-사실 확인 없이.

32. 공엄共嚴-공경하며 경건하게.

33. 경벽黥辟-묵형墨刑과 동일.

34. 솔率-환鍰과 동일하고, 황동黃銅 600량兩을 속죄 금액으로 내는 것을 솔이라고 일컫는다.

35. 의벽劓辟-의형劓刑과 동일.

36. 배쇄倍灑 — 2배 혹은 5배를 가리킨다.

37. 빈벽臏辟 — 비형剕刑과 동일.

38. 배차倍差 — 2배 반을 가리킨다.

39. 궁벽宮辟 — 궁형宮刑과 동일.

40. 대벽大辟 — 대벽형大辟刑으로 사형死刑을 가리킨다.

41. 보형甫刑 — 《보형》은 주나라의 형법 법전으로, 《여형呂刑》을 가리킨다. 주周나라 목왕穆王이 여후呂侯의 의견을 받아들여 형법을 제정하고 천하에 공포하여서 《여형呂刑》이라고 일컬었다. 여후는 달리 보후甫侯이기 때문에 《보형》이라고 일컬은 것이다.

┃국역┃

제후 중에서 화목하지 않은 자가 있어서 보후가 목왕에게 말하고 형법을 제정하였다. 목왕이 말하기를 "자, 이리로 오시오. 제후와 경, 대부들에게 형벌을 잘 사용하는 이치를 말해주겠소. 지금 그대들이 백관을 편안하게 하는데 있어서 무엇을 선택하겠소? 마땅히 어진 사람을 선택하지 않겠는가! 무엇을 공경하겠소? 오직 5가지 형벌이 아니겠는가! 무엇을 처리해야 되겠소? 형벌의 적용이 적당해야 되지 않겠는가! 우선 원고와 피고가 모두 도착하면, 형벌을 담당하는 관리인 사는 언어, 표정, 기색, 음성, 관찰 등 5가지 심문하는 방법으로 다스려야 한다. 5가지 심문하는 방법을 사용하여 사실을 확인하고 묵형, 의형, 비형, 궁형, 대벽형 등 5가지 형벌로 판결을 내려야 한다. 5가지 형벌로 적용하기가 부적합하면 5종류의 속죄 금액을 납부하게 하는 5벌로 판결해야 한다. 5벌을 적용하기가 부적합하면 재판관의 5종류의 금지성 행위에 따른 5과로 판결해야 한다. 5과의 폐단은 귀족과 고급관리가 관련된 소송에 있으니, 분명하게 죄상을 조사해서 잘못한 죄과에 따라서 공평하게 처벌하는 것이다. 5가지 형벌을 적용할 경우에 심문한 자료에 의문점이 있으면 감형해서 5벌로 처리하고, 5벌을 적용할 경우에 심문한 자료에 의문점이 있으면 5과로 처리하는 등 확실히 조사해서 결정해야 한다. 사실을 확인할 경우에는 일반 백성이 납득해야 하고, 심문할 경우에도 증거와 부합해야 한다. 사실 확인이 없거나 의혹만으로 처리하지 말아야 하고, 공경하며 경건하게 하늘의 권위를 지켜야 한다. 묵형에 해당하는 죄를 저질렀지만 심문한 자료에 의문점이 있으면 감형해서 100솔을 내고 속죄하게 하고, 그 죄를 분명하게 조사해야 한다. 의형에 해당하는 죄를 저질렀지만 심문한 자료에 의문점이 있으면 감형해서 200솔을 내고 속죄하게 하고, 그 죄를 분명하게 조사해야 한다. 비형에 해당하는 죄를 저질렀지만 심문한 자료에 의문점이 있으면 감형해서 250솔을 내고 속죄하게 하고, 그 죄를 분명하게 조사해야 한다. 궁형에 해당하는 죄를 저질렀지만 심문한 자료에 의문점이 있으면 감형해서 500솔을 내고 속죄하게 하고, 그 죄를 분명하게 조사해야 한다. 대벽형(사형)에 해당하는 죄를 저질렀지만 심문한 자료에 의문점이 있으면 감형해서 1,000솔을 내고 속죄하게 하고, 그 죄를 분명하게 조사해야 한다. 묵형의 형벌 조항은 1,000개가 있고, 의형에 형벌조항은 1,000개가 있으며, 비형의 형벌조항은 500개가 있고, 궁형의 형벌조항은 300개가 있으며, 대벽형의 형벌조항은 200개가 있어서, 5가지 형벌조항은 모두 3,000개가 있다." 이것을 이름하여 《보형》이라고 하였다.

┃참고┃

주나라의 형벌제도-《상서》〈여형〉에 의하면 주나라의 형벌에는 5형에 속하는 것으로 3,000여 조목이 있었다. 5형은 얼굴에 글자를 새겨 넣는 묵형墨刑, 코를 자르는 의형劓刑, 발을 베는 비형剕刑, 刖刑, 남자는 생식기를 제거하고 여자는 궁중에 가두거나 생식기를 제거하는 궁형宮刑, 목을 잘라 죽이는 대벽형大辟刑이 있다. 또 《한서》〈형법지〉에 의하면 「周有三典, 以刑邦國, 詰四方. 一曰, 刑新邦用輕刑; 二曰, 刑平邦用中刑; 三曰, 刑亂邦用重刑」이라는 기록이 있는데, 각 제후국의 정치상황에 따라서 법 적용을 차등적으로 적용한 것을 알 수 있었다. 형벌은 계급사회가 형성된 증거이며 피통치 계급을 압박하기 위한 도구였다. 주나라 형법의 특징은 귀족이나 관리는 재물을 사용하여 속죄贖罪할 수 있었고, 피통치 계급은 형벌에서 벗어날 수 없었다.

4-028

穆王立五十五年, 崩, 子共王繄扈立。共王游於涇上, 密康公從, 有三女奔之。其母曰：“必致之王。夫獸三爲群, 人三爲衆, 女三爲粲。王田不取群, 公行不下衆, 王御不參一族。夫粲, 美之物也。衆以美物歸女, 而何德以堪之？王猶不堪, 況爾之小醜乎！小醜備物, 終必亡。”康公不獻, 一年, 共王滅密。共王崩, 子懿王囏立。懿王之時, 王室遂衰, 詩人作刺。

|음역|

목왕립오십오년, 붕, 자공왕예호립. 공왕유어경상, 밀강공종, 유삼녀분지. 기모왈 :“필치지왕. 부수삼위군, 인삼위중, 여삼위찬. 왕전불취군, 공행불하중, 왕어불삼일족. 부찬, 미지물야. 중이미물귀녀, 이하덕이감지? 왕유불감, 황이지소추호! 소추비물, 종필망.”강공불헌, 일년, 공왕멸밀. 공왕붕, 자의왕간립. 의왕지시, 왕실수쇠, 시인작자.

|주석|

1. 목왕穆王-4-025 주석9 참고.
2. 공왕共王-목왕의 아들이고 12년 재위하였으며, 경제적인 곤란으

로 주나라는 쇠락해지기 시작하였다. 병으로 사망하고 필원筆原에
장사지냈다. 서주의 청동기 명문에는 공왕龔王으로 기록되어 있다.

3. 예호繄扈－공왕의 이름이다.

4. 유游－놀다.

5. 경涇－경수, 경하涇河라고 일컫는다. 발원지는 영하寧夏이고 감숙
甘肅과 섬서陝西를 거쳐서 위수渭水로 흘러 들어온다. 고사성어에
경위분명涇渭分明이라는 말이 있는데, 경수와 위수가 어느 구역을
같이 흘러가는데도 물의 맑고 탁함은 분명히 구분된 것에 유래하
였다.

6. 밀강공密康公－주나라의 제후국인 밀密나라의 군주이고 시호는 강
공이다. 성씨는 희姬이고 주나라 공왕에게 피살당했다.

7. 분奔－몸을 의탁하다.

8. 기모其母－강공의 어머니이고 성씨는 외隈이다.

9. 치致－바치다.

10. 찬粲－군群, 중衆과 더불어 많음, 다수를 나타낸다.

11. 전田－수렵, 사냥하다.

12. 공公－제후.

13. 하중下衆－여러 사람에 대하여 수고를 끼침.

14. 어御－비빈.

15. 삼일족參一族－한 집의 3명 자매.

16. 귀歸－보낼 궤饋와 동일.

17. 이而－너, 당신.

18. 유猶－~조차, ~도 또한.

19. 소추小醜－소인배.

20. 밀密－주나라 제후국인 밀나라.

21. 의왕懿王－공왕의 아들이고 즉위 후에 정치가 갈수록 부패하고 서

융西戎의 잦은 침공으로 도읍을 괴리槐里로 옮겼다.

22. 간覵－의왕의 이름.

23. 작자作刺－풍자하는 시를 짓다.

|국역|

목왕이 재위 55년에 사망하고, 아들인 공왕 예호가 즉위하였다(기원전 916년). 공왕이 경수 강가로 놀러갔을 때 주나라의 제후국인 밀나라의 군주인 강공이 따라갔는데, 3명의 여성이 밀나라의 강공에게 몸을 의탁하였다. 밀나라 강공의 어머니가 말하기를 "필히 3명의 여성을 공왕에게 바쳐라. 무릇 짐승도 3마리이면 군이 되고, 사람도 3명이면 중이 되며, 여성이 3명이면 찬이 된다. 왕이 사냥을 해도 3마리를 다 잡지 않고, 제후가 행차를 해도 여러 사람에 대하여 수고를 끼치지 않으며, 왕이 비빈을 맞아들여도 한 집안에서 3명을 취하지는 않는다. 무릇 3명의 여성은 모두 미인이다. 여러 사람이 너에게 바쳤는데, 너는 어떤 덕행으로 그것을 감당하겠는가? 공왕도 또한 감당하지 못하는데, 너 같은 소인배는 어떻겠느냐? 소인배가 좋은 물건을 점유하면 끝내는 필히 멸망하게 된다." 밀나라 강공은 목왕에게 여성을 바치지 않았다. 1년 후에 공왕은 밀나라를 멸망시켰다. 공왕이 사망하고 아들 의왕 간이 즉위하였다(기원전 896년). 의왕 시기에 주나라 왕실은 마침내 쇠약해졌고, 시인들은 풍자하는 시를 지었다.

|참고|

경위분명涇渭分明－고사성어이다. 달리 경위자분涇渭自分, 경위자명涇渭自明이라고 쓴다. 위수는 황하의 가장 큰 지류이고 감숙甘肅에서 발원하였다. 경수는 위수의 지류이고 영하寧夏에서 발원하였다. 즉 경수涇水는 물이 맑고, 위수渭水는 물이 탁한데, 두 물줄기가 합쳐지는 곳에서도 서로 섞이지 않는다. 후대에 우열 또는 시비 등이 매우 분명한 것을 비유한 말이 되었다.

4-029

懿王崩, 共王弟辟方立, 是爲孝王。孝王崩, 諸侯復立懿王太子燮,
是爲夷王。

┃음역┃

의왕붕, 공왕제벽방립, 시위효왕. 효왕붕, 제후부립의왕태자섭, 시위이왕.

┃주석┃

1. 의왕懿王-4-028 주석21 참고.
2. 공왕共王-4-028 주석2 참고.
3. 벽방辟方-효왕孝王의 이름이다.
4. 효왕孝王-목왕穆王의 아들이고 공왕共王의 동생이며 이름은 벽방이다. 시호는 효왕이고 섬서성陝西省 미현眉縣 양가촌楊家村에서 출토된 청동기 명문에는 고왕考王이라고 기록되어 있다.
5. 제후諸侯-1-002 주석3 참고.
6. 섭燮-이왕夷王의 이름이다.
7. 이왕夷王-의왕懿王의 아들이고 효왕孝王의 조카이며 이름은 섭이다. 왕의 호칭은 서주 청동기 명문에는 다르게 기록되어 있다.

┃국역┃

의왕이 사망하고 공왕의 동생인 벽방이 즉위하였는데, 이 사람이 바로 효왕이다(기원전 888년). 효왕이 사망하고 제후들이 다시 의왕의 태자

섭을 옹립하였는데, 이 사람이 바로 이왕이다(기원전 884년).

4-030

夷王崩, 子厲王胡立。厲王卽位三十年, 好利, 近榮夷公。大夫芮良
夫諫厲王曰："王室其將卑乎? 夫榮公好專利而不知大難。夫利, 百
物之所生也, 天地之所載也, 而有專之, 其害多矣。天地百物皆將取
焉, 何可專也? 所怒甚多, 而不備大難。以是敎王, 王其能久乎? 夫
王人者, 將導利而布之上下者也。使神人百物無不得極, 猶日怵惕懼
怨之來也。故頌曰'思文后稷, 克配彼天, 立我蒸民, 莫匪爾極'。大
雅曰'陳錫載周'。是不布利而懼難乎, 故能載周以至于今。今王學專
利, 其可乎? 匹夫專利, 猶謂之盜, 王而行之, 其歸鮮矣。榮公若用,
周必敗也。"厲王不聽, 卒以榮公爲卿士, 用事。

|음역|

이왕붕, 자여왕호립. 여왕즉위삼십년, 호리, 근영이공. 대부예량부간여
왕왈 : "왕실기장비호? 부영공호전리이부지대난. 부리, 백물지소생야, 천
지지소재야, 이유전지, 기해다의. 천지백물개장취언, 하가전야? 소노심
다, 이불비대난. 이시교왕, 왕기능구호? 부왕인자, 장도리이포지상하자
야. 사신인백물무부득극, 유일출척구원지래야. 고송왈 '사문후직, 극배피
천, 입아증민, 막비이극'. 대아왈 '진석재주'. 시불포리이구난호, 고능재
주이지우금. 금왕학전리, 기가호? 필부전리, 유위지도, 왕이행지, 기귀선
의. 영공약용, 주필패야." 여왕불청, 졸이영공위경사, 용사.

|주석|

1. 이왕夷王-4-029 주석7 참고.

2. 여왕厲王-주나라 이왕夷王의 아들이고 37년 동안 재위하였다. 재위 기간에 백성을 가혹하게 착취하고 귀족의 권력을 제한하였으며, 산림山林과 천택川澤에 대한 자원과 이익을 농단하여 귀족과 평민의 불만으로 국인國人의 폭동을 초래하였다. 시호는 여왕인데, 여왕이라는 시호는 포악한 군주에게 부여하는 전형적인 경우이다.

3. 호胡-여왕의 이름이다.

4. 영이공榮夷公-주나라의 제후국인 영나라의 군주를 가리킨다. 그는 주나라 군주 여왕厲王에게 평민들이 산림山林과 천택川澤에 들어가 생산 활동을 하지 못하게 하고, 모든 생산물은 군주가 독차지하게 교사하였으며 그 공로로 경사卿士로 임명되었다.

5. 대부大夫-3-009 주석27 참고.

6. 예량부芮良夫-주나라의 기내畿內 제후국인 예나라의 군주이고 여왕의 신하이다. 달리 예백芮伯이라고 일컫고 이름이 양부良夫이다. 전해오기를 《시경》〈상유桑柔〉는 그의 저작이라고 한다.

7. 기其-아마도.

8. 비卑-쇠약, 미약.

9. 전리專利-모종의 생산이나 유통을 독점하여 폭리를 취하는 것을 가리킴.

10. 소노所怒-성나게 하다.

11. 재載-가득하다.

12. 이시교왕以是教王-모종의 생산이나 유통을 독점하여 폭리를 취하게 하는 이것을 군주에게 가르치다.

13. 왕인자王人者-다른 사람의 군주가 되는 사람은, 천하를 통치하는 사람.

14. 도導-개발하다.

15. 극極-극진할, 최대의 이익.

16. 유猶-오히려.

17. 출척怵惕-두려워하다, 벌벌 떨다.

18. 구구懼-두려워하다.

19. 송頌-《시경》〈사문思文〉편을 가리킨다.

20. 사思-조사로 특별한 해석이 없지만, 달리 회상하다로 해석할 수
    도 있다.

21. 문文-문치의 품덕.

22. 후직后稷-1-026 주석8 참고.

23. 극克-능할, 충분히.

24. 배配-짝.

25. 피천彼天-하늘.

26. 입立-안정되다.

27. 증민蒸民-백성.

28. 비匪-아닐 비非와 동일.

29. 이극爾極-극이極爾와 동일, 당신을 원칙으로 삼다.

30. 대아大雅-《시경》의 일부분으로 시가詩歌의 정성正聲을 모은 것이
    고, 대부분 왕실 귀족의 작품이다. 주요 내용은 왕실의 조상과 무
    왕武王, 선왕宣王 등의 공적이고, 일부는 여왕厲王, 유왕幽王의 포악
    한 정치와 정치위기 등을 다룬 작품도 있다.

31. 진陳-남에게 베풀어 주다.

32. 석錫-하사하다.

33. 재載-시작하다, 열다.

34. 주周-1-029 주석20 참고.

35. 경사卿士-상商나라 시기에 처음 사용된 관직 명칭으로, 주周나라
    천자 혹은 제후국의 군주를 보좌하는 집정관이며 경사卿史, 卿事
    등으로 쓴다. 춘추시대 각 나라의 경卿은 모두 주나라의 경사에서

유래되었다.

36. 이而-만약.

37. 귀歸-귀순, 귀의하다.

38. 용사用事-국가 정사를 다스리다.

|국역|

이왕이 사망하고 아들인 여왕 호가 즉위하였다(기원전 877년). 여왕은 재위 30년(기원전 848년)에 이익을 탐하고, 영나라 군주인 이공과 가깝게 지냈다. 대부 예량부가 여왕에게 간언하며 말하기를 "왕실이 아마도 쇠락할 것 같습니다. 무릇 영나라 이공은 평민들이 산림과 개천, 연못에 들어가 생산 활동을 하지 못하게 하고, 모든 생산물은 군주가 독차지하게 하고도, 오히려 큰 난리가 발생할 것을 모르고 있습니다. 무릇 이익은 만물에서 생겨나는 것이고, 하늘과 땅에 가득한 것인데, 그러나 누군가가 독점하면 그 피해는 엄청난 것입니다. 하늘과 땅의 모든 물질은 모두가 장차 얻어 쓸 것인데, 어찌 독점한단 말입니까? 백성을 분노하게 하는 바가 심해지면 커다란 재앙에 대비할 수 없습니다. 영나라 이공이 이익을 탐하는 이것으로써 군주를 교사하니, 군주께서는 그것을 능히 오랫동안 유지할 수 있겠습니까? 무릇 천하를 통치하는 사람은, 장차 이익을 개발하고 그리고 그것을 위아래 모든 사람들에게 베풀어야 합니다. 신령, 사람, 만물로 하여금 최대의 이익을 얻지 못함이 없게 하고, 오히려 매일 벌벌 떨면서 원망이 이르게 될까 두려워해야 합니다. 그런 까닭에 《시경》〈사문〉에 이르기를 '문치의 품덕이 있었던 후직을 회상하니, 저 하늘과 짝이 되실만한 분이셨네, 우리 백성을 자립시키고, 하늘의 법칙에 부합하지 않음이 없도다.'〈대아〉에 말하기를 '널리 백성들에게 베풀어서, 우리 주나라 천하를 시작하셨다.' 이것은 이익을 널리 베풀어서 재난을 두려워하게 한 것이 아니겠습니까? 그래서 능히 우리 주나라가 이루어져서 오늘까지 이른 것입니다. 현재 군주께서는 이익을 독점하는 것을 배우시는데, 말이 되는 일입니까? 보통 사람이 이익을 독점하는 것도 또한 도둑이라고 일컫는데, 군주께서 이것을 실행하면 군주에게 귀의하는 사람이 드물 것입니다. 영나라 이공이 만약 중용된다면 주나라는 필히 쇠퇴할 것입니다." 여왕은 듣지 않았고, 마침내 영나라 이공을 경사로 임명하고 국가 정사를 다스리게 하였다.

4-031

王行暴虐侈傲, 國人謗王. 召公諫曰:"民不堪命矣." 王怒, 得衛巫, 使監謗者, 以告則殺之. 其謗鮮矣, 諸侯不朝. 三十四年, 王益嚴, 國人莫敢言, 道路以目. 厲王喜, 告召公曰:"吾能弭謗矣, 乃不敢言." 召公曰:"是鄣之也. 防民之口, 甚於防水. 水壅而潰, 傷人必多, 民亦如之. 是故爲水者決之使導, 爲民者宣之使言. 故天子聽政, 使公卿至於列士獻詩, 瞽獻曲, 史獻書, 師箴, 瞍賦, 矇誦, 百工諫, 庶人傳語, 近臣盡規, 親戚補察, 瞽史敎誨, 耆艾脩之, 而后王斟酌焉, 是以事行而不悖. 民之有口也, 猶土之有山川也, 財用於是乎出; 猶其有原隰衍沃也, 衣食於是乎生. 口之宣言也, 善敗於是乎興. 行善而備敗, 所以産財用衣食者也. 夫民慮之於心而宣之於口, 成而行之. 若壅其口, 其與能幾何?" 王不聽. 於是國莫敢出言, 三年, 乃相與畔, 襲厲王. 厲王出奔於彘.

┃음역┃

왕행포학치오, 국인방왕. 소공간왈 : "민불감명의." 왕노, 득위무, 사감방자, 이고즉살지. 기방선의, 제후부조. 삼십사년, 왕익엄, 국인막감언, 도로이목. 여왕희, 고소공왈 : "오능미방의, 내불감언." 소공왈 : "시장지

야. 방민지구, 심어방수. 수옹이궤, 상인필다, 민역여지. 시고위수자결지
사도, 위민자선지사언. 고천자청정, 사공경지어열사헌시, 고헌곡, 사헌서,
사잠, 수부, 몽송, 백공간, 서인전어, 근신진규, 친척보찰, 고사교회, 기애
수지, 이후왕짐작언, 시이사행이불패. 민지유구야, 유토지유산천야, 재용
어시호출：유기유원습연옥야, 의식어시호생. 구지선언야, 선패어시호흥.
행선이비패, 소이산재용의식자야. 부민려지어심이선지어구, 성이행지. 약
옹기구, 기여능기하?"왕불청. 어시국막감출언, 삼년, 내상여반, 습여왕.
여왕출분어체.

┃주석┃

1. 치오侈傲－사치하고 오만방자하다.

2. 국인國人－4·004 주석12 참고.

3. 소공召公－소공召公 석奭의 후손으로 이름은 호虎이고, 시호는 목
   공穆公이며, 주나라 왕의 경사卿士가 되었다. 달리 소백호召伯虎, 소
   호召虎, 소목공召穆公으로 일컬었다.

4. 위무衛巫－위衛나라 출신의 무巫, 즉 오늘날의 무당으로 전문적으
   로 사람들 대신에 신령에게 기도를 올려서 간구하는 직업에 종사
   하는 사람을 가리킨다.

5. 제후諸侯－1·002 주석3 참고.

6. 여왕厲王－4·030 주석2 참고.

7. 미弭－그치다.

8. 장鄣－막을 장障과 동일.

9. 옹壅－막히다.

10. 궤潰－무너지다.

11. 위수자爲水者－치수하는 사람.

12. 결決－터뜨리다.

13. 위민자爲民者-백성을 다스리는 사람.

14. 선宣-널리 알리다.

15. 천자天子-3-033 주석29 참고.

16. 공경公卿-3공 9경의 간략한 호칭이다. 3공은 사마司馬, 사도司徒, 사공司空 또는 태부太傅, 태사太師, 태보太保를 가리키고, 9경은 한漢 무제武帝 이후 2,000단(석石) 이상의 고위 관직을 가리킨다.

17. 열사列士-고대의 사士 계급으로 상사上士, 중사中士, 하사下士의 통칭이다.

18. 헌시獻詩-조정을 풍자하는 시를 바치다.

19. 고瞽-악사樂師, 즉 음악을 담당하는 관리를 가리킨다.

20. 헌곡獻曲-민의를 반영한 악곡을 지어 바치다.

21. 사史-태사太史, 즉 전문적으로 역사를 기록하는 사관史官을 가리킨다.

22. 헌서獻書-이전 왕조의 득실과 폐단을 기록한 역사서를 작성하여 바치다.

23. 사잠師箴-사는 악태사樂太師, 즉 시, 서, 예, 악을 담당하는 관리를 가리키고, 잠은 훈계하는 문장을 가리킨다. 즉 악태사는 훈계하는 글을 읽다.

24. 수부瞍賦-눈동자가 없는 소경을 수라고 한다. 부는 공경公卿 열사列士가 조정을 풍자한 시를 암송하는 것을 말한다.

25. 몽송矇誦-눈동자는 있지만 볼 수 없는 소경을 몽이라고 한다. 송은 훈계하고 간하는 글을 암송하게 하는 것을 말한다.

26. 백공百工-1-027 주석5 참고.

27. 전어傳語-서민은 신분이 미천하여 말하고자 하는 바를 군주에게 전달할 수 없어서 단지 동네에서 전파하다.

28. 진규盡規-힘껏 계획하다, 간언하다.

29. 보찰補察-과오를 보충하고 득실을 살핀다.

30. 고사瞽史-고는 악태사樂太師, 즉 시, 서, 예, 악을 담당하는 관리이고, 사는 태사太史 즉 사관을 가리킨다.

31. 교회敎誨-가르쳐서 깨우치게 하다.

32. 기애耆艾-원로, 어르신, 노인.

33. 짐작斟酌-숙고하다, 고려하다.

34. 패悖-어그러지다.

35. 유猶-오히려, 마치 ~와 같다.

36. 재용財用-재물, 재부.

37. 원습연옥原隰衍沃-들판, 지세가 낮고 습한 곳, 낮고 평평한 곳, 관개가 이루어진 곳을 가리킨다.

38. 기여능기하其與能幾何-그것이 능히 얼마나 유지되겠습니까? 또는 그러면 몇 명이나 정치에 관심을 가지겠습니까?

39. 체彘-현재의 영안永安이다.

40. 상여相與-함께, 서로 더불어서.

|국역|

여왕의 행위가 포악하고 사치하며 오만방자 하여서, 성읍 및 그 주위에 거주하는 백성인 국인들이 왕을 비방하였다. 소공이 여왕에게 간하며 말하기를 "백성들이 군주의 명령을 감당하지 못합니다." 여왕은 크게 화를 내고 전문적으로 사람들 대신에 신령에게 기도를 올려서 간구하는 위나라 출신의 무당을 찾아서, 그로 하여금 비방하는 자를 감시하게 하고 찾아서 보고하면 곧 살해하였다. 여왕을 비방하는 것은 드물어졌지만 제후들은 군주를 알현하러 오지 않았다. 재위 34년(기원전 844년)에 여왕은 더욱 엄하게 실행하여 성읍 및 그 주위에 거주하는 백성인 국인들은 감히 말을 하지 못하고 거리에서 눈빛으로만 대화하였다. 여왕은 기뻐하며 소공에게 말하기를 "내가 능히 비방하는 것을 그치게 하니 이에 감히 말하는 사람이 없게 되었다." 소공이 말하기를 "이것은 입을 막았기 때문입니다. 백성들의 입을 막는 것은 물을 막는 것보다 폐단이 심합니다. 물이 막혔다가 터지면 다치는 사람이 필히 많게 되는 것처럼, 백성 또한 이와 같습니다. 이런 까닭에 치수를 하는 사람은 막힌 것을 터뜨려서 소통하게 해야 되고, 백성을 다스리는 자는 널리 알려서 말하게 해야 합니다. 그래서 천자가 정치를 다스릴 때는, 3공 9경에서 상사, 중사, 하사에 이르기까지 조정을 풍자하는 시를 바치게 하고, 음악을 담당하는 악사는 민의를 반영한 악곡을 지어 바치게 하고, 사관에게는 이전 왕조의 득실과 폐단을 기록한 역사서를 작성하여 바치게 하고; 시, 서, 예, 악을 담당하는 악태사는 훈계하는 글을 읽게 하고, 눈동자가 없는 소경에게는 3공 9경에서 상사, 중사, 하사에 이르기까지 조정을 풍자하는 시를 암송하게 하고, 눈동자는 있지만 볼 수 없는 소경에게는 훈계하고 간하는 글을 암송하게 하고; 각종 수공업자와 기술자들도 간언을 올리게 하고, 일반 서민들도 말하고자 하는 바를 마을 곳곳에서 전해지게 하고, 가까운 신하들에게도 힘껏 간언을 올리게 하고, 친척들에게도 과오를 보충하고 득실을 살필 수 있게 하고, 시, 서, 예, 악을 담당하는 악태사와 사관들도 가르쳐서 깨우치게 하고, 원로들은 이런 모든 것을 정리하여 올리게 하고, 그런 후에 군주가 심사숙고하면 이것으로써 정사가 행해지고 잘못되지 않는 것입니다. 백성에게 입이 있는 것은 마치 땅에 산과 강이 있어서 재물이 여기에서 생겨나는 것과 같고, 또 땅에 들판과 지세가 낮고 습한 곳, 낮고 평평한 곳, 관개가 된 곳이 있는 것은 마치 입고 먹는 물질이 여기에서 생겨나는 것과 같습니다. 입으로 널리 알려 말하려고 하는 것은, 좋은 일과 나쁜 일이 여기에서 일어나기 때문입니다. 좋은 일을 하고 나쁜 일을 방비하면 능히 재물과 입고 먹는 물질이 증가합니다. 무릇 백성들은 마음속으로 생각하는 것을 입으로 말하는 것이니, 생각이 정해지면 그것을 입으로 말하려고 할 것입니다. 만약 그 입을 막으면 그것이 능히 얼마나 유지되겠습니까?" 여왕은 듣지 않았다. 그래서 성읍 및 그 주위에 거주하는 백성들은 감히 말하는 사람이 없었고, 3년 후에 이에 서로 더불어서 배반하고 여왕을 습격하였다. 여왕은 체로 도망갔다.

┃참고┃

국인國人의 폭동-국인은 성읍城邑 및 그 주위에 거주하던 백성을 가리킨다. 주로 자유민과 수공업 공인, 상품 교환에 종사하는 상업 노동자를 포함하였다. 이들은 내성 안에 거주하며 정치에 참여할 수 있는 기회가 비교적 많았다. 여왕의 통치시기에 요역과 세금이 번잡하고 극심하여 국인들의 원성이 자자하였다. 여왕은 오히려 국인이 국사에 대하여 논의하는 것을 금지시켰고 위반하는 자를 모두 살해하였다. 국인들은 기원전 841년에 호경鎬京에서 폭동을 일으켰고 여왕을 습격하여 살해하였다. 그리하여 조정은 주공周公과 소공召公이 공동으로 대리하여 정치하는 「공화행정共和行政」이 14년이나 유지되었고 주나라의 형세는 점차 악화되기에 이르렀다.

4-032

厲王太子靜匿召公之家, 國人聞之, 乃圍之。召公曰："昔吾驟諫王, 王不從, 以及此難也。今殺王太子, 王其以我爲讎而懟怒乎？夫事君者, 險而不讎懟, 怨而不怒, 況事王乎！" 乃以其子代王太子, 太子竟得脫。

여왕태자정닉소공지가, 국인문지, 내위지. 소공왈 : "석오취간왕, 왕부종, 이급차난야. 금살왕태자, 왕기이아위수이대노호? 부사군자, 험이불수대, 원이불노, 황사왕호!" 내이기자대왕태자, 태자경득탈.

｜주석｜

1. 여왕厲王-4- 030 주석2 참고.
2. 정靜-여왕 태자의 이름.
3. 소공召公-4- 031 주석3 참고.
4. 국인國人-4- 004 주석12 참고.
5. 취驟-누차, 여러 번.
6. 수讎-원수.
7. 대노懟怒-원망하며 성내다.
8. 경竟-마침내.

｜국역｜

여왕의 태자 정이 소공의 집에 숨어 있었는데, 성읍 및 그 주위에 거주하는 백성들인 국인들이 그것을 듣고 이에 소공의 집을 포위하였다. 소공이 말하기를 "예전에 내가 여러 번 여왕에게 간언했지만 여왕이 따르지 않아서 이러한 재난이 이르게 된 것이다. 지금 왕의 태자를 살해하면, 그것으로 왕은 나를 원수로 여기고 원망하며 화를 낼 것이다. 무릇 군주를 섬길 때는 위험해도 원수로 여기거나 원망하지 않고 원망하더라도 화내지 않는 법인데, 하물며 왕을 섬기는 것은 말할 것도 없다." 이에 자신의 아들을 왕의 태자를 대신하여 죽게 하였고, 태자는 마침내 위험에서 벗어났다.

4-033

召公, 周公二相行政, 號曰"共和". 共和十四年, 厲王死于彘. 太子
靜長於召公家, 二相乃共立之爲王, 是爲宣王. 宣王卽位, 二相輔之,
脩政, 法文, 武, 成, 康之遺風, 諸侯復宗周. 十二年, 魯武公來朝.

┃음역┃

소공, 주공이상행정, 호왈"공화". 공화십사년, 여왕사우체. 태자정장어
소공가, 이상내공립지위왕, 시위선왕. 선왕즉위, 이상보지, 수정, 법문,
무, 성, 강지유풍, 제후부종주. 십이년, 노무공래조.

┃주석┃

1. 소공召公−4-031 주석3 참고.

2. 주공周公−주공周公 단旦의 첫째 아들인 백금伯禽은 노魯나라에 책
   봉 받았고, 둘째 아들은 수도에 남아서 주나라 왕실을 보좌하여서
   대대로 주공이라고 일컬었다. 역사에서는 주정공周定公이라고 일컫
   는다.

3. 상相−즉 군주를 보좌하는 최고 관직으로 보상輔相, 재상宰相 등으
   로 일컬었다.

4. 공화共和−역사상의 연호이고, 여왕厲王이 정권을 잃은 후부터 선
   왕宣王이 집정할 때까지의 14년을 말한다. 공은 2명 혹은 여러 사
   람이 협동한다는 의미이고, 화는 5곡五穀을 조합하여 여러 사람의
   입맛에 맞게 하다는 의미이다.

5. 여왕厲王−4-030 주석2 참고.

6. 체彘−4-031 주석39 참고.

7. 정靜−4-032 주석2 참고.

8. 선왕宣王-여왕의 아들이고 이름은 정靜 또는 정靖이다. 시호는 세종世宗이고, 재위시기에 대내외적으로 정치를 잘하여 재차 부흥을 맞이하여 선왕중흥宣王中興을 이룩하였다.

9. 법法-본받다.

10. 문文-3-031 주석7 참고.

11. 무武-3-032 주석31 참고.

12. 성成-4-021 주석9 참고.

13. 강康-4-024 주석14 참고.

14. 제후諸侯-1-002 주석3 참고.

15. 종宗-받들, 제후가 여름철에 천자를 알현하는 의례.

16. 주周-1-029 주석20 참고.

17. 노魯-춘추시대의 나라 이름이고, 지역은 산동성山東省 남부이며 도읍은 곡부曲阜이다. 상商나라를 멸망시키고 주周나라 무왕武王이 동생 주공周公 단旦을 이곳에 책봉하고 노魯라는 명칭을 하사하였다. 전국시대에 초楚나라에 멸망당했다.

18. 무공武公-노나라 진공眞公의 동생으로 군주에 즉위하였으며, 9년 간 재위하였다.

┃국역┃

소목공과 주정공 두 사람이 군주를 보좌하는 최고 관직인 재상으로 있으면서, 정치를 다스린 것을 공화라고 일컫는다. 공화 14년(기원전 828년)에 여왕이 체에서 사망하였다. 태자 정은 소목공의 집에서 성장하였고, 소목공과 주정공 두 명의 재상이 함께 그를 왕으로 옹립하였는데, 이 사람이 바로 선왕이다(기원전 828년). 선왕이 즉위하고 두 명의 재상이 그를 보좌하여 정치를 다스리고, 문왕, 무왕, 성왕, 강왕이 남긴 기풍을 본받아서 행하자 제후들이 다시 주나라를 받들었다. 선왕 12년에 노나라의 무공이 와서 선왕을 알현하였다.

‖참고‖

공화행정共和行政－주나라의 공화 시기는 여왕厲王이 호경鎬京을 떠난 후부터 선왕宣王이 즉위하기 직전까지의 시기이고, 대략 기원전 841년부터 기원전 828년까지이다. 여왕이 체彘로 도망가고 소목공召穆公과 주정공周定公 두 사람이 공동으로 통치한 것을 공화라고 일컫는다. 공화 원년(기원전 841년)은 중국 고대사에 있어서 확실한 연대의 시작이 되었다.

4-034

宣王不脩籍於千畝, 虢文公諫曰不可, 王弗聽。三十九年, 戰于千畝, 王師敗績于姜氏之戎。

‖음역‖

선왕불수적어천무, 괵문공간왈불가, 왕불청. 삼십구년, 전우천무, 왕사패적우강씨지융.

‖주석‖

1. 선왕宣王－4-033 주석8 참고.
2. 수脩－밭을 경작하다.
3. 적籍－군주가 친히 경작하는 밭을 적전籍田이라고 한다. 실제상으로는 군주가 봄철에 상징적으로 친히 경작하여 농사를 중요시하고 있음을 나타낸다.
4. 천무千畝－고대의 지명으로 현재 산서성山西省 개휴현介休縣 남쪽이다.

5. 괵虢-괵나라는 주나라의 제후국으로 성씨는 희姬이다. 동괵, 서괵, 북괵으로 구분되었고, 현재의 하남성河南省, 섬서성陝西省, 산서성山西省 지역이다.

6. 문공文公-문공은 괵나라의 군주이고 달리 괵계虢季라고 일컬으며 시호는 문공이다.

7. 강씨지융姜氏之戎-신申나라는 주나라의 제후국이다. 주나라 목왕穆王의 통치시기에 서쪽으로 순시를 갔는데, 숙제叔齊의 후손이 협조하여 목왕에 의하여 신후申侯에 책봉되고 신국申國, 즉 서신국西申國을 건국하였다. 수도는 평양平陽이고 후대에 신융申戎 또는 강씨지융으로 일컬었다.

|국역|

선왕이 천무에 있는 왕이 친히 경작하는 밭인 적전에서 봄철에 상징적으로 친히 경작하는 의례를 실행하지 않자, 괵나라 문공이 간언하며 안 된다고 하였지만, 선왕은 듣지 않았다. 선왕 39년(기원전 790년)에 천무에서 전쟁하였는데, 선왕의 군대가 신나라 즉 강씨의 융족에게 패배하였다.

|참고|

적전籍田 의례-고대 길례吉禮의 일종으로 적전藉田으로 쓴다. 정월에 봄철 밭갈이하기 전에 천자가 제후를 거느리고 친히 밭을 가는 의례이다. 달리 친경親耕으로 일컬으며 농경을 중시하는 의미를 내포하고 있다. 기원은 원시 부락사회에서 부락의 수령이 밭을 간 다음에 부락민이 대규모로 밭을 가는 생산습속에서 유래하였다. 이것은 또 기년祈年 즉 풍년을 기원하는 습속중의 하나이다. 매년 시행하는 것은 아니고, 의례가 끝나면 천하에 명령을 내려서 때맞춰 밭갈이를 하게 하였다.

宣王既亡南國之師, 乃料民於太原. 仲山甫諫曰 :"民不可料也." 宣
王不聽, 卒料民.

|음역|

선왕기망남국지사, 내요민어태원. 중산보간왈 :"민불가요야." 선왕불
청, 졸요민.

|주석|

1. 선왕宣王-4-033 주석8 참고.

2. 망亡-패망하다, 잃다, 죽다.

3. 남국南國-두 가지 의미가 있다. 첫째, 광의의 의미로 남방 지역을
   가리킨다. 둘째, 협의의 의미로 장강長江과 회하淮河 사이의 제후국
   을 가리킨다.

4. 민民-백성의 호구戶口.

5. 요료-징병하기 쉽게 수효를 헤아리는 것.

6. 태원太原-중국 화북 지역에서 가장 중요하고 규모가 큰 도시이다.

7. 중산보仲山甫-주周나라 고공단보古公亶父의 후예이다. 집안은 명문
   가이지만 본인의 신분은 평민이었고, 일찍부터 농업과 상업에 종사
   하여 명성이 높았다. 선왕宣王 시기에 추천을 받아서 경사卿士에 올
   랐으며 번樊에 책봉되어서 번씨樊氏의 시조가 되었다. 달리 중산보
   仲山父, 번중산보樊仲山甫, 번중산樊仲山, 번목중樊穆仲, 주번인周樊人,
   남양번인南陽樊人 등으로 일컬었다. 그의 뛰어난 업적은 공전제公田
   制와 역역지조力役地租를 폐지하고 전면적으로 사전제私田制와 십일
   이세什一而稅를 시행하여 선왕중흥宣王中興의 기틀을 마련한 것이다.

선왕은 남방 지역에서 강씨의 융족과 전쟁하여 군사를 잃게 되자, 이에 태원의 백성 호구를 헤아렸다. 중산보가 간언하며 말하기를 "백성의 호구를 헤아리는 것은 불가합니다." 선왕은 듣지 않고, 마침내 백성의 호구를 헤아렸다.

4-036

四十六年, 宣王崩, 子幽王宮湦立。幽王二年, 西周三川皆震。伯陽甫曰:"周將亡矣。 夫天地之氣, 不失其序;若過其序, 民亂之也。陽伏而不能出, 陰迫而不能蒸, 於是有地震。今三川實震, 是陽失其所而塡陰也。陽失而在陰, 原必塞;原塞, 國必亡。夫水土演而民用也。土無所演, 民乏財用, 不亡何待! 昔伊, 洛竭而夏亡, 河竭而商亡。今周德若二代之季矣, 其川原又塞, 塞必竭。夫國必依山川, 山崩川竭, 亡國之徵也。川竭必山崩。若國亡不過十年, 數之紀也。天之所棄, 不過其紀。"是歲也, 三川竭, 岐山崩。

|음역|

사십육년, 선왕붕, 자유왕궁생립. 유왕이년, 서주삼천개진. 백양보왈 : "주장망의. 부천지지기, 불실기서 ; 약과기서, 민란지야. 양복이불능출, 음박이불능증, 어시유지진. 금삼천실진, 시양실기소이전음야. 양실이재음, 원필색 ; 원색, 국필망. 부수토연이민용야. 토무소연, 민핍재용, 불망하대! 석이, 낙갈이하망, 하갈이상망. 금주덕약이대지계의, 기천원우색, 색필갈. 부국필의산천, 산붕천갈, 망국지징야. 천갈필산붕. 약국망불과십년, 수지기야. 천지소기, 불과기기." 시세야, 삼천갈, 기산붕.

1. 선왕宣王-4-033 주석8 참고.

2. 유왕幽王-서주의 마지막 군주이고 이름은 궁생宮湦이다. 궁생은 달리 궁열宮涅 이라고 쓴다. 즉위 후에 자연재해의 빈발과 정치 부패 및 포사褒姒의 총애, 융족戎族의 침입 등으로 멸망하였다.

3. 궁생宮湦-유왕의 이름이다.

4. 서주西周-1-029 주석20 참고.

5. 3천三川-경수涇水, 위수渭水, 낙수洛水를 가리킨다.

6. 백양보伯陽甫-두 가지 의미가 있다. 첫째, 주周나라의 대부大夫로 백양보伯陽父라고 기록한다. 둘째, 노자老子를 가리킨다.

7. 주周-1-029 주석20 참고.

8. 서序-질서, 차례.

9. 과過-지나치다, 잃다.

10. 민란지民亂之-백성은 그것으로 인하여 혼란스럽게 되다.

11. 복伏-숨다.

12. 박迫-압박하다, 다그치다.

13. 증蒸-오르다, 상승하다.

14. 실實-어기사로 해석 불필요.

15. 전塡-누를 진鎭과 동일.

16. 양실이재음陽失而在陰-양의 기운이 있어야 할 곳을 잃고 음의 기운 아래에 있다.

17. 원原-근원 원源과 동일, 즉 물이 흘러나오는 근원지 수원水源을 가리킨다.

18. 색塞-막히다.

19. 연演-물과 토양의 기운이 서로 통하여 촉촉하게 되다. 촉촉하게 되면 물질이 생성된다.

20. 재용財用-물질.

21. 이伊-2-011 주석5 참고.

22. 낙洛-2-030 주석6 참고.

23. 갈竭-고갈되다.

24. 하夏-2-001 주석1 참고.

25. 하河-황하.

26. 상商-3-001 주석1 참고.

27. 2대二代-하나라와 상나라.

28. 계季-말세, 말년.

29. 천원川原-수원水源과 동일.

30. 수지기數之紀-수는 숫자를 가리키고, 기는 끝, 마지막을 가리킨다. 즉 숫자는 1에서 시작하여 10에서 끝나며, 10이 되면 다시 처음부터 시작하는 것을 기라고 한다.

31. 기산岐山-2-005 주석7 참고.

|국역|

선왕 46년(기원전 783년)에 선왕이 사망하고, 아들인 유왕 궁생이 즉위하였다(기원전 781년). 유왕 2년(기원전 780년)에 서주의 경수와 위수, 낙수 등 3개의 강가에서 모두 지진이 발생하였다. 백양보가 말하기를 "주나라가 장차 망할 것입니다. 무릇 하늘과 땅의 기운은 그 질서를 잃지 말아야 합니다. 만약 그 질서를 잃어버리면 백성은 그것으로 인하여 혼란스럽게 됩니다. 양의 기운이 숨어서 나오지 못하거나 음의 기운이 양의 기운을 압박하여 상승할 수 없게 되면, 지진이 발생합니다. 지금 경수와 위수, 낙수 등 3개 강가에서 지진이 발생한 것은, 양의 기운이 있어야 할 곳을 잃고 음의 기운에 의해서 눌린 것입니다. 양의 기운이 있어야 할 곳을 잃고 음의 기운의 아래에 있으면, 물이 흘러나오는 근원지도 필히 막히게 됩니다. 물이 흘러나오는 근원지가 막히면 나라가 반드시 망하게 됩니다. 무릇 물과 토양의 기운이 서로 통하여 촉촉하게 되면 물질이 생성되고, 백성이 이용할 수 있습니다. 토양에 기운이 소통되는 바가 없어서 촉촉하게 되지 않으면 백성의 재물이 부족하게 되니, 나라가 망하지 않는 것 이외에 무엇을 기다리겠습니까! 옛날에 이수와 낙수가 고갈되어 하나라가 망했고, 황하가 고갈되어 상나라가 망했습니다. 지금 주나라의 덕행이 하나라와 상나라의 말년과 같고, 그 강물이 흘러나오는 근원지도 또한 막혔으며, 막히면 필히 고갈됩니다. 무릇 나라의 건립은 필히 산과 강에 의지해야 하는데, 산이 무너지고 강이 고갈되는 것은 나라가 망할 징조입니다. 강물이 고갈되면 필히 산이 무너집니다. 만약 나라가 망하는 것은 10년을 넘기지 못할 것이며, 이것은 숫자는 1에서 시작하여 10에서 끝나며, 10이 되면 다시 처음부터 시작하게 되기 때문입니다. 하늘의 버림을 받은 나라는 10년을 초과할 수 없습니다." 그 해에 경수와 위수, 낙수 등 3개의 강물이 고갈되고 기산이 무너졌다.

4-037

三年, 幽王嬖愛褒姒。褒姒生子伯服, 幽王欲廢太子。太子母申侯女, 而爲后。後幽王得褒姒, 愛之, 欲廢申后, 并去太子宜臼, 以褒姒爲后, 以伯服爲太子。周太史伯陽讀史記曰: "周亡矣。" 昔自夏后氏之衰也, 有二神龍止於夏帝庭而言曰: "余, 褒之二君。" 夏帝卜殺之與去之與止之, 莫吉。卜請其漦而藏之, 乃吉。於是布幣而策告之, 龍亡而漦在, 櫝而去之。夏亡, 傳此器殷。殷亡, 又傳此器周。比三代, 莫敢發之, 至厲王之末, 發而觀之。漦流于庭, 不可除。厲王使婦人裸而譟之。漦化爲玄黿, 以入王後宮。後宮之童妾既齓而遭之, 既笄而孕, 無夫而生子, 懼而棄之。宣王之時童女謠曰: "檿弧箕服, 實亡周國。" 於是宣王聞之, 有夫婦賣是器者, 宣王使執而戮之。逃於道, 而見鄉者後宮童妾所棄妖子出於路者, 聞其夜啼, 哀而收之, 夫婦遂亡, 奔於褒。褒人有罪, 請入童妾所棄女子者於王以贖罪。棄女子出於褒, 是爲褒姒。當幽王三年, 王之後宮見而愛之, 生子伯服, 竟廢申后及太子, 以褒姒爲后, 伯服爲太子。太史伯陽曰:"禍成矣, 無可奈何!"

|음역|

삼년, 유왕폐애포사. 포사생자백복, 유왕욕폐태자. 태자모신후녀, 이위후. 후유왕득포사, 애지, 욕폐신후, 병거태자의구, 이포사위후, 이백복위태자. 주태사백양독사기왈 :"주망의." 석자하후씨지쇠야, 유이신룡지어하제정이언왈 :"여, 포지이군." 하제복살지여거지여지지, 막길. 복청기시이장지, 내길. 어시포폐이책고지, 용망이시재, 독이거지. 하망, 전차기은. 은망, 우전차기주. 비삼대, 막감발지, 지려왕지말, 발이관지. 시류우정, 부가제. 여왕사부인나이조지. 시화위현원, 이입왕후궁. 후궁지동첩기츤이조지, 기계이잉, 무부이생자, 구이기지. 선왕지시동녀요왈 :"염호기복, 실망주국." 어시선왕문지, 유부부매시기자, 선왕사집이류지. 도어도, 이견향자후궁동첩소기요자출어로자, 문기야제, 애이수지, 부부수망, 분어포. 포인유죄, 청입동첩소기여자자어왕이속죄. 기여자출어포, 시위포사. 당유왕삼년, 왕지후궁견이애지, 생자백복, 경폐신후급태자, 이포사위후, 백복위태자. 태사백양왈:"화성의, 무가내하!"

|주석|

1. 유왕幽王-4·036 주석2 참고.
2. 폐애嬖愛-총애하다.

3. 포사褒姒-포는 주나라의 제후국인 포나라의 이름이고 사는 하나라와 동일 성씨이다. 즉 포나라의 사씨 성을 가진 여성을 가리킨다.

4. 백복伯服-주周나라 유왕幽王과 포사의 아들이다. 기원전 779년에 포사가 궁궐에 들어가고 그 다음 해에 백복을 낳았다. 유왕은 왕후 신후申后와 태자 의구宜臼를 폐출하고 포사와 백복을 왕후와 태자로 삼았다. 기원전 771년에 유왕과 백복은 여산驪山 아래에서 피살되고 포사는 견융犬戎에 포로로 끌려갔으며, 서주는 멸망하였다.

5. 신후申侯-하夏나라 시기에 사악四嶽의 후손을 신申에 책봉하고 후작侯爵의 작위를 하사했으며 대대로 신후라고 일컬었다. 주周나라 무왕武王은 백이伯夷의 후손을 신후로 임명하였고, 후손들은 봉지를 성씨로 삼아서 신씨申氏라고 일컬었다. 이곳의 신후는 서주 말년에 서신국西申國의 군주이고 성씨는 강姜이고 활동지역은 섬서陝西와 산서山西 사이이다.

6. 신후申后-신후申侯의 딸이고 유왕幽王의 왕후이며, 의구宜臼의 어머니이다.

7. 의구宜臼-서주西周 유왕과 신후申后의 아들이고, 동주東周의 첫 번째 군주이다. 재위는 기원전 770년에서 기원전 720년이다.

8. 주周-1-029 주석20 참고.

9. 태사太史-1-030 주석1 참고.

10. 백양伯陽-노자老子의 자字로 알려지고 있다.

11. 사기史記-고대에 각 나라는 모두 자신의 역사를 기록한 서적이 있으며, 그러한 역사책을 통칭해서 사기라고 일컫는다.

12. 하후씨夏后氏-2-001 주석1 참고.

13. 신룡神龍-신비한 용.

14. 정庭-조정, 궁정의 정廷과 동일.

15. 포포褒-주나라의 제후국 포나라는 오늘날 한중시漢中市 북쪽에 있

다. 개국 군주는 유포씨有褒氏이고 우禹을 도와서 치수에 공적이 컸다. 하, 상, 주 3대를 거치고, 마지막 군주 포향褒珦은 주周나라 유왕幽王의 대부大夫를 지내며 직언을 하다가 감옥에 갇혔다. 유향의 아들 홍덕洪德이 부친을 구하려고 포나라의 미녀 포사褒姒를 유왕에게 바치고 속죄하였다.

16. 살지여거지여지지殺之與去之與止之－살해할지 쫓아낼지 머무르게 할지.

17. 시漦－용의 입에서 나오는 침 또는 거품.

18. 포폐布幣－예물로 사용하는 비단제품.

19. 책策－간책簡策, 즉 대나무와 나무 조각으로 만들어진 글 쓰는 도구.

20. 망亡－소실되다, 없어지다.

21. 독櫝－나무상자, 즉 나무상자에 넣다의 의미이다.

22. 하夏－2-001 주석1 참고.

23. 은殷－3-001 주석1 참고.

24. 주周－1-029 주석20 참고.

25. 비比－연속하다.

26. 3대三代－하나라, 상나라, 주나라를 가리킨다.

27. 발發－열다.

28. 여왕厲王－4-030 주석2 참고.

29. 제除－없애다.

30. 조조譟－여러 사람이 함께 시끄럽게 소리치다.

31. 현원玄黿－검은색 도마뱀의 종류.

32. 후궁－고대 제왕의 비빈妃嬪이 거처하는 장소.

33. 동첩童妾－나이어린 여자 노비.

34. 츤齔－이를 갈다. 옛날에 여자아이가 7살이 되면 이를 갈았다고 한다.

35. 조遭-만나다, 직면하다.

36. 계笄-비녀를 꽂다의 잠簪과 동일하다. 즉 여자아이가 비녀를 꽂을 나이가 되었다는 의미로 성년이 되었다는 뜻이다.

37. 선왕宣王-4-033 주석8 참고.

38. 동녀童女-계집아이.

39. 요謠-노래하다, 노래.

40. 염호檿弧-산뽕나무 염, 활 호, 즉 산뽕나무로 만든 활을 가리킨다.

41. 기복箕服-기는 나무 기, 복은 화살 주머니, 즉 기 나무로 만든 화살 주머니.

42. 실實-어기사로 해석 불필요.

43. 향鄉-접때, 이전 향嚮과 동일.

44. 요자妖子-요는 어릴, 태어난 지 얼마 안 되는 요夭와 동일, 자는 아이를 가리킨다.

45. 애哀-불쌍히 여기다.

46. 분奔-몸을 의탁하다.

47. 지之-가다.

48. 경竟-마침내.

┃국역┃

유왕 3년(기원전 779년), 유왕은 포사를 총애하였다. 포사는 아들 백복을 낳았고, 유왕은 태자를 폐출하려고 하였다. 태자의 어머니는 신나라의 군주인 신후의 딸로서 왕후가 되었다. 나중에 유왕은 포사를 얻고 그녀를 총애하여서, 신후를 폐출하고 아울러 태자 의구도 폐위시키고, 포사를 왕후로 삼고 백복을 태자로 삼으려고 생각하였다. 주나라의 역사 기록을 담당하는 관직인 태사로 있던 백양은 역사 기록을 읽으며 말하기를 "주나라가 망할 것이다." 옛날에 하후씨 즉 하나라가 쇠락할 때에,

두 마리의 신비한 용이 하나라 군주의 궁중에 이르러 말하기를 "우리는 포나라의 두 군주이다." 하나라의 군주는 점을 쳐서 그것을 죽일지 쫓아 낼지 머무르게 할지 물었는데, 모두 불길하였다. 다시 점을 쳐서 용의 입에서 나오는 침을 구해서 보관하면 어떨지 물으니, 길하다고 하였다. 그래서 예물로 사용하는 비단제품을 진설하고 대나무와 나무 조각으로 만들어진 글 쓰는 도구에 내용을 써서 용에게 알리자, 용은 사라지고 용의 입에서 나오는 침만 남아서 상자에 넣고 보관하였다. 하나라가 망하고 이 상자는 상나라에 전해졌다. 상나라가 망하고 또 이 상자는 주나라에 전해졌다. 연속해서 3개 왕조 동안, 감히 그것을 열어보는 사람이 없었다. 여왕의 말년에 이르러 열어서 보았다. 용의 입에서 나오는 침이 궁중으로 흘러가서 제거할 수 없었다. 여왕은 여성으로 하여금 옷을 다 벗고 여러 사람이 함께 시끄럽게 소리치게 하였다. 용의 입에서 나오는 침은 변해서 검은색 도마뱀의 일종이 되었고, 여왕의 비빈들이 거주하는 후궁으로 들어갔다. 후궁의 나이어린 여자 노비가 마침 7살이 되어 이빨을 갈았는데, 검은 도마뱀과 마주쳤고 성인이 된 후에 아이를 임신하였다. 남편도 없이 아이를 낳았으므로 두려워서 아이를 버렸다. 선왕 시기에 어린 계집애들이 부르는 노래에 이르기를 "산뽕나무로 만든 활과 기나무로 만든 화살 주머니가 주나라를 멸망시킬 것이다." 그리고 선왕이 이 노래를 들었는데, 마침 어느 부부가 이런 물건을 팔아서 선왕은 부하로 하여금 그들을 잡아서 죽이게 하였다. 그들은 도망가는 길가에서, 이전에 후궁의 나이어린 여자 노비에 의해서 버려진 아이가 길가에 있는 것을 보았고, 그 애가 밤에 우는 소리를 듣고 불쌍히 여겨서 아이를 거두었다. 부부는 마침내 도망쳐서 포나라에 몸을 의탁하였다. 나중에 포나라 사람이 죄를 지었고, 나이어린 여자 노비에 의하여 버려진 여자를 여왕에게 들어서 죄를 속죄해 줄 것을 요청하였다. 버려진 여자는 포나라에서 왔기 때문에 포사라고 일컬었다. 유왕 3년(기원전 779년)에 왕이

후궁으로 갔다가 보고 그녀를 사랑하게 되었고 아들 백복을 낳았으며, 마침내 신후와 태자를 폐출하고 포사를 왕후로 백복을 태자로 삼았던 것이다. 주나라의 역사 기록을 담당하는 관직인 태사로 있던 백양이 말하기를 "화근이 이미 형성되었으니, 어쩔 도리가 없구나!"

4-038

褒姒不好笑, 幽王欲其笑萬方, 故不笑。幽王爲烽燧大鼓, 有寇至則舉烽火。諸侯悉至, 至而無寇, 褒姒乃大笑。幽王說之, 爲數舉烽火。其後不信, 諸侯益亦不至。

┃음역┃

포사불호소, 유왕욕기소만방, 고불소. 유왕위봉수대고, 유구지즉거봉화. 제후실지, 지이무구, 포사내대소. 유왕열지, 위삭거봉화. 기후불신, 제후익역불지.

┃주석┃

1. 포사褒姒-4-037 주석3 참고.
2. 유왕幽王-4-036 주석2 참고.
3. 만방萬方-각종 방법을 사용하다.
4. 고故-옛날처럼, 끝내.
5. 봉수烽燧-봉은 변란이 있을 때에 알릴 수 있게 밤에 불을 태우는 것이고, 수는 낮에 연기를 피우는 것을 말한다. 일종의 경보 시스템이다.
6. 대고大鼓-고루에 큰 북을 매달아 쳐서 경보를 알리는 곳.
7. 제후諸侯-1-002 주석3 참고.

8. 실悉 ─ 전부, 모두.

9. 열說 ─ 기쁠 열悅과 동일.

10. 삭數 ─ 여러 번, 자주.

11. 익益 ─ 점점, 점차.

|국역|

포사는 웃는 것을 좋아하지 않았고, 유왕은 그녀를 웃게 하려고 각종 방법을 사용하였지만 끝내 웃지 않았다. 유왕은 변란이 있을 때에 알릴 수 있게 밤에는 불을 태우고 낮에는 연기를 피우는 봉수와 고루에 큰 북을 매달아 쳐서 경보를 알리는 대고를 설치하고, 적이 쳐들어오면 봉화를 올리게 하였다. 유왕이 봉화를 올리자 제후들이 모두 구원하러 왔고, 왔는데도 적군은 보이지 않자, 포사가 이에 크게 웃었다. 유왕은 기뻐하며 자주 봉화를 올렸다. 그 후에는 봉화를 올려도 믿지 않았으며, 제후들도 점차 또한 오지 않았다.

4·039

幽王以虢石父爲卿, 用事, 國人皆怨。石父爲人佞巧善諛好利, 王用之。又廢申后, 去太子也。申侯怒, 與繒, 西夷犬戎攻幽王。幽王擧烽火徵兵, 兵莫至。遂殺幽王驪山下, 虜褒姒, 盡取周賂而去。於是諸侯乃卽申侯而共立故幽王太子宜臼, 是爲平王, 以奉周祀。

|음역|

유왕이괵석보위경, 용사, 국인개원. 석보위인영교선유호리, 왕용지. 우폐신후, 거태자야. 신후노, 여증, 서이견융공유왕. 유왕거봉화징병, 병막지. 수살유왕여산하, 노포사, 진취주뢰이거. 어시제후내즉신후이공립고유왕태자의구, 시위평왕, 이봉주사.

┃주석┃

1. 유왕幽王－4-036 주석2 참고.

2. 괵석보虢石父－주周나라 유왕幽王 시기의 상경上卿이다. 달리 괵공 고虢公鼓라고 일컫는데, 고는 이름이고 석보는 자字이다. 석보는 아 첨을 잘하고 재물을 탐하기를 좋아하여 백성들이 모두 원망하였다. 유왕에게 봉화를 올리는 놀이를 건의하여 포사를 웃게 만든 공로 로 천금千金을 상으로 받았지만, 결국은 주나라의 멸망을 초래하게 되었다.

3. 경卿－고대의 고급 관리 또는 작위의 칭호이고, 제후, 경, 대부, 사 계급 중 두 번째이다. 달리 제후의 상대부上大夫를 경이라고 일 컫는다.

4. 용사用事－4-030 주석38 참고.

5. 국인國人－4-004 주석12 참고.

6. 영교佞巧－교묘한 말솜씨.

7. 선유善諛－아첨을 잘하다.

8. 호리好利－재물과 이익을 탐하다.

9. 신후申后－4-037 주석6 참고.

10. 거去－폐위, 폐출하다.

11. 신후申侯－4-037 주석5 참고.

12. 증繒－주나라의 제후국 이름이다. 증나라는 비단제품을 많이 생산 하여, 이것을 건국의 근간으로 하고 또 증으로 나라 이름을 삼았 다. 하나라 우의 후예이고 성씨는 사姒이다. 주나라 시기에는 자작 子爵의 작위를 받고 증자국鄫子國으로 나라 이름을 바꿨다.

13. 서이西夷－중국 서부지역의 종족 명칭이다.

14. 견융犬戎-4-026 주석2 참고.

15. 여산驪山-진령秦嶺 산맥의 일부이고 서안西安 임동현臨潼縣에 있다. 멀리서 산세를 바라보면 한 필의 준마가 달리는 것 같아서 여산이라고 일컬었다. 유왕幽王이 포사褒姒를 웃게 하기 위하여 제후들을 희롱한 봉화대烽火臺가 있다.

16. 노로虜-포로가 되다.

17. 포사褒姒-4-037 주석3 참고.

18. 주周-1-029 주석20 참고.

19. 뇌략賂-재물.

20. 제후諸侯-1-002 주석3 참고.

21. 의구宜臼-4-037 주석7 참고.

22. 즉卽-가까이하다, 따르다.

23. 고故-이전에.

24. 평왕平王-주周나라 유왕幽王의 아들이고 이름은 의구宜臼이다. 유왕이 견융犬戎에게 피살되고 주나라가 멸망하였다. 그 후에 주나라의 제후국인 신申나라, 허許나라, 노魯나라 제후들의 추대로 서신西申에서 즉위하고, 동주東周의 첫 번째 왕인 평왕이 되었다.

|국역|

유왕은 괵석보를 고급 관리인 경으로 임명하고 국정을 다스리게 하니, 성읍 및 그 주위에 거주하는 백성들인 국인들이 모두 원망하였다. 괵석보는 사람 됨됨이가 교묘한 말솜씨로 아첨을 잘하고 재물과 이익을 탐하였는데도, 유왕은 그를 등용하였다. 또 유왕은 왕후인 신후를 폐출하고 태자 의구도 폐출하자, 신나라 제후이고 신후의 아버지인 신후는 크게 화를 내고, 증나라와 서부 지역의 종족인 견융과 함께 유왕을 공격하였다. 유왕은 봉화를 올려서 군사를 소집했지만 군사는 오지 않았다. 마침내 유왕을 여산 아래에서 살해하고 포사를 사로잡았으며, 주나라의 재물을 모두 약탈하여 가지고 갔다. 그래서 제후들은 신후를 따라서 공동으로 이전에 유왕의 태자인 의구를 추대하였는데, 이 사람이 바로 동주의 평왕이고 주나라의 제사를 받들었다.

4-040

平王立, 東遷于雒邑, 辟戎寇。平王之時, 周室衰微, 諸侯彊幷弱, 齊, 楚, 秦, 晉始大, 政由方伯。

┃음역┃

평왕립, 동천우낙읍, 피융구. 평왕지시, 주실쇠미, 제후강병약, 제, 초, 진, 진시대, 정유방백.

┃주석┃

1. 평왕平王─4-039 주석24 참고.
2. 낙읍雒邑─4-019 주석51 참고.
3. 피辟─피할 피避와 동일.
4. 융戎─고대에 중국 서방에 거주하는 이민족을 통칭해서 부른 명칭이고, 주로 유목에 종사하였다. 서융西戎, 융적戎狄, 융강戎羌 등으로 일컫는다.
5. 주周─1-029 주석20 참고.
6. 제후諸侯─1-002 주석3 참고.
7. 병幷─병합하다.
8. 제齊─4-018 주석53 참고.
9. 초楚─주나라의 제후국으로 전국 7웅의 하나이다. 시조는 계련季

連이고 그의 후손이 주나라 문왕文王의 태사太師인 죽웅鬻熊이다. 죽웅 이하 초나라 군주는 모두 성씨를 웅熊으로 고쳤다. 기원전 221년 진秦나라에 멸망당했다.

10. 진秦-주나라의 제후국으로 군주의 성씨는 영嬴이다. 활동지역은 섬서성陝西省 서쪽이다. 전국시대 상앙商鞅의 변법을 거치고, 기원전 316년 혜왕惠王이 촉蜀나라를 멸망시키면서 비로소 강대국이 되었다. 기원전 221년에 제齊나라를 멸망시키고 중국을 통일 하였다.

11. 진晉-주나라의 제후국으로 군주의 성씨는 희姬이고, 강역은 산서성山西省 남부이다. 기원전 403년 한건韓虔, 조적趙籍, 위사魏斯 등 3명이 스스로 제후가 되어 진나라를 분열시켰다. 주나라의 위열왕威烈王도 세 사람을 제후로 인정하여 한韓나라, 조趙나라, 위魏나라를 건국하여 진나라는 멸망하였다.

12. 방백方伯-제후 중에서 왕실의 공신 또는 친척을 제후들 중에서 우두머리로 삼고, 왕실을 대표하여 한 지역을 통치하게 하는 것을 일컫는다. 즉 상나라와 주나라 시기에는 한 지역의 우두머리 역할을 수행하였고, 춘추시대에는 주나라의 천자가 권한을 잃으면 제후들끼리 패권정치를 추구하는데, 이것을 달리 방백정치라고도 한다.

|국역|

평왕은 즉위하고(기원전 771년) 나서 도성을 동쪽의 낙읍으로 옮기고 융적의 침략을 피했다. 평왕 재위시기에 주나라 왕실은 쇠약해지고 제후들은 강한 나라가 약한 나라를 병합하였다. 제나라, 초나라, 진나라, 진나라가 강대해지기 시작하였고, 천하의 정치는 제후 중에서 왕실의 공신 또는 친척을 제후의 우두머리로 삼고 왕실을 대표하여 한 지역을 통치하게 하는 방백으로 말미암았다.

▮참고▮

춘추시대의 시작-춘추시대의 년대에 대해서는 많은 학설이 있지만 현재 중국학계의 통설은 주나라 유왕幽王이 사망하고 평왕平王이 호경鎬京에서 낙읍洛邑으로 천도한 기원전 770년부터 한漢, 위魏, 조趙가 지씨智氏를 살해하고 이들 3세력이 진晉을 분할하여 독립 국가를 형성하여 통치하면서 전국7웅(秦, 齊, 楚, 燕, 韓, 魏, 趙의 7대 강국)이 할거하는 국면이 대체로 형성된 기원전 453년을 춘추시대로 인정하였다.

4-041

四十九年, 魯隱公卽位。五十一年, 平王崩, 太子洩父蚤死, 立其子林, 是爲桓王。桓王, 平王孫也。

▮음역▮

사십구년, 노은공즉위. 오십일년, 평왕붕, 태자예보조사, 입기자림, 시위환왕. 환왕, 평왕손야.

▮주석▮

1. 노魯-4-033 주석17 참고.
2. 은공隱公-이름은 식고息姑이고 노나라 13대 군주이다. 은공이 유명해진 까닭은 공자孔子가 저술한 《춘추春秋》의 시작이 바로 은공 원년(기원전 722년)이기 때문이다. 즉 《춘추》는 노나라 국사를 기초로 편찬하였고, 당시의 국제적 행사는 모두 노나라의 기년으로 기록해서 은공이 자주 거명되었던 것이다.
3. 평왕平王-4-039 주석24 참고.
4. 예보洩父-주나라 평왕의 태자이다.

5. 조사蚤死-조는 일찍 조早와 동일. 즉 요절하다, 일찍 죽다.

6. 임林-예보의 아들이고 평왕의 손자이다.

7. 환왕桓王-이름은 임林이고 평왕의 손자이다. 동주의 2대 군주이
   고 시호는 환왕이다. 재위기간에 왕실의 세력은 갈수록 쇠약해졌
   고, 정백鄭伯, 괵공虢公, 주공周公 등이 정치를 좌지우지하였다.

┃국역┃

평왕 49년(기원전 723년)에 노나라 은공이 즉위하였다. 평왕 51년(기원
전 721년)에는 평왕이 사망하고 태자 예보가 일찍 죽어서 그의 아들 임
이 즉위하였는데, 이 사람이 바로 환왕이다(기원전 720년). 환왕은 평왕
의 손자이다.

4-042

桓王三年, 鄭莊公朝, 桓王不禮。五年, 鄭怨, 與魯易許田。許田, 天
子之用事太山田也。八年, 魯殺隱公, 立桓公。十三年, 伐鄭, 鄭射
傷桓王, 桓王去歸。

┃음역┃

환왕삼년, 정장공조, 환왕불례. 오년, 정원, 여노역허전. 허전, 천자지
용사태산전야. 팔년, 노살은공, 입환공. 십삼년, 벌정, 정사상환왕, 환왕
거귀.

┃주석┃

1. 환왕桓王-4-041 주석7 참고.

2. 정鄭-주나라의 제후국으로 달리 전奠나라라고 일컫는다. 주나라

선왕宣王 22년(기원전 806년)에 여왕厲王의 어린 아들 우友을 정鄭에 책봉하였고, 역사에서는 이를 정 환공桓公이라고 한다. 환공33년(기원전 774년)에 하남성河南省 신정新鄭 일대로 이동하였다.

3. 장공莊公-이름은 오생寤生이고 환공桓公의 손자이며 무공武公의 아들이다. 정나라의 3대 군주이며, 역사상 유명한 정치가이다. 기원전 743년에서 기원전 701년 재위하였다.

4. 조朝-찾아와 뵙다, 알현하다.

5. 노魯-4-033 주석17 참고.

6. 역易-바꾸다.

7. 허전許田-주나라 천자가 태산에 제사지낼 때 별도로 사용하는 토지.

8. 용사用事-4-030 주석38 참고.

9. 태산太山-춘추전국시대 정鄭나라와 한韓나라에 속해있고 현재 태산泰山이라고 일컬으며, 하남성河南省 신정시新鄭市 남쪽에 있다.

10. 은공隱公-4-041 주석2 참고.

11. 환공桓公-이름은 윤允이고 혜공惠公의 아들이며 은공隱公의 동생이다. 노나라의 15대 군주이고 기원전 711년 즉위하여 18년 동안 재위하였다.

|국역|

환왕 3년(기원전 718년)에 정나라 장공이 찾아와 알현하였는데, 환왕은 장공을 예로써 대우하지 않았다. 환왕 5년(기원전 716년)에 정나라는 주나라를 원망하며 노나라와 주나라 천자가 태산에 제사지낼 때 사용하는 토지인 허전을 바꿨다. 환왕 8년(기원전 713년)에 노나라는 은공을 살해하고 환공을 세웠다. 환왕 13년(기원전 708년)에 주나라는 정나라를 정벌하였는데, 정나라 군사가 환왕을 활로 쏘아 부상을 입혔으며, 환왕은 정나라를 떠나 주나라로 돌아왔다.

정나라 장공莊公의 1차 패권 획득-기원전771년, 주나라 유왕幽王이
여산驪山에서 견융犬戎에게 피살되고, 평왕平王은 낙읍洛邑으로 천도하였
다. 정나라는 춘추 초기에 가장 활약한 제후국이고, 장공은 정나라의 3
대 군주이며 핵심인물이었다. 그는 주변의 잡다한 연합군을 물리치고,
연燕나라와 진陳나라를 공격했으며, 북방의 북융北戎 등을 정벌하였다.
당시에 정나라는 세력이 막강하여 대국인 제齊나라도 정나라를 쫓아서
정벌에 참가할 정도였고, 춘추시대에 최초로 패권을 차지하였다.

4-043

二十三年, 桓王崩, 子莊王佗立。莊王四年, 周公黑肩欲殺莊王而立
王子克。辛伯告王, 王殺周公。王子克奔燕。

┃음역┃

이십삼년, 환왕붕, 자장왕타립. 장왕사년, 주공흑견욕살장왕이립왕자
극. 신백고왕, 왕살주공. 왕자극분연.

┃주석┃

1. 환왕桓王-4-041 주석7 참고.
2. 장왕莊王-환왕의 아들이고 이름은 타佗이며 춘추시대 동주東周의
   3대 군주이다. 15년 재위하였다.
3. 타佗-장왕의 이름이다.
4. 주공周公-4-033 주석2 참고.
5. 흑견黑肩-흑견은 주공 단旦의 후예이고, 일찍이 환왕桓王이 정鄭
   나라를 정벌할 때 공을 세웠다.

6. 극克-장왕의 아들 이름이다.

7. 신백辛伯-주나라의 대부이다.

8. 연燕-4-018 주석58 참고.

｜국역｜

환왕 23년(기원전 698년)에 환왕이 사망하였고, 아들 장왕 타가 즉위하였다(기원전 697년). 장왕 4년(기원전 694년)에 주공 흑견이 장왕을 살해하고 왕자 극을 옹립하려고 했다. 신백이 장왕에게 알리자 장왕은 주공 흑견을 살해하였다. 왕자 극은 연나라로 도망갔다.

4-044

十五年, 莊王崩, 子釐王胡齊立。釐王三年, 齊桓公始霸。

｜음역｜

십오년, 장왕붕, 자리왕호제립. 이왕삼년, 제환공시패.

｜주석｜

1. 장왕莊王-4-043 주석2 참고.

2. 이왕釐王-이름은 호제胡齊이고 환왕桓王의 아들이다. 동주의 4대 군주이고 시호는 이왕, 또는 역사에서는 희왕僖王이라고 일컬었다.

3. 호제胡齊-이왕釐王의 이름이다.

4. 제齊-4-040 주석8 참고.

5. 환공桓公-춘추시대 제나라 군주로 기원전 685년부터 기원전 643년까지 재위하였다. 강태공의 후손으로 이름은 소백小白이고 희공僖公의 셋째 아들이며 양공襄公의 동생이다. 재위시기에 관중管仲을

등용하여 국정을 개혁하고, 존왕양이尊王攘夷 정책을 채용하여 주나라 천자를 존중하고 이민족의 중원 침략을 방어하며, 중원의 패주霸主가 되었다. 말년에는 어리석어서 역아易牙와 수조竪刁 등 소인배를 신임하여 내란 중에 굶어 죽었다.

6. 패霸-고대에 제후들의 맹주를 일컫는 말이다. 즉 춘추시대에 세력이 가장 강대해서 제후들 중에서 우두머리의 지위를 획득한 제후를 일컫는다.

｜국역｜

장왕 15년(기원전 683년)에 장왕이 사망하고 아들 이왕 호제가 즉위하였다. 이왕 3년(기원전 680년)에 제나라 환공이 처음으로 세력이 강대해져서 제후들 중에서 우두머리의 지위를 차지하게 되었다.

｜참고｜

제나라 환공의 2차 패권 획득-환공은 재위시기(기원전 685년~기원전 643년)에 관중管仲을 등용하여 개혁을 실행하고 부국강병을 이룩하였다. 또 주나라 왕실의 권위를 인정하고 이민족을 물리친다는 존왕양이尊王攘夷의 구호를 내세워 북융北戎과 북적北狄을 물리쳤고, 중원의 여러 나라와 연합하여 초楚나라를 공격하여 주나라 왕실의 안정을 유지하였다. 또 여러 번 제후들과 회맹하여 중원의 패자가 되었다.

4-045

五年, 釐王崩, 子惠王閬立。惠王二年, 初, 莊王嬖姬姚, 生子穨, 穨有寵。及惠王卽位, 奪其大臣園以爲囿, 故大夫邊伯等五人作亂, 謀召燕, 衛師, 伐惠王。惠王奔溫, 已居鄭之櫟。立釐王弟穨爲王。樂及偏舞，鄭，虢君怒。四年，鄭與虢君伐殺王穨，復入惠王。惠王十年，賜齊桓公爲伯。

오년, 이왕붕, 자혜왕랑립. 혜왕이년, 초, 장왕폐희요, 생자퇴, 퇴유총. 급혜왕즉위, 탈기대신원이위유, 고대부변백등오인작란, 모소연, 위사, 벌혜왕. 혜왕분온, 이거정지력. 입리왕제퇴위왕. 악급편무, 정, 괵군노. 사년, 정여괵군벌살왕퇴, 부입혜왕. 혜왕십년, 사제환공위백.

|주석|

1. 이왕釐王-4-044 주석2 참고.
2. 혜왕惠王-장왕莊王의 손자이고 이왕의 아들이다. 이름은 낭閬이고 매우 탐욕스럽다. 재위 기간에 대부들의 정원과 동산을 빼앗아 대부들의 불만을 야기했다.
3. 낭閬-혜왕의 이름이다.
4. 장왕莊王-4-043 주석2 참고.
5. 폐嬖-총애하다.
6. 희요姬姚-희는 희첩姬妾으로 본처 이외에 데리고 사는 여자를 말하고 요는 성씨를 가리킨다.
7. 퇴穨-장왕莊王의 서자庶子이다. 장왕의 총애로 나중에 변란을 일으켜 왕이 되었다.
8. 원園-사방에 울타리를 치고, 안에는 나무, 꽃, 채소를 심는 곳을 가리킴.
9. 유囿-고대에 제왕이나 귀족의 사냥, 놀이를 위해서 제공된 숲을 가리킨다. 통상적으로 지역을 선정한 후에 울타리를 치며, 동물이

나 새 등을 자연적으로 방사하여 자라게 한다.

10. 대부大夫-3- 009 주석27 참고.

11. 변백邊伯-주나라의 대부이다.

12. 5인五人-혜왕 시기에 변란을 일으킨 5명의 대부로 위국蒍國, 변백 邊伯, 첨부詹父, 자금子禽, 축궤祝跪 등이다. 혜왕은 위국의 동물과 정원, 변백의 집, 첨부와 자금, 축궤의 토지를 탈취하여서, 이들 5 명은 귀족인 소씨蘇氏와 연합하여 반란을 일으키고 장왕莊王의 서 자 희퇴姬頹를 옹립하였다.

13. 연燕-4- 043 주석8 참고.

14. 위衛-주나라의 제후국으로 주공周公 단旦의 동생 강숙康叔이 1대 군주이다. 영역은 대략 황하 북쪽의 하남성河南省 신향新鄕 부근이다.

15. 사師-군대.

16. 온溫-주나라의 기내畿內 지역이다. 하夏나라 시기에 온나라를 건 국하였고, 상商나라 시기에는 조을祖乙이 이곳에 도읍을 세웠다. 주 나라 시기에는 이곳에 소蘇나라를 건국하고 도읍을 온성溫城으로 정했다. 춘추시대에는 현을 설치하였다.

17. 정鄭-4- 042 주석2 참고.

18. 역櫟-지명으로 현재 하남성河南省 양적陽翟이다.

19. 편무徧舞-편은 음악의 가락 이름 편遍과 동일하다. 각종 음악과 춤을 가리킨다. 즉 6개 왕조의 춤곡으로 황제黃帝시대의 운문雲門, 요堯시기의 함지咸池, 순舜시기의 책소策韶, 우禹시기의 대하大夏, 상商시기의 대획大獲, 주周시기의 대무大武이다.

20. 괵虢-4- 034 주석5 참고.

21. 입入-조정으로 들여보내다. 즉 왕으로 옹립하다.

22. 제齊-4- 040 주석8 참고.

23. 환공桓公-4- 044 주석5 참고.

24. 백伯-제후의 우두머리로 패霸와 동일하다.

▮국역▮

이왕 5년(기원전 678년)에 이왕이 사망하고 아들 혜왕 낭이 즉위하였다. 혜왕 2년(기원전 676년), 당초 장왕이 총애하던 첩 요씨가 아들 퇴를 낳았고, 퇴도 장왕의 총애를 받았다. 혜왕이 즉위하고 신하들의 나무와 꽃, 채소를 심는 정원을 빼앗아서 자신의 사냥터로 만들자, 대부 변백 등 5명이 난리를 일으키고 연나라와 위나라의 군사를 불러들여 혜왕을 정벌하려고 모의하였다. 혜왕은 온으로 도망가고, 오래지 않아서 정나라의 역에 거주하였다. 이왕의 동생 퇴를 왕으로 옹립하였다. 음악 및 황제, 요, 순, 하, 상, 주 6개 왕조의 춤곡을 연주하니, 정나라와 괵나라의 군주가 화를 냈다. 혜왕 4년(기원전 674년) 정나라와 괵나라의 군주가 주나라 왕 퇴를 정벌하여 살해하고, 다시 혜왕을 조정으로 들여보냈다. 혜왕 10년(기원전 668년)에 제나라 환공을 제후의 우두머리로 삼았다.

4-046

二十五年, 惠王崩, 子襄王鄭立。襄王母蚤死, 後母曰惠后。惠后生叔帶, 有寵於惠王, 襄王畏之。三年, 叔帶與戎, 翟謀伐襄王, 襄王欲誅叔帶, 叔帶奔齊。齊桓公使管仲平戎于周, 使隰朋平戎于晉。王以上卿禮管仲。管仲辭曰:"臣賤有司也, 有天子之二守國, 高在。若節春秋來承王命, 何以禮焉。陪臣敢辭。"王曰:"舅氏, 余嘉乃勳, 毋逆朕命。"管仲卒受下卿之禮而還。九年, 齊桓公卒。十二年, 叔帶復歸于周。

이십오년, 혜왕붕, 자양왕정립. 양왕모조사, 후모왈혜후. 혜후생숙대, 유총어혜왕, 양왕외지. 삼년, 숙대여융, 적모벌양왕, 양왕욕주숙대, 숙대 분제. 제환공사관중평융우주, 사습봉평융우진. 왕이상경례관중. 관중사 왈 : "신천유사야, 유천자지이수국, 고재. 약절춘추래승왕명, 하이예언. 배신감사." 왕왈 : "구씨, 여가내훈, 무역짐명." 관중졸수하경지례이환. 구년, 제환공졸. 십이년, 숙대복귀우주.

1. 혜왕惠王-4-045 주석2 참고.

2. 양왕襄王-이름은 정鄭이고 혜왕惠王의 아들이다. 기원전 651년부터 기원전 619년까지 33년간 재위하였다. 재위시기에 큰 나라는 패권쟁탈에 열중하고 작은 나라는 속속 건국하는 현상이 두드러졌다.

3. 정鄭-양왕의 이름.

4. 조사蚤死-4-041 주석5 참고.

5. 후모後母-계모.

6. 혜후惠后-황제黃帝와 순舜의 후예인 진陳나라 선공宣公의 딸이고, 성씨가 규嬀여서 달리 진규陳嬀라고 일컬었다.

7. 숙대叔帶-혜왕惠王의 아들이고 양왕襄王의 동생이다. 감甘에 책봉되어서 감소공甘꿰公이라고 일컬었다.

8. 융戎-1-018 주석21 참고.

9. 적翟-적은 적狄과 동일하다. 1-018 주석16 참고.

10. 제齊-4-040 주석8 참고.

11. 환공桓公-4-044 주석5 참고.

12. 관중管仲-이름은 이오夷吾이고 시호는 경중敬仲이며 역사에서는 관자管子라고 일컫는다. 주周나라 목왕穆王의 후손으로 포숙아鮑叔牙

의 추천으로 제齊나라의 상경上卿이 되었으며, 환공桓公을 보좌하여 춘추시대 첫 번째 패자가 되게 한 유명한 정치가이다. 관중의 언행은 《국어國語》〈제어齊語〉와 《관자管子》에 전해온다.

13. 주周-1-029 주석20 참고.

14. 평平-강화講和하다, 화목하다.

15. 습붕隰朋-춘추시대 제나라 장공莊公의 증손자이다. 대부大夫에 임명되고 관중, 포숙아 등과 함께 환공을 보좌하였다.

16. 진晉-4-040 주석11 참고.

17. 상경上卿-고대의 관직 명칭으로 춘추시대에는 주나라와 제후국에 고급관리인 경을 두었다. 경은 상경, 중경, 하경 3등급으로 구분하였다. 전국시기에는 작위의 칭호로 되었고, 일반적으로 공적이 높은 귀족이나 신하에게 수여하였다. 재상에 상당하는 직위이고 군주의 특별한 주목을 받았다.

18. 사辭-사양하다.

19. 유사有司-4-004 주석29 참고.

20. 수守-수신守臣, 즉 천자가 직접 임명하는 대신이다. 예를 들면 큰 나라는 경이 3명 있는데 모두 천자가 임명하고, 중간급 나라는 경이 3명 있는데 2명은 천자가 임명하고 1명은 제후국의 군주가 임명한다. 제齊나라는 중간급 나라로 2명은 천자가 임명하는데 국씨國氏와 고씨高氏가 있고 이들은 모두 상경上卿이다. 1명은 환공桓公이 임명하는데, 관중管仲이 여기에 해당되고 하경下卿이다.

21. 국國-국씨國氏 또는 국자國子, 국혜자國惠子를 말하며, 주나라 천자가 직접 임명한 신하이며 직위는 상경이다.

22. 고高-고씨高氏 또는 고자高子, 고소자高昭子를 말하며, 주나라 천자가 직접 임명한 신하이며 직위는 상경이다.

23. 절節-제후가 정기적으로 주나라 천자를 알현하는 계절을 말하며,

주로 봄과 가을이다.

24. 승承-받다.

25. 배신陪臣-제후국의 신하가 주나라 천자에 대해서 자신을 가리켜 말할 때 사용하는 용어.

26. 구씨舅氏-주나라 무왕武王이 제齊나라의 시조인 강태공姜太公의 딸을 왕후로 삼았기 때문에, 주나라와 제나라는 대대로 외삼촌과 조카 관계이다. 그래서 관중을 가리켜 외삼촌 나라에서 온 사신이 라는 의미로 구씨로 부른 것이다.

27. 가嘉-칭찬하다, 가상히 여기다.

28. 내乃-너의.

29. 하경下卿-고대의 관직 명칭으로 춘추시대에는 주나라와 제후국에 각각 고급관리인 경을 두었다. 경은 상경上卿, 중경中卿, 하경 3등 급으로 구분하였다. 전국시기에는 작위의 칭호로 되었다. 중간급 나라의 하경은 큰 나라의 상대부上大夫에 해당하고, 작은 나라의 하경은 큰 나라의 하대부下大夫에 해당한다.

┃국역┃

혜왕 25년(기원전 653년)에 혜왕이 사망하고 아들 양왕 정이 즉위하였 다. 양왕의 어머니가 일찍 사망하여서 계모를 혜후라고 일컬었다. 혜후 는 숙대를 낳았고, 숙대는 혜왕의 총애를 받아서 양왕이 두려워하였다. 혜왕 3년(기원전 675년)에 숙대는 융족, 적족과 더불어 양왕을 정벌하려 고 모의하다가, 양왕이 숙대를 살해하려고 하자 숙대는 제나라로 도망갔 다. 제나라 환공은 관중으로 하여금 융족과 주나라를 화해하게 하고, 습 붕으로 하여금 융족과 진나라를 화해하게 하였다. 양왕은 상경의 예로써 관중을 접대하였다. 관중이 사양하며 말하기를 "신은 신분이 미천한 관 리이고, 제나라에는 천자(주나라 양왕)가 직접 임명한 두 명의 상경인 국혜자와 고소자가 있습니다. 만약 그들이 봄과 가을에 왕명을 받들어 오면 천자(주나라 양왕)께서는 어떤 예로 그들을 접대하시겠습니까? 저는 단지 제후국의 신하로 감히 사양할 것을 청합니다." 양왕이 말하기를 "외삼촌 나라에서 온 사신으로 나는 그대의 공적을 가상히 여긴 것이니 나의 명령을 거역하지 마시오." 관중은 마침내 하경의 예우를 받고 귀국하였다. 양왕 5년(기원전 648년)에 제나라의 환공이 사망하였다. 양왕 12년(기원전 641년)에 숙대가 다시 주나라로 돌아왔다.

┃참고┃

관포지교管鮑之交─고사성어이다. 관중과 포숙아鮑叔牙 사이의 깊은 우정을 나타낸 이야기의 주인공이다. 《열자列子》〈역명力命〉에 처음 나타났고, 《사기》〈관안열전管晏列傳〉에도 있다. 즉 "나를 낳은 사람은 부모이고, 나를 알아주는 사람은 포자이다(生我者父母, 知我者鮑子也)"라고 할 정도로 깊은 우정을 나눈 사이이다. 그 이후에 사람들은 자신과 친구 간에 친밀하고 신임하는 관계를 나타낼 때 이 말을 사용하였다.

4-047

十三年, 鄭伐滑, 王使游孫, 伯服請滑, 鄭人囚之。鄭文公怨惠王之入不與厲公爵, 又怨襄王之與衛滑, 故囚伯服。王怒, 將以翟伐鄭。富辰諫曰 : "凡我周之東徙, 晉, 鄭焉依。子穨之亂, 又鄭之由定, 今以小怨棄之!" 王不聽。十五年, 王降翟師以伐鄭。王德翟人, 將以其女爲后。富辰諫曰 : "平, 桓, 莊, 惠皆受鄭勞, 王棄親親翟, 不可從。" 王不聽。十六年, 王絀翟后, 翟人來誅, 殺譚伯。富辰曰 : "吾數諫不從。如是不出, 王以我爲懟乎?" 乃以其屬死之。

┃음역┃

십삼년, 정벌활, 왕사유손, 백복청활, 정인수지. 정문공원혜왕지입불여여공작, 우원양왕지여위활, 고수백복. 왕노, 장이적벌정. 부신간왈 : "범아주지동사, 진, 정언의. 자퇴지란, 우정지유정, 금이소원기지!" 왕불청. 십오년, 왕강적사이벌정. 왕덕적인, 장이기녀위후. 부신간왈 : "평, 환, 장, 혜개수정로, 왕기친친적, 불가종." 왕불청. 십육년, 왕출적후, 적인래주, 살담백. 부신왈 : "오삭간불종. 여시불출, 왕이아위대호?" 내이기속사지.

┃주석┃

1. 정鄭-4·042 주석2 참고.

2. 활滑-주나라의 제후국으로 성씨는 희姬이고 도읍은 비성費城이다. 나중에 진秦나라에 멸망당했다.

3. 유손游孫-주나라 대부 이름.

4. 백복伯服-주나라 대부 이름.

5. 문공文公-정나라 문공(?~기원전 628년)으로 이름은 첩捷이다. 여공勵公의 아들이다.

6. 혜왕惠王-4·045 주석2 참고.

7. 여與-주다, 하사하다.

8. 여공厲公-춘추시대 정나라 군주(?~기원전 673년)이고 이름은 돌突이다. 장공莊公의 둘째 아들이다.

9. 작爵-술그릇이다. 주周나라 혜왕惠王이 정鄭나라와 괵虢나라를 순시하면서 괵나라 군주에게 옥으로 만든 술잔을 하사하고, 정나라 군주에게는 구리거울을 주었는데, 이 일로 인하여 정나라 군주는 주나라 혜왕에게 원한을 가지게 되었다.

10. 양왕襄王-4·046 주석2 참고.

11. 여與-무리, 더불어, 편을 들다.

12. 위衛-4-045 주석14 참고.

13. 적적翟-1-018 주석16 참고.

14. 부신富辰-주나라 대부 이름.

15. 주周-1-029 주석20 참고.

16. 진晉-4-040 주석11 참고.

17. 퇴頹-장왕莊王의 서자.

18. 정定-평정하다.

19. 강강降-하사하다, 주다.

20. 덕德-은혜에 감사하다.

21. 평平-4-039 주석24 참고.

22. 환桓-4-041 주석7 참고.

23. 장莊-4-043 주석2 참고.

24. 노勞-돕다.

25. 기친棄親-친척 국가를 버리고, 즉 정鄭나라와 진晉나라는 모두 주周나라와 동일한 성씨인 희姬씨 국가로 친척관계이다.

26. 출絀-쫓을 출黜과 동일.

27. 주誅-책망하다.

28. 적후翟后-적족翟族 출신의 양왕襄王의 왕후. 성씨는 외隗이고, 양왕의 동생인 숙대叔帶와 사통하여 양왕에게 쫓겨났다. 기원전 636년에 숙대는 적족翟族과 연합하여 양왕을 정鄭나라로 쫓아내고 스스로 왕이 되었다. 그 다음해에 진晉나라 문공文公이 숙대를 살해하고 양왕을 주周나라로 돌려보냈다.

29. 담백譚伯-주나라 대부이고 달리 원백原伯, 모백毛伯이라고 일컫는다.

30. 삭數-자주.

31. 대懟-원망하다.

32. 속屬−무리, 종속, 부하.
33. 사지死之−적족翟族의 군사와 전쟁하다가 죽다.

┃국역┃

양왕 13년(기원전 640년)에 정나라가 활나라를 정벌하자, 양왕은 유손과 백복을 파견하여 활나라를 위하여 정벌하지 말 것을 요청했지만 정나라 사람들은 그들을 가뒀다. 정나라 문공은 혜왕이 주나라로 돌아가서 정나라 여공에게 옥으로 만든 술잔을 하사하지 않은 것을 원망하였고, 또 양왕이 위나라와 활나라와 연합한 것을 원망하였으며, 그래서 백복을 가뒀다. 양왕은 화를 내고 장차 적족으로 하여금 정나라를 정벌하게 하였다. 부신이 간하며 말하기를 "무릇 우리 주나라 왕실이 동쪽으로 이동할 때, 진나라와 정나라에 의지하였습니다. 주나라 장왕의 서자 퇴가 난리를 일으켰을 때도 역시 정나라로 말미암아 평정하였는데, 현재 작은 원한으로 그들을 버리시겠습니까?" 양왕은 듣지 않았다. 양왕 15년(기원전 638년)에 왕은 적족의 군사를 보내서 정나라를 정벌하였다. 왕은 적족에게 고마워하며, 장차 적족의 여성을 왕후로 삼았다. 부신이 간하며 말하기를 "주나라의 평왕, 환왕, 장왕, 혜왕이 모두 정나라의 도움을 받았는데, 왕께서는 친척의 나라를 버리고 적족과 친근하게 지내는 것은 곤란한 일입니다." 왕은 듣지 않았다. 양왕 16년(기원전 637년)에 왕이 적족 출신의 왕후를 내쫓자, 적족이 와서 책망하고 담백을 살해하였다. 부신이 말하기를 "내가 자주 간언을 올렸지만 따르지 않으셨다. 만약 이러한 상황에서 전쟁에 나가지 않으면, 왕은 내가 원한을 가지고 있다고 여기시지 않겠습니까?" 이에 부하들을 거느리고 전쟁에 나가서 죽었다.

4-048

初, 惠后欲立王子帶, 故以黨開翟人, 翟人遂入周。襄王出奔鄭, 鄭
居王于氾。子帶立爲王, 取襄王所絀翟后與居溫。十七年, 襄王告急
于晉, 晉文公納王而誅叔帶。襄王乃賜晉文公珪鬯弓矢, 爲伯, 以河
內地與晉。二十年, 晉文公召襄王, 襄王會之河陽, 踐土, 諸侯畢朝,
書諱曰"天王狩于河陽"。

Ⅰ음역Ⅰ

초, 혜후욕립왕자대, 고이당개적인, 적인수입주. 양왕출분정, 정거왕우
범. 자대립위왕, 취양왕소출적후여거온. 십칠년, 양왕고급우진, 진문공납
왕이주숙대. 양왕내사진문공규창궁시, 위백, 이하내지여진. 이십년, 진문
공소양왕, 양왕회지하양, 천토, 제후필조, 서휘왈"천왕수우하양".

Ⅰ주석Ⅰ

1. 혜후惠后-4-046 주석6 참고.

2. 대帶-4-046 주석7 참고.

3. 당黨-무리

4. 개開-인도하다.

5. 적翟-1-018 주석16 참고.

6. 주周-1-029 주석20 참고.

7. 양왕襄王-4-046 주석2 참고.

8. 정鄭-4-042 주석2 참고.

9. 범氾-지역 명칭이고 양성현襄城縣 남쪽이다.

10. 취取-부인으로 맞이할, 장가들 취娶와 동일.

11. 적후翟后-4-047 주석28 참고.

12. 온溫-지역 명칭이고 회주懷州 온현溫縣이다.

13. 진晉-4·040 주석11 참고.

14. 문공文公-이름은 중이重耳이고 시호는 문文이며 작위는 후작侯爵이다. 기원전 636년에서 기원전 628년까지 재위하였고, 역사에서는 진문공晉文公이라고 일컫는다. 군주가 되기 전에는 오랫동안 유랑하였고, 군주가 된 이후에는 진나라 강성의 토대를 만든 정치가이다.

15. 납納-수용하다, 거두다.

16. 규珪-고대 옥기玉器의 명칭으로 규圭와 동일하다. 위쪽은 삼각형이고 아래쪽은 사각형으로 된 긴 직사각형의 옥기이다. 귀족이 천자를 알현하거나 제사, 상장례 때 두 손으로 맞잡고 사용하는 예기이고, 이것의 크기로 귀천과 존비를 구별하였다.

17. 창鬯-제사 때 사용하는 향기로운 술, 또는 화살을 담는 주머니.

18. 백伯-4·045 주석24 참고.

19. 하내河內-양번楊樊, 온溫, 원原, 찬모攢茅 등 지역의 토지를 가리킨다.

20. 하양河陽-지역 명칭으로 현재의 길리吉利와 맹주孟州 일대이다.

21. 천토踐土-정鄭나라의 지명으로 하내河內에 있다. 현재의 하남성河南省 원양현原陽縣 서남쪽이다. 진晉나라 문공文公이 여기에서 제후들과 모여 맹약을 맺었다.

22. 제후諸侯-1·002 주석3 참고.

23. 서書-역사책.

24. 휘諱-숨기다, 꺼리다.

25. 천왕天王-주나라 천자를 가리킨다.

26. 수수狩-순수巡狩, 즉 제왕이 제후 혹은 지방 관리가 다스리는 지역을 순시하는 것을 말함.

처음에 혜왕의 왕후인 혜후는 왕자 숙대를 왕으로 옹립하려고 하였는데, 그래서 같은 뜻을 가진 무리들로서 적족 사람들과 내통하게 하여서 적족은 마침내 주나라 도성으로 진입하였다. 양왕은 정나라로 도망갔고, 정나라는 양왕을 범에 거주하게 하였다. 왕자 숙대는 즉위하여 왕이 되었고, 양왕이 내쫓은 적후를 부인으로 맞아들여서 함께 온에서 거주하였다. 양왕 17년(기원전 636년)에 양왕은 진나라에 위급함을 알렸고, 진나라 문공은 양왕을 맞이하고 숙대를 살해하였다. 양왕은 이에 진나라 문공에게 천자를 알현할 때 사용하는 옥으로 만든 예기인 규와 제사 때 사용하는 향기로운 술과, 활과 화살을 하사하고 제후들의 우두머리로 삼았으며, 양번, 온, 원, 찬모 등 하내의 땅을 진나라에 주었다. 양왕 20년(기원전 633년)에 진나라 문공은 양왕을 불러들였고, 양왕은 하양과 천토에서 진나라 문공을 만났으며, 제후들도 모두 알현하였다. 역사책에서는 제후가 천자를 불러들인 이 일을 숨겨서 말하기를 "주나라 천자가 하양으로 순시를 갔다."

|참고|

천토지맹踐土之盟과 진나라 문공의 3차 패권획득—춘추시대에 진晉나라 문공文公이 패주 지위를 확립하기 위하여 거행한 회맹이다. 성복城濮의 전쟁 이후에 문공은 제후들을 천토에 모이게 하고 맹약을 맺었는데, 노魯, 제齊, 송宋, 채蔡, 정鄭, 위衛, 거莒 등 나라가 참가하였다. 주나라 양왕襄王은 왕실의 대신 윤씨尹氏와 왕자 호虎 및 내사內使 숙흥보叔興父에게 명령을 내려서 진나라 문공을 후백侯伯으로 임명하고 각종 물품을 하사하였다. 이것은 주나라 양왕이 진나라 문공으로 하여금 천자의 명령에 복종하고 사방 제후를 다스리며 왕실에 불충한 무리를 징벌하게 한 것이다. 문공은 3번이나 사양한 이후에 접수하였고, 문공의 패주 지위는

이로부터 확립되었다.

4-049

二十四年, 晉文公卒。三十一年, 秦穆公卒。三十二年, 襄王崩, 子頃王壬臣立。頃王六年, 崩, 子匡王班立。匡王六年, 崩, 弟瑜立, 是爲定王。

|음역|

이십사년, 진문공졸. 삼십일년, 진목공졸. 삼십이년, 양왕붕, 자경왕임신립. 경왕육년, 붕, 자광왕반립. 광왕육년, 붕, 제유립, 시위정왕.

|주석|

1. 진晉-4-040 주석11 참고.

2. 문공文公-4-048 주석2 참고.

3. 진秦-4-040 주석10 참고.

4. 목공穆公-춘추시대 진秦나라의 군주이고, 시호는 목공이며 달리 무공繆公으로 일컫는다. 성씨는 영嬴이고 이름은 임호任好이며, 기원전 659년부터 기원전 621년까지 39년 재위하였다. 인재를 중시하여 백리해百里奚, 건숙蹇叔, 비표조豹, 공손지公孫支을 등용하여 진나라 강성의 토대를 만들어서, 춘추5패 중의 하나가 되었다.

5. 양왕襄王-4-046 주석10 참고.

6. 경왕頃王-양왕襄王의 아들이고 이름은 임신王臣이다. 재위 6년 만에 사망하고 아들 광왕匡王이 계승하였다.

7. 임신王臣-경왕의 이름이다.

8. 광왕匡王-경왕의 아들이고 이름은 반班이다. 재위 6년 만에 병으

로 사망하고 동생 유瑜가 계승하였다.

9. 반班-광왕의 이름이다.

10. 유瑜-광왕의 동생 이름이고 왕위에 즉위하여 정왕定王이 되었다.

11. 정왕定王-광왕의 동생으로 상세한 행적은 전해지지 않는다.

┃국역┃

양왕 24년(기원전 629년)에 진나라 문공이 사망하였다. 양왕 31년(기원전 622년)에 진나라 목공이 사망하였다. 양왕 32년(기원전 621년)에 양왕이 사망하고 아들 경왕 임신이 즉위하였다. 경왕은 재위 6년 만에 사망하고 아들 광왕 반이 즉위하였다. 광왕은 재위 6년 만에 사망하고 동생 유가 즉위했는데, 이 사람이 바로 정왕이다.

4-050

定王元年, 楚莊王伐陸渾之戎, 次洛, 使人問九鼎。王使王孫滿應設以辭, 楚兵乃去。十年, 楚莊王圍鄭, 鄭伯降, 已而復之。十六年, 楚莊王卒。

┃음역┃

정왕원년, 초장왕벌육혼지융, 차낙, 사인문구정. 왕사왕손만응설이사, 초병내거. 십년, 초장왕위정, 정백항, 이이복지. 십육년, 초장왕졸.

┃주석┃

1. 정왕定王-4-049 주석11 참고.

2. 초楚-4-040 주석9 참고.

3. 장왕莊王-장왕은 달리 형장왕荊莊王, 또는 전국시대 초나라 간문

簡文에는 장왕臧王이라고 일컬었다. 성씨는 웅熊이고 이름은 여呂, 侶, 旅이다. 목왕穆王의 아들이고 시호는 장왕이며, 기원전 613년부터 기원전 591년까지 23년 재위하였다. 춘추시대에 초나라에서 가장 업적이 뛰어난 군주이고 춘추5패의 하나이다.

4. 육혼지융陸渾之戎－중국의 서부에 거주하는 융족戎族의 일파이고 대대로 육혼에서 거주하였다. 나중에는 진秦나라와 진晉나라에 의해서 이천伊川으로 이주되었고, 윤성지융允姓之戎이 육혼에 거주하였다.

5. 차次－임시로 주둔하다.

6. 낙洛－4-019 주석51 참고.

7. 9정九鼎－4-018 주석25 참고. 초나라 장왕이 9정의 크기와 무게에 대해서 물어본 것은 주나라를 대신하려는 야심을 드러낸 것이다.

8. 왕손만王孫滿－주나라의 대부이다. 당시 초나라 장왕이 9정의 크기와 무게를 묻자, 왕손만이 대답하기를 "주나라의 덕이 비록 쇠약했지만 천명이 아직 바뀌지 않았다. 9정의 무게에 대해서는 묻는 것이 아니다."

9. 응설應設－응대하다.

10. 정鄭－4-042 주석2 참고.

11. 정백鄭伯－정나라의 군주를 가리킨다.

12. 이이복지已而復之－오래지 않아서 정나라와 관계를 회복하다. 즉 강화講和하다.

|국역|

정왕 원년(기원전 607년)에 초나라 장왕이 육혼에 거주하는 융족을 정벌하고, 낙읍에 임시로 주둔하면서 사람들에게 9정에 대해서 물었다. 정왕이 왕손만으로 하여금 말로써 응대하게 하니 초나라 군사가 이에 물러났다. 정왕 10년(기원전 598년)에 초나라 장왕이 정나라를 포위하자 정나라 군주가 항복하였다가, 오래지 않아서 정나라와 관계를 회복하였다. 정왕 16년에 초나라 장왕이 사망하였다.

┃참고┃

초나라 장왕의 문정問鼎과 4차 패권획득−장왕莊王이 정鼎에 대해서 물어본 것은 주나라를 정벌하고 천하를 차지하려는 의도를 표출한 것이다. 장왕 17년(기원전 597년) 여름에 필泌에서 당시 최강대국인 진晉나라를 일거에 격파하여 새로운 강대국으로 등장하였다. 장왕 20년(기원전 594년) 겨울에 노魯, 채蔡, 허許 등 14개 제후국과 촉蜀에서 회맹하였으며, 정식으로 장왕이 맹주가 되어 패권을 차지하였다.

불명불비不鳴不飛−초나라 장왕과 관련된 고사성어이다.《한비자韓非子》〈유로喩老〉와《사기》〈활계열전滑稽列傳〉에 있다. 장왕은 즉위하고 3년 동안 명령도 내리지 않고 매일 사냥과 가무를 즐겼다. 그리고 간언을 하는 자는 살해한다고 명령을 내렸다. 이에 대부 오삼伍參이 죽음을 무릅쓰고 간언을 하기를, "3년 동안 울지도 않고 날지도 않는 새가 어떤 새 입니까?"라고 물었다. 장왕이 대답하기를 "3년을 날지 않았으니 한번 날면 하늘을 뚫을 것이고, 3년 동안 울지 않았으니 한번 울면 사람을 놀라게 할 것이다."라고 말하고는 여전히 향락만 추구하였다. 다시 대부 소종蘇從이 죽음을 무릅쓰고 간언을 하자, 비로소 향락을 폐지하고 나라를 다스렸다. 장왕은 오삼, 소종, 손숙오孫叔敖 등을 등용하여 정치를 개혁하고 생산을 발전시켜서 초나라가 패권을 차지하는 기초를 형성하였다. 이것은 재능 있는 사람이 평상시에는 묵묵히 있지만 일단 재능을 발휘하게 되면 사람들을 놀라게 하는 업적을 이룩하는 것을 비유하는 말이다.

4-051

二十一年, 定王崩, 子簡王夷立。簡王十三年, 晉殺其君厲公, 迎子周於周, 立爲悼公。

l음역l

이십일년, 정왕붕, 자간왕이립. 간왕십삼년, 진살기군려공, 영자주어주, 입위도공.

l주석l

1. 정왕定王-4-049 주석11 참고.
2. 간왕簡王-정왕의 아들이고 주나라(동주)의 10대 군주이다. 14년 재위하였고, 당시 주나라 천자의 권위는 존재하지 않을 정도로 미미하였다. 기원전 572년 병으로 사망하였고 시호는 간왕이다.
3. 이夷-간왕의 이름이다.
4. 진晉-4-040 주석11 참고.
5. 여공厲公-진晉나라 경공景公의 아들이고 이름은 수만壽曼이며《좌전左傳》에는 주포州蒲로 기록되어 있다. 기원전 580년부터 573년까지 재위하였다.
6. 주周-여공의 아들 이름이다.
7. 주周-1-029 주석20 참고.
8. 도공悼公-여공의 아들이고 진나라의 뛰어난 군주로 26세에 춘추 5패의 위치를 차지하였다. 재위시기에 한궐韓厥, 지앵智罃, 위강魏絳, 조무趙武 등을 등용하여 내정을 정돈하고 융적戎狄과 융합하여 패업을 이루었다.

정왕 21년(기원전 587년)에 정왕이 사망하고 아들 간왕 이가 즉위하였
다. 간왕 13년(기원전 574년)에 진나라는 군주 여공을 살해하고, 여공의
아들 주를 주나라에서 맞아들여 도공으로 옹립하였다.

4-052

十四年, 簡王崩, 子靈王泄心立。靈王二十四年, 齊崔杼弑其君莊公。

십사년, 간왕붕, 자영왕설심립. 영왕이십사년, 제최저시기군장공.

1. 간왕簡王−4-051 주석2 참고.
2. 영왕靈王−이름은 설심泄心이고, 간왕의 아들이다. 27년간 재위하
   였다.
3. 설심泄心−영왕의 이름이다.
4. 제齊−4-040 주석8 참고.
5. 최저崔杼−춘추시대 제齊나라의 대부大夫이다. 달리 최자崔子, 최무
   자崔武子라고 일컬었다. 혜공惠公 시기 정경正卿이 되었다가 혜공이
   사망하고 고씨高氏와 국씨國氏에 의하여 쫓겨나서 위衛나라로 도망
   갔다. 다시 제나라로 돌아와서 차례로 장공莊公과 경공景公을 옹립
   하고 국정을 좌지우지 하였다.
6. 장공莊公−이름은 광光이고 기원전 553년부터 기원전 548년까지
   재위하였다.

간왕 14년(기원전 573년)에 간왕이 사망하고 아들 영왕 설심이 즉위하였다. 영왕 24년(기원전 549년)에 제나라의 대부 최저가 군주 장공을 살해하였다.

4-053

二十七年, 靈王崩, 子景王貴立。景王十八年, 后太子聖而蚤卒。二十年, 景王愛子朝, 欲立之, 會崩, 子丐之黨與爭立, 國人立長子猛爲王, 子朝攻殺猛。猛爲悼王。晉人攻子朝而立丐, 是爲敬王。

|음역|

이십칠년, 영왕붕, 자경왕귀립. 경왕십팔년, 후태자성이조졸. 이십년, 경왕애자조, 욕립지, 회붕, 자개지당여쟁립, 국인립장자맹위왕, 자조공살맹. 맹위도왕. 진인공자조이립개, 시위경왕.

|주석|

1. 영왕靈王-4-052 주석2 참고.
2. 경왕景王-이름은 귀貴이고 영왕의 아들이다. 시호는 경왕이고, 재위시기에 국가의 재정이 곤란하였으며 천자의 지위도 실추되었다.
3. 귀貴-경왕의 이름이다.
4. 성聖-여러 방면에 뛰어난 사람.
5. 조졸蚤卒-요절夭折, 일찍 죽다.
6. 조朝-경왕의 서장자庶長子 이름이다.
7. 개丐-경왕의 아들 이름이다.
8. 당黨-무리.

9. 국인國人-4-004 주석12 참고.

10. 맹猛-경왕의 아들이고 도왕悼王의 이름이다.

11. 도왕悼王-이름은 맹猛이고 경왕이 사망하고 즉위하였는데 이복형인 조朝에게 살해당했다.

12. 진晉-4-040 주석11 참고.

13. 경왕敬王-이름은 개丐이고 경왕의 아들이며 도왕悼王 맹猛의 동생이다. 경왕의 서장자 조朝가 도왕을 살해하자 진晉나라에서는 군사를 파견하여 조를 공격하고 개를 왕으로 옹립하였다. 이후에 경왕과 조는 자주 충돌하였고, 기원전 516년에 조는 초楚나라로 도망갔다. 경왕은 기회를 틈타 사람을 파견하여 초나라에서 조를 살해하였다.

|국역|

영왕 27년(기원전 546년)에 영왕이 사망하고 아들 경왕 귀가 즉위하였다. 경왕 18년(기원전 528년)에 왕후와 태자가 여러 방면에 뛰어났지만 일찍 사망하였다. 경왕 20년(기원전 526년)에 경왕은 아들 조를 총애하여 그를 옹립하려고 하다가 마침 사망하여서 조는 이복동생인 개의 무리와 더불어 왕위를 다투었고, 성읍 및 그 주위에 거주하는 백성들은 큰아들 맹을 왕으로 옹립하였으며 조는 맹을 공격하여 살해하였다. 그래서 맹을 도왕이라고 하였다. 진나라 사람들이 경왕의 아들 조를 공격하고 개를 옹립하였는데 이 사람이 바로 경왕이다.

4-054

敬王元年, 晉人入敬王, 子朝自立, 敬王不得入, 居澤。四年, 晉率諸侯入敬王于周, 子朝爲臣, 諸侯城周。十六年, 子朝之徒復作亂,敬王奔于晉。十七年，晉定公遂入敬王于周。

경왕원년, 진인입경왕, 자조자립, 경왕부득입, 거택. 사년, 진솔제후입경왕우주, 자조위신, 제후성주. 십육년, 자조지도부작란, 경왕분우진. 십칠년, 진정공수입경왕우주.

｜주석｜

1. 경왕敬王-4- 053 주석13 참고.

2. 진晉-4- 040 주석11 참고.

3. 조朝-4- 053 주석6 참고.

4. 택澤-택읍澤邑으로, 현재의 산서성 진성晉城 부근이다.

5. 제후諸侯-1- 002 주석3 참고.

6. 성城-성을 쌓다, 축성하다.

7. 주周-1- 029 주석20 참고. 여기서는 주나라의 도성 낙읍洛邑을 가리킨다.

8. 정공定公-이름은 오午이고 경공頃公의 아들이다. 기원전 511년부터 기원전 475년까지 재위하였다.

｜국역｜

경왕 원년(기원전 520년)에 진나라 사람들이 경왕을 주나라 도성으로 들어가게 했는데, 왕자 조(경왕의 이복형)가 스스로 왕위에 오르자 경왕은 주나라 도성으로 들어가지 못하고 택읍에 거주하였다. 경왕 4년(기원전 517년)에 진나라는 제후를 거느리고 경왕을 주나라 도성으로 들어가게 하였고, 왕자 조는 강등되어 신하가 되었으며 제후들은 주나라 도성의 성을 축조해 주었다. 경왕 16년(기원전 505년)에 왕자 조의 무리가 다시 난리를 일으켰고, 경왕은 진나라로 도망갔다. 경왕 17년(기원전 504년)에 진나라 정공은 마침내 경왕을 주나라 도성으로 들어가게 하였다.

4-055

三十九年, 齊田常殺其君簡公。四十一年, 楚滅陳。孔子卒。四十二年, 敬王崩, 子元王仁立。元王八年, 崩, 子定王介立。

|음역|

삼십구년, 제전상살기군간공. 사십일년, 초멸진. 공자졸. 사십이년, 경왕붕, 자원왕인립. 원왕팔년, 붕, 자정왕개립.

|주석|

1. 제齊-4-040 주석8 참고.
2. 전상田常-춘추시대 제齊나라의 신하이다. 전걸田乞의 아들이고 이름은 항恒이며, 후대에 한漢나라 문제文帝 유항劉恒의 이름을 피해서 전상 또는 전성자田成子라고 일컬었다. 기원전 481년 간공簡公을 살해하고 동생 평공平公을 옹립하고 상국相國이 되어 국정을 농락하였고, 전씨가 제나라의 정치를 좌지우지하였다.
3. 간공簡公-이름은 임壬이고 도공悼公의 아들이다. 기원전 484년부터 기원전 481년까지 재위하였다.
4. 초楚-4-040 주석9 참고.
5. 진陳-4-018 주석47 참고.
6. 공자孔子-1-030 주석10 참고.
7. 경왕敬王-4-053 주석13 참고.

8. 원왕元王－이름은 인仁이고 경왕敬王의 아들이다. 재위 7년에 사망하였다. 원왕이 즉위한 기원전 475년부터 전국시대로 진입하였다는 주장이 있다.

9. 인仁－원왕의 이름이다.

10. 정왕定王－이름은 개介이고 원왕의 아들이다. 28년간 재위하였다. 시호는 정정왕貞定王이고 달리 정왕貞王이라고 한다.

11. 개介－정정왕의 이름이다.

┃국역┃

경왕 39년(기원전 482년)에 제나라의 신하 전상이 군주 간공을 살해하였다. 경왕 41년(기원전 480년)에 초나라는 진나라를 멸망시켰다. 공자가 사망하였다. 경왕 42년(기원전 479년)에 경왕이 사망하고 아들 원왕 인이 즉위하였다. 원왕 8년(기원전 470년)에 원왕이 사망하고 아들 정왕(정정왕) 개가 즉위하였다.

┃참고┃

전씨의 제나라 탈취－제齊나라 간공簡公 시기에 전상田常과 감지監止가 좌상左相과 우상右相으로 보좌하였다. 두 사람은 사이가 좋지 않았으며, 전상은 백성들에게 곡식을 큰 되로 빌려주고 작은 되로 갚는 방법을 사용하여 백성들의 민심을 획득하였다. 기원전 481년 전상은 감지와 간공을 살해하고 평공平公을 옹립하여 상국相國이 되었다. 전상은 봉지를 확대하고 귀족세력을 숙청하였으며, 제나라의 정치를 장악하였다. 이것이 토대가 되어, 전상의 증손자 전화田和에 이르러 강공康公을 쫓아내고 제나라를 차지하였다. 기원전 387년에 주周나라 천자는 전화를 제나라의 제후로 임명하였고, 기원전 379년에는 전씨벌제田氏伐齊, 즉 정식으로 제나라의 군주가 되어 전씨의 통치로 바뀌게 되었다.

4-056

定王十六年, 三晉滅智伯, 分有其地。

┃음역┃

정왕십육년, 삼진멸지백, 분유기지.

┃주석┃

1. 정왕定王-4-055 주석10 참고.

2. 3진三晉-기원전 458년, 진晉나라 애공哀公이 즉위한 지 얼마 안
   되어서 진나라의 6경卿(즉 지智, 조趙, 위魏, 한韓, 범范, 중행中行) 중
   의 1명인 지백智伯이 진나라의 실권을 장악하고, 한씨, 위씨와 더
   불어 권력투쟁을 벌였다. 결과적으로 한씨, 위씨, 조씨가 다시 연
   합하여 지씨를 공격하여 제거하였고, 기원전 453년에 진나라의 영
   토를 3등분하였다. 기원전 403년에 주周나라 위열왕威烈王은 한씨,
   위씨, 조씨를 제후로 책봉하여 한나라, 위나라, 조나라가 탄생하고
   진나라는 멸망하고 말았다.

3. 지백智伯-원래는 순요荀瑤(?~기원전 453)이다. 다른 명칭으로는
   지양자知襄子, 지요(知瑤·智瑤) 또는 지백知伯(智伯), 지백요知伯瑤(智
   伯瑤) 등으로 일컫는다. 지씨智氏(知氏)는 순씨荀氏에서 나왔고, 춘추
   시대에 이르러 진나라의 경卿이 되고 실권을 장악하였다. 나중에 한
   씨韓氏, 위씨魏氏와 더불어 권력투쟁을 벌였고, 최후에 한씨, 위씨,
   조씨가 다시 연합하여 지백을 공격하여 제거하였다.

┃국역┃

정왕 16년(기원전 453년)에 진나라의 한씨, 위씨, 조씨가 연합하여 지

백을 공격하여 멸망시키고 진나라의 영토를 한, 위, 조가 3등분하여 차지하였다.

4-057

二十八年, 定王崩, 長子去疾立, 是爲哀王。哀王立三月, 弟叔襲殺哀王而自立, 是爲思王。思王立五月, 少弟嵬攻殺思王而自立, 是爲考王。此三王皆定王之子。

|음역|

이십팔년, 정왕붕, 장자거질립, 시위애왕. 애왕립삼월, 제숙습살애왕이자립, 시위사왕. 사왕립오월, 소제외공살사왕이자립, 시위고왕. 차삼왕개정왕지자.

|주석|

1. 정왕定王−4-055 주석10 참고.
2. 거질去疾−정왕의 큰아들이며 애왕의 이름이다.
3. 애왕哀王−정왕의 큰아들이고 시호는 애왕이다. 즉위 3개월 만에 동생 숙습叔襲의 공격으로 살해되었다.
4. 숙叔−정왕의 둘째 아들이며 사왕의 이름이다.
5. 사왕思王−정왕의 둘째 아들이고 시호는 사왕이다. 즉위 5개월 만에 동생 외嵬에 의하여 살해되었다.
6. 외嵬−정왕의 셋째 아들이며 고왕의 이름이다.
7. 고왕考王−정왕의 셋째 아들이고 시호는 고철왕考哲王이다. 15년간 재위하였고 당시 주나라의 국력이 쇠약하였으며, 영토는 갈수록 줄어들었다.

　정왕 28년(기원전 442년)에 정왕이 사망하고 큰아들 거질이 즉위하였는데, 이 사람이 바로 애왕이다. 애왕은 즉위한 지 3개월 만에 동생 숙이 애왕을 기습하여 살해하고 스스로 왕위에 올랐는데, 이 사람이 바로 사왕이다. 사왕은 즉위 5개월 만에 막내 동생 외가 사왕을 공격하여 살해하고 스스로 왕위에 올랐는데, 이 사람이 바로 고왕이다. 이 3명의 왕은 모두 정왕의 아들이다.

4-058

考王十五年, 崩, 子威烈王午立。

|음역|

고왕십오년, 붕, 자위열왕오립.

|주석|

　1. 고왕考王-4-057 주석7 참고.
　2. 위열왕威烈王-이름은 오午이고 고왕의 아들이다. 재위시기에 진나라의 대부 한건韓虔, 조적趙籍, 위사魏斯를 각각 한후韓侯, 조후趙侯, 위후魏侯로 임명하여 3가분진三家分晉의 형세를 인정하였다. 24년간 재위하였고 시호는 위열왕인데, 위는 강직하고 과단성이 있으며 용맹한의 의미와 백성을 편안히 하였다는 열을 사용하였다.
　3. 오午-위열왕의 이름이다.

|국역|

　고왕 15년(기원전 427년)에 고왕이 사망하고, 아들 위열왕 오가 즉위

하였다.

4-059

考王封其弟于河南, 是爲桓公, 以續周公之官職。桓公卒, 子威公代
立。威公卒, 子惠公代立, 乃封其少子於鞏以奉王, 號東周惠公。

▌음역▌

고왕봉기제우하남, 시위환공, 이속주공지관직. 환공졸, 자위공대립. 위
공졸, 자혜공대립, 내봉기소자어공이봉왕, 호동주혜공.

▌주석▌

1. 고왕考王－4-057 주석7 참고.

2. 하남河南－중국 중동부에 위치하고 황하 중하류 지역을 말하며,
   대부분이 황하 이남에 위치하여 하남이라고 일컫는다.

3. 환공桓公－이름은 계揭이고 주周나라의 제후국인 서주국西周國의 1
   대 군주인 환공을 일컫는다. 서주국은 기원전 440년부터 기원전
   256년까지 존속하였고, 도읍은 낙읍의 서쪽에 있는 왕성王城이다.
   주나라 고왕考王의 동생이고, 고왕이 하남河南에 책봉하였으며, 주
   공周公의 관직을 계승하여 서주공西周公이 되었다.

4. 주공周公－주나라의 제후국인 주나라이다. 주공周公 단旦이 책봉을
   받은 나라로 주공 단부터 주공 초楚까지 전해졌다. 기타 상세한 내
   용은 3-034 주석7을 참고할 것.

5. 위공威公－주나라의 제후국인 서주국의 군주이고 이름은 조燥이며
   환공桓公의 아들이다. 기원전 414년에 즉위하여 기원전 367년에
   사망하였다.

6. 혜공惠公 - 위공威公의 아들이고 기원전 367년에 즉위하였다. 이름은 반班이고 도읍은 낙양洛陽이다. 아들을 공鞏에 책봉하여 동주국東周國을 세워서 다스리게 하였다. 지역은 낙읍의 동쪽 지역이다.

7. 공鞏 - 하남성河南省 공현鞏縣을 가리킨다. 낙수洛水의 사이에 있고 사면이 모두 산으로 둘러싸여서 지리상 험준하여 수비하기가 공고하기 때문에 이런 명칭을 얻었다.

8. 동주東周 - 동주국을 가리킨다. 즉 주나라의 제후국 주나라가 분열되어 기원전 440년에 서주국西周國이 형성되고, 동주국東周國은 기원전 367년에 형성되어 기원전 249년에 멸망하였다. 서주국의 형제 나라이고 도읍은 낙읍의 동쪽 지역인 성주成周이다.

⎸국역⎸

고왕은 그의 동생을 하남에 책봉하였는데, 이 사람이 바로 주나라의 제후국인 서주국의 환공이고, 옛날 주공 단의 관직을 계승하게 하였다. 환공이 사망하고 아들 위공이 이어서 즉위하였다. 위공이 사망하고 아들 혜공이 이어서 즉위하였으며, 이에 위공의 어린 아들을 공에 책봉하고 주나라 왕을 받들게 하였으며, 주나라의 제후국인 동주국의 혜공으로 일컬었다.

⎸참고⎸

서주국西周國이란? - 전국시대 주나라의 제후국이다. 주나라 고왕 원년 (기원전 440년)에 동생 게게揭를 하남河南에 책봉하였는데, 이 사람이 바로 서주국의 환공桓公이고 서주국이 형성되었다. 서주국의 지역은 지금의 낙양시洛陽市와 낙양 서부지역이다. 주나라의 수도 낙읍은 원래 2개의 성이 있었는데, 서쪽에는 왕성王城이 있고 동쪽에는 성주成周가 있었다. 전국시대에 이르러 주나라 왕실 내부에 정권쟁탈과 분봉으로 인하여 왕성에 거주하는 서주공西周公과 성주에 거주하는 동주공東周公이 나타나게 되었다. 그 후에 공자公子 근根의 반란으로 조趙나라의 성후成侯는 한韓나라와 더불어 주나라의 제후국을 둘로 나눴고, 주나라의 제후국은 동주국과 서주국으로 분할되었다. 주나라 난왕赧王 시기(기원전 315년)에 난왕은 도읍을 서주국으로 옮겼다. 서주국은 기원전 256년에는 제후들과 더불어 진秦나라에 대항하는 전쟁에 참여했기 때문에, 진나라 소왕昭王에게 죄를 얻어서 진나라의 공격을 받았다. 서주국의 군주는 항복하고 36개의 읍락과 인구 3만 명을 바치고 멸망하였다. 그 해에 주나라의 난왕도 사망하였다. 이로부터 서주국과 주나라는 역사상 사라지게 되었다.

4-060

威烈王二十三年, 九鼎震。命韓, 魏, 趙爲諸侯。

┃음역┃

위열왕이십삼년, 구정진. 명한, 위, 조위제후.

┃주석┃

1. 위열왕威烈王-4-058 주석2 참고.

2. 9정九鼎-4-018 주석25 참고.

3. 진震-흔들리다, 움직이다.

4. 한韓-주周나라의 제후국으로 왕국王國, 공국公國의 아래이며, 전국 7웅의 하나이다. 기원은 춘추시대 말기인 기원전 433년에 진晉나라의 대부인 한강자韓康子, 위선자魏宣子, 조양자趙襄子가 연합하여 지백智伯을 암살하고 진나라의 영토를 3등분하여 각각 주나라의 제후국으로 변한 것이다. 처음 도성은 양적陽翟이고 후에 신정新鄭

으로 천도하였다.

5. 위魏 – 처음에는 서주西周 시기에 책봉되었고, 주周나라의 제후국으로 왕국王國, 공국公國의 아래이다. 기원전 661년에 진晉나라 헌공獻公에게 멸망당하고, 전국시기 위나라 군주의 선조인 필만畢萬에게 다시 책봉하였다. 기원전 433년에 진晉나라의 대부인 한강자韓康子, 위선자魏宣子, 조양자趙襄子가 연합하여 지백智伯을 암살하고 진나라의 영토를 3등분하였으며, 각각 주나라의 제후국으로 변한 것이다. 전국7웅의 하나이다.

6. 조趙 – 주周나라의 제후국으로 왕국王國, 공국公國의 아래이며, 전국7웅의 하나이다. 기원은 춘추시대 말기인 기원전 433년에 진晉나라의 대부인 한강자韓康子, 위선자魏宣子, 조양자趙襄子이 연합하여 지백智伯을 암살하고 진나라의 영토를 3등분하였으며, 각각 주나라의 제후국으로 변한 것이다. 영역은 산서성山西省 동남부와 하북성河北省 서남부 일대이다.

7. 제후諸侯 – 1- 002 주석3 참고.

｜국역｜

위열왕 23년(기원전 404년)에 9정이 흔들렸다. 위열왕은 진나라의 대부 한강자, 위선자, 조양자를 제후로 임명하여 한나라, 위나라, 조나라는 주나라의 제후국이 되었다.

｜참고｜

3가분진三家分晉의 역사상 의의 – 진晉나라 열공烈公 19년(기원전 397년)에 주周나라 위열왕威烈王은 한韓의 애후哀侯, 위魏의 무후武侯, 조趙의 경후敬侯를 제후로 책봉하여 정식으로 진나라가 멸망하였다. 이것은 첫째, 진나라가 멸망하고, 전국시대 세력이 강대한 3개의 제후국이 새롭게 탄생한 것이다. 둘째, 춘추시대 말기의 제후국이 종족제 사회에서 봉건제 사회로 변화되는 방식의 하나가 되었다.

4-061

二十四年, 崩, 子安王驕立。是歲盜殺楚聲王。

|음역|

이십사년, 붕, 자안왕교립. 시세도살초성왕.

|주석|

1. 안왕安王-이름은 교이고 위열왕의 아들이다. 26년 재위하였고, 재위시기에 전씨벌제田氏伐齊, 즉 기원전 386년에 제齊나라의 대부 전화田和를 제후로 임명하여 전화가 제나라의 실제적인 군주 역할을 한 사건이다.
2. 교驕-안왕의 이름이다.
3. 도盜-도적.
4. 초楚-4-040 주석9 참고.
5. 성왕聲王-이름은 당當이고 간왕簡王의 아들이다. 6년간 재위하였으며, 나라의 군주가 도적에 의하여 살해될 정도로 사회 상황이 매우 불안하였다. 시호는 성왕이고, 도왕悼王이 계승하였다.

|국역|

위열왕 24년(기원전 403년)에 위열왕이 사망하고 아들 안왕 교가 즉위하였다. 이 해에 도적이 초나라의 성왕을 살해하였다.

4-062

安王立二十六年, 崩, 子烈王喜立。烈王二年, 周太史儋見秦獻公
曰 : "始周與秦國合而別, 別五百載復合, 合十七歲而霸王者出焉。"

┃음역┃

안왕립이십육년, 붕, 자열왕희립. 열왕이년, 주태사담견진헌공왈 : "시
주여진국합이별, 별오백재부합, 합십칠세이패왕자출언."

┃주석┃

1. 안왕安王-4-061 주석1 참고.
2. 열왕烈王-이름은 희喜이고 안왕의 아들이다. 7년간 재위하였고
   이열왕夷烈王이라고 일컬었다. 재위시기에 진秦나라 헌공이 도읍을
   역양櫟陽으로 옮기고 한韓나라의 6개 도시를 점령하는 등 진나라
   강성의 서막을 열었다.
3. 희喜-열왕의 이름이다.
4. 주周-1-029 주석20 참고.
5. 태사太史-1-030 주석1 참고.
6. 담儋-멜 담擔의 옛 글자이고, 사람 이름이다. 이전에는 이 사람이 바
   로 노자老子라고 하였지만 현재는 인정하지 않는 주장이 대부분이다.
7. 진秦-4-040 주석10 참고.
8. 헌공獻公-영공靈公의 아들이고, 《세본世本》에는 원헌공元獻公으로
   《월절서越絶书》에는 원왕元王으로 기록되어 있다. 헌공은 어려서
   위魏나라에서 유랑했고, 귀국하여서는 각종 개혁을 진행하고 하서
   河西 지역을 수복하였으며, 효공孝公 시기에 상앙商鞅 개혁의 토대
   를 만들었다.

9. 시始—처음에.

10. 합合—합쳐지다. 즉 진秦나라의 선조가 주周나라를 섬겼지만 별도로 책봉을 받지 않아서 합쳐진 것으로 보았다.

11. 별別—분리되다, 나뉘다. 즉 진秦나라 양공襄公이 주周나라로부터 제후로 책봉된 것을 분리되었다고 보았다.

12. 부합復合—다시 합쳐지다. 즉 진秦나라가 주周나라에게 토지를 헌상한 것을 다시 합쳐진 것으로 보았다.

13. 패왕霸王—일반 왕보다 강력한 군주이고 제帝보다는 아래를 가리키는 말이며, 무력으로 천하를 통일하고 제후들의 우두머리가 될 인물을 가리킨다. 달리 패주霸主라고 한다. 여기서는 무력으로 천하를 통일한 시황제始皇帝를 가리킨다.

┃국역┃

안왕이 재위 26년(기원전 377년)에 사망하고, 아들 열왕 희가 즉위하였다. 열왕 2년(기원전 375년)에 주나라의 역사기록을 담당하는 관리인 태사 담이 진나라 헌공을 만나서 말하기를 "처음에는 주나라와 진나라는 하나로 합쳐졌다가 다시 분리되었고, 분리된 지 500년 만에 다시 하나로 합쳐질 것이며, 합쳐진 지 17년 만에 무력을 사용하여 천하를 통일할 패왕이 나타날 것이다."

4-063

十年, 烈王崩, 弟扁立, 是爲顯王。顯王五年, 賀秦獻公, 獻公稱伯。九年, 致文武胙於秦孝公。二十五年, 秦會諸侯於周。二十六年, 周致伯於秦孝公。三十三年, 賀秦惠王。三十五年, 致文武胙於秦惠王。四十四年, 秦惠王稱王。其後諸侯皆爲王。

십년, 열왕붕, 제편립, 시위현왕. 현왕오년, 하진헌공, 헌공칭백. 구년,
치문무조어진효공. 이십오년, 진회제후어주. 이십육년, 주치백어진효공.
삼십삼년, 하진혜왕. 삼십오년, 치문무조어진혜왕. 사십사년, 진혜왕칭왕.
기후제후개위왕.

|주석|

1. 열왕烈王-4-062 주석2 참고.

2. 편扁-현왕顯王의 이름이다.

3. 현왕顯王-이름은 편扁이고 안왕安王의 아들이며 열왕烈王의 동생
   이다. 48년간 재위하였고, 재위기간에 제후국은 각기 변법을 실행
   하여 발전이 최고도에 이르렀다.

4. 진秦-4-040 주석10 참고.

5. 헌공獻公-4-062 주석8 참고.

6. 백伯-제후들의 우두머리를 가리킨다.

7. 치致-보내다, 하사하다.

8. 문무文武-주周나라의 문왕文王과 무왕武王을 가리킨다.

9. 조胙-제육祭肉, 즉 제사지내고 분배하는 고기. 번육膰肉과 동일하다.

10. 효공孝公-이름은 거량渠梁이고 헌공獻公의 아들이다. 기원전 361
    년부터 기원전 338년까지 재위하였고, 상앙商鞅을 등용하여 변법
    을 실시하였으며, 진나라가 중국을 통일하게 된 기초를 확립하였
    다. 시호는 효공이다.

11. 제후諸侯-1-002 주석3 참고.

12. 주周-1-029 주석20 참고.

13. 혜왕惠王-이름은 사駟이고 효공孝公의 아들이다. 달리 혜문왕惠文
    王, 혜문군惠文君으로 일컫는다. 효공이 사망하고 공자公子 건虔이

상앙商鞅이 반란을 도모했다고 무고하였고, 혜왕은 상앙을 처형하였다. 기원전 324년에 왕이라고 일컬었다.

┃국역┃

열왕 10년(기원전 367년)에 열왕이 사망하고 동생 편이 즉위하였는데, 이 사람이 바로 현왕이다. 현왕 5년(기원전 363년)에 진나라 헌공이 진晉나라를 패배시킨 것을 축하하고, 진나라 헌공을 제후의 우두머리인 백이라 일컬었다. 현왕 9년(기원전 359년)에 문왕과 무왕에게 제사지낸 고기를 진나라 효공에게 보냈다. 현왕 25년(기원전 343년)에 진나라는 주나라 도성에서 제후들과 회합하였다. 현왕 26년(기원전 342년)에 주나라는 진나라 효공에게 제후의 우두머리인 백이라는 칭호를 하사하였다. 현왕 33년(기원전 335년)에 진나라 혜왕을 축하하였다. 현왕 35년(기원전 333년)에 문왕과 무왕에게 제사지낸 고기를 진나라 혜왕에게 보냈다. 현왕 44년(기원전 324년)에 진나라 혜왕이 왕이라고 일컬었다. 그 후에 제후들은 모두 왕이라고 일컬었다.

┃참고┃

제사지낸 고기를 나눠주는(祭肉分賜) 이유─천자가 사직社稷에 제사 지낼 때는 소, 양, 돼지 3가지를 사용하는데 이것을 태뢰太牢라고 하고, 제후가 제사 지낼 때는 양과 돼지만 사용하는데 이것을 소뢰少牢라고 한다. 또 제사 지낸 후에 고기를 처리하는 방식은 매우 많은데, 그중의 한 가지가 조정의 신하들에게 분배하는 것이다. 신하들은 제육祭肉을 분배받으면 당일 가족과 함께 나눠 먹어야 한다. 제육을 분배하는 이유는 크게 두 가지이다. 첫째 조상을 생각하고(飮水思源), 둘째, 편안한 상황에 있을 때에도 위험할 때의 일을 미리 생각하고 경계하라고(居安思危), 후손들에게 일깨워 주는 것이다.

4-064

四十八年, 顯王崩, 子慎靚王定立。慎靚王立六年, 崩, 子赧王延立。
王赧時東西周分治。王赧徙都西周。

┃음역┃

사십팔년, 현왕붕, 자신정왕정립. 신정왕립육년, 붕, 자난왕연립. 왕난
시동서주분치. 왕난사도서주.

┃주석┃

1. 현왕顯王－4-063 주석3 참고.
2. 신정왕愼靚王－이름은 정定이고 현왕顯王의 아들이다.
3. 정定－신정왕의 이름이다.
4. 난왕赧王－이름은 연延이고 신정왕愼靚王의 아들이다. 주나라 최후
   의 왕이고 달리 왕난王赧이라고 일컫는다.
5. 연延－난왕의 이름이다.
6. 동주東周－4-059 주석8 참고.
7. 서주西周－주나라의 제후국으로 동주국東周國의 형제국이다. 주나
   라 고왕考王 원년, 즉 기원전 440년에 동생 게揭를 하남河南에 책
   봉하였는데, 이 사람이 바로 서주의 환공桓公이다. 이로써 동주국
   과 서주국으로 나뉘어졌고, 주周나라의 난왕赧王은 기원전 315년에
   도읍을 서주국으로 옮겼다. 기원전 256년에 진秦나라는 서주국을
   공격하여 항복시켰고, 주나라 난왕도 사망하였다.

┃국역┃

현왕 48년(기원전 321년)에 현왕이 사망하고 아들 신정왕 정이 즉위하

였다. 신정왕이 즉위한 지 6년 만에 사망하고 아들 난왕이 즉위하였다 (기원전 315년). 난왕의 재위시기에 주나라의 제후국인 주나라는 동주국과 서주국으로 나뉘어 다스려졌다. 난왕은 도읍을 서주국으로 옮겼다.

┃참고┃

동주국東周國이란?-주周나라의 제후국이고 서주국西周國의 형제국이다. 서주국 혜공惠公은 동생 근根을 동주국의 혜공으로 책봉하여 동주국의 역사가 시작되었다. 《사기》〈주본기〉와 《한비자》〈내저설하內儲說下〉에 근거하면, 서주국의 위공威公이 사망하고 형제간에 불화하여 큰아들은 서주국 혜공으로 즉위하고, 작은아들 근은 한나라와 조나라의 교사로 인하여 독립하여 동주국을 건국하고 혜공이 되었다. 동주국의 도읍지는 현재 하남성 공의鞏義 일대이다. 《사기》〈진본기〉에 의하면, 진秦나라 장양왕莊襄王 원년(기원전 249년)에 동주국 군주와 제후들이 진나라를 공격하려고 도모하였고, 진나라는 상국 여불위呂不韋로 하여금 정벌하게하여 멸망시켰다.

4-065

> 西周武公之共太子死, 有五庶子, 毋適立。司馬翦謂楚王曰 : "不如以地資公子咎, 爲請太子。"左成曰 : "不可。周不聽, 是公之知困而交疏於周也。不如請周君孰欲立, 以微告翦, 翦請令楚資之以地。"果立公子咎爲太子。

┃음역┃

서주무공지공태자사, 유오서자, 무적립. 사마전위초왕왈 : "불여이지자공자구, 위청태자." 좌성왈 : "불가. 주불청, 시공지지곤이교소어주야. 불여청주군숙욕립, 이미고전, 전청령초자지이지." 과립공자구위태자.

1. 서주西周-4- 064 주석7 참고.

2. 무공武公-서주국의 4대 군주이고 이름은 공지共之이며, 혜공惠公
   의 아들이다.

3. 공共-무공의 태자 이름이다.

4. 적適-정실 적嫡과 동일.

5. 사마전司馬翦-초나라의 신하이다. 사마는 직위이고 이름은 전이다.

6. 초왕楚王-초나라 회왕懷王을 가리킨다.

7. 자資-돕다, 지지하다.

8. 공자구公子咎-서주국西周國 무공武公의 아들이므로 공자公子라고
   일컬었고, 이름은 구咎이다.

9. 좌성左成-초나라 신하 이름이다.

10. 주周-서주국西周國을 가리킨다.

11. 지곤知困-지는 지혜 지智와 동일, 지혜가 쓸모없게 되다. 통하지
    않게 되다.

12. 숙孰-누구, 누가.

13. 미고微告-몰래, 암암리에 알려주다.

┃국역┃

서주국의 군주 무공의 태자 공이 사망하고, 5명의 서자가 있었지만
즉위할 본처 소생의 아들은 없었다. 초나라의 사마 직위에 있던 전이 초
나라 왕에게 일러 말하기를 "초나라의 토지를 줄 것이라는 것으로써 공
자 구를 지지하고, 그를 위하여 태자의 지위를 요청함만 못합니다." 초
나라의 신하 좌성이 말하기를 "그러면 안 됩니다. 서주국이 듣지 않으면

당신의 지혜는 쓸모없게 되고, 또 서주국과 초나라의 교류도 소원하게 됩니다. 차라리 서주국의 군주에게 누구를 옹립하려고 하는 지를 묻고, 그것을 당신에게 은밀하게 알리면 당신은 초나라로 하여금 토지를 이용하여 장차 즉위하려는 사람을 지지할 것을 요청함만 못합니다." 과연 공자 구를 옹립하여 태자로 삼았다.

4-066

八年, 秦攻宜陽, 楚救之。而楚以周爲秦故, 將伐之。蘇代爲周說楚王曰 : "何以周爲秦之禍也? 言周之爲秦甚於楚者, 欲令周入秦也, 故謂'周秦'也。周知其不可解, 必入於秦, 此爲秦取周之精者也。爲王計者, 周於秦因善之, 不於秦亦言善之, 以疏之於秦。周絶於秦, 必入於郢矣。"

|음역|

팔년, 진공의양, 초구지. 이초이주위진고, 장벌지. 소대위주세초왕왈 : "하이주위진지화야? 언주지위진심어초자, 욕령주입진야, 고위'주진'야. 주지기불가해, 필입어진, 차위진취주지정자야. 위왕계자, 주어진인선지, 부어진역언선지, 이소지어진. 주절어진, 필입어영의."

|주석|

1. 진秦-4-040 주석10 참고.
2. 의양宜陽-고대에 한성韓城을 달리 의양성宜陽城이라고 일컬었다. 즉 한韓나라의 의양현宜陽縣이다. 현재 하남성河南省 서부에 있다.
3. 초楚-4-040 주석9 참고.
4. 주周-1-029 주석20 참고.

5. 위爲-돕다.

6. 고故-까닭에.

7. 소대蘇代-낙양洛陽 사람이고 전국시대 종횡가縱橫家이며, 소진蘇秦
의 집안 동생이다. 연燕나라 소왕昭王이 등용하여 상경上卿으로 임
명하였다.

8. 세說-유세하다, 설득하다.

9. 심甚-심하다, 대단히.

10. 주진周秦-주나라와 진나라가 지리적으로 가까이 있고, 또 진나라
가 주나라를 병합할 의도를 가지고 있으면서 대외적으로 주나라와
우호적이었기 때문에 당시의 제후들이 모두 주진이라고 일컬었다.

11. 해解-풀다. 즉 초楚나라가 주나라에 대한 원한을 풀다, 또는 초나
라가 주周나라와 진秦나라가 밀접한 관계를 의심하는 것을 풀다.

12. 입入-투항하다.

13. 정精-묘책.

14. 절絶-단절하다.

15. 영郢-초나라의 도읍지이다. 호북성湖北省 형주荊州 부근이다.

｜국역｜

난왕 8년(기원전 308년)에 진나라가 한나라의 의양을 공격하자 초나라
가 의양을 구원하였다. 그리고 초나라는 주나라가 진나라를 위해서 출병
했기 때문에 장차 주나라를 정벌하려고 하였다. 연나라의 종횡가인 소대
가 주나라를 위해서 초나라 왕에게 유세하며 말하기를 "어째서 주나라
가 진나라를 위해서 출병한 것이 화근이라고 여기십니까? 주나라가 진
나라를 위해서 출병한 것이 초나라를 위해서 출병한 것보다 많은 것은,
주나라로 하여금 진나라에 투항하게 하려는 것이고 그런 까닭에 주진이
라고 일컫는 것입니다. 주나라가 초나라의 공격을 피할 수 없다는 것을

알게 되면, 필히 진나라에 투항할 것이고, 이것은 진나라를 위해서 주나라를 차지하게 하는 묘책이 됩니다. 초나라 왕을 위해서 계책을 내면, 주나라가 진나라에 투항해도 주나라를 잘 대해주고, 진나라에 투항하지 않아도 또한 잘 대해주면, 주나라와 진나라가 소원하게 됩니다. 주나라는 진나라와 단절하고 필히 초나라의 수도인 영으로 투항할 것입니다."

┃참고┃

진秦나라 동진정책東進政策의 실행—당시 조趙나라 무령왕武靈王은 호복기사胡服騎射 제도를 실행하여 기병과 기동전 위주로 개편하여 군사력을 크게 증강시켰으며, 진나라 동진정책에 새로운 장애물로 등장하였다. 진나라 소왕昭王은 조나라를 격파하기 위하여 위염魏冉을 제齊나라로 보내서 5개국과 연합하여 조나라를 공격하기로 맹약을 맺었다. 유세객遊說客 소진蘇秦은 진나라의 음모를 간파하고 제나라 왕에게 제, 연燕, 한韓, 위魏, 조나라 등 5개국과 합종合縱하여 진나라에 대항할 것을 권고하였다.

4-067

秦借道兩周之間, 將以伐韓, 周恐借之畏於韓, 不借畏於秦。史厭謂周君曰："何不令人謂韓公叔曰'秦之敢絶周而伐韓者, 信東周也。公何不與周地, 發質使之楚?' 秦必疑楚不信周, 是韓不伐也。又謂秦曰'韓彊與周地, 將以疑周於秦也, 周不敢不受。' 秦必無辭而令周不受, 是受地於韓而聽於秦。"

┃음역┃

　진차도양주지간, 장이벌한, 주공차지외어한, 불차외어진. 사염위주군왈 : "하불영인위한공숙왈'진지감절주이벌한자, 신동주야. 공하불여주지,

발질사지초?' 진필의초불신주, 시한불벌야. 우위진왈'한강여주지, 장이의
주어진야, 주불감불수.' 진필무사이령주불수, 시수지어한이청어진."

▮주석▮

1. 진秦-4- 040 주석10 참고.

2. 양주兩周-동주국과 서주국을 가리킨다.

3. 간閒-사이 간間의 본래 글자.

4. 한韓-4- 060 주석4 참고.

5. 주周-여기서는 주周나라의 제후국인 서주국西周國을 가리킨다.

6. 공恐-두려워하다.

7. 사염史厭-서주국의 신하 이름이다.

8. 주군周君-주周나라 제후국인 서주국의 군주 무공武公을 가리킨다.
   당시 주나라 왕은 난왕赧王으로 세력이 극도로 미약하여 국제정세
   를 주도할 능력이 없었고, 단지 서주국으로 도읍을 옮기고 기대어
   있을 뿐이었다.

9. 한공숙韓公叔-한韓나라의 귀족이어서 한공韓公으로 일컬었으며,
   이름은 숙이고 당시 재상이었다. 기원전 357년에 최초로 역사서에
   등장하였고, 재상 재임시기는 대략 선혜왕宣惠王 후기부터 양왕襄王
   중기에 한공韓公 중仲 다음에 재상이 되었다. 후에 한공 중에게 살
   해당했다.

10. 절絶-지나다, 통과하다.

11. 동주東周-4- 059 주석8 참고.

12. 질사質使-공의 자식이나 신하로서 타국에 인질로 가는 사신을 일
    컫는다.

13. 강彊-강행하다, 적극 주장하다.

I국역I

진나라는 서주국과 동주국 사이의 길을 빌려서 장차 한나라를 정벌하려고 하였는데, 서주국은 길을 빌려주면 한나라에 죄를 지을까 두렵고, 빌려주지 않으면 진나라에 죄를 지을까 두려웠다. 서주국의 신하 사염이 서주국 군주인 무공에게 일러 말하기를 "어째서 사람을 보내서 당시 한나라 귀족이며 재상인 한공 숙에게 말하지 않습니까? 즉 '진나라가 감히 서주국을 지나서 한나라를 정벌하려는 것은 동주국을 믿기 때문입니다. 또 한공께서는 어째서 서주국에 토지를 주지 않고 한공의 자식이나 신하를 초나라에 인질로 가게하지 않으십니까?' 그렇게 하면 진나라는 필히 진나라 배후에 있는 초나라를 의심하고 동주국을 믿지 않게 되며 한나라는 정벌되지 않을 것입니다. 또 진나라에 일러 말하기를 '한나라가 서주국에 토지를 주려고 강행하는 것은 장차 진나라로 하여금 서주국을 의심하게 하려는 것이고, 또 서주국은 토지를 받지 않을 수 없기 때문입니다.' 그렇게 하면 진나라는 필히 서주국에게 토지를 받지 말라고 말할 수 없게 되고, 서주국은 한나라로부터 토지를 받게 되고 또 진나라의 의견을 들은 것이 됩니다."

4-068

秦召西周君, 西周君惡往, 故令人謂韓王曰："秦召西周君, 將以使攻王之南陽也, 王何不出兵於南陽? 周君將以爲辭於秦。周君不入秦, 秦必不敢踰河而攻南陽矣。"

I음역I

진소서주군, 서주군오왕, 고령인위한왕왈 : "진소서주군, 장이사공왕지남양야, 왕하불출병어남양? 주군장이위사어진. 주군불입진, 진필불감유하이공남양의."

┃주석┃

1. 진秦－4-040 주석10 참고.

2. 서주西周－4-064 주석7 참고.

3. 오惡－싫어하다.

4. 한韓－4-060 주석4 참고.

5. 남양南陽－고대의 회주懷州이고, 현재의 하남성河南省 서남부와 호
   북성湖北省, 섬서성陝西省 접경지대이다.

6. 사辭－사양하다, 응하지 않다.

7. 유踰－넘다.

8. 하河－황하.

┃국역┃

진나라가 서주국의 군주를 불렀는데, 서주국의 군주는 가기를 싫어하
였으며, 그래서 사람을 보내 한나라 왕에게 일러 말하기를 "진나라가 서
주국의 군주를 부른 것은 장차 서주국으로 하여금 한나라 왕의 영토인
남양을 공격하려고 하는 것인데, 한나라 왕께서는 어찌 남양에 군대를
보내지 않는 것입니까? 서주국의 군주는 장차 이것으로써 진나라의 요구
에 응하지 않을 것입니다. 서주국의 군주가 진나라에 들어가지 않으면,
진나라도 반드시 감히 황하를 건너 남양을 공격하지 못할 것입니다."

4-069

東周與西周戰, 韓救西周。或爲東周說韓王曰："西周故天子之國,
多名器重寶。王案兵毋出, 可以德東周, 而西周之寶必可以盡矣。"

동주여서주전, 한구서주. 혹위동주세한왕왈 : "서주고천자지국, 다명기중보. 왕안병무출, 가이덕동주, 이서주지보필가이진의."

｜주석｜

1. 동주東周-4·059 주석8 참고.
2. 서주西周-4·064 주석7 참고.
3. 한韓-4·060 주석4 참고.
4. 혹或-어떤 사람.
5. 세설說-유세하다.
6. 천자지국天子之國-천자, 즉 주나라의 왕이 머물던 수도가 있던 곳이라는 의미이다. 주周나라의 난왕赧王이 수도를 서주국西周國이 있는 낙읍의 서쪽 지역인 왕성王城으로 옮겼기 때문에 이렇게 말한 것이다.
7. 명기중보名器重寶-유명한 기물과 귀중한 보물.
8. 안병案兵-병사를 영역 안에 두다.

｜국역｜

동주국과 서주국이 전쟁하자 한나라는 서주국을 구원하였다. 어떤 사람이 동주국을 위하여 한나라 왕에게 유세하며 말하기를 "서주국은 옛날에 천자의 수도여서 유명한 기물과 귀중한 보물이 많이 있다. 왕께서 병사를 한나라 영역 안에 두고 출병하지 않으면, 동주국에 덕을 베푸는 것이고, 그리고 서주국의 보물도 필히 전부 한나라가 차지하게 될 것입니다."

4-070

王赧謂成君。楚圍雍氏, 韓徵甲與粟於東周, 東周君恐, 召蘇代而告之。代曰："君何患於是。臣能使韓毋徵甲與粟於周, 又能爲君得高都。"周君曰："子苟能, 請以國聽子。"代見韓相國曰："楚圍雍氏, 期三月也, 今五月不能拔, 是楚病也。今相國乃徵甲與粟於周, 是告楚病也。"韓相國曰："善。使者已行矣。"代曰："何不與周高都?"韓相國大怒曰："吾毋徵甲與粟於周亦已多矣, 何故與周高都也?"代曰："與周高都, 是周折而入於韓也, 秦聞之必大怒忿周, 即不通周使, 是以獘高都得完周也。曷爲不與?"相國曰："善。"果與周高都。

┃음역┃

왕난위성군. 초위옹씨, 한징갑여속어동주, 동주군공, 소소대이고지. 대왈 : "군하환어시. 신능사한무징갑여속어주, 우능위군득고도." 주군왈 : "자구능, 청이국청자." 대견한상국왈 : "초위옹씨, 기삼월야, 금오월불능발, 시초병야. 금상국내징갑여속어주, 시고초병야." 한상국왈 : "선. 사자이행의." 대왈 : "하불여주고도?" 한상국대노왈 : "오무징갑여속어주역이다의, 하고여주고도야?" 대왈 : "여주고도, 시주절이입어한야, 진문지필대노분주, 즉불통주사, 시이폐고도득완주야. 갈위불여?" 상국왈 : "선." 과여주고도.

┃주석┃

1. 왕난王赧-4-064 주석4 참고.

2. 성군成君-주周나라의 신하 이름이다.

3. 초楚-4-040 주석9 참고.

4. 옹씨雍氏-옹씨성雍氏城을 가리킨다. 이 성은 우주시禹州市 고성촌

古城村에 있고 옹량고성雍梁古城이 바로 옹씨성이다.

5. 한韓-4- 060 주석4 참고.

6. 징徵-요구하다.

7. 갑甲-무기.

8. 동주東周-4- 059 주석8 참고.

9. 소대蘇代-4- 066 주석7 참고.

10. 고도高都-현재 하남성河南省 신성현新城縣에 있는 고도성高都城을 가리킨다.

11. 자子-남자에 대한 칭호, 사람에 대한 존칭.

12. 구苟-만약.

13. 상국相國-춘추시대에 제齊나라 경공景公이 좌상左相과 우상右相 관직을 설치하였고, 상은 제나라의 경卿과 대부大夫의 세습관직이 되었다. 이후에 다른 제후국에서도 상국相國, 상방相邦, 승상丞相 등의 명칭으로 설치하였다. 당시 한韓나라의 상국은 공중치公仲侈이다.

14. 발拔-함락하다.

15. 병病-군사가 피로 쇠약하다.

16. 이已-그칠 지止와 동일.

17. 이다已多-충분하다, 과분하다.

18. 절折-굴복하다, 굽히다.

19. 분忿-원한.

20. 폐獘-나쁠 폐弊와 동일, 쇠락하다.

21. 완完-완전하다.

22. 갈曷-어찌.

|국역|

주나라의 난왕이 성군에게 말했다. 초나라가 한나라의 옹씨성을 포위

하자 한나라는 동주국에 무기와 군량을 요청하였으며, 동주국의 군주는
두려워하며 소대를 불러서 이 사실을 알렸다. 소대가 말하기를 "군주께
서는 어찌 이것을 걱정하십니까? 제가 능히 한나라로 하여금 동주국에
무기와 군량을 요청하지 못하게 하겠으며, 또 능히 군주께서 고도성을
차지할 수 있게 하겠습니다." 동주국의 군주가 말하기를 "그대가 만약
그렇게 할 수 있다면, 청컨대 나라의 일을 모두 그대의 의견대로 할 것
이다." 소대는 한나라의 상국(재상)인 공중치를 만나서 말하기를 "초나
라가 옹씨성을 포위하고 3개월을 기한으로 함락시킬 예정인데, 지금 5
개월이 지났는데도 함락시키지 못하는 것은 초나라의 군사가 피로하고
쇠약한 것을 나타낸 것입니다. 그런데 지금 상국께서 동주국에 무기와
군량을 요청하는 것은 초나라에게 한나라의 군사가 피로하고 쇠약한 것
을 알려주는 것입니다." 한나라의 상국이 말하기를 "그렇구나. 파견한
사신에게 실행을 그치도록 하겠소." 소대가 말하기를 "상국께서는 어째
서 고도성을 동주국에 주지 않습니까?" 한나라 상국이 크게 화를 내며
말하기를 "내가 동주국에 무기와 군량을 요청하지 않은 것만도 이미 충
분한데, 어떤 까닭에 동주국에 고도성을 주라고 하느냐?" 소대가 말하기
를 "동주국에 고도성을 주면 동주국은 굴복하고 한나라에 투항할 것이
고, 진나라는 그 사실을 듣고 필히 동주국에 크게 화를 내고 원망하면서
즉시 동주국의 사신과 왕래를 하지 않을 것이며, 이것이 바로 쇠락한 고
도성으로써 완전한 동주국을 얻는 것입니다. 어찌하여 주지 않으려 하십
니까?" 상국이 말하기를 "좋다." 과연 고도성을 동주국에 주었다.

4-071

三十四年, 蘇厲謂周君曰∶"秦破韓, 魏, 扑師武, 北取趙藺, 離石者,
皆白起也。是善用兵, 又有天命。今又將兵出塞攻梁, 梁破則周危矣。

君何不令人說白起乎? 曰'楚有養由基者, 善射者也。去柳葉百步而
射之, 百發而百中之。左右觀者數千人, 皆曰善射。有一夫立其旁,
曰"善, 可教射矣"。養由基怒, 釋弓搤劍, 曰"客安能教我射乎?" 客
曰"非吾能教子支左詘右也。 夫去柳葉百步而射之, 百發而百中之,
不以善息, 少焉氣衰力倦, 弓撥矢鉤, 一發不中者, 百發盡息。"今破
韓, 魏, 扑師武, 北取趙藺, 離石者, 公之功多矣。今又將兵出塞, 過
兩周, 倍韓, 攻梁, 一擧不得, 前功盡棄。公不如稱病而無出'。"

|음역|

삼십사년, 소려위주군왈 : "진파한, 위, 복사무, 북취조린, 이석자, 개백
기야. 시선용병, 우유천명. 금우장병출새공양, 양파즉주위의. 군하불령인
세백기호? 왈'초유양유기자, 선사자야. 거유엽백보이사지, 백발이백중지.
좌우관자수천인, 개왈선사. 유일부입기방, 왈"선, 가교사의." 양유기노, 석
궁액검, 왈"객안능교아사호?" 객왈"비오능교자지좌굴우야. 부거유엽백보
이사지, 백발이백중지, 불이선식, 소언기쇠역권, 궁발시구, 일발부중자, 백
발진식." 금파한, 위, 복사무, 북취조린, 이석자, 공지공다의. 금우장병출
새, 과양주, 배한, 공량, 일거부득, 전공진기. 공불여칭병이무출'."

|주석|

1. 소려蘇厲−전국시대 유명한 종횡가縱橫家이다. 3소, 즉 소진蘇秦,
   소대蘇代, 소려를 말하고, 제齊나라에서 활동하였다. 《전국책戰國
   策》에서 8개 편에 등장한다.
2. 진秦−4- 040 주석10 참고.
3. 한韓−4- 060 주석4 참고.
4. 위魏−4- 060 주석5 참고.

5. 복扑－치다, 패배하다.

6. 사무師武－위魏나라 장군이다.

7. 조趙－4-060 주석6 참고.

8. 인蘭－지리지에 서하군西河郡에 인蘭과 이석離石 현이 있다. 모두 조趙나라의 현이다.

9. 이석離石－조趙나라의 현이다.

10. 백기白起－초楚나라 백공白公 승勝의 후예이다. 달리 공손기公孫起라고 일컬으며, 전국시대 진秦나라의 유명한 장군이다. 손무孫武와 오기吳起 이후의 걸출한 군사가이고, 전국시대 4장군 즉 왕전王翦, 염파廉頗, 이목李牧과 백기가 여기에 속한다.

11. 새塞－변방, 요새. 여기서는 이궐새伊闕塞를 가리키고, 오늘날의 용문龍門이다.

12. 양梁－전국시대 위魏나라가 대량大梁, 즉 현재의 개봉開封으로 천도하고 양으로 국호를 바꿨다.

13. 주周－1-029 주석20 참고.

14. 세설說－유세하다.

15. 초楚－4-040 주석9 참고.

16. 양유기養由基－초나라 사람이고 달리 요기繇基라고 일컬었다. 활을 잘 쏴서 백발백중 맞혔다.

17. 액搤－잡다.

18. 지좌굴우支左詘右－왼손은 똑바로 펴서 활을 지탱하고, 오른손은 구부려서 시위를 당기는 것을 말함. 즉 왼손은 태산과 같이 굳건히 고정하고 오른손은 갓난아이 포옹하듯이 살포시 잡아야 한다.

19. 소언少焉－잠시.

20. 권倦－피로하다.

21. 궁발시구弓撥矢鉤－활은 휘고, 화살은 굽어있다.

22. 식息 – 그치다.

23. 양주兩周 – 동주국과 서주국을 가리킨다.

24. 배倍 – 등 배背와 동일.

|국역|

난왕 34년(기원전 282년)에 소려가 주나라 군주에게 말하기를 "진나라 가 한나라와 위나라를 격파하고 위나라 장군 사무를 패배시켰으며, 북쪽 으로는 조나라의 인현과 이석현을 차지한 것은 모두 백기라는 장군입니 다. 군사를 잘 다스리고 또 하늘의 운도 따라 주었습니다. 지금 또 군사 를 거느리고 이궐의 요새를 나가서 양나라를 공격하려고 하는데, 양나라 가 격파되면 주나라도 위험합니다. 군주께서는 어찌하여 사람을 보내서 백기에게 유세하지 않으십니까? '초나라에 양유기라는 사람이 있는데, 활을 잘 쏩니다. 버드나무 잎에서 100걸음 떨어져서 쏘아도 백발백중입 니다. 좌우에서 지켜보던 수천 명도 모두 잘 쏜다고 말합니다. 그 옆에 서 있던 어떤 남자가 말하기를 "잘 쏜다. 활쏘기를 가르칠 만하구나." 양 유기가 화를 내면서 활을 내려놓고 칼을 잡고 말하기를 "당신이 어찌 능히 나에게 활쏘기를 가르칠 수 있단 말인가?" 그 사람이 말하기를 "내가 능히 당신에게 왼손을 똑바로 펴서 활을 지탱하고 오른손은 구부 려서 시위를 당기는 것을 가르치겠다는 것이 아니오. 버드나무 잎에서 100걸음 떨어져서 쏘아도 백발백중이지만, 성적이 좋을 때 그치지 않으 면 잠시 후에는 기력이 쇠하고 힘이 달려서 활은 휘어지고 화살은 굽어 지게 되며, 한발이라도 맞지 못하면 이전에 맞힌 100발은 다 쓸모없 게 됩니다." 지금 한나라와 위나라를 격파하고 위나라의 장군 사무를 패 배시켰으며, 북쪽으로는 조나라의 인현과 이석현을 차지한 것은 당신의 업적이 맞습니다. 지금 또 군사를 거느리고 이궐의 요새를 나가서 동주 국과 서주국을 지나서 한나라를 등지고 양나라를 공격하려고 하는데, 한

번 공격하여 승리하지 못하면 이전에 세운 업적은 모두 버려질 것입니다. 당신은 병을 핑계로 출병하지 않는 것만 못합니다.'"

▌참고▐

백발백중百發百中 - 고사성어이다. 전국시기에 소려라는 유세객이 있었는데, 한 번은 진나라의 장군 백기가 위나라를 공격한다는 말을 들었다. 위나라가 점령당하면 부근의 주나라 왕실도 위험해지기 때문에 소려가 주나라 왕에게 말했다. "백기가 최근에 한나라와 조나라 등을 공격하여 많은 토지를 탈취하였고, 현재 또 위나라를 공격하려고 합니다. 위나라가 함락되면 주나라 왕실도 위험해지므로 왕께서는 마땅히 방법을 내서 백기의 출병을 저지해야 될 것입니다." 그래서 주나라 왕은 소려를 진나라로 파견하였다. 소려가 백기에게 말하기를 "옛날에 초나라에 양유기라는 사람이 있었는데, 활쏘기에 능숙하여 버드나무 잎에서 100보 떨어진 곳에서 활을 쏴도 모두 100발 100중이었습니다. 좌우에서 지켜보던 수천 명도 모두 잘 쏜다고 말합니다. 그 옆에 서있던 어떤 남자가 말하기를 '잘 쏜다. 활쏘기를 가르칠 만하구나.' 양유기가 화를 내면서 활을 내려놓고 칼을 잡고 말하기를 '당신이 어찌 능히 나에게 활쏘기를 가르칠 수 있단 말인가?' 그 사람이 말하기를 '내가 능히 당신에게 왼손을 똑바로 펴서 활을 지탱하고 오른손은 구부려서 시위를 당기는 것을 가르치겠다는 것이 아니요. 버드나무 잎에서 100걸음 떨어져서 쏘아도 백발백중이지만, 성적이 좋을 때 그치지 않으면 잠시 후에는 기력이 쇠하고 힘이 달려서 활은 휘어지고 화살은 굽어지게 되며, 한발이라도 맞히지 못하면 이전에 맞힌 100발은 다 쓸모없게 됩니다.'" 소려는 백기에게 이 이야기를 말해주었다. 그리고 다시 백기에게 말하기를 "당신은 이미 한나라와 조나라 등을 패배시키고 많은 토지를 획득하여 공로가 매우 큽니다. 현재 또 군사를 거느리고 서주 왕실의 소재지를 지나서 위나라를 공격하려고 하는데, 만약 이번 전쟁에서 실패하면 당신이 세운 모든 공적은 한 순간에 사라질 것입니다. 그러니 병이 들었다고 말하고 출병하지 않는 것이 좋을 것 같습니다." 백기는 이 말을 듣고 웃으면서 말하기를 "나는 이미 100전 100승을 했는데 어찌 이번 전쟁에 이기지 못하겠는가?" 그리고 소려의 권유를 듣지 않고 군사를 거느리고 위나라를 공격하였다. 과연 백기는 또 위나라의 성곽 수 십 개를 점령하고 크게 승리를 거두었다.

지좌굴우支左詘右-고사성어이다. 달리 좌지우굴左支右詘이라고 한다. 출처는 《전국책》에 보인다. 원래 의미는 왼손을 똑바로 펴서 활을 지탱하고 오른손은 구부려서 시위를 당기는 것을 말한다. 이것은 능력이 부족하여 이곳에 대응하면 다른 곳에서 문제가 생기고, 다른 곳에 대응하면 이곳에 문제가 생기는 등 어쩔 수 없음을 비유한다.

4-072

四十二年, 秦破華陽約。馬犯謂周君曰："請令梁城周。" 乃謂梁王曰："周王病若死, 則犯必死矣。犯請以九鼎自入於王, 王受九鼎而圖犯。" 梁王曰："善。" 遂輿之卒, 言成周。因謂秦王曰："梁非成周也, 將伐周也。王試出兵境以觀之。" 秦果出兵。又謂梁王曰："周王病甚矣, 犯請後可而復之。今王使卒之周, 諸侯皆生心, 後擧事且不信。不若令卒爲周城, 以匿事端。" 梁王曰："善。" 遂使城周。

|음역|

사십이년, 진파화양약. 마범위주군왈 : "청영양성주." 내위양왕왈 : "주왕병약사, 즉범필사의. 범청이구정자입어왕, 왕수구정이도범." 양왕왈 : "선." 수여지졸, 언수주. 인위진왕왈 : "양비수주야, 장벌주야. 왕시출병

경이관지." 진과출병. 우위양왕왈 : "주왕병심의, 범청후가이부지. 금왕사졸지주, 제후개생심, 후거사차부신. 불약영졸위주성, 이닉사단." 양왕왈 : "선." 수사성주.

┃주석┃

1. 진秦-4·040 주석10 참고.
2. 화양華陽-화산華山의 남쪽에 있어서 명칭을 화양이라고 하였고, 현재 섬서성陝西省 진령秦嶺 이남이다. 당시 객경客卿 호상胡傷이 망묘芒卯가 지키고 있던 양나라 영토 화양을 공격하였다.
3. 마범馬犯-진나라의 신하 이름이다.
4. 주周-1·029 주석20 참고.
5. 양梁-4·071 주석12 참고.
6. 9정九鼎-4·018 주석25 참고.
7. 도圖-도모하다, 꾀하다.
8. 졸卒-군사.
9. 수成-지키다.
10. 경境-국경.
11. 제후諸侯-1·002 주석3 참고.
12. 생심生心-의심을 하다.

┃국역┃

난왕 42년(기원전 274년)에 진나라의 객경 호상이 망묘가 지키고 있던 양나라 영토 화양을 공격하고 양나라와의 맹약을 파기하였다. 주나라 신하인 마범이 주나라 군주에게 말하기를 "양나라로 하여금 주나라를 위하여 성을 쌓도록 요청하십시오." 이에 양나라 왕에게 일러 말하기를 "진나라 군사의 화양 공격으로 주나라 왕이 근심하여 병이 나서 만약 사망하면, 저도 필히 죽게 될 것입니다. 청컨대 제가 9정을 자발적으로 왕에게 바치면 왕께서는 9정을 받으시고 저를 구해줄 방도를 마련해 주십시오." 양나라 왕이 말하기를 "알았다." 드디어 마범에게 군사를 주고 주나라를 방위하도록 일렀다. 그리고 마범은 진나라 왕에게 일러 말하기를 "양나라는 주나라를 방위하려는 게 아니고, 장차 주나라를 정벌하려는 것입니다. 진나라 왕께서 시험적으로 군사를 국경으로 보내서 관찰해 보십시오." 진나라는 과연 군사를 보냈다. 마범은 또 양나라 왕에게 일러 말하기를 "주나라 왕의 병세가 매우 위독해지면 도모한 바를 성공할 수 없으니 청컨대 이후에 가능한 시기를 기다렸다가 9정을 바치도록 하고, 결과를 다시 알려 드리겠습니다. 현재 양나라 왕께서 군사를 주나라로 가게 하면 제후들이 모두 의심할 것이고, 이후에 어떤 일을 해도 또한 제후들은 믿지 않을 것입니다. 그러니 군사들로 하여금 주나라를 위하여 성을 쌓게 하여서, 주나라를 정벌한다는 사건의 단초를 숨기는 것만 못합니다." 양나라 왕이 말하기를 "알았다." 드디어 양나라 군사들로 하여금 주나라를 위하여 성을 쌓게 하였다.

4-073

四十五年, 周君之秦, 客謂周最曰："公不若譽秦王之孝, 因以應爲太后養地, 秦王必喜, 是公有秦交。交善, 周君必以爲公功。交惡, 勸周君入秦者必有罪矣。"秦攻周, 而周㝡謂秦王曰："爲王計者不攻周。攻周, 實不足以利, 聲畏天下。天下以聲畏秦, 必東合於齊。兵㡳於周。合天下於齊, 則秦不王矣。天下欲㡳秦, 勸王攻周。秦與天下㡳, 則令不行矣。"

사십오년, 주군지진, 객위주최왈 : "공불약예진왕지효, 인이옹위태후양지, 진왕필희, 시공유진교. 교선, 주군필이위공공. 교악, 권주군입진자필유죄의." 진공주, 이주취위진왕왈 : "위왕계자불공주. 공주, 실부족이리, 성외천하. 천하이성외진, 필동합어제. 병폐어주. 합천하어제, 즉진불왕의. 천하욕폐진, 권왕공주. 진여천하폐, 즉영불행의."

┃주석┃

1. 주周─서주국西周國을 가리킨다.
2. 객客─유세遊說을 전담하는 객경客卿을 말한다.
3. 주최周最─주周나라 제후의 아들이고, 진秦나라에서 소왕昭王을 모시고 있었다. 《전국책戰國策》에 21차례 언급되었다.
4. 예譽─칭송하다.
5. 진秦─4·040 주석10 참고.
6. 옹應─부성현父城縣 응향應鄉이고 현재 하남성河南省 노산현魯山縣 동쪽이다.
7. 양지養地─식읍이고, 진秦나라 소왕昭王의 어머니 선태후宣太后를 위하여 하사하였다.
8. 제齊─4·040 주석8 참고.
9. 주취周冣─동주국東珠國 사람으로 진秦나라에서 벼슬하였다.
10. 성聲─명성, 위세.
11. 폐獘─해질 폐弊와 동일.

┃국역┃

난왕 45년(기원전 271년)에 서주국의 군주가 진나라에 갔는데, 유세를 전담하던 객경이 주최에게 일러 말하기를 "당신은 진나라 왕의 효성을

칭송하고, 응 지역을 진나라 소왕의 어머니인 선태후의 식읍으로 주는
것이 좋을 것입니다. 그러면 진나라 왕은 필히 기뻐하고 당신은 진나라
와 교류상 친분이 있게 될 것입니다. 교류가 잘되면 서주국의 군주도 필
히 당신의 공로라고 여기게 되고, 교류가 나빠지면 서주국 군주에게 진
나라로 들어가게 권유한 사람은 필히 죄를 받게 될 것입니다." 진나라가
서주국을 공격하자 주취가 진나라 왕에게 일러 말하기를 "진나라 왕을
위한 계책은 서주국을 공격하지 않는 것입니다. 서주국을 공격하면 실제
이익을 얻기에는 부족하고, 서주국을 공격한다는 위세는 천하를 두렵게
할 뿐입니다. 천하가 진나라의 위세로써 진나라를 두려워하게 되면 필히
동쪽의 제나라와 연합하게 됩니다. 진나라의 군사들은 서주국을 공격하
면서 피폐해지고, 천하는 제나라와 연합하게 되면서 진나라는 천하의 왕
을 일컬을 수 없게 됩니다. 천하가 진나라를 피폐하게 만들려고 왕으로
하여금 서주국을 공격하도록 권유하는 것입니다. 진나라가 천하와 더불
어 피폐하게 되면 왕의 명령은 실행되지 못합니다."

┃참고┃

범저范雎의 원교근공책遠交近攻策 – 진秦나라의 객경客卿 범저가 주나라
난왕赧王 44년에 진나라 소왕昭王에게 원교근공책을 바쳤다. 즉 먼 곳의
나라와는 서로 맹약을 맺고 먼저 가까운 나라를 공략한 다음에, 다시 점
차적으로 기타 나라를 겸병하는 방책이다.

4-074

五十八年, 三晉距秦。周令其相國之秦, 以秦之輕也, 還其行。客謂
相國曰 : "秦之輕重未可知也。秦欲知三國之情。公不如急見秦王曰
'請爲王聽東方之變', 秦王必重公。重公, 是秦重周, 周以取秦也 ;

齊重，則固有周聚以收齊：是周常不失重國之交也。"秦信周，發兵
攻三晉。

오십팔년, 삼진거진. 주영기상국지진, 이진지경야, 환기행. 객위상국
왈 : "진지경중미가지야. 진욕지삼국지정. 공불여급견진왕왈'청위왕청동
방지변', 진왕필중공. 중공, 시진중주, 주이취진야 ; 제중, 즉고유주취이
수제 : 시주상불실중국지교야." 진신주, 발병공삼진.

|주석|

1. 3진三晉-4- 056 주석2 참고.
2. 진秦-4- 040 주석10 참고.
3. 주周-1- 029 주석20 참고.
4. 상국相國-4- 070 주석13 참고.
5. 환기행還其行-주나라로 돌아오다.
6. 객客-4- 073 주석2 참고.
7. 3국三國-한韓나라와 위魏나라와 조趙나라를 가리킨다.
8. 제齊-4- 040 주석8 참고.
9. 고固-본래, 원래.
10. 주취周聚-4- 073 주석9 참고.
11. 중국지교重國之交-강대국과의 우호교류 관계를 중시하는 것을 가
    리킨다.

|국역|

난왕 58년(기원전 258년)에 진나라에서 분리된 한나라, 위나라, 조나라

가 진나라에 항거하였다. 주나라는 상국(재상)으로 하여금 진나라에 가게 했는데, 진나라에서 그를 무시하여 다시 주나라로 돌아왔다. 유세를 전담하던 객경이 상국에게 일러 말하기를 "진나라가 당신을 무시하는지 아니면 중시하는지를 아직은 알 수 없습니다. 진나라는 한나라와 위나라와 조나라의 정황을 알고 싶어 합니다. 당신은 급히 진나라 왕을 만나서, '청컨대 왕을 위하여 동방의 변화를 말씀드리려고 합니다.' 라고 말하는 것이 좋을 것입니다. 그러면 진나라 왕은 필히 당신을 중시할 것입니다. 당신을 중시하는 것은 바로 진나라가 주나라를 중시하는 것이고, 주나라는 이것으로써 진나라의 중시를 얻는 것입니다. 또 제나라가 주나라를 중시하는 것은 본래 주나라 신하 주최가 제나라의 존중을 얻었기 때문입니다. 주나라는 항상 강대국과의 우호교류 관계를 잃지 않게 됩니다." 진나라는 주나라를 신뢰하고 군사를 보내어 한나라와 위나라와 조나라 3국을 공격하였다.

4-075

五十九年, 秦取韓陽城, 負黍, 西周恐, 倍秦, 與諸侯約從, 將天下銳師出伊闕攻秦, 令秦無得通陽城。秦昭王怒, 使將軍摎攻西周。西周君奔秦, 頓首受罪, 盡獻其邑三十六, 口三萬。秦受其獻, 歸其君於周。

|음역|

오십구년, 진취한양성, 부서, 서주공, 배진, 여제후약종, 장천하예사출이궐공진, 영진무득통양성. 진소왕노, 사장군규공서주. 서주군분진, 돈수수죄, 진헌기읍삼십륙, 구삼만. 진수기헌, 귀기군어주.

1. 진秦-4-040 주석10 참고.

2. 한韓-4-060 주석4 참고.

3. 양성陽城-양성현陽城縣이고 현재 산서성山西省 진양시晉陽市 부근이다.

4. 부서負黍-달리 황성黃城이라고 일컫고, 현재 하남성河南省 등봉현登封縣 서남쪽이다. 춘추시대에 주周나라에 속해 있었고, 전국시대에는 한韓나라와 정鄭나라와 초楚나라의 쟁탈전쟁을 거쳐서 한나라에 소속되었다. 기원전 256년에는 진秦나라에 소속되었다.

5. 서주西周-4-064 주석7 참고.

6. 배倍-배반하다.

7. 제후諸侯-1-002 주석3 참고.

8. 약종約從-합종合縱의 맹약을 맺다. 즉 한, 위, 조, 제, 초, 연 등 6개 나라가 연합하여 진나라에 대항하는 정책을 합종책이라고 한다.

9. 이궐伊闕-현재 하남성河南省 낙양시洛陽市 남쪽의 용문龍門을 가리킨다. 이곳의 지형은 2개의 산과 1개의 강이 흐르는 천연 요새로 춘추시대부터 이궐이라고 일컬었다.

10. 소왕昭王-전국시대 진나라의 군주이다. 이름은 직稷이고 달리 소양왕昭襄王으로 일컬었다. 무왕武王의 동생으로 일찍이 연燕나라에 인질로 갔다가 무왕이 사망하고 즉위하였다. 즉위 초기에는 선태후宣太后와 외척이 정권을 장악하였지만, 후기에 위염魏冉과 범저范雎를 재상으로 백기白起를 장군으로 등용하여 진나라 통일의 기초를 확립하였다.

11. 규규摎-한韓나라 선왕宣王 시기의 유명한 장군이다.

12. 분분奔-의탁하다, 패주하다.

13. 돈수頓首-머리를 땅에 닿도록 굽혀 절하는 예절로, 계수稽首의 아

래 단계이다. 주로 동일 항렬간이나 죄를 청할 때, 또는 중대한 사정을 청구할 때 돈수 의례를 사용하고, 경어로는 서간문에 자주 사용한다.

14. 주周-1-029 주석20 참고.

┃국역┃

난왕 59년(기원전 257년)에 진나라는 한나라의 양성과 부서를 차지하였다. 서주국은 두려워서 진나라를 배반하고 다른 나라의 제후들과 연합하여 진나라에 대항하는 합종의 맹약을 맺었으며, 장차 천하의 정예 병사를 거느리고 이궐의 요새를 나와서 진나라를 공격하고, 진나라로 하여금 양성으로 왕래하지 못하게 하였다. 진나라의 소왕은 화를 내고 장군 규로 하여금 서주국을 공격하게 하였다. 서주국의 군주는 진나라에 몸을 의탁하고 머리를 땅에 닿도록 굽혀 절하는 돈수 의례를 행하고 죄를 받았으며, 서주국의 성읍 36개와 인구 3만 명을 바쳤다. 진나라는 서주국 군주의 헌상을 받고 서주국의 군주를 주나라로 돌아가게 하였다.

┃참고┃

진나라의 서주국 정벌-난왕 59년에 진秦나라는 한韓나라의 양성과 부서를 차지하고 4만 명을 참수하였다. 서주국은 진나라의 공격을 두려워해서 여러 제후국과 연합하여 진나라를 공격하였으며, 진나라와 양성의 통로를 차단하였다. 진나라 소왕은 서주국을 정벌하였고, 서주국은 부득이 36개 성읍과 인구 3만 명을 바치고 멸망하였다.

4-076

周君, 王赧卒, 周民遂東亡。秦取九鼎寶器, 而遷西周公於憚狐。後七歲, 秦莊襄王滅東周。東西周皆入于秦, 周旣不祀。

┃음역┃

주군, 왕난졸, 주민수동망. 진취구정보기, 이천서주공어탄호. 후칠세, 진장양왕멸동주. 동서주개입우진, 주기불사.

┃주석┃

1. 주군周君—서주국 군주 문공文公을 가리킨다. 즉위하기 전에는 공자구公子咎로 일컬었다.

2. 왕난王板—4-064 주석4 참고.

3. 진秦—4-040 주석10 참고.

4. 9정九鼎—4-018 주석25 참고.

5. 서주공西周公—서주국 군주 문공文公의 아들을 가리킨다.

6. 탄호憚狐—달리 탄호취憚狐聚라고 일컫고 촌락의 이름이다. 진한시기의 양현성梁縣城이고, 현재의 하남성河南省 여주시汝州市 부근이다.

7. 장양왕莊襄王—효문왕孝文王의 아들이고 이름은 자초子楚이다. 재위 3년 만에 사망하고 아들 진왕秦王 정政이 즉위하였는데, 이 사람이 바로 시황제이다.

8. 동주東周—4-059 주석8 참고.

9. 서주西周—4-064 주석7 참고.

10. 기旣—다하다, 없어지다.

┃국역┃

서주국의 군주 무공과 주나라의 난왕이 사망하자, 주나라의 백성들은 드디어 동쪽으로 도망갔다. 진나라는 9정과 보물을 차지하였고, 서주국

문공의 아들 서주공을 탄호로 옮겼다. 7년 후(기원전 249년)에 진나라의 장양왕은 동주국을 멸망시켰다. 동주국과 서주국은 모두 진나라에 병합되었고, 주나라는 멸망하여 제사를 지낼 수 없었다.

▐참고▐

진나라의 동주국 멸망—기원전 249년에 동주국 군주는 주변의 제후들과 연합하여 진나라를 공격하려고 하였다. 이에 진나라의 장양왕莊襄王은 상국相國인 여불위呂不韋로 하여금 군사를 거느리고 동주국을 멸망시켰다. 이로써 동주국과 서주국은 모두 진나라에 병합되었다.

4-077

太史公曰 : 學者皆稱周伐紂, 居洛邑, 綜其實不然。武王營之, 成王使召公卜居, 居九鼎焉, 而周復都豐, 鎬。至犬戎敗幽王, 周乃東徙于洛邑。所謂"周公葬於畢", 畢在鎬東南杜中。秦滅周。漢興九十有餘載, 天子將封泰山, 東巡狩至河南, 求周苗裔, 封其後嘉三十里地, 號曰周子南君, 比列侯, 以奉其先祭祀。

▐음역▐

태사공왈 : 학자개칭주벌주, 거낙읍, 종기실불연. 무왕영지, 성왕사소공복거, 거구정언, 이주부도풍, 호. 지견융패유왕, 주내동사우낙읍. 소위 "주공장어필", 필재호동남두중. 진멸주. 한흥구십유여재, 천자장봉태산, 동순수지하남, 구주묘예, 봉기후가삼십리지, 호왈주자남군, 비열후, 이봉기선제사.

1. 태사공太史公－1-030 주석1 참고.

2. 주周－1-029 주석20 참고.

3. 주紂－3-029 주석5 참고.

4. 낙읍洛邑－4-019 주석51 참고.

5. 종綜－종합 고찰하다.

6. 무왕武王－3-032 주석31 참고.

7. 성왕成王－4-021 주석9 참고.

8. 소공召公－4-012 주석6 참고.

9. 9정九鼎－4-018 주석25 참고.

10. 풍豐－4-010 주석9 참고.

11. 호鎬－주周나라 무왕武王 즉위 후에 풍豐에서 천도하여 서주시대의 수도가 되었고, 달리 서도西都, 종주宗周라고 일컬었다. 현재 서안시西安市 서북쪽이다.

12. 견융犬戎－4-010 주석1 참고.

13. 유왕幽王－4-036 주석2 참고.

14. 주공周公－3-034 주석7 참고.

15. 필畢－4-013 주석3 참고.

16. 두杜－두 가지 의미가 있다. 첫째, 춘추시대 나라 이름으로 현재 서안시西安市 동남쪽이다. 둘째, 요새, 관문을 나타낸다.

17. 진秦－4-040 주석10 참고.

18. 한漢－진나라 이후의 통일제국(기원전 202년～기원후 220년)으로 유방劉邦이 건국하고 장안長安을 수도로 정했다. 서한西漢과 동한東漢으로 나눠진다. 동한은 9년에 왕망王莽이 정권을 찬탈하고 다시 유수劉秀가 25년에 낙양洛陽에 도읍을 정하고 한나라를 중흥한 것이다.

19. 천자天子-한나라 무제武帝를 가리킨다.

20. 봉봉封-1-005 주석12 참고.

21. 태산泰山-1-005 주석2 참고.

22. 묘예苗裔-후예, 후대.

23. 하남河南-4-059 주석2 참고.

24. 가嘉-성씨는 희姬이고 이름이 가嘉이다. 주나라 왕실의 후예이다.

25. 주자남군周子南君-한漢나라 무제武帝 원정4년(기원전 113년)에 주周나라 왕실의 후예 희가姬嘉을 주자남군으로 책봉하고 지위는 열후에 상당하였다. 그의 손자 희당姬當에 이르러, 즉 기원전 67년에 책봉이 취소되었다. 달리 위공衛公이라고 일컫는데, 위나라 영공靈公의 후예이기 때문이다.

26. 비比-견주다.

27. 열후列侯-두 가지 의미가 있다. 첫째, 제후를 가리킨다. 둘째, 작위의 명칭으로 진나라와 한나라 시기 20등급 작위의 최고작위가 열후이다. 열후는 고급관리와 종친이 누릴 수 있고, 봉국封國과 식읍食邑을 누릴 수 있으며 세습이 가능하였다.

┃국역┃

태사공이 말하기를 학자들이 모두 일컫기를 주나라가 상나라의 주왕을 정벌하고 낙읍에 도읍을 정했다고 하지만, 사실을 종합해보면 그렇지 않다. 주나라 무왕이 낙읍을 건설하고 성왕은 소공으로 하여금 거처할 만한지 점치게 하였으며, 9정을 거기에 두었지만 주나라는 다시 풍과 호를 도읍으로 삼았다. 견융족이 유왕을 공격하여 패배시키자 주나라는 이에 동쪽의 낙읍으로 이동하였다. 소위 "주공을 필에 장사지냈다."라는 것은, 필이 주나라의 옛날 수도인 호경의 동남쪽인 두나라에 있다는 것이다. 진나라가 주나라를 멸망시켰다. 한나라가 건국되고 90여 년이 지

나서 무제가 장차 대산에서 둥그런 제단을 쌓고 하늘에 제사지내는 의
례를 행하였다. 동쪽으로 순행을 가서 하남에 이르렀고, 주나라의 후예
를 찾았으며 그 후예인 희가에게 30리 토지를 분봉하고 주자남군이라고
일컬었는데, 작위는 제후와 같게 하고 조상의 제사를 받들게 하였다.

3. 〈주본기〉 평 론

　주나라는 무왕이 상나라의 주왕을 정벌한 이후부터 진나라가 동주를 멸망시키기까지 800여 년이나 존속하였고, 점차 황당한 신화 전설에서 벗어나기 시작하였다. 그러나 주나라의 이야기는 여전히 신화 전설에서부터 시작하였다.

　주나라의 선조는 요순시기까지 거슬러 올라간다. 당시 농업을 담당한 기가 바로 조상이다. 기의 출생은 비교적 기이한 내용이다. 기의 모친 강원이 야외에서 거인의 발자국을 발견하고, 따라서 걷다가 임신하였다. 강원은 매우 두려워서 아이가 태어나자마자 버렸는데, 3번이나 모두 기이한 현상으로 아이를 보호하자 할 수 없이 데려다가 길렀다. 기는 농사 방면에 천부적인 소질이 있었고, 요와 순에게 등용되어 오늘날의 부풍현에 책봉되었다. 부풍현은 농업지역으로 보리, 면화, 밀, 옥수수 등의 생산이 풍부한 지역이다.

　기의 후손은 13대를 거쳐서 고공단보에 이르렀다. 고공단보는 매우 품덕이 고상한 인물로, 북방 이민족의 공격에 백성의 희생을 막기 위하여 모든 것을 양보하고, 기산 아래로 피난을 갔다. 이 일로 인하여 주변의 여러 부족들은 모두 고공단보에게 귀의하였다. 고공단보에게는 3명의 아들이 있었다. 그중에서 막내 계력의 아들인 창이 특별히 뛰어났는데, 이 사람이 바로 문왕이다. 고공단보가 왕위를 창에게 물려주려고 하자 첫째와 둘째 아들은 왕위를 포기하고 남쪽으로 도망갔다.

　창(서백)의 최대 장점은 인재를 중시하는 점이다. 그래서 많은 사람들이 그에게 귀의하였는데, 숭후호가 이일을 모함하여 상나라 주왕에게 고자질하였다. 그래서 창은 감옥에 갇히게 되었다. 창이 감옥에 갇히자, 그의 가까운 신하들이 그를 구출하기 위하여 여러 가지 예물을 준비하여 그를 석방시켰다. 주왕은 창을 석방하면서 밀고한 사람의 이름을 알려줌과 동시에 대량의 무기를 주면서 제후를 정벌하는 권력까지 하사하였다. 창은 한편으로는 품덕으로써 백성을 감복시키는 정치를 하면서 비밀리에 후일을 도모하였다. 또 다른 한편으로는 견융, 밀수 등 주위의 작은 나라들과 숭후호를 정벌하였다. 주변의 적대세력을 소탕한 이후에 창은 도읍을 풍으로 옮기고 사망하였다. 그는 비록 주왕의 통치를 뒤엎지 못했지만, 주나라 건국이라는 영광스러운 역사적 임무를 그의 아들 무왕에게 남겨주었고 무왕 또한 주왕을 정벌하기 위한 대부분의 조치를 완성하였다.

무왕이 즉위한 이후에 상나라 주왕을 정벌하기로 결정하였다. 기원전 1048년 무왕은 군사를 이끌고 맹진에 이르러 800여 제후들과 회합하였지만 상나라를 정벌하지 않고 돌아갔다. 2년 후 주왕의 포악무도한 행위는 더욱 격렬해졌다. 즉 비간을 살해하고 기자를 감옥에 가두고 하는 등 종말을 향해 치닫고 있었다. 무왕은 다시 800여 제후들과 회합하고 군사를 거느리고 상나라를 정벌하였다. 무왕은 주왕의 통치를 뒤엎고 600년 상나라의 역사를 마무리 하였다. 무왕은 중국 역사상 가장 오래된 800년 주나라의 서막을 열었고, 이것이 가능한 일이 될 수 있었던 것은 두 가지 방면에서 찾아볼 수 있다. 첫째는 유도有道의 집단이 무도無道의 집단을 정벌한 것이다. 둘째는 정예병사와 오합지졸의 대면이다.

상나라가 멸망하고 무왕도 사망하자 성왕이 계승하였다. 군주의 나이도 어리고 정치 환경도 살벌한 시기에 무왕의 동생 주공 단이 등장하였다. 그는 극도의 책임감으로 성왕을 대신하여 7년을 섭정하였다. 7년 후에는 성왕에게 정권을 넘겨주었다. 그 후에 강왕의 통치를 거쳐 주나라는 내리막길을 걷기 시작하였다. 특히 여왕과 같은 백성의 비판을 철저히 봉쇄한 폭군의 등장으로 마침내 성읍 주위에 거주하는 국인의 폭동이 발생하였다. 여왕은 도망가고 소공과 주공 두 사람이 섭정이 되어 통치한 공화시대가 열렸다. 이 시기는 바로 기원전 841년으로 중국 역사상 확실한 년대가 고증되어 기념할 가치가 있는 시기이다.

1996년부터 2000년까지 진행된 "하상주단대공정夏商周斷代工程"은 역사학, 고고학, 천문학, 과학기술학 등 여러 학문분야 200여 전문가들이 공동 연구하여 2000년 11월 9일 그들의 연구 성과인 《하상주년표》를 공개하였다. 즉 중국의 역사 연대를 위로 1200년 정도 끌어 올렸고, 무왕이 주왕을 정벌한 시기를 기원전 1046년으로 확정하였다. 또 하나라와 상나라의 구분 시기를 기원전 1600년으로 정하고, 하나라의 시작을 기원전 2070년으로 확정하였다. 그 외에 공화 원년 이전의 주나라의 10명의 왕들의 재위 연대를 명확하게 하였고, 상탕 이하 12명 왕의 재위 연대를 정해서 상나라의 기본적 연대 구성을 마쳤다. 그러나 이 작업은 아직까지 많은 의문점과 수차례 논쟁을 불러일으키고 있으며, 심지어는 주변 나라에까지 반발을 불러일으키고 있다.

공화행정의 몇 년간 정치는 안정되었다가 또다시 유왕이라는 무능한 군주가 출현하여 주나라는 급속도로 내리막길을 향하여 질주하였다. 즉 하나라의 걸왕과 상나라의 주왕을 주나라의 여왕과 유왕에 비유하면 잘 이해할 것이다. 유왕의 대표적 사례는 포사를 총애하고 봉화로써 제후를 농락하여 견융의 침입으로 멸망을 자초하였다. 이 이야기는 자신의 여인을 좋아하는 것도 분수가 있어야 한다는 진리를 알려주고 있다. 즉 애정을 표현하기 위해서 더 중요한 것을 희생해서는 안 된다는 사실이다. 더 중요한 것으로는 자신의 위신이 될 수도 있고, 자신의 형제간의 우애가 될 수도 있으며, 자신의 생명 또는 자신의 사업도 될 수 있다.

유왕이 사망한 이후에 태자 평왕을 추대하고 평왕은 도읍을 낙읍으로 옮겼다. 이를 후세 역사가들이 동주라고 일컬었다. 동주시기에 천자와 중앙 정권은 날이 갈수록 쇠약해졌고, 제후들은 약육강식으로 상호 간에 정벌 전쟁을 일삼는 춘추시대가 시작되었다. 동주는 마치 절반은 이미 사망한 환자와 같은 환경에서 500여 년을 존속하였고, 최후에는 점차 강성해진 진나라에 의하여 멸망당했다. 800년의 주나라 역사를 계승한 진나라는 강력한 통일 정권을 형성하였지만 15년의 존재는 너무 짧았다. 화무십일홍花無十日紅이라고 하지 않았던가! 주나라도 진나라도 인생도 역사도 모두 그럴 것이다.

VI. 《사기》 해제

사마천司馬遷(기원전 145년~기원전 87년)의 자는 자장子長이고 좌풍익左馮翊, 즉 현재의 섬서성陝西省 한성韓城 사람이다. 사마천은 아버지 사마담司馬談의 영향을 많이 받았다. 사마담은 넓은 학문과 개인적인 수양을 이룩한 인물이다. 또 그는 유가, 묵가, 명가, 법가, 음양가의 주장을 비평하고 도가의 학설을 적극 찬양하였는데, 이것은 당시 깊이 유행하던 황로사상의 영향을 받았음을 알 수 있다. 사마담의 이러한 명철한 사상과 비판정신은 아들인 사마천의 사상, 인격, 학문태도 등에 깊이 영향을 끼쳤음은 부인할 수 없을 것이다. 한漢나라 무제武帝가 즉위한 후에 사마담은 태사령太史令의 관직을 맡으면서 장안長安으로 이주하였다. 당연히 장안으로 이주하기 이전에 사마천은 가족을 도와서 농업노동에 종사하였고, 당시 통용되던 문자인 예서隸書를 배웠다. 아버지를 따라서 장안으로 이주한 이후에 사마천은 고문古文을 배우고 당시 경학經學의 대가인 동중서董仲舒에게 공양학파公羊學派의 《춘추春秋》를 배우고 공안국孔安國에게 《고문상서古文尚書》를 배웠다. 이러한 학습활동은 젊은 사마천에게 매우 깊은 영향을 끼쳤다.

사마천은 20세가 되던 해부터 천하를 돌아다니기 시작했다. 즉 《사기》〈태사공자서太史公自序〉에서 말 한 것과 같이 20세에 남쪽의 장강長江과 회하淮河 등 여러 지역을 유람하고, 북쪽으로는 문수汶水와 사수泗水, 제齊나라와 노魯나라의 도읍지를 둘러보았으며, 공자의 유풍을 살펴보는 등 각 지역을 답사하였다. 또 서쪽으로는 파촉巴蜀 이남과 곤명昆明 등의 지역을 시찰하였다. 이후에는 무제를 시종하여 순수巡狩, 봉선封禪 등을 수행하며 더 많은 지역을 돌아다녔다. 이러한 인문지리학의 실천적인 활동은 사마천의 역사 지식과 생활 경험을 더욱 풍부하게 만들었을 뿐만 아니라, 사마천의 이상과 세상을 보는 관점을 확대하였다. 그리고 더욱 중요한 것은 백성들과 직접적으로 접촉하여 백성들의 원초적인 시비선악是非善惡 감정과 온포여유溫飽餘裕의 희망을 온 몸으로 깨달았고,

이것을 현실세계에서 구현하려고 노력한 것이 바로《사기》를 저술한 중요한 의의이다.

사마천의《사기》저술 동기는 아래의 3가지로 설명할 수 있다.

첫째, 아버지 사마담의 유지를 계승하였다. 사마씨는 대대로 태사太史의 관직에 있었고, 공자가 저술한《춘추春秋》의 정신을 계승하여 고대의 역사를 정리하고 논술하였다. 원봉元封 원년(기원전 110년), 무제는 동쪽으로 순수하여 태산泰山에서 봉선封禪을 행하였다. 이 시기에 사마천은 서남에서 돌아왔으며, 노환으로 위급한 상황에 있던 사마담은 자신의 역사 저술의 이상과 희망을 사마천에게 전해주었다. 3년 후에 사마천은 태사령太史令의 직위를 계승하고, 고도의 열정으로 자신의 직무에 충실하였다. 아울러 금궤석실金匱石室, 즉 국가 장서보관처에서 독서와 역사자료를 정리하였다. 이렇게 4~5년의 준비를 거치고, 태초太初 원년(기원전 104년)에 진한秦漢 이래의 전욱력顓頊曆을 하력夏曆으로 바꾸는 일을 주재하였으며,《춘추》를 계승하는 저술 작업, 즉 정식으로《사기》를 저술하기 시작하였다. 이 시기가 바로 사마천의 나이 42세이고 아버지 사마담의 유지를 본격적으로 실천하기 시작하는 시기였다.

둘째, 사마천은《춘추》의 정신을 계승하였다.《춘추》의 기록은 노魯나라 은공隱公 원년(기원전 722년)부터 애공哀公 14년(기원전 481년)까지이고, 이 후의 사실에 대해서는 완전한 역사 기록이 없다.《춘추》는 사건을 기록한 내용이 매우 간략하지만 매 글자마다 포폄褒貶(칭찬하고 폄론하는 뜻)이 내포되어 있는데, 이러한 서술을 춘추필법春秋筆法이라고 일컫는다. 사마천은 태사太史로 있으면서 이미 춘추필법을 사용한 지가 오래되었다고 할 정도로《춘추》의 정신을 계승하고 있었다. 이것은 형식상 주공周公 이래의 도통道通을 계승했을 뿐만 아니라, 또한《춘추》의 성격을 중시한 것이다. 즉 사마천은 역사기록에 대한 공자의 진정한 뜻을 계승하고 아울러《춘추》의 포폄정신을 계승하여《사기》를 저술한 것이다.

셋째, 사마천은 역사가의 책임을 완수하였다. 사마담이 일찍이 상고시대의 역사를 정리하려고 계획하였지만 아쉽게도 완성하지 못했다. 사마담은 임종 전에 사마천에게 역사가로서 상고시대의 역사를 정리하여 기록하는 임무를 완성하게 하였다. 사마천은 〈태사공자서〉에서 태사의 직책을 언급하면서, 과거의 사건을 저술하여 미래를 생각한다는 책임감으로 사기를 저술하였다고 하였다. 〈보임안서報任安書〉에도 《사기》를 저술하는 목적을 토로하였다. "구천인지제究天人之際, 통고금지변通古今之變, 성일가지언成一家之言", 즉 우주만물의 자연적 현상과 인류사회의 규율적 질서 사이의 모든 관계를 탐구하고, 과거와 현재 및 미래의 무수한 변화 과정을 깨우치고 통달해서, 자신의 독립적이고 완벽한 이론과 저술체계를 이룩한다는 역사가의 책무를 잊지 않고 중국 역사학 방면의 귀중한 공헌을 이룩하였다.

사마천이 집중적으로 《사기》를 저술하기 시작하면서 거대한 재앙이 그에게 닥쳐왔다. 천한天漢 2년(기원전 99년)에 이릉李陵 장군이 흉노匈奴에 패하여 투항하였다. 사마천은 스스로 생각하기를 이릉 장군이 흉노에 투항한 것은 일시적으로 방법이 없었고 필히 기회를 엿봐서 조정을 위하여 보답할 것이라고 여겼다. 마침 무제가 사마천에게 이 일에 대한 의견을 물었고, 그는 자신의 주장을 무제에게 대답하였다. 무제는 사마천이 이릉 장군을 변호하는 것으로 여기고 아울러 이광리李廣利 장군에게 피해를 끼치게 되어 크게 화를 냈다. 결국 사마천은 죄를 짓고 궁형宮刑을 받게 되었으며, 이것은 그에 대하여 극도의 절망과 치욕이었다. 그래서 한때 죽음을 생각한 사마천은 선현들도 절망 속에서 출구를 찾은 것처럼, 즉 서백西伯이 《주역周易》을 저술하고, 공자가 《춘추》를 저술하고, 굴원屈原이 《이소離騷》를 저술하고, 좌구명左丘明이 《국어國語》를 저술한 것처럼 《사기》를 완성하리라 결심하였다. 이러한 내용은 《사기》의 일부 내용에서 자신이 당한 불행과 좌절에 대한 분노와 불평을 볼 수 있다. 태시太始 4년(기원전 93년)에 이르러 사마천은 그의 친구 임안任安에게 보낸 편지에서 《사기》 130여 편이 기본적으로 완성되었음을 나타냈다. 이 이후부터 사마천에 관한 내용은 역사적으로 고증할 수 없었는데 아마도 무제 말년에 사망하였을 것으로 추측된다.

사마천은 유가儒家의 사상을 접수하고 공자의 사업을 계승하였으며, 자신의 저서를 제2의 《춘추》로 여겼다. 그러나 그는 결코 유가의 독존적인 지위를 인정하지는 않았고, 동시에 제자백가諸子百家 중에서 특별히 도가道家의 영향을 접수하였다. 그의 사상 중에서 유물주의적 요소와 비판정신은, 특히 자신이 당한 좌절과 치욕으로 인하여 그의 반항성은 더욱 증가되었다. 이에 대하여 반표班彪와 반고班固 부자는 사마천을 비판하였는데, 이것은 오히려 사마천의 사상이 그와 같이 활동한 동시대의 많은 사람들보다도 더욱 높고, 또한 일부 봉건적인 의식형태에 젖은 정통 역사가들은 이해할 방법이 없음을 설명하는 증거이다. 결국 오늘날 우리들도 일부 봉건적인 의식형태에 젖은 정통 역사가들의 질책 속에서 사마천의 진보사상의 중요한 면모를 보고 있는 것이다.

사마천의 《사기》 저술태도는 아래의 3가지로 설명할 수 있다.

첫째, 엄격한 고증을 통한 객관적인 사실을 기록하였다. 사마천은 엄격한 고증을 통한 객관적인 사실을 기록하는 태도와 실천이 가장 큰 특색이다. 그가 기록한 인물과 역사 사건은 모두 상세한 조사 연구와 사실에 대한 반복적인 고증을 거쳤다. 한漢나라의 역사가 반고 또한 사마천의 문장이 공정하고 사실을 믿을만하며 과장하지 않고 숨기지도 않았다는 평가를 내렸다. 이것은 사마천의 《사기》를 저술하는 과학적 태도와 사실 기록에 대한 존경심을 나타낸 것이라고 하겠다.

둘째, 인물을 묘사할 때에 객관적이고 공정하게 처리하였다. 사마천은 사실을 기록한다는 정신을 견지하면서 인물의 전기를 작성할 때에도 전통적인 역사 기록의 한계에 구애받지 않았다. 오로지 자신의 역사 사건에 대한 사상과 객관적 감정으로 역사를 기록하였다. 지위가 높은 황제와 왕후장상王侯將相부터 신하 및 지방 수령 등에 이르기까지 사마천은 그들의 뛰어나고 빛나는 면을 부정하지도 않았지만, 그들의 부패하고 추악한 면과 백성에 대한 착취와 압박도 과장하지 않았다. 사마천은 비록 무제의 신하이지만 무제의 과실에 대해서도 추호도 숨기지 않았고, 당시 성행하던 봉선封禪 의례와 신선神仙에 대한 기복祈福 활동 등에 대한 허망함을 심각하게 폭로하고 비판하였다. 대표적인 예를 들면 〈봉선서〉에 무제의 신선에 대한 미신과 온갖 방법을 동원하여 불사약을 찾는 황당함을 세밀하게 묘사하였다.

셋째, 인물에 대한 평가를 분명히 하였다. 위에서 설명한 것과 같이 사실을 기록하는 정신에 근거하여 인물을 선택하였고, 결코 관직 혹은 사회적 지위에 근거하지 않고 실제행위의 결과를 표준으로 삼았다. 대표적인 예를 들면 사마천은 유협遊俠, 상인, 의사 등 하층인물의 전기를 상세하게 기록하였는데, 사마천의 마음속에 이들도 모두 상층인물과 동등하게 배울 점이 있는 인물로 여겼던 것이다. 사마천은 처음으로 인물을 중심으로 사건을 기록하였고, 서술하는 방식도 인물의 평생 사건과 그 인물의 사람됨을 기록하는 방법을 사용하였다. 사마천이 전기를 기록할 때에는 자신의 주장을 객관적인 사실에 포함시켜서 묘사하면서, 자기 스스로 인물에 대한 애증을 표시하였다.

《사기》는 중국 역사학 상에 있어서 시대를 가르는 중요한 표지이고, 또한 "구천인지제究天人之際, 통고금지변通古今之變, 성일가지언成一家之言", 즉 우주만물의 자연적 현상과 인류사회의 규율적 질서 사이의 모든 관계를 탐구하고, 과거와 현재 및 미래의 무수한 변화과정을 깨우치고 통달해서, 자신의 독립적이고 완벽한 이론과 저술체계를 이룩한다는 중국 역사학 방면의 귀중한 공헌을 이룩하였다.

《사기》는 시간적으로는 위로는 황제黃帝부터 시작해서 아래로는 무제 태초(기원전 104년~기원전 101년) 연간까지 이르렀다. 내용적으로는 상고 시기부터 한나라 초기 3,000년의 정치, 경제, 사회, 문화 등 다방면의 역사 발전을 전면적으로 서술하여 중국 고대 역사의 결정판이라고 말할 수 있다. 체계는 〈본기本紀〉, 〈세가世家〉, 〈열전列傳〉, 〈표表〉, 〈서書〉의 형식으로 모두 130편의 52만 6,500글자로 이루어졌다. 이 중에서 〈본기〉와 〈열전〉이 핵심부분이다. 《사기》의 문장은 두 부분으로 구성되어 있다. 앞부분은 인물의 생평을 묘사하였고, 이 부분은 모두 대표적인 사건과 세상에 드러나지 않았던 일화가 교차되어 이루어 졌다. 뒷부분은 사마천의 평론과 감상을 기록하였는데 통상적으로 태사공왈太史公曰로 시작되었다. 여기에는 작자의 개인 경험, 인물의 성격평가, 사건의 평론, 자료수집의 과정이 기록되어 있다.

〈본기〉는 〈진본기秦本紀〉를 제외하고, 역대 최고 통치자의 정치 행적을 서술하였다. 왜냐하면 제왕은 국가대사를 다스리는 최고 통치자이기 때문에 그들을 위하여 전기를 기록하고 이름하여 〈본기〉라고 한 것이다. 〈본기〉는 천하의 정통이 존재하고, 관리와 백성이 일을 처리하는데 있어서 모두 일정한 규범으로 작용하였다. 또 《사기》 전체의 중요 강목綱目을 나타내며 편년체編年體의 방법을 사용하여 사건을 기록하였다. 서술 방법은 가까운 시기는 상세하게 기록하고 먼 시기는 간략하게 기록하는 방법을 사용하였다. 황제黃帝를 중화민족의 시조로 여겨서 황제부터 시작하였고, 항우項羽를 〈본기〉에 넣은 것은 첫째, 진한秦漢 시기 몇 년 동안 모든 정치와 명령이 항우에게서 나왔고 둘째, 항우의 인격을 숭상하였기 때문이다.

〈세가〉는 주로 제후국의 사건, 즉 귀족과 후侯, 왕王의 역사를 서술하였다. 제후가 나라를 건국하고 자손이 세습하였기 때문에 그들의 전기를 〈세가〉라고 일컬은 것이다. 시대는 대략 서주西周의 분봉分封부터 시작해서 춘추와 전국시대까지 계속되었고, 각 제후국은 5패五覇와 7웅七雄으로 한 시기를 호령하였다. 사마천은 공자와 진섭陳涉을 〈세가〉에 포함시킨 것은 일종의 예외였다. 공자는 비록 왕후王侯는 아니지만 하상주 3대의 문화를 계승한 종주宗主이고, 더욱이 무제 시기에는 유학이 사상계의 주도적인 위치를 차지하고 있었다. 또 공자는 유학의 창시자로 일컬어졌기 때문에, 공자를 〈세가〉에 포함시킨 것은 사상 영역의 현실적인 상황을 반영했다고 여겨진다. 진섭의 경우는 진나라 멸망의 도화선이 된 최초의 봉기이고, 또한 하상주 3대 이래로 평민이 봉기를 일으켜 잔혹한 통치에 반기를 든 최초의 인물이다. 사마천이 진섭을 〈세가〉에 포함시킨 것은, 그의 공적을 상商나라의 탕湯이 하夏나라의 걸桀을 정벌하고, 주周나라의 무왕武王이 상나라의 주왕紂王을 정벌하고, 공자가 《춘추》를 저술한 것에 비유하였다. 또 진섭을 가혹한 진나라의 통치를 마무리한 위대한 역사적 영웅으로 서술한 것은 사마천의 진보적 역사관을 반영한 것이다.

〈열전〉은 주로 제왕과 제후를 제외한 각기 다른 유형과 각기 다른 계층 인물의 전기이고, 일부는 국내와 국외의 소수민족의 통치자의 역사를 서술하였다. 종류는 첫째, 1인 1전의 단전單傳으로 〈상군열전商君列傳〉과 〈이사열전李斯列傳〉 등이 있다. 둘째, 2인 이상 1전의 합전合傳으로 〈관안열전管晏列傳〉과 〈노장신한열전老莊申韓列傳〉 등이 있다. 셋째, 동일 부류의 인물 활동을 1전에 포함하는 유전類傳으로 〈유림열전儒林列傳〉, 〈순리열전循吏列傳〉, 〈자객열전刺客列傳〉 등이 있다. 또 사마천은 당시 중국 주위의 소수민족의 역사 상황을 유전의 형식을 이용하여 기록하였다. 예를 들면 〈흉노열전匈奴列傳〉, 〈조선열전朝鮮列傳〉, 〈대완열전大宛列傳〉 등이 있는데, 이것은 중국 고대 소수민족의 역사를 연구하는데 귀중한 역사자료를 제공해 주었다.

〈표〉는 각 역사시기의 간단한 사건 기록이고 사기 전체 사건 기록의 연결과 보충적인 성격을 갖고 있다.

〈서〉는 개별 사건의 시종始終에 관한 문헌으로, 역대 왕조의 법전, 고금의 각종 제도의 연혁, 천문, 역법, 수리, 경제, 문화, 예술 등 방면의 발전과 현상을 분류해서 서술하여 후대의 전문 역사서와 비슷하였다. 이러한 내용은 고대 전적을 이해할 수 없는 역사가는 쉽게 기록할 수 없는 부분을 〈서〉에 분류한 것이다. 〈서〉의 편찬은 각종 전문사를 연구하는데 풍부한 자료를 제공하였다. 《사기》는 바로 이러한 5종의 각기 다른 체제와 상호 간의 배합과 보충으로 구성된 완벽한 체계의 역사서이다.

사마천의 저술은 《사기》 이외에 《한서漢書》 〈예문지藝文志〉에 부부賦 8편이 기록되어 있지만 현재 전해지는 것은 〈비사불우부悲士不遇賦〉 1편과 유명한 〈보임안서報任安書〉가 있다. 〈비사불우부〉는 사마천 말년의 작품으로 궁형을 당한 이후에 격정적인 정서를 토로한 작품이다. 〈보임안서〉는 자신의 저술을 완성하기 위하여 치욕과 고통을 인내하는 처절한 심정이 나타나 있다. 또 사마천의 생애와 사상을 연구하는 중요한 자료이며, 또한 한편의 감정이 충만되어 있는 걸출한 산문이다.

사마천은 《사기》를 저술하면서 많은 서적을 참고하였다. 예를 들면 《좌전左傳》, 《국어國語》, 《세본世本》, 《전국책戰國策》, 《초한춘추楚漢春秋》, 제자백가諸子百家 등의 서적과 국가의 문서 및 민간의 고문 서적을 참고하였다. 참고서적의 내용도 사마천은 직접 방문하여 실지 조사를 진행한 이후에 자료를 세밀하게 분류하여 선택하였다.

《사기》가 후세에 알려지게 된 것은 사마천의 딸과 사위 대사농大司農 양창楊敞 및 그들의 아들 양운楊惲의 공로이다. 사마천 생전에 《사기》는 금지된 서적이었는데, 양운의 적극적인 선전과 노력으로 선제宣帝 시기에 조정에 바쳐졌고 세상에 알려지게 되었다. 이로 인하여 사마천은 치욕을 씻을 수 있었고 인류사에 빛나는 이름으로 기억될 수 있었으며, 천고에 길이 보존되는 진귀한 역사서가 되었다. 사실 한대漢代 이전의 역사 저술은 내용, 사실, 재료, 작자의 편찬 수준 등은 모두 《사기》와 비교할 수 없다. 《사기》는 규모가 방대할 뿐만 아니라 체계가 완비되어 있고, 또한 이후의 기전체 역사서에 영향이 심대하여 역대 왕조의 정사는 모두 기본적으로 이러한 체계로 서술하였다. 동시에 《사기》에 나타난 문자의 생동감과 사건 기록의 형상성形象性 또한 최고의 성취를 이룩하였다.

참고문헌

臺灣 中央研究院 『漢籍電子文獻資料庫』에서 제공하는 《史記》.

司馬遷, 《史記》, 臺北: 臺灣商務印書館 百衲本, 1988.

司馬遷, 《史記》, 北京: 中華書局 點校本, 1998.

『漢籍電子文獻資料庫』의 《史記三家注-集解, 索隱, 正義-》.

檀國大東洋學研究所, 《韓漢大辭典》, 서울: 단국대출판부, 2008.

中國文化大學出版部, 《中文大辭典》, 臺北: 文化大出版部, 1976.

諸橋轍次, 《大漢和辭典》, 東京: 大修館書店, 1960.

김영수(역), 《완역사기본기 1》, 서울: 알마, 2010.

김원중(역), 《사기본기》, 서울: 민음사, 2011.

김영환, 《中國의 歷史와 社會文化-古代編-》, 천안: 남서울대학교출판국, 2012.

河洛圖書出版社編輯部, 《白話史記》, 臺北: 河洛圖書出版社, 1979.

慕平(譯註), 《尚書》, 北京: 中華書局, 2009.

中國史記研究會(編), 《史記教程》, 北京: 商務印書館, 2011.

白玉林 外2名(編), 《史記解讀 上》, 昆明: 雲南教育出版社, 2011.

張大可(主講), 《史記十五講》, 北京: 國家圖書館出版社, 2010.

高談文化(編), 《教你看懂史記故事及其成語 上》, 北京: 當代世界出版社, 2007.

韋明輝(譯), 《史記智慧新解》, 北京: 海潮出版社, 2008.

蘇雪蓮 外2名(編), 《史記故事》, 北京: 中華書局, 2012.

陳曦, 《史記與周漢文化探索》, 北京: 中華書局, 2007.

小竹文夫, 小竹武夫(譯), 《史記本紀 1》, 東京: 筑摩書房, 2011.

渡邊精一(監修), 《圖說地圖とあらすじでわかる史記》, 東京: 青春出版社, 2009.

찾아보기